21대기업

유형별

인성검사

시대에듀

2025 최신판 시대에듀 21대기업 유형별 인성검사

Always **with you**

사람의 인연은 길에서 우연하게 만나거나 함께 살아가는 것만을 의미하지는 않습니다.
책을 펴내는 출판사와 그 책을 읽는 독자의 만남도 소중한 인연입니다.
시대에듀는 항상 독자의 마음을 헤아리기 위해 노력하고 있습니다. 늘 독자와 함께하겠습니다.

머리말 PREFACE

갈수록 높아지는 입사경쟁률과 한정적인 일자리 수에 따라 취업을 준비하는 수험생들은 더욱 힘든 상황에 놓였다. 또한 블라인드 채용이 확산되는 추세에서 오직 실력으로 평가받게 되었으므로 수험생은 자신의 실력을 더 갈고닦아야 한다. 이에 따라 기업에서 시행하는 적성검사뿐만 아닌 인성검사는 더욱 중요해졌다. 타 수험생들보다 좋은 점수를 얻는 것만이 합격을 위한 지름길이다.

이를 위해서는 본인이 입사하고 싶은 기업의 유형에 맞추어 준비를 나서는 것이 최선의 방법이다. 가장 기본으로 해야 할 일은 해당 기업의 인재상을 파악하고, 입사하고자 하는 해당 기업의 인성검사 유형에 맞추어 미리 연습하는 것이다. 하지만 기업마다 인재상은 상이하며, 기업별로 천차만별인 인성검사 유형에 맞추어 시험을 준비하기엔 부담이 될 수밖에 없다.

이에 시대에듀에서는 수험생들이 단 한 권으로도 대기업 인성검사를 준비할 수 있도록 다음과 같은 도서를 구성하였다.

도서의 특징

❶ 21대기업별 인재상을 수록하여 한번에 정리할 수 있도록 하였다.

❷ 5가지 유형의 인성검사를 수록하여 인성검사에 대한 전반적인 유형을 모두 확인해 볼 수 있도록 하였다.

❸ AI 면접, 면접 유형 및 실전 대책, 실제 면접 기출 등을 수록하여 별도의 면접 학습서가 필요하지 않도록 하였다.

끝으로 본서를 통해 대기업 채용을 준비하는 수험생 모두에게 합격의 기쁨이 있기를 진심으로 기원한다.

시대인성검사연구소 씀

인성검사 척도 INTRODUCE

본서는 '민감성, 외향성, 지적개방성, 친화성, 성실성' 등의 5가지 척도를 적용해 구성하였다. 각각의 척도의 의미를 설명하면 다음과 같다.

척도		분석 내용
민감성	'민감성'의 의미	심리적 · 정서적 안정성과 관련된 척도로 감정의 균형을 잘 잡는지, 자신을 둘러싼 환경을 어떻게 받아들이고 제어하는지를 나타낸다.
	관련 특성	불안, 분노, 우울, 열등감, 충동, 심약 등
	민감성 점수가 높을 경우	화, 걱정, 불안, 부끄러움, 수줍음, 스트레스 등을 잘 느끼는 성향이 있다. 그러나 지나치게 민감한 경우에는 정서적 안정성에 해를 받기도 한다.
	민감성 점수가 낮을 경우	온화 · 차분 · 냉정하기 때문에 쉽게 흥분하거나 스트레스를 받지 않으며, 우울 · 불안을 겪지 않는 경향이 있다. 따라서 스트레스를 주는 상황에 상대적으로 잘 대처하지만 정서적인 반응이 느려서 둔감하다는 평가를 받기도 한다.
외향성	'외향성'의 의미	타인과 함께할 때 즐거움을 느끼는 정도 및 타인의 주목을 받고자 하는 정도를 나타낸다.
	관련 특성	사교성, 온정, 군집(집단 선호형), 리더십, 활동성, 자극 추구, 명랑성 등
	외향성 점수가 높을 경우	사교적이어서 타인과의 교제를 즐기며, 활기차고 자신감이 높고 자극적인 활동을 선호하며, 낙천적 · 정열적인 성향이 있다. 그러나 지나치게 외향적인 경우에는 타인의 생각에 관심이 적고, 종종 공격적으로 자기주장을 하며 소란을 일으킬 수 있다.
	외향성 점수가 낮을 경우	혼자 있는 것과 사색을 즐기며, 교제의 범위가 넓지 않지만 깊이 사귀고, 느긋하고 진지하며 과묵한 성향이 있다. 그러나 지나치게 외향성이 낮을 경우에는 타인과 어울리는 것을 꺼리며, 소극적이어서 자신의 의견과 감정을 잘 표현하지 못하기도 한다.
지적개방성	'지적개방성'의 의미	자극에 대한 단순 반응이 아니라 다양한 자극을 적극적으로 찾으며, 익숙하지 않은 과제를 완수하는 것을 나타낸다.
	관련 특성	상상, 심미(예술적 흥미), 감수성, 신기, 지성, 가치 등

지적개방성	지적개방성 점수가 높을 경우	자신의 내면세계와 예술에 대한 관심이 많고 감정을 보다 강렬하게 느끼며, 새로운 것(변화)을 선호하고 예술적 감성과 삶의 다양한 경험으로 인생을 풍요롭게 만들려는 성향이 있다. 그러나 지적개방성이 지나친 경우에는 비실용적 · 비현실적이기도 하다.
	지적개방성 점수가 낮을 경우	현실적인 사고를 선호하고 익숙한 것을 선택하며, 권위와 전통에 순응하려는 성향이 있다. 그러나 지적개방성이 과소한 경우에는 예술과 미적 가치에 둔감하며 감정의 폭이 좁기도 하다.
친화성	'친화성'의 의미	타인을 존중하며 타인과 조화를 이루며 편안한 관계를 유지하는 정도를 나타낸다.
	관련 특성	신뢰, 정직, 이타, 협동, 겸손, 동정 등
	친화성 점수가 높을 경우	타인의 정서를 잘 이해하며 곤경에 처한 사람을 잘 돕고, 타인을 신뢰하며 협조적이고 공손하며, 규범을 지키고 공정한 성향이 있다. 그러나 친화성이 지나치게 높을 경우에는 갈등을 외면하거나 의존적으로 대응하기도 한다.
	친화성 점수가 낮을 경우	경쟁적이며 자신이 타인보다 우월하다고 자부하고, 냉철한 현실주의 성향이 있다. 그러나 친화성이 지나치게 낮을 경우에는 자기 중심적(이기적)이고 다른 사람을 경계하며 고집이 세고 남에게 무관심하며 현상에 대해 냉소적이고 자신의 이익을 고집하기도 한다.
성실성	'성실성'의 의미	사회적 규범을 엄수하고 주어진 책임을 완수하려는 정도를 나타낸다.
	관련 특성	자기 유능감, 정돈, 책임, 성취 지향, 자율, 신중 등
	성실성 점수가 높을 경우	자신이 유능하다고 믿어 자신만만하며 언행이 신중하고, 능률적으로 정리 정돈을 잘하며 부지런하며 책임감이 높고, 임무를 완수하려는 동기가 높은 성향이 있다. 그러나 성실성이 지나치게 높은 경우에는 융통성이 부족하고 강박적인 행동을 보이기도 한다.
	성실성 점수가 낮을 경우	자신이 무능하다고 생각하며 주의력이 부족하고, 다소 충동적이며 경솔한 언행으로 타인의 신뢰를 받지 못하고 쉽게 단념하며, 책임감이 낮은 성향이 있다. 그러나 사고방식이 유연하고 임기응변에 능숙해 변화하는 상황에 잘 대처하기도 한다.

21대기업 인재상 TALENT

삼성은 학력, 성별, 국적, 종교를 차별하지 않고 미래를 이끌어 나갈 인재와 함께 한다.

❶ 열정(Passion)
- ▶ 끊임없는 열정으로 미래에 도전하는 인재
- ▶ We have an unyielding passion to be the best.

❷ 창의혁신(Creativity)
- ▶ 창의와 혁신으로 세상을 변화시키는 인재
- ▶ We pursue innovation through creative ideas for a better future.

❸ 인간미 · 도덕성(Integrity)
- ▶ 정직과 바른 행동으로 역할과 책임을 다하는 인재
- ▶ We act responsibly as a corporate citizen with honesty and fairness.

LG

LG Way에 대한 신념과 실행력을 겸비한 LG인

❶ 꿈과 열정을 가지고 세계 최고에 도전하는 사람
❷ 팀워크를 이루며 자율적이고 창의적으로 일하는 사람
❸ 고객을 최우선으로 생각하고 끊임없이 혁신하는 사람
❹ 꾸준히 실력을 배양하여 정정당당하게 경쟁하는 사람

SK

스스로가 더 행복해질 수 있도록 자발적이고 의욕적으로 도전하는 패기 있는 인재

① 기업경영의 주체는 구성원

기업경영의 주체는 구성원이며, 구성원 스스로 기업의 경영철학에 확신과 열정을 가지고 이를 실천해 나가야 한다.

② SK 경영철학에 대한 믿음과 확신

구성원 전체의 행복을 지속적으로 키워 나가면 구성원 개인의 행복이 더 커질 수 있다는 것을 믿고, 이를 실천할 때 자발적이고 의욕적인 두뇌활용이 가능하다.

구성원의 행복 ┈┈▶ VWBE 문화 ┈┈▶ SUPEX Company

③ 패기 있게 행동

스스로 동기부여하여 문제를 제기하고 높은 목표에 도전하며 기존의 틀을 깨는 과감한 실행을 하는 인재

▶ **과감한 실행력** : 기존의 틀을 깨는 발상의 전환으로 새롭게 도전한다.

▶ **역량 강화와 자기 개발** : 문제 해결 역량을 지속적으로 개발한다.

▶ **팀웍의 시너지** : 함께 일하는 구성원들과 소통하고 협업하며 더 큰 성과를 만들어 간다.

CJ

※ CJ는 채용 사이트에 인재상이 등록되어 있지 않아 핵심가치로 대체합니다.

① 인재 : 일류인재 · 강유문화

일류인재 양성과 강유문화 조성으로 앞서가는 일류기업이 된다.

② ONLYONE : 최초 · 최고 · 차별화

최초 · 최고 · 차별화를 추구하여 핵심역량을 갖춘 일등기업이 된다.

③ 상생 : 생태계 조성 · 공유가치

생태계 조성과 공유가치 창출로 국가사회로부터 존경받는 기업이 된다.

롯데

오늘을 새롭게, 내일을 이롭게

세계 속에 우뚝 선 아름다운 롯데의 꿈에 동참할 인재를 초대한다.

롯데는 현재의 모습이 아닌 미래를 만들어 가는 가능성에 더 높은 가치를 두고 있으며, 자신의 성장과 함께 우리 사회를 보다 성숙시켜 나갈 열정과 책임감을 갖춘 글로벌 인재를 찾는다. '사랑(LOVE)이 넘치는 세상', '자유(LIBERTY)가 숨 쉬는 사회', '풍요로운 삶(LIFE)'을 누릴 수 있는 미래를 만들어 가는 롯데의 꿈에 동참할 다음과 같은 인재를 초대한다.

❶ 실패를 두려워하지 않는 인재

▸ 실패에 두려워하지 않고, 성공을 위해 도전하는 패기와 투지를 가진 인재를 초대한다.

▸ 창조적 실패는 젊음의 특권이다. 실패가 두려워 도전하지 않는 안정보다는 실패에서도 성공의 가능성을 찾을 수 있는 능동적이고 적극적인 도전정신을 보다 가치 있게 여기고 있다.

❷ 실력을 키우기 위해 끊임없이 노력하는 인재

▸ 젊음의 무모함이 아닌 진정한 실력으로 성공을 쟁취하기 위해 지식과 역량을 계발하는 인재를 초대한다.

▸ 끊임없이 노력하고 준비하는 사람에게 이길 수 있는 이는 없다. 언제나 자신의 성장과 조직의 발전을 위해 끊임없이 노력하는 인재를 롯데는 기다린다.

❸ 협력과 상생을 아는 인재

▸ 진정한 실력자는 협력하고 양보할 줄 아는 미덕을 가져야 한다.

▸ 함께 사는 사람들과 사회에 대한 감사한 마음이 모여 이 사회를 따뜻하게 만들 수 있다고 생각한다. 각자의 능력과 실력을 키우는 일도 개인과 기업이 해야 할 일이지만 사회적 존재로서 자신의 역할을 이해하는 인재를 롯데는 기다린다.

▸ 젊고 원대한 여러분의 꿈을 롯데에 투자하라. 끊임없이 전진하고 성장하는 롯데가 당신의 아름다운 미래를 만들어가겠다.

포스코

실천 의식과 배려의 마인드를 갖춘 창의적 인재

① **실천** : 주인의식과 책임감으로 매사에 솔선하고 능동적으로 협업하여 조직차원의 시너지를 창출하는 인재
② **배려** : 겸손과 존중의 마인드로 이해관계자와 진정성 있게 소통하며 상생의 가치를 추구하는 인재
③ **창의** : 유연한 사고와 지속적 학습으로 도전적인 아이디어를 제시하여 변화와 성장을 주도하는 미래 지향적인 인재

KT

**기본과 원칙에 충실하고 고객 가치 실현을 위해 끊임없이 소통하며
근성을 가지고 도전하는 KT인**

① **끊임없이 도전하는 인재**
  ▶ 시련과 역경에 굴하지 않고 목표를 향해 끊임없이 도전하여 최고의 수준을 달성한다.
  ▶ 변화와 혁신을 선도하여 차별화된 서비스를 구현한다.

② **벽 없이 소통하는 인재**
  ▶ 동료 간 적극적으로 소통하여 서로의 성장과 발전을 위해 끊임없이 노력한다.
  ▶ KT그룹의 성공을 위해 상호 협력하여 시너지를 창출한다.

③ **고객을 존중하는 인재**
  ▶ 모든 업무 수행에 있어 고객의 이익과 만족을 먼저 생각한다.
  ▶ 고객을 존중하고, 고객과의 약속을 반드시 지킨다.

④ **기본과 원칙을 지키는 인재**
  ▶ 회사의 주인은 나라는 생각으로 자부심을 갖고 업무를 수행한다.
  ▶ 윤리적 판단에 따라 행동하며 결과에 대해 책임을 진다.

21대기업 인재상 TALENT

아모레퍼시픽

※ 아모레퍼시픽은 채용 사이트에 인재상이 등록되어 있지 않아 핵심가치로 대체합니다.

'사람을 아름답게, 세상을 아름답게' 하는 우리의 꿈 그리고 소명. 모두가 자신만의 고유한 아름다움을 가꾸고 빛날 때 세상도 아름다워진다는 믿음, 이것이 우리가 이 길을 걷는 이유이다.

❶ FIRST CUSTOMERS : 고객을 중심으로 행동한다.
❷ BE THE 1ST&BEST : 최초, 최고를 위해 끊임없이 시도한다.
❸ COLLABORATE OPEN MIND : 열린 마음으로 협업한다.
❹ RESPECT DIFFERENCES : 다름을 인정하고 존중한다.
❺ ACT WITH INTEGRITY : 스스로 당당하게 일한다.

이랜드

※ 이랜드는 채용 사이트에 인재상이 등록되어 있지 않아 경영이념으로 대체합니다.

이랜드가 가장 소중하게 지켜온 가치이자 신념

❶ 나눔(SHARING) : 벌기 위해서가 아니라 쓰기 위해서 일한다.
  ▸ 기업은 반드시 이익을 내야 하고, 그 이익을 바르게 사용해야 한다.
  ▸ 지속적으로 수익을 낼 뿐 아니라, 순수익의 10%는 사회에 환원한다.

❷ 바름(RIGHTNESS) : 돌아가더라도 바른 길을 가는 것이 지름길이다.
  ▸ 기업은 이익을 내는 과정에서 정직해야 한다.
  ▸ 빛과 소금의 선한 영향력을 끼치며, 바른 성공 모델을 만든다.

❸ 자람(GROWTH) : 직장은 인생의 학교이다.
  ▸ 일하는 과정에서 배우고, 그 과정도 우리의 목표이다.
  ▸ 성숙한 인격과 탁월한 능력을 갖춘 바른 지도자를 양성한다.

❹ 섬김(SERVING) : 만족한 고객이 최선의 광고이다.
  ▸ 기업은 고객을 위해 운영되어야 한다.
  ▸ 기업은 모든 고객과 사회 전반에 플러스를 남겨야 한다.

두산

두산인은 두산의 가치와 인재상을 중요하게 생각하고 행동에 담고 있는 사람이다.

'두산인'은 능력이 많거나 적거나 혹은 탁월하거나 그렇지 않거나 조직에 공헌할 능력과 의사를 가지고 이를 실천하며 자신의 능력을 끊임없이 향상시키고자 노력하는 모든 구성원을 의미하며, 우리의 근본적인 가치와 인재상을 중요시하고 행동 속에 담고 있는 사람이다.

❶ 진정한 관심과 육성(Cultivating People)

두산인은 사람을 성과의 도구로 생각하지 않으며, 하나의 인격체로 존중한다. 두산인은 먼저 개개인에 대한 진정한 관심을 가지고 그들을 배려한다. 성과를 만들어내는 주체는 사람이라는 믿음으로, 때로는 단기 성과를 희생할지라도 중장기적 관점에서 인재 양성을 최우선시하며 한 사람 한 사람을 두산인으로 양성하기 위해 노력한다.

❷ 인화(Inhwa)

두산인은 자신의 성과와 팀의 성과를 분리하여 생각하지 않으며, 조직 공동의 하나된 목표달성을 위해 자발적으로 합심하는 팀워크를 중시하고 실천한다. 보다 강력한 진정한 의미의 팀워크를 실천하기 위해서는 당당함과 따뜻함이 그 기반이 되어야 한다. 이러한 당당함과 따뜻함을 기반으로 하는 진정한 의미의 팀워크가 두산이 추구하는 '인화'이다.

❸ 끊임없이 올라가는 눈높이(Limitless Aspiration)

두산인은 끊임없이 올라가는 눈높이를 가지고 있다. 무조건 1등만을 목표로 삼기보다 성취하였을 때 스스로 큰 자부심을 가질 만한 목표를 세운다. 그리고 자신의 수준을 높이고 개선을 이루기 위해 끊임없이 노력한다. 이를 통해 얻는 성취감은 개인의 호기심, 열정 등과 함께 눈높이를 다시 올리고자 하는 자발적 욕구로 이어진다. 두산인은 이러한 선순환을 통해 개인의 삶의 의미를 찾고 자발적으로 끊임없이 눈높이를 올리는 사람이다.

❹ 열린 소통(Open Communication)

두산인은 상하좌우 열린 소통을 한다. 언제든지 자신 있게 자신의 생각과 합리적 근거를 표현하고 다른 사람의 의견을 경청한다. 상대방과 생각이 다를 때에도 자신의 의견을 개진하는 것은 두산인의 의무이다. 두산인은 실수를 숨기지 않는다. 실수를 인정하고 약속을 지키는 사람이 진정 믿을 만한 사람이며, 믿음이 있어야 열린 소통이 가능해지기 때문이다.

❺ 현명한 근성(Tenacity & Drive)

두산인은 무엇이든 가능하게 만드는 '근성'을 가지고 있다. 문제의 해법을 찾을 때까지 포기하지 않고 모든 종류의 가능성을 시도하여 돌파구를 찾는다. 그렇다고 두산인의 '근성'이 자신이 가진 능력 하나만 가지고 끝까지 고군분투하는 것은 아니다. 성공적인 마무리를 염두에 두고 정당하게 동원할 수 있는 모든 내외부 옵션과 수단을 동원하여 해결하는 '현명한 근성'을 의미한다. 두산인은 자신의 역량의 한계에 갇히지 않고, 필요하다면 남의 머리와 아이디어도 동원하는 사람이다.

❻ 중요한 것의 해결(Prioritization & Focus)

두산인은 가장 중요한 것을 찾아내고 이를 실행하는 데 집중한다. 어떤 일이 닥치든, 중요한 것을 정확하게 찾아내는 것에서부터 일을 시작한다. 중요한 것을 찾아내면, 모든 가용자원을 총동원하여 이를 확실하게 먼저 해결해 낸다.

21대기업 인재상 TALENT

현대자동차

※ 현대자동차는 채용 사이트에 인재상이 등록되어 있지 않아 핵심가치로 대체합니다.

5대 핵심가치는 현대자동차그룹의 조직과 구성원에게 내재되어 있는 성공 DNA이자 더 나은 미래를 향하여 새롭게 발전시키고 있는 구체적인 행동양식이다. 현대자동차그룹은 5대 핵심가치를 통해 글로벌 기업의 위상에 맞는 선진문화를 구축하며 성공 DNA를 더욱 발전시켜 나갈 것이다.

❶ 고객 최우선(CUSTOMER)

최고의 품질과 최상의 서비스를 제공함으로써 모든 가치의 중심에 고객을 최우선으로 두는 고객 감동의 기업문화를 조성한다.

❷ 도전적 실행(CHALLENGE)

현실에 안주하지 않고 새로운 가능성에 도전하며 '할 수 있다'는 열정과 창의적 사고로 반드시 목표를 달성한다.

❸ 소통과 협력(COLLABORATION)

타 부문 및 협력사에 대한 상호 소통과 협력을 통해 '우리'라는 공동체 의식을 나눔으로써 시너지효과를 창출한다.

❹ 인재 존중(PEOPLE)

우리 조직의 미래가 각 구성원의 마음가짐과 역량에 달려 있음을 믿고 자기계발에 힘쓰며, 인재 존중의 기업문화를 만들어 간다.

❺ 글로벌 지향(GLOBALITY)

문화와 관행의 다양성을 존중하며, 모든 분야에서 글로벌 최고를 지향하고 글로벌 기업시민으로서 존경받는 개인과 조직이 된다.

현대백화점

변화와 혁신을 선도하는 여러분이 현대백화점 그룹의 인재상이다.
그룹의 미래를 함께 만들어가는 인재

❶ **열정과 자부심을 가지고 끊임없이 도전하는 사람(Action)**
  ▸ 미션과 비전을 공감하고, 역할에 책임을 다함으로써 회사와 자신의 가치를 높인다.
  ▸ 진취적 목표를 세우고 실패에 대한 두려움 없이 자신 있게 도전한다.
  ▸ 새로운 시도에서 얻은 경험으로 자신의 경쟁력을 높이고 또 다른 도전 기회로 삼는다.

❷ **혁신적 사고와 학습을 통해 변화를 주도하는 사람(Change)**
  ▸ 가치 있는 일에 집중할 수 있도록 비효율적인 업무관행을 찾아 제거한다.
  ▸ 미래에 필요한 지식이나 스킬이 무엇인지 수시로 예측하고 질문하며 한발 앞서 대응한다.
  ▸ 최신의 정보와 디지털 환경변화를 빠르게 파악하여 업무에 적용한다.

❸ **소통하고 협업하며 함께 성장하는 사람(Development)**
  ▸ 상호 간 공감을 바탕으로 건설적인 피드백과 협업을 통해 문제를 해결한다.
  ▸ 의문이 생기지 않도록 끝까지 듣고 명료하게 말하며, 자신 있게 질문하고 친절히 답한다.
  ▸ 객관적이고 신뢰 가는 데이터를 기반으로 상대를 설득하고 의사결정하는 능력을 기른다.

삼양

새로운 길을 만드는 삼양인의 핵심 자질

❶ 객관성과 전문성을 바탕으로 한 판단력
❷ 관행을 당연시하지 않는 새로운 시각과 탐구심
❸ 실패를 두려워하지 않는 용기와 도전정신
❹ 끝까지 완수하는 책임의식
❺ 윤리와 원칙을 바탕으로 한 신뢰
❻ 공동의 Purpose를 향한 소통과 협력

❖ GS는 계열사별로 인재상이 상이하여 구분하였습니다.

GS칼텍스

GS칼텍스 구성원은 GSC Way 실천을 통해 비전을 달성하기 위해 도전하는 사람들이다.

① **신뢰** : 역할에 대한 이해, 원칙준수, 책임감
② **유연** : 다양성 존중, 상호협력, 창의성
③ **도전** : 도전적인 목표설정, 지속적 변화추구, 끈기 있는 도전
④ **탁월** : 최고에 대한 열정, 역량발휘, 성과추구

GS리테일

GS VALUE와 GS WAY를 잘 실천하는 인재

① **우리의 가치관(GS VALUE)**
   ▸ **FAIR** : 공정함을 지키고 사회와 환경에 기여한다.
   ▸ **FRESH** : 창의와 도전을 장려하여 회사와 개인이 함께 성장한다.
   ▸ **FRIENDLY** : 다양성을 인정하고 서로를 존중한다.
   ▸ **FUN** : 유연하고 자율적인 환경에서 즐겁게 일한다.

② **우리의 일하는 방식(GS WAY)**
   ▸ **고객최우선** : 모든 생각과 의사결정의 기준은 고객이다.
   ▸ **트렌드 선도** : 트렌드를 감지하고 고객이 느끼는 차이를 만든다.
   ▸ **최고 지향 목표 설정** : 적당한 타협보다 가슴 설레는 목표를 지향한다.
   ▸ **데이터 중심 의사결정** : 근거는 언제나 데이터로부터 찾는다.
   ▸ **신속한 판단과 실행** : 신속히 판단하고 즉시 실행한다.
   ▸ **적극적인 소통과 협업** : 소통으로 시작해서, 협업으로 완성한다.
   ▸ **비효율 개선** : 익숙한 비효율은 바로 개선한다.
   ▸ **기본에 충실** : 핵심에 다가가기 위해 본질에 집중한다.

코오롱

One & Only 차별화된 역량과 경쟁력을 갖춘 인재

One&Only는 코오롱인 각자가 가장 중요하게 여겨야 할 핵심가치를 담고 있다. 3Ways는 코오롱인의 의사결정 기준이며, 궁극적으로 달성해야 할 코오롱의 모습이다. 9Practices는 코오롱인이 모든 일상 속에서 One&Only Way를 실현할 수 있는 구체적인 방법이다.

고객으로부터 가장 사랑받는 코오롱	독특하고 차별화된 우리	최고의 경쟁력을 갖춘 나
▸ 고객으로부터 출발한다. ▸ 기대 이상의 가치를 제공한다. ▸ 고객의 성공에 기여한다.	▸ 한발 앞서 시장을 읽고 움직인다. ▸ 경계를 넘어 협력한다. ▸ 새로운 것에 도전한다.	▸ 높은 목표수준을 갖는다. ▸ 철저하게 준비한다. ▸ 될 때까지 실행한다.

오뚜기

❶ **공경과 배려의 인재** : 부모와 윗사람을 공경하고, 타인을 배려하는 예의범절을 갖춘 인재로서 조직과 가정에서 절약정신을 실천한다.
❷ **윤리적으로 행동하는 인재** : 법규와 약속을 지키고 올바른 행동을 솔선수범하여 실천한다.
❸ **마음을 나눌 줄 아는 인재** : 마음과 정성으로 사회와 타인을 위해 봉사하는 마음을 가지고 실천한다.

효성

Agile Promise(고객을 향한 몰입과 약속)를 실천해 갈 인재

❶ **최고(Global Excellence)** : 글로벌 경쟁력과 최고의 역량을 갖춘 인재
❷ **혁신(Innovation)** : 새로운 가능성에 도전하는 인재
❸ **책임(Accountability)** : 주인의식을 가지고 일하는 인재
❹ **신뢰(Integrity)** : 동료와 업무에 있어 신뢰를 구축해 나가는 인재

21대기업 인재상 TALENT

동원

❶ 바르게 생각하고 행동하는 인재
- ▸ 의사결정 시 Fact에 기반하고 다양한 관점을 고려하여 올바른 판단을 한다.
- ▸ 원칙에 충실하고 사회나 조직의 제도, 규범을 실천하려고 노력한다.
- ▸ 맡은 일은 시작부터 완료까지 책임지고 반드시 최종 결과물을 내기 위해 최선을 다한다.
- ▸ 공사를 엄격하게 구분하고 객관적이고 합리적 기준에 따라 일관성 있게 행동한다.

❷ 자신의 일을 즐기는 인재
- ▸ 자신이 희망하는 일에 필요한 기본 지식과 기술을 습득하고 경험을 쌓기 위해 적극적으로 노력한다.
- ▸ 철저히 계획을 세우고 일정에 따라 일이 원활히 진행될 수 있도록 리드한다.
- ▸ 새로운 상황에 신속히 적응하고 새롭게 학습한 지식과 정보를 적극 활용한다.
- ▸ 부정적이거나 어려운 상황과 실패에 좌절하지 않고 자신의 감정을 안정적으로 유지한다.

❸ 새로움을 추구하는 인재
- ▸ 새로운 관점에서 사물을 바라보고, 새롭고 다양한 아이디어를 내는 데 흥미를 가진다.
- ▸ 습관적으로 하는 행동이나 방식에 만족하지 않고 항상 새로운 행동이나 방식을 시도한다.
- ▸ 다양한 분야에 관심을 가지고 지식 습득에 노력하며 융합적 사고를 하기 위해 노력한다.
- ▸ 문제발생 시 문제 본질을 정확하게 파악하고 효과적인 해결책을 도출한다.

❹ 목표를 위해 몰입하고 협력하는 인재
- ▸ '반드시 잘할 수 있다.'는 자세로 계획한 일을 달성하기 위해 최선을 다하고 몰입한다.
- ▸ 가치 있는 결과를 내기 위해 끊임없이 연구하고 학습한다.
- ▸ 다른 사람과 함께 일한다는 마음가짐과 자세로 긍정적 결과를 낼 수 있도록 노력한다.
- ▸ 상대방의 말을 잘 경청하고 상호공감대를 형성하면서 소통하며 자신의 의견을 설득력 있게 표현한다.

KCC

❶ K(Knowledge) : 기본에 충실하고, 조직방향과 일치하는 전문지식을 가진 사람
❷ C(Challenge) : 불굴의 의지와 창의력으로 실천하는 사람
❸ C(Courage) : 고객과 조직에 정직하고, 사명감과 책임감을 갖는 사람

S-OIL

❶ 회사 VISION 실현에 동참할 진취적인 사람

S-OIL은 '아시아·태평양 지역에서 가장 경쟁력 있고 존경받는 에너지·화학 기업'으로 성장하겠다는 Vision을 달성하는 데 필요한 모든 역량을 강화하고 있다. 넓은 세계무대에 우뚝 서겠다는 회사 Vision에 적극 동참할 능동적이고 진취적인 사고를 지닌 인재와 함께하기를 기원한다.

❷ 국제적 감각과 자질을 가진 사람

S-OIL은 아시아–태평양 지역의 석유제품 공급허브 역할을 수행하는 글로벌 기업으로서 회사의 위상에 부합하는 국제감각과 세련된 매너, 어학실력 등의 자질을 갖춘 인재와 함께하기를 원한다.

❸ 자율과 팀워크를 중시하는 사람

S-OIL은 공부하는 자세로 자기관리와 자기 계발을 위해 힘쓰되 항상 조직과의 조화를 추구하고 목표를 달성하기 위하여 뜨거운 열정과 자세를 갖춘 인재와 함께하기를 원한다.

❹ 건전한 가치관과 윤리의식을 가진 사람

S-OIL은 건전한 가치관과 윤리의식을 바탕으로 회사 내에서는 동료 간 화합에 힘쓰고 회사 밖에서는 책임감 있는 사회인으로서 회사의 명예와 자긍심을 높일 수 있는 인재와 함께하기를 원한다.

샘표식품

❶ 열정 있는 사람

▸ 어떠한 일이든지 몰두하여 열심히 하고 시간이 걸리더라도 일을 잘할 수 있도록 한다.

▸ 업무능력에 상관없이 최선을 다해 맡은 일에 몰두하는 자세를 가지고 일을 한다.

▸ 끊임없이 개선하려는 적극적 자세로 일을 한다.

❷ 겸손한 사람

▸ 내가 모르는 것이 많다는 것을 스스로 인식하는 마음 자세를 가지고 있다.

▸ 타인의 의견을 적극 경청하며 존중한다.

▸ 타인에게 배우려 하며 끊임없이 개선하려고 노력한다.

❸ 사심 없는 사람

▸ 회사 일을 할 때 '나', '너' 이런 생각을 갖지 않고 회사 이익을 위해 일을 한다.

▸ 가장 좋은 방향으로 합리적 판단만을 하려는 마음을 가지고 일을 한다.

▸ 자신의 업무뿐만 아니라 회사가 필요로 하는 일을 언제든지 할 수 있는 자세를 갖고 일을 한다.

21대기업 인성검사 유형 CATEGORY

구분	예·아니요	5지/6지	4문 5답/3문 6답	가까운 것·먼 것	상황판단
삼성			○		
LG			○		
SK		○	○		
CJ		○		○	
롯데			○		
포스코	○				
KT	○		○		
아모레퍼시픽	○				
이랜드		○	○		○
두산			○		
현대자동차		○	○		
현대백화점	○				
삼양			○		
GS			○	○	
코오롱	○				○
오뚜기			○		
효성	○				
동원	○				
KCC			○	○	
S-OIL			○		
샘표식품		○			

※ 인성검사 유형은 수험생들의 후기를 통해 시대에듀에서 개발한 문제로 실제 시험과 다소 상이할 수 있습니다.

CHAPTER 01 예 · 아니요

※ 인성검사는 정답이 따로 없는 유형이므로 결과를 제공하지 않습니다.

※ 다음 문항을 읽고 '예' 또는 '아니요'에 O표 하시오. [1~500]

번호	문항	응답		척도의 유형
01	필요 이상으로 고민하지 않는 편이다.	예	아니요	민감성
02	다른 사람을 가르치는 일을 좋아한다.	예	아니요	외향성
03	특이한 일을 하는 것이 좋고 착장도 독창적이다.	예	아니요	지적개방성
04	주변 사람들의 평가에 신경이 쓰인다.	예	아니요	친화성
05	견문을 간략한 문장으로 정리해 표현하는 것을 좋아한다.	예	아니요	성실성
06	우산 없이 외출해도 비나 눈이 올까봐 불안하지 않다.	예	아니요	민감성
07	많은 사람들과 함께 있으면 쉽게 피곤을 느낀다.	예	아니요	외향성
08	활자가 많은 기사나 도서를 집중해서 읽는 편이다.	예	아니요	지적개방성
09	단체 관광할 기회가 생긴다면 기쁘게 참여할 것이다.	예	아니요	친화성
10	거래 내역 계산, 출납부 기록·정리 등이 귀찮지 않다.	예	아니요	성실성
11	온종일 책상 앞에만 있어도 우울하지 않은 편이다.	예	아니요	민감성
12	학창 시절에 도서부장보다는 체육부장을 선호했다.	예	아니요	외향성
13	감각이 민감하고 감성도 날카로운 편이다.	예	아니요	지적개방성
14	주변 사람들과 함께 고민할 때 보람을 느낀다.	예	아니요	친화성
15	여행을 위해 계획을 짜는 것을 좋아한다.	예	아니요	성실성
16	일이 실패한 원인을 찾아내지 못하면 스트레스를 받는다.	예	아니요	민감성
17	파티에서 장기자랑을 하는 것에 거리낌이 없는 편이다.			
18	미적 감각을 활용해 좋은 소설을 쓸 수 있을 것 같다.			
19	남에게 보이는 것을 중시하고 경쟁에서 꼭 이겨야 한다.			
20	자료를 종류대로 정리하고 통계를 작성하는 일이 쉽지 않다.			
21	노심초사하거나 애태우는 일이 별로 없다.			
22	타인들에게 지시를 하며 그들을 통솔하고 싶다.			
23	기행문 등을 창작하는 것을 좋아한다.			
24	남을 위해 선물을 사는 일이 성가시게 느껴진다.			
25	제품 설명회에서 홍보하는 일도 잘할 자신이 있다.			
26	타인의 비판을 받아도 여간해서 스트레스를 받지 않는다.			
27	대중에게 신상품을 홍보하는 일에 활력과 열정을 느낀다.			

4 · 21대기업 유형별 인성검사

인성검사 유형 한눈에 파악하기

실제 시험과 유사하게 구성한 인성검사를 5가지 유형으로 나누어 수록하였다. 기업별로 해당하는 유형을 선택하여 인성검사 연습을 할 수 있으며, 도서와 동일한 유형으로 구성된 온라인 인성검사 서비스로 실제 온라인 인성검사에 응시하는 것처럼 연습할 수 있다.

CHAPTER 03 주요기업 실제 면접 기출

01 삼성

삼성그룹은 '창의·열정·소통의 가치창조인(열정과 몰입으로 미래에 도전하는 인재, 학습과 창의로 세상을 변화시키는 인재, 열린 마음으로 소통하고 협업하는 인재)'을 인재상으로 내세우며, 이에 적합한 인재를 채용하기 위하여 면접전형을 시행하고 있다.
2019년 이전에는 '인성검사 – 직무 면접 – 창의성 면접 – 임원 면접' 순서로 시행되었지만 2020년부터 코로나로 인해 화상으로 진행되었으며, 직무역량 면접은 프레젠테이션(PT)을 하던 방식에서 질의응답 형식으로 대체되었다. 또한 창의성 면접을 시행하지 않으며 대신 수리논리와 추리 영역을 평가하는 약식 GSAT를 30분간 실시한다.

1. 약식 GSAT

구분	문항 수	제한시간
수리논리	10문항	30분
추리	15문항	

2. 직무 면접

구분	인원수	면접 시간
면접관	3명	30분 내외
지원자	1명	

- 1분 자기소개
- 해당 직무 지원동기
- 직무와 관련한 자신의 역량
- 전공 관련 용어
- 마지막으로 하고 싶은 말

310 · 21대기업 유형별 인성검사

면접까지 한 권으로 완벽 대비

AI면접, 면접 유형 및 실전 대책, 주요기업 실제 면접 기출 질문 및 NCS 기반 면접 평가를 제공하여 최종 관문인 면접까지 준비할 수 있도록 구성하였다.

이 책의 차례 CONTENTS

21대기업

유형별 인성검사

PART 1
인성검사 유형

21대기업 인성검사 분석

인성검사는 기업체에서 지원자가 회사의 인재상과 얼마나 부합하는 인재인지 평가하는 항목으로, 본서는 '① 민감성, ② 외향성, ③ 지적개방성, ④ 친화성, ⑤ 성실성' 등의 5가지 척도를 적용해 구성하였다. 기업에서 출제되는 인성검사의 유형을 크게 5개로 구분하였으며, 솔직하고 일관성 있는 답변이 요구된다. 많은 문항을 풀어야 하므로 지원자들은 인내를 가지고 솔직하게 응답하는 것이 무엇보다 중요하다.

구분	예·아니요	5지 / 6지	4문 5답 / 3문 6답	가까운 것·먼 것	상황판단
삼성			○		
LG			○		
SK		○	○		
CJ		○		○	
롯데			○		
포스코	○				
KT	○		○		
아모레퍼시픽	○				
이랜드		○	○		○
두산			○		
현대자동차		○	○		
현대백화점	○				
삼양			○		
GS			○	○	
코오롱	○				○
오뚜기			○		
효성	○				
동원	○				
KCC			○	○	
S-OIL			○		
샘표식품		○			

※ 인성검사 유형은 수험생들의 후기를 통해 시대에듀에서 개발한 문제로 실제 시험과 다소 상이할 수 있습니다.

※ 인성검사는 정답이 따로 없는 유형이므로 결과지를 제공하지 않습니다.

※ 다음 문항을 읽고 '예' 또는 '아니요'에 ○표 하시오. [1~500]

번호	문항	응답		척도의 유형
01	필요 이상으로 고민하지 않는 편이다.	예	아니요	민감성
02	다른 사람을 가르치는 일을 좋아한다.	예	아니요	외향성
03	특이한 일을 하는 것이 좋고 착상도 독창적이다.	예	아니요	지적개방성
04	주변 사람들의 평가에 신경이 쓰인다.	예	아니요	친화성
05	견문을 간략한 문장으로 정리해 표현하는 것을 좋아한다.	예	아니요	성실성
06	우산 없이 외출해도 비나 눈이 올까봐 불안하지 않다.	예	아니요	민감성
07	많은 사람들과 함께 있으면 쉽게 피곤을 느낀다.	예	아니요	외향성
08	활자가 많은 기사나 도서를 집중해서 읽는 편이다.	예	아니요	지적개방성
09	단체 관광할 기회가 생긴다면 기쁘게 참여할 것이다.	예	아니요	친화성
10	거래 내역 계산, 출납부 기록·정리 등이 귀찮지 않다.	예	아니요	성실성
11	온종일 책상 앞에만 있어도 우울하지 않은 편이다.	예	아니요	민감성
12	학창 시절에 도서부장보다는 체육부장을 선호했다.	예	아니요	외향성
13	감각이 민감하고 감성도 날카로운 편이다.	예	아니요	지적개방성
14	주변 사람들과 함께 고민할 때 보람을 느낀다.	예	아니요	친화성
15	여행을 위해 계획을 짜는 것을 좋아한다.	예	아니요	성실성
16	일이 실패한 원인을 찾아내지 못하면 스트레스를 받는다.	예	아니요	민감성
17	파티에서 장기자랑을 하는 것에 거리낌이 없는 편이다.	예	아니요	외향성
18	미적 감각을 활용해 좋은 소설을 쓸 수 있을 것 같다.	예	아니요	지적개방성
19	남에게 보이는 것을 중시하고 경쟁에서 꼭 이겨야 한다.	예	아니요	친화성
20	자료를 종류대로 정리하고 통계를 작성하는 일이 싫지 않다.	예	아니요	성실성
21	노심초사하거나 애태우는 일이 별로 없다.	예	아니요	민감성
22	타인들에게 지시를 하며 그들을 통솔하고 싶다.	예	아니요	외향성
23	기행문 등을 창작하는 것을 좋아한다.	예	아니요	지적개방성
24	남을 위해 선물을 사는 일이 성가시게 느껴진다.	예	아니요	친화성
25	제품 설명회에서 홍보하는 일도 잘할 자신이 있다.	예	아니요	성실성
26	타인의 비판을 받아도 여간해서 스트레스를 받지 않는다.	예	아니요	민감성
27	대중에게 신상품을 홍보하는 일에 활력과 열정을 느낀다.	예	아니요	외향성

28	나의 먼 미래에 대해 상상할 때가 자주 있다.	예	아니요	지적개방성
29	나 자신의 이익을 꼭 지키려는 편이다.	예	아니요	친화성
30	발전이 적고 많이 노력해야 하는 일도 잘할 자신이 있다.	예	아니요	성실성
31	장래의 일을 생각하면 불안해질 때가 종종 있다.	예	아니요	민감성
32	홀로 지내는 일에 능숙한 편이다.	예	아니요	외향성
33	연극배우나 탤런트가 되고 싶다는 꿈을 꾼 적이 있다.	예	아니요	지적개방성
34	타인과 싸움을 한 적이 별로 없다.	예	아니요	친화성
35	항공기 시간표에 늦지 않고 도착할 자신이 있다.	예	아니요	성실성
36	소외감을 느낄 때가 있다.	예	아니요	민감성
37	자신을 둘러싼 주위의 여건에 흡족하고 즐거울 때가 많다.	예	아니요	외향성
38	제품 구입 시에 색상, 디자인처럼 미적 요소를 중시한다.	예	아니요	지적개방성
39	다른 사람의 충고를 기분 좋게 듣는 편이다.	예	아니요	친화성
40	언행이 조심스러운 편이다.	예	아니요	성실성
41	어떠한 경우에도 희망이 있다는 낙관론자이다.	예	아니요	민감성
42	고객을 끌어모으기 위해 호객 행위도 잘할 자신이 있다.	예	아니요	외향성
43	학창 시절에는 미술과 음악 시간을 좋아했다.	예	아니요	지적개방성
44	다른 사람에게 의존적일 때가 많다.	예	아니요	친화성
45	남에게 설명할 때 이해하기 쉽게 핵심을 간추려 말한다.	예	아니요	성실성
46	병이 아닌지 걱정이 들 때가 많다.	예	아니요	민감성
47	소수의 사적인 모임에서 총무를 하는 것을 좋아하는 편이다.	예	아니요	외향성
48	예쁜 인테리어 소품이나 장신구 등에 흥미를 느낀다.	예	아니요	지적개방성
49	다른 사람이 내가 하는 일에 참견하는 게 몹시 싫다.	예	아니요	친화성
50	어떤 일에 얽매여 융통성을 잃을 때가 종종 있다.	예	아니요	성실성
51	자의식 과잉이라는 생각이 들 때가 있다.	예	아니요	민감성
52	자연 속에서 혼자 명상하는 것을 좋아한다.	예	아니요	외향성
53	발명품 전시회에 큰 흥미를 느낀다.	예	아니요	지적개방성
54	'모난 돌이 정 맞는다.'는 핀잔을 들을 때가 종종 있다.	예	아니요	친화성
55	연습하면 복잡한 기계 조작도 잘할 자신이 있다.	예	아니요	성실성
56	희망이 보이지 않을 때도 낙담한 적이 별로 없다.	예	아니요	민감성
57	모임에서 가능한 한 많은 사람들과 인사를 나누는 편이다.	예	아니요	외향성
58	전통 공예품을 판매하는 새로운 방법을 궁리하곤 한다.	예	아니요	지적개방성
59	단순한 게임이라도 이기지 못하면 의욕을 잃는 편이다.	예	아니요	친화성
60	잘못이나 실수를 하지 않으려고 매우 신중한 편이다.	예	아니요	성실성
61	필요 이상으로 걱정할 때가 종종 있다.	예	아니요	민감성
62	온종일 돌아다녀도 별로 피로를 느끼지 않는다.	예	아니요	외향성
63	시계태엽 등 기계의 작동 원리를 궁금해 한 적이 많다.	예	아니요	지적개방성

64	타인의 욕구를 알아채는 감각이 날카로운 편이다.	예	아니요	친화성
65	어떤 일을 대할 때 심사숙고하는 편이다.	예	아니요	성실성
66	매사에 얽매인다.	예	아니요	민감성
67	공동 작업보다는 혼자서 일하는 것이 더 재미있다.	예	아니요	외향성
68	창의적으로 혁신적인 신상품을 만드는 일에 흥미를 느낀다.	예	아니요	지적개방성
69	토론에서 이겨야 직성이 풀린다.	예	아니요	친화성
70	포기하지 않고 착실하게 노력하는 것이 가장 중요하다.	예	아니요	성실성
71	쉽게 침울해한다.	예	아니요	민감성
72	몸가짐이 민첩한 편이라고 생각한다.	예	아니요	외향성
73	능숙하지 않은 일도 마다하지 않고 끝까지 하는 편이다.	예	아니요	지적개방성
74	다른 사람들의 험담을 하는 것을 꺼리지 않는다.	예	아니요	친화성
75	일주일 단위의 단기 목표를 세우는 것을 좋아한다.	예	아니요	성실성
76	권태를 쉽게 느끼는 편이다.	예	아니요	민감성
77	의견이나 생각을 당당하고 강하게 주장하는 편이다.	예	아니요	외향성
78	새로운 환경으로 옮겨가는 것을 싫어한다.	예	아니요	지적개방성
79	다른 사람의 일에 관심이 없다.	예	아니요	친화성
80	눈에 보이지 않는 노력보다는 가시적인 결과가 중요하다.	예	아니요	성실성
81	불만 때문에 화를 낸 적이 별로 없다.	예	아니요	민감성
82	사람들을 떠나 혼자 여행을 가고 싶을 때가 많다.	예	아니요	외향성
83	옷을 고르는 취향이 여간해서 변하지 않는다.	예	아니요	지적개방성
84	다른 사람으로부터 지적받는 것이 몹시 싫다.	예	아니요	친화성
85	융통성이 부족해 신속하게 판단을 하지 못할 때가 많다.	예	아니요	성실성
86	모든 일에 여유롭고 침착하게 대처하려고 노력한다.	예	아니요	민감성
87	대인관계가 성가시게 느껴질 때가 있다.	예	아니요	외향성
88	슬픈 내용의 소설을 읽으면 눈물이 잘 나는 편이다.	예	아니요	지적개방성
89	타인이 나에게 왜 화를 내는지 모를 때가 많다.	예	아니요	친화성
90	어떤 취미 활동을 장기간 유지하는 편이다.	예	아니요	성실성
91	어려운 상황에서도 평정심을 지키며 직접 맞서는 편이다.	예	아니요	민감성
92	타인에게 나의 의사를 잘 내세우지 못하는 편이다.	예	아니요	외향성
93	1년 후에는 현재보다 변화된 다른 삶을 살고 싶다.	예	아니요	지적개방성
94	타인에게 위해를 가할 것 같은 기분이 들 때가 있다.	예	아니요	친화성
95	일단 시작한 일은 끝까지 해내려고 애쓰는 편이다.	예	아니요	성실성
96	당황하면 갑자기 땀이 나서 신경 쓰일 때가 있다.	예	아니요	민감성
97	친구들과 수다 떠는 것을 좋아한다.	예	아니요	외향성
98	항상 새로운 흥미를 추구하며 개성적이고 싶다.	예	아니요	지적개방성
99	진정으로 마음을 허락할 수 있는 사람은 거의 없다.	예	아니요	친화성

100	결심한 것을 실천하는 데 시간이 다소 걸리는 편이다.	예	아니요	성실성
101	감정적으로 될 때가 많다.	예	아니요	민감성
102	주변 사람들은 내가 활동적인 사람이라고 평가하곤 한다.	예	아니요	외향성
103	타인의 설득을 수용해 나의 생각을 바꿀 때가 많다.	예	아니요	지적개방성
104	줏대가 없고 너무 의존적이라는 말을 들을 때가 많다.	예	아니요	친화성
105	나는 타인들이 불가능하다고 생각하는 일을 하고 싶다.	예	아니요	성실성
106	친구들은 나를 진지한 사람이라고 생각하고 있다.	예	아니요	민감성
107	나는 성공해서 대중의 주목을 끌고 싶다.	예	아니요	외향성
108	나의 성향은 보수보다는 진보에 가깝다고 생각한다.	예	아니요	지적개방성
109	갈등 상황에서 갈등을 해소하기보다는 기피하곤 한다.	예	아니요	친화성
110	반드시 해야 하는 일은 먼저 빨리 마무리하려 한다.	예	아니요	성실성
111	지루하면 마구 떠들고 싶어진다.	예	아니요	민감성
112	옆에 사람이 있으면 성가심을 느껴 피하게 된다.	예	아니요	외향성
113	낯선 음식에 도전하기보다는 좋아하는 음식만 먹는 편이다.	예	아니요	지적개방성
114	타인의 기분을 배려하려고 주의를 기울이는 편이다.	예	아니요	친화성
115	막무가내라는 말을 들을 때가 많다.	예	아니요	성실성
116	괴로움이나 어려움을 잘 참고 견디는 편이다.	예	아니요	민감성
117	집에서 아무것도 하지 않고 있으면 마음이 답답해진다.	예	아니요	외향성
118	예술 작품에 대한 새로운 해석에 더 큰 관심이 간다.	예	아니요	지적개방성
119	남들은 내가 남을 염려하는 마음씨가 있다고 평가한다.	예	아니요	친화성
120	사물과 현상을 꿰뚫어보는 능력이 있다고 자부한다.	예	아니요	성실성
121	천재지변을 당하지 않을까 항상 걱정하고 있다.	예	아니요	민감성
122	권력자가 되기를 바라지 않는 사람은 없다고 생각한다.	예	아니요	외향성
123	조직의 분위기 쇄신에 빨리 적응하지 못하는 편이다.	예	아니요	지적개방성
124	남들이 내 생각에 찬성하지 않아도 내 생각을 고수한다.	예	아니요	친화성
125	좋은 생각도 실행하기 전에 여러 방면으로 따져본다.	예	아니요	성실성
126	곤란한 상황에서도 담대하게 행동하는 편이다.	예	아니요	민감성
127	윗사람에게 자신의 감정을 표현한 적이 한 번도 없다.	예	아니요	외향성
128	새로운 사고방식과 참신한 생각에 민감하게 반응한다.	예	아니요	지적개방성
129	누구와도 편하게 이야기할 수 있다.	예	아니요	친화성
130	잘 아는 일이라도 세심하게 주의를 기울이는 편이다.	예	아니요	성실성
131	후회할 때가 자주 있다.	예	아니요	민감성
132	겉으로 드러내기보다는 마음속으로만 생각하는 편이다.	예	아니요	외향성
133	고졸 채용의 확산 등 학력 파괴는 매우 좋은 제도이다.	예	아니요	지적개방성
134	다른 사람을 싫어한 적이 한 번도 없다.	예	아니요	친화성
135	전망에 따라 행동할 때가 많다.	예	아니요	성실성

136	어떤 사람이나 일을 기다리다가 역정이 날 때가 많다.	예	아니요	민감성
137	행동거지에 거침이 없고 활발한 편이다.	예	아니요	외향성
138	새로운 제도의 도입에 방해되는 것은 얼마든지 폐지할 수 있다.	예	아니요	지적개방성
139	별다른 까닭 없이 타인과 마찰을 겪을 때가 있다.	예	아니요	친화성
140	규범의 엄수보다는 기대한 결과를 얻는 것이 중요하다.	예	아니요	성실성
141	불안 때문에 침착함을 유지하기 어려울 때가 많다.	예	아니요	민감성
142	대인관계가 닫혀 있다는 말을 종종 듣는다.	예	아니요	외향성
143	현재의 시류에 맞지 않는 전통적 제도는 시급히 폐지해야 한다고 생각한다.	예	아니요	지적개방성
144	타인의 일에는 별로 관여하고 싶지 않다.	예	아니요	친화성
145	모든 일에 진중하며 세심한 편이라고 생각한다.	예	아니요	성실성
146	가만히 있지 못할 정도로 침착하지 못할 때가 있다.	예	아니요	민감성
147	잠자리에서 일어나는 즉시 외출할 준비를 시작한다.	예	아니요	외향성
148	지금까지 감정적이 된 적은 거의 없다.	예	아니요	지적개방성
149	나의 존재를 남들보다 크게 나타내어 보이고 싶다.	예	아니요	친화성
150	일을 하다가 장해를 만나도 이겨내기 위해 매진한다.	예	아니요	성실성
151	내 성격이 온순하고 얌전하다는 평가를 자주 받는다.	예	아니요	민감성
152	지도자로서 긍정적인 평가를 받고 싶다.	예	아니요	외향성
153	때로는 다수보다 소수의 의견이 최선에 가깝다고 생각한다.	예	아니요	지적개방성
154	자신의 우쭐대는 언행을 뉘우치는 일이 별로 없다.	예	아니요	친화성
155	일을 실제로 수행하기 전에 거듭해서 확인하는 편이다.	예	아니요	성실성
156	사소한 일로 우는 일이 많다.	예	아니요	민감성
157	조직 내에서 다른 사람의 주도에 따라 행동할 때가 많다.	예	아니요	외향성
158	'악법도 법'이라는 말에 전적으로 동의한다.	예	아니요	지적개방성
159	나에 대한 집단의 평가를 긍정적으로 이해한다.	예	아니요	친화성
160	일을 추진할 때는 항상 의지를 갖고 정성을 들인다.	예	아니요	성실성
161	자신감이 부족해 좌절을 느낄 때가 종종 있다.	예	아니요	민감성
162	선망의 대상이 되는 유명한 사람이 되고 싶은 적이 있다.	예	아니요	외향성
163	타인의 주장에서 '사실'과 '의견'을 꼼꼼히 구분한다.	예	아니요	지적개방성
164	친구와 갈등을 빚을 때 친구를 원망할 때가 많다.	예	아니요	친화성
165	과제 수행을 위해 자주 깊은 생각에 잠긴다.	예	아니요	성실성
166	자신이 무기력하다고 느껴질 때가 종종 있다.	예	아니요	민감성
167	휴일에는 외출해 등산 같은 야외 활동을 즐긴다.	예	아니요	외향성
168	정치권의 선거 후보 단일화 움직임은 다양성을 훼손할 수 있으므로 민주주의 실현을 저해한다고 생각한다.	예	아니요	지적개방성
169	다른 사람의 의견을 긍정적인 방향으로 받아들인다.	예	아니요	친화성
170	사람들이 꺼려하는 일도 혼자서 열심히 할 자신이 있다.	예	아니요	성실성
171	타인이 나에게 상처를 주면 몹시 화가 난다.	예	아니요	민감성

172	사람을 많이 만나는 것을 좋아한다.	예	아니요	외향성
173	디자인을 다듬는 것보다는 실용성을 높이는 것이 중요하다고 생각한다.	예	아니요	지적개방성
174	어떤 경우에도 다른 사람의 생각을 고려하지 않는다.	예	아니요	친화성
175	그날그날의 구체적 수행 목표에 따라 생활하려 노력한다.	예	아니요	성실성
176	사전 계획에 없는 지출을 하고 나면 불안해진다.	예	아니요	민감성
177	주변 사람들은 내가 말수가 적다고 평가한다.	예	아니요	외향성
178	익숙하지 않은 일을 할 때 새로운 자극을 느낀다.	예	아니요	지적개방성
179	여성 할당제 등 상대적 약자를 위한 제도는 반드시 필요하다.	예	아니요	친화성
180	자신이 남들보다 무능력하다고 느껴질 때가 많다.	예	아니요	성실성
181	환경에 따라 감정이 잘 바뀌는 편이다.	예	아니요	민감성
182	소수의 사람들하고만 사귀는 편이다.	예	아니요	외향성
183	낭만적인 소설보다는 현실적인 소설에서 감동을 받는다.	예	아니요	지적개방성
184	상호 신뢰와 조화가 반드시 최우선이라고 생각한다.	예	아니요	친화성
185	무슨 일이든 일단 시도를 해야 이룰 수 있다고 생각한다.	예	아니요	성실성
186	내가 가지고 있는 물건은 남의 것보다 나빠 보인다.	예	아니요	민감성
187	내가 먼저 친구에게 말을 거는 편이다.	예	아니요	외향성
188	부모님의 권위를 존중해 그분들의 의견에 거의 반대하지 않는다.	예	아니요	지적개방성
189	다른 사람의 마음에 상처를 준 일이 별로 없다.	예	아니요	친화성
190	게으름 부리는 것을 몹시 싫어한다.	예	아니요	성실성
191	유명인이 입은 옷을 보면 그 옷을 꼭 사고 싶어진다.	예	아니요	민감성
192	친구만 있어도 행복할 수 있다고 생각한다.	예	아니요	외향성
193	감상자와 시대에 따라 음악의 의미는 변한다고 생각한다.	예	아니요	지적개방성
194	일사일촌(一社一村) 운동은 사회에 매우 필요하다고 생각한다.	예	아니요	친화성
195	복잡한 문제가 생기면 뒤로 미루는 편이다.	예	아니요	성실성
196	세상과 인생에는 희망적인 면이 더 많다고 생각한다.	예	아니요	민감성
197	여러 사람 앞에서 발표하는 것에 능숙하지 않다.	예	아니요	외향성
198	모험적인 것보다는 현실적인 가능성에 관심이 더 끌린다.	예	아니요	지적개방성
199	금융 소외 계층을 위한 개인 회생 제도는 반드시 필요하다고 생각한다.	예	아니요	친화성
200	자신을 유능하지 못한 인간이라고 생각할 때가 있다.	예	아니요	성실성
201	걱정거리가 있어도 대수롭지 않게 생각한다.	예	아니요	민감성
202	송년회 같은 소모임에서 자주 책임을 맡는다.	예	아니요	외향성
203	세상에 불변하는 가치는 하나도 없다고 생각한다.	예	아니요	지적개방성
204	조직을 위해 자신을 희생할 수 있다.	예	아니요	친화성
205	다른 사람의 능력을 부러워한 적이 거의 없다.	예	아니요	성실성
206	어려운 일에 낙담하지 않고 자신감을 가지고 행동한다.	예	아니요	민감성
207	누구와도 허물없이 가까이 지낼 수 있다.	예	아니요	외향성

208	단조로운 추상화는 몹시 따분하게 느껴진다.	예	아니요	지적개방성
209	다수의 반대가 있더라도 자신의 생각대로 행동한다.	예	아니요	친화성
210	다른 사람보다 자신이 더 잘한다고 느낄 때가 많다.	예	아니요	성실성
211	소심한 탓에 작은 소리도 신경 쓰는 편이다.	예	아니요	민감성
212	에스컬레이터에서는 걷지 않고 가만히 있는 편이다.	예	아니요	외향성
213	슬픈 드라마를 보아도 감정이 무딘 편이다.	예	아니요	지적개방성
214	전통 시장이 생존하려면 대형마트의 주말 강제휴무가 필요하다고 생각한다.	예	아니요	친화성
215	경솔하게 속이 훤히 보이는 거짓말을 한 적이 거의 없다.	예	아니요	성실성
216	자질구레한 걱정이 많다.	예	아니요	민감성
217	다른 사람과 동떨어져 있는 것이 편안하다.	예	아니요	외향성
218	과제 완수를 위해서는 전문가들의 의견만 확인하면 된다.	예	아니요	지적개방성
219	다른 사람보다 쉽게 우쭐해진다.	예	아니요	친화성
220	다른 사람보다 뛰어나다고 생각한다.	예	아니요	성실성
221	이유 없이 화가 치밀 때가 있다.	예	아니요	민감성
222	유명인과 서로 아는 사람이 되고 싶다.	예	아니요	외향성
223	실종자 찾기 전단지를 볼 때 내 일처럼 느껴진다.	예	아니요	지적개방성
224	다른 사람을 의심한 적이 거의 없다.	예	아니요	친화성
225	경솔한 행동을 할 때가 많다.	예	아니요	성실성
226	다른 사람을 부러워한 적이 거의 없다.	예	아니요	민감성
227	다른 사람보다 기가 센 편이다.	예	아니요	외향성
228	정해진 용도 외에 무엇을 할 수 있을지 궁리하곤 한다.	예	아니요	지적개방성
229	남과 다투면 관계를 끊고 싶을 때가 종종 있다.	예	아니요	친화성
230	약속을 어긴 적이 거의 없다.	예	아니요	성실성
231	침울해지면 아무것도 손에 잡히지 않는다.	예	아니요	민감성
232	아는 사람을 발견해도 피해버릴 때가 있다.	예	아니요	외향성
233	새로운 지식을 쌓는 것은 언제나 즐겁다.	예	아니요	지적개방성
234	다른 사람과 교섭을 잘하지 못한다.	예	아니요	친화성
235	나는 자신을 신뢰하고 있다.	예	아니요	성실성
236	성격이 대담하며 낙천적이라는 말을 듣곤 한다.	예	아니요	민감성
237	자극적인 것을 좋아한다.	예	아니요	외향성
238	이미 검증된 것과 보편적인 것을 선호하는 편이다.	예	아니요	지적개방성
239	너그럽다는 말을 자주 듣는다.	예	아니요	친화성
240	정돈을 잘해 물건을 잃어버린 적이 거의 없다.	예	아니요	성실성
241	문제를 만나면 타인에게 의지하지 않고 대범하게 행동한다.	예	아니요	민감성
242	혼자 있는 것이 여럿이 있는 것보다 마음이 편하다.	예	아니요	외향성
243	전통과 권위에 대한 존중은 사회를 규제하는 제1의 원칙이라고 생각한다.	예	아니요	지적개방성

244	타인이 불순한 의도로 내게 접근했는지 의심할 때가 있다.	예	아니요	친화성
245	융통성이 없다고 비판 받더라도 완벽주의자가 되고 싶다.	예	아니요	성실성
246	자제력을 잃고 행동이 산만해질 때가 많다.	예	아니요	민감성
247	농담으로 다른 사람에게 즐거움을 줄 때가 많다.	예	아니요	외향성
248	판타지 영화의 특수 효과는 비현실적이라서 싫다.	예	아니요	지적개방성
249	주위 사람에게 정이 떨어질 때가 많다.	예	아니요	친화성
250	일에서 동기를 찾지 못할 때 나태해지는 경향이 있다.	예	아니요	성실성
251	매일 자신을 위협하는 일이 자주 일어나는 것 같다.	예	아니요	민감성
252	다른 사람을 설득해 내 주장을 따르게 할 자신이 있다.	예	아니요	외향성
253	밤하늘을 보면서 공상에 잠길 때가 종종 있다.	예	아니요	지적개방성
254	다른 사람에게 훈계를 듣는 것이 싫다.	예	아니요	친화성
255	어질러진 내 방에서 필요한 물건을 찾느라 시간을 허비할 때가 종종 있다.	예	아니요	성실성
256	아무 이유 없이 물건을 부수고 싶어진다.	예	아니요	민감성
257	다른 사람과 교제하는 것이 귀찮다.	예	아니요	외향성
258	감정보다는 이성적·객관적 사고에 따라 행동하는 편이다.	예	아니요	지적개방성
259	중요한 일을 할 때 남들을 믿지 못해 혼자 해결하려 한다.	예	아니요	친화성
260	시험기간에도 공부하기보다는 한가하게 보낼 때가 많았다.	예	아니요	성실성
261	사람들 앞에서 얼굴이 붉어지지 않는지 자주 걱정한다.	예	아니요	민감성
262	때로는 고독한 것도 나쁘지 않다고 생각한다.	예	아니요	외향성
263	상상력은 내 삶을 풍요롭게 하는 원동력이라고 생각한다.	예	아니요	지적개방성
264	다른 사람에게 친절한 편이다.	예	아니요	친화성
265	준비가 부족해 일을 그르치고 회피할 때가 종종 있다.	예	아니요	성실성
266	이유 없이 소리 지르고 떠들고 싶어질 때가 있다.	예	아니요	민감성
267	나를 따르는 사람이 많은 편이다.	예	아니요	외향성
268	내면의 목소리와 감정에 충실하게 행동하는 편이다.	예	아니요	지적개방성
269	타인을 원망하거나 미워한 적이 별로 없다.	예	아니요	친화성
270	목표 완수를 위해 자신을 채찍질하는 편이다.	예	아니요	성실성
271	우울해질 때가 많다.	예	아니요	민감성
272	화려하며 다소 자극적인 복장을 좋아한다.	예	아니요	외향성
273	이미 결정된 사안도 언제든 재검토해야 한다고 생각한다.	예	아니요	지적개방성
274	자존심이 세다는 말을 들을 때가 많다.	예	아니요	친화성
275	남들로부터 책임감이 높다는 평가를 받을 때가 많다.	예	아니요	성실성
276	사건을 지나치게 비관적으로 해석할 때가 자주 있다.	예	아니요	민감성
277	혼자 있으면 마음이 뒤숭숭해진다.	예	아니요	외향성
278	단조롭더라도 익숙한 길로 가는 것을 선호한다.	예	아니요	지적개방성
279	타인에게 결점을 지적받으면 계속해서 짜증이 난다.	예	아니요	친화성

280	다소 경솔한 행동 때문에 자신을 책망할 때가 종종 있다.	예	아니요	성실성
281	친구들로부터 싫증을 잘 낸다는 말을 듣는다.	예	아니요	민감성
282	주위로부터 주목을 받으면 기분이 좋다.	예	아니요	외향성
283	한 종류의 꽃다발보다는 여러 가지 꽃을 묶은 부케를 사겠다.	예	아니요	지적개방성
284	비록 다른 사람이 이해해 주지 않아도 상관없다.	예	아니요	친화성
285	일의 진행 단계마다 질서 있게 정리하고 다음 단계로 넘어가는 편이다.	예	아니요	성실성
286	잠이 잘 오지 않아서 힘들 때가 많다.	예	아니요	민감성
287	자기주장이 강하고 지배적인 편이다.	예	아니요	외향성
288	남들보다 감정을 강렬하게 느끼는 편이다.	예	아니요	지적개방성
289	의견이 대립되었을 때 조정을 잘한다.	예	아니요	친화성
290	이루기 힘들수록 더 큰 흥미를 느껴 열의를 갖는 편이다.	예	아니요	성실성
291	사물을 불리한 쪽으로 생각할 때가 많다.	예	아니요	민감성
292	언제나 주변의 시선을 끌고 싶은 마음이 있다.	예	아니요	외향성
293	밝게 타오르는 촛불을 보면 감정이 북받칠 때가 있다.	예	아니요	지적개방성
294	타사와 경쟁할 때는 자사의 이익을 지키는 것이 최우선이다.	예	아니요	친화성
295	자신을 통제하지 못해 소란을 일으킨 적이 많다.	예	아니요	성실성
296	내 맘대로 지내고 싶다고 생각할 때가 있다.	예	아니요	민감성
297	떠들썩한 연회를 좋아한다.	예	아니요	외향성
298	친숙한 것을 선호하고 새로운 것에 흥미가 적은 편이다.	예	아니요	지적개방성
299	나는 비유적이기보다는 단도직입적으로 말하는 편이다.	예	아니요	친화성
300	자신이 무엇을 잘할 수 있는지 잘 알고 있다고 생각한다.	예	아니요	성실성
301	잠자코 있지를 못한다.	예	아니요	민감성
302	감기에 걸려도 실외활동에 적극적이다.	예	아니요	외향성
303	자신이 잘 모른다는 사실을 흔쾌하게 받아들이는 편이다.	예	아니요	지적개방성
304	부탁을 받으면 내가 하던 일을 즉시 멈추고 그를 돕는다.	예	아니요	친화성
305	업무 수칙을 따르지 않는 동료를 보면 수칙을 따르라고 주의를 주는 편이다.	예	아니요	성실성
306	다른 사람에게 말 못할 창피한 것을 생각한 적이 있다.	예	아니요	민감성
307	무엇이든 털어놓을 수 있는 상대가 없다.	예	아니요	외향성
308	변화를 인지하고 그것에 따른 다양한 가능성을 검토하길 좋아한다.	예	아니요	지적개방성
309	TV 토론 프로그램을 볼 때 논쟁에서 누가 승리했는지 따지기를 좋아한다.	예	아니요	친화성
310	남들로부터 충동적이며 세심하지 못하다는 핀잔을 자주 듣는다.	예	아니요	성실성
311	무언가 불안감을 가지고 있다.	예	아니요	민감성
312	집에 다른 사람을 부르는 것을 좋아한다.	예	아니요	외향성
313	감정이 메말라 무미건조하다는 평가를 종종 받는다.	예	아니요	지적개방성
314	대개의 사람들은 착한 의도로 대인관계에 임한다고 본다.	예	아니요	친화성
315	사명감이 있으면 일을 반드시 이룰 수 있다고 생각한다.	예	아니요	성실성

316	그때그때의 기분으로 행동할 때가 있다.	예	아니요	민감성
317	몸에 열이 좀 나도 개의치 않고 실외 활동을 즐긴다.	예	아니요	외향성
318	전통 회화, 도자기 등을 볼 때마다 장인의 숨결을 느낀다.	예	아니요	지적개방성
319	타인과 갈등을 빚을 때 공격적인 자세로 대화에 임하는 편이다.	예	아니요	친화성
320	난관에 빠졌을 때 무리수를 두는 경우가 많다.	예	아니요	성실성
321	웬만한 일은 잘 극복할 수 있으리라 생각한다.	예	아니요	민감성
322	안전하지만 돌아가는 길과 위험하지만 빨리 가는 길 중에 후자를 선호한다.	예	아니요	외향성
323	미래를 대비할 때 현실성과 실용성을 가장 중시한다.	예	아니요	지적개방성
324	남에게 내 속마음을 들키는 것이 싫어 거짓말을 할 때가 종종 있다.	예	아니요	친화성
325	그때그때의 상황에 맞춰 유연하게 대처하려 노력한다.	예	아니요	성실성
326	쉽게 흥분하는 편이다.	예	아니요	민감성
327	조직의 지도자에게 권한을 더 주어야 한다고 생각한다.	예	아니요	외향성
328	독서의 가장 큰 목적은 간접적으로나마 견문을 넓히는 것이다.	예	아니요	지적개방성
329	다른 사람과의 시빗거리에 관련되는 것이 몹시 싫다.	예	아니요	친화성
330	능력 밖의 일에는 의욕을 느끼지 못해 단념할 때가 종종 있다.	예	아니요	성실성
331	작은 일에도 민감하여 힘들다.	예	아니요	민감성
332	혼자 할 수 있는 일도 가능한 한 남들과 함께 하는 편이다.	예	아니요	외향성
333	책을 읽을 때 작가가 처한 상황을 마음속으로 그려볼 때가 많다.	예	아니요	지적개방성
334	처음 보는 사람을 경계하는 편이다.	예	아니요	친화성
335	복잡하게 어질러진 방을 정리할 때 즐거움을 느낀다.	예	아니요	성실성
336	상황이 나빠지면 무기력해진다.	예	아니요	민감성
337	리더의 책임을 자처하기보다는 리더를 보좌하는 편이다.	예	아니요	외향성
338	진보보다는 보수 세력의 주장이 더 현실적이라고 생각한다.	예	아니요	지적개방성
339	말다툼을 일으킬 만한 소문을 옮기기를 좋아하는 사람과는 전혀 말하고 싶지 않다.	예	아니요	친화성
340	예측하기 어려운 일을 하는 도중에 계획을 변경해 성과를 내는 일에 자신감을 느낀다.	예	아니요	성실성
341	비교적 화를 잘 내는 편이다.	예	아니요	민감성
342	가능한 한 다수의 사람들에게 영향을 끼치는 일을 하고 싶다.	예	아니요	외향성
343	새로운 관점을 제시하는 사람들이 많으면 오히려 일을 그르치기 쉽다고 생각한다.	예	아니요	지적개방성
344	정치인들의 미소가 가식적으로 느껴져 의심이 들 때가 종종 있다.	예	아니요	친화성
345	목표를 이루기 위해 금욕적인 생활도 감내할 수 있다.	예	아니요	성실성
346	굳이 말하자면 마음이 쉽게 어수선해지는 편이다.	예	아니요	민감성
347	간담을 서늘하게 하는 공포 영화를 싫어한다.	예	아니요	외향성
348	권위에 대한 도전이 불쾌하게 느껴질 때가 많다.	예	아니요	지적개방성
349	사람들은 누구나 속내를 들키지 않으려고 가면을 쓰고 있다고 생각한다.	예	아니요	친화성

350	체중 조절을 위해 식욕을 스스로 억제하는 편이다.	예	아니요	성실성
351	기가 죽으면 머리 회전이 여느 때보다 둔해질 때가 있다.	예	아니요	민감성
352	자신의 의견을 관철하기 위해 다소 과격한 행동도 과감히 할 수 있다.	예	아니요	외향성
353	새로운 것만 추구하다가 실속을 잃을 때가 종종 있다.	예	아니요	지적개방성
354	미사여구가 많으면 본심을 감추고 있다는 생각이 든다.	예	아니요	친화성
355	무람없는 언행 때문에 구설수에 오를 때가 종종 있다.	예	아니요	성실성
356	다른 사람보다 표정이 어둡다는 말을 들은 적이 많다.	예	아니요	민감성
357	나의 삶이 유쾌하거나 명랑하지는 않지만 불행하다고 생각하지 않는다.	예	아니요	외향성
358	새로운 방안을 고안하는 것보다는 이미 실증된 방식에 더욱 능숙해지는 것이 중요하다고 생각한다.	예	아니요	지적개방성
359	사람은 본래 이기적이기 때문에 타인의 행복보다는 자신의 이익에 더 관심이 많다고 생각한다.	예	아니요	친화성
360	과제 성취를 위해서 구성원에게 책임 완수를 강하게 요구할 수 있다.	예	아니요	성실성
361	외출할 때 날씨가 좋지 않아도 그다지 신경을 쓰지 않는다.	예	아니요	민감성
362	혼자라고 생각한 적은 한 번도 없다.	예	아니요	외향성
363	친구들과 영화를 보고 나서 감상평을 나누는 것을 좋아한다.	예	아니요	지적개방성
364	내가 노력하는 만큼 상대방도 내게 정성을 보일 것이라 생각한다.	예	아니요	친화성
365	하나의 취미를 오래 지속하는 편이다.	예	아니요	성실성
366	쉽게 싫증을 내는 편이다.	예	아니요	민감성
367	동작이 기민한 편이다.	예	아니요	외향성
368	부모님께 불평을 한 적이 한 번도 없다.	예	아니요	지적개방성
369	다른 사람이 나를 간섭하는 게 싫다.	예	아니요	친화성
370	막무가내라는 말을 들을 때가 많다.	예	아니요	성실성
371	기다리는 것에 쉽게 짜증을 내는 편이다.	예	아니요	민감성
372	상대에게 자신의 의견을 잘 주장하지 못한다.	예	아니요	외향성
373	생소한 것에서 신선한 아름다움을 느끼는 편이다.	예	아니요	지적개방성
374	이유도 없이 다른 사람과 부딪힐 때가 있다.	예	아니요	친화성
375	휴일에도 꼼꼼한 세부 계획을 세우고 보낸다.	예	아니요	성실성
376	앞으로의 일을 생각하지 않으면 진정이 되지 않는다.	예	아니요	민감성
377	인간관계가 폐쇄적이라는 말을 듣는다.	예	아니요	외향성
378	감성을 중시하며 예술에 관심이 많다.	예	아니요	지적개방성
379	잘하지 못해 상대방을 이기기 힘든 게임은 하지 않으려고 한다.	예	아니요	친화성
380	여행을 가기 전에는 미리 세세한 일정을 세운다.	예	아니요	성실성
381	어떤 일로 인해 구속감을 느낄 때가 많다.	예	아니요	민감성
382	번화한 곳으로 외출하는 것을 좋아한다.	예	아니요	외향성
383	색채 감각이나 미적 감각이 풍부한 편이다.	예	아니요	지적개방성
384	의견이 나와 다른 사람과는 별로 어울리지 않는다.	예	아니요	친화성

385	융통성이 없는 편이다.	예	아니요	성실성
386	가끔 까닭 없이 기분이 우울하다.	예	아니요	민감성
387	모르는 사람과 이야기하는 것이 전혀 두렵지 않다.	예	아니요	외향성
388	새롭고 참신한 아이디어를 개발하는 일에 흥미를 느낀다.	예	아니요	지적개방성
389	스스로가 완고한 편이라고 생각한다.	예	아니요	친화성
390	하나의 취미 활동을 꾸준히 이어나가는 편이다.	예	아니요	성실성
391	불안감이나 우울함을 잘 느끼지 못한다.	예	아니요	민감성
392	인간관계를 더 이상 넓히고 싶지 않다.	예	아니요	외향성
393	현실성보다는 창의력이 성공의 원동력이라고 생각한다.	예	아니요	지적개방성
394	다른 사람의 의견에 전혀 휘둘리지 않는다.	예	아니요	친화성
395	해야 할 일은 신속하게 처리한다.	예	아니요	성실성
396	차분하다는 말을 자주 듣는다.	예	아니요	민감성
397	언제나 활력이 있다.	예	아니요	외향성
398	감수성은 사물의 이치를 깨닫는 실마리를 준다고 생각한다.	예	아니요	지적개방성
399	사안을 결단할 경우에 가장 중요한 것은 조직의 견해이다.	예	아니요	친화성
400	통찰력이 있다고 자부한다.	예	아니요	성실성
401	끝내지 못한 일로 인해 스트레스를 계속 받는다.	예	아니요	민감성
402	지휘력 있는 리더로서 인정을 받고 싶다.	예	아니요	외향성
403	나는 꼭 필요할 때만 내 감정을 드러낸다.	예	아니요	지적개방성
404	지인들의 의견에 따라 생각을 잘 바꾸는 편이다.	예	아니요	친화성
405	대충하는 것을 좋아한다.	예	아니요	성실성
406	참을성이 강한 편이다.	예	아니요	민감성
407	다소 무리를 하더라도 피로해지지 않는다.	예	아니요	외향성
408	시대에 맞지 않는 법률은 지킬 필요가 없다고 생각한다.	예	아니요	지적개방성
409	사안을 결단할 경우에 자기중심적일 때가 많다.	예	아니요	친화성
410	일을 할 때는 원하는 성과를 거두는 것이 중요하다.	예	아니요	성실성
411	침착함을 잃지 않는 편이다.	예	아니요	민감성
412	몸을 움직이는 것을 좋아한다.	예	아니요	외향성
413	기회가 있을 때마다 기꺼이 내 감정을 표현한다.	예	아니요	지적개방성
414	곤경에 빠진 이들을 보면 측은한 마음이 든다.	예	아니요	친화성
415	자신이 매사에 신중한 편이라고 생각한다.	예	아니요	성실성
416	자신의 욕구를 냉정하게 통제할 수 있다.	예	아니요	민감성
417	많은 사람에게 큰 영향을 주는 일을 하고 싶다.	예	아니요	외향성
418	권위자의 발언을 전적으로 신뢰하는 것은 '맹신'이라고 생각한다.	예	아니요	지적개방성
419	곤경에 빠진 이들을 보아도 돕고 싶은 생각이 잘 들지 않는다.	예	아니요	친화성
420	일을 실시하기 전에 다시 확인할 때가 많다.	예	아니요	성실성

421	쉽게 낙담하고 마음이 여린 편이다.	예	아니요	민감성
422	격렬한 운동도 그다지 힘들어하지 않는다.	예	아니요	외향성
423	좀 고지식해도 예절을 깍듯이 지키는 사람을 선호한다.	예	아니요	지적개방성
424	타인을 위한 선물을 구입할 때 번거로움을 느낀다.	예	아니요	친화성
425	모두가 싫증을 내는 일에도 혼자서 열심히 한다.	예	아니요	성실성
426	필요하지 않은 물건은 여간해서 구입하지 않는다.	예	아니요	민감성
427	남들과는 다른 일을 하고 싶다.	예	아니요	외향성
428	학창 시절에 음악 과목을 가장 좋아했다.	예	아니요	지적개방성
429	다른 사람들의 실수에 무관심하고 냉소적인 편이다.	예	아니요	친화성
430	자신의 유능함을 잘 살릴 수 있는 일을 하고 싶다.	예	아니요	성실성
431	충동을 느끼면 곧바로 물건을 구입하는 편이다.	예	아니요	민감성
432	목소리가 큰 편이라고 생각한다.	예	아니요	외향성
433	어떤 제도가 실효성을 잃었더라도 곧바로 고칠 수는 없다.	예	아니요	지적개방성
434	자신의 우월함을 믿으며 스스로 현실주의자라고 생각한다.	예	아니요	친화성
435	남들보다 신중하게 생각하는 편이다.	예	아니요	성실성
436	물건을 구입할 때 충동적으로 지갑을 여는 편이다.	예	아니요	민감성
437	활동적이라는 이야기를 자주 듣는다.	예	아니요	외향성
438	공상을 즐기며 지적 자극에 민감한 편이다.	예	아니요	지적개방성
439	다른 사람과 의견이 충돌할 때 갈등을 피하고 의견을 조율하려 노력한다.	예	아니요	친화성
440	하루를 돌아보며 자신의 언행을 반성하는 경우가 많다.	예	아니요	성실성
441	불필요한 걱정으로 애를 태우는 때가 많다.	예	아니요	민감성
442	친한 사람하고만 어울리고 싶다.	예	아니요	외향성
443	상상력은 좀 부족하지만 현실적 방안을 세우는 일에는 능숙한 편이다.	예	아니요	지적개방성
444	타인과 타협하기 위해 자신의 주장을 꺾는 것이 매우 싫다.	예	아니요	친화성
445	예측이 되지 않으면 행동으로 옮기지 않을 때가 많다.	예	아니요	성실성
446	예견하지 못하더라도 별로 신경을 쓰지 않는다.	예	아니요	민감성
447	처음 만나는 사람과는 잘 이야기하지 못한다.	예	아니요	외향성
448	모르는 것을 보면 궁금함을 참지 못한다.	예	아니요	지적개방성
449	인간관계의 가장 기본은 구성원 간의 공정과 신뢰라고 생각한다.	예	아니요	친화성
450	계획을 중도에 변경하는 것은 싫다.	예	아니요	성실성
451	단단히 대비하고 일을 시작해도 난관에 봉착하면 의욕을 쉽게 잃는 편이다.	예	아니요	민감성
452	유쾌하고 자극적인 것보다는 평온하고 무난한 것을 선호한다.	예	아니요	외향성
453	늘 익숙한 길로만 다니는 편이다.	예	아니요	지적개방성
454	대화 중에 상대방의 말에 집중하지 못할 때가 자주 있다.	예	아니요	친화성
455	기왕 하는 것이라면 온 힘을 다한다.	예	아니요	성실성
456	부정적인 사건이 발생한 것은 내 탓 때문이라는 생각이 든다.	예	아니요	민감성

457	조용히 생각하는 것보다는 신속하게 몸을 움직이는 것을 선호한다.	예	아니요	외향성
458	처음 보는 음식에 도전하기를 주저하는 편이다.	예	아니요	지적개방성
459	남의 칭찬에 쉽게 우쭐해진다.	예	아니요	친화성
460	지금까지 나를 움직이게 한 힘은 성취욕과 사명감이다.	예	아니요	성실성
461	사소한 일로 계속 염려하는 때가 많다.	예	아니요	민감성
462	타인과 어울리지 못하고 동떨어져 있다는 생각이 든 적이 결코 없다.	예	아니요	외향성
463	다양한 것보다는 단조로운 것을 선호한다.	예	아니요	지적개방성
464	쉽게 마음을 터놓지 않는 편이다.	예	아니요	친화성
465	일을 할 때에는 꼼꼼하게 계획을 세우고 실행한다.	예	아니요	성실성
466	난감한 상황에서도 기죽지 않고 자신감을 유지한다.	예	아니요	민감성
467	활발히 활동하는 것을 선호한다.	예	아니요	외향성
468	시집이나 에세이를 즐겨 읽는 편이다.	예	아니요	지적개방성
469	타인과의 언쟁에서 반드시 이겨야 흡족함을 느낀다.	예	아니요	친화성
470	한 가지 일에 지구력 있게 열중해 마무리하는 편이다.	예	아니요	성실성
471	맹수가 튼튼한 우리 안에 갇혀 있더라도 불안감을 느낀다.	예	아니요	민감성
472	친밀한 사람하고만 교제하는 편이다.	예	아니요	외향성
473	'모르는 게 약'이기보다는 '아는 게 힘'이라고 생각한다.	예	아니요	지적개방성
474	법규범 집행의 요체는 공정성이라고 생각한다.	예	아니요	친화성
475	방해 요소에 부딪히면 빨리 그만두고 다른 일을 모색하는 편이다.	예	아니요	성실성
476	몹시 화가 나는 상황에서도 남들보다 빨리 진정하는 편이다.	예	아니요	민감성
477	가만히 사색하는 것을 선호한다.	예	아니요	외향성
478	남들보다 감수성이 예민한 편이다.	예	아니요	지적개방성
479	꾸중을 듣더라도 솔직하게 말하려고 노력한다.	예	아니요	친화성
480	행동을 하기 전에 반드시 계획을 수립하는 것을 선호한다.	예	아니요	성실성
481	잠자리에서 걱정거리 때문에 쉽게 잠들지 못하는 경우가 많다.	예	아니요	민감성
482	스스로 앞장서서 일을 진행하는 편이다.	예	아니요	외향성
483	심미안을 계발하기 위해 예술 작품 감상을 즐기는 편이다.	예	아니요	지적개방성
484	남들을 공평하게 대우하려고 주의를 기울이는 편이다.	예	아니요	친화성
485	무슨 일이든 정성을 다해 일한다.	예	아니요	성실성
486	성격은 차분하지만 다소 냉정한 면도 있다.	예	아니요	민감성
487	보다 차분하고 안정적인 일을 하고 싶다.	예	아니요	외향성
488	풍자나 우화에 깃든 깊은 의미를 궁리하는 것을 좋아한다.	예	아니요	지적개방성
489	동료가 다소 서툴러도 그를 이해하고 도우려고 노력하는 편이다.	예	아니요	친화성
490	일단 착수한 일은 반드시 완수하려고 한다.	예	아니요	성실성
491	역경을 만나면 '역시나' 하는 생각이 들어 기운이 빠진다.	예	아니요	민감성
492	앞장서서 나가는 사람을 보조하며 일하는 편이다.	예	아니요	외향성

493	내면의 감정을 강하게 느끼는 성향이 있다.	예	아니요	지적개방성
494	상대방의 이해를 얻으려면 자신의 마음을 진솔하게 밝혀야 한다고 생각한다.	예	아니요	친화성
495	일단 결정된 일은 어려움이 있어도 굳게 밀고 나가는 편이다.	예	아니요	성실성
496	다른 사람이 나를 비판할 때는 몹시 의기소침해진다.	예	아니요	민감성
497	보다 모험적인 일을 하고 싶다.	예	아니요	외향성
498	때로는 전통과 권위에 의문을 제기하고 싶어진다.	예	아니요	지적개방성
499	동료와 갈등을 겪을 때 완강하고 공격적인 편이다.	예	아니요	친화성
500	특정한 취미를 꾸준히 이어나가지 못하는 편이다.	예	아니요	성실성

CHAPTER

02 5지 / 6지

※ 인성검사는 정답이 따로 없는 유형이므로 결과지를 제공하지 않습니다.

01 5지

※ 다음 문항을 읽고 ① ～ ⑤ 중 자신에게 해당하는 것을 고르시오(① 전혀 그렇지 않다, ② 약간 그렇지 않다, ③ 보통이다, ④ 약간 그렇다, ⑤ 매우 그렇다). [1~290]

번호	문항	응답	척도의 유형
01	타박을 받아도 위축되거나 기가 죽지 않는다.	① ② ③ ④ ⑤	민감성
02	몸이 피곤할 때도 명랑하게 행동한다.	① ② ③ ④ ⑤	외향성
03	익숙지 않은 집단이나 장소로 옮겨가는 것이 꺼려진다.	① ② ③ ④ ⑤	지적개방성
04	타인의 지적을 순수하게 받아들일 수 있다.	① ② ③ ④ ⑤	친화성
05	매일의 목표가 있는 생활을 하고 있다.	① ② ③ ④ ⑤	성실성
06	실패했던 기억을 되새기면서 고민하는 편이다.	① ② ③ ④ ⑤	민감성
07	언제나 생기가 있고 열정적이다.	① ② ③ ④ ⑤	외향성
08	상품을 선택하는 취향이 오랫동안 바뀌지 않는다.	① ② ③ ④ ⑤	지적개방성
09	자신을 과시하다가 으스댄다는 핀잔을 듣곤 한다.	① ② ③ ④ ⑤	친화성
10	동료가 될 사람을 1명만 택한다면 자기유능감이 높은 사람을 뽑겠다.	① ② ③ ④ ⑤	성실성
11	열등감으로 자주 고민한다.	① ② ③ ④ ⑤	민감성
12	많은 사람들을 만나는 것을 좋아한다.	① ② ③ ④ ⑤	외향성
13	새로운 것에 대한 호기심이 잘 생기지 않는다.	① ② ③ ④ ⑤	지적개방성
14	사람들을 쉽게 믿고 그들을 이해하려 노력한다.	① ② ③ ④ ⑤	친화성
15	무엇이든 꾸준히 하면 스스로 해낼 수 있다고 믿는다.	① ② ③ ④ ⑤	성실성
16	남에게 무시당하면 화가 치밀어 주체할 수 없다.	① ② ③ ④ ⑤	민감성
17	과묵하고 소극적이라는 평가를 받곤 한다.	① ② ③ ④ ⑤	외향성
18	상상보다는 사실지향성에 무게를 두는 편이다.	① ② ③ ④ ⑤	지적개방성
19	남의 의견을 호의적으로 받아들이고 협조적이다.	① ② ③ ④ ⑤	친화성
20	별로 반성하지 않으며, 게으름을 부리곤 한다.	① ② ③ ④ ⑤	성실성
21	물건을 살 때 꼭 필요한 것인지 따져보며 충동구매를 하지 않는다.	① ② ③ ④ ⑤	민감성
22	일부 특정한 사람들하고만 교제를 하는 편이다.	① ② ③ ④ ⑤	외향성
23	일반적이고 확실한 것이 아니라면 거절하는 편이다.	① ② ③ ④ ⑤	지적개방성
24	남에게 자신의 진심을 표현하기를 주저하는 편이다.	① ② ③ ④ ⑤	친화성

25	임무를 달성하기 위해 목표를 분명하게 세운다.	① ② ③ ④ ⑤	성실성
26	사고 싶은 것이 있으면 따지지 않고 바로 사곤 한다.	① ② ③ ④ ⑤	민감성
27	낯선 사람에게도 친근하게 먼저 말을 건네는 편이다.	① ② ③ ④ ⑤	외향성
28	다양성을 존중해 새로운 의견을 수용하는 편이다.	① ② ③ ④ ⑤	지적개방성
29	남의 말을 들을 때 진위를 의심하곤 한다.	① ② ③ ④ ⑤	친화성
30	시험 전에도 노는 계획을 세우곤 한다.	① ② ③ ④ ⑤	성실성
31	주변 상황에 따라 기분이 수시로 변하곤 한다.	① ② ③ ④ ⑤	민감성
32	몸담고 있는 동호회나 모임이 여러 개이다.	① ② ③ ④ ⑤	외향성
33	익숙한 것만을 선호하다가 변화에 적응하지 못할 때가 많다.	① ② ③ ④ ⑤	지적개방성
34	나를 비판하는 사람의 진짜 의도를 의심해 공격적으로 응수한다.	① ② ③ ④ ⑤	친화성
35	도중에 실패해도 소임을 다하기 위해 끝까지 추진한다.	① ② ③ ④ ⑤	성실성
36	고민이 있어도 지나치게 걱정하지 않는다.	① ② ③ ④ ⑤	민감성
37	많은 사람들 앞에서 말하는 것이 서툴다.	① ② ③ ④ ⑤	외향성
38	지적 흥미에 관심이 많고, 새로운 지식에 포용적이다.	① ② ③ ④ ⑤	지적개방성
39	사람들을 믿지 못해 불편할 때가 많다.	① ② ③ ④ ⑤	친화성
40	자신의 책임을 잊고 경솔하게 행동하곤 한다.	① ② ③ ④ ⑤	성실성
41	기분 나쁜 일은 금세 잊는 편이다.	① ② ③ ④ ⑤	민감성
42	다과회, 친목회 등의 소모임에서 책임을 자주 맡는다.	① ② ③ ④ ⑤	외향성
43	부모님의 권위를 존중해 그분들의 말씀에 거의 순종한다.	① ② ③ ④ ⑤	지적개방성
44	나의 이익을 지키려면 반드시 타인보다 우위를 점해야 한다고 생각한다.	① ② ③ ④ ⑤	친화성
45	언행이 가볍다고 자주 지적받는다.	① ② ③ ④ ⑤	성실성
46	슬럼프에 빠지면 좀처럼 헤어나지 못한다.	① ② ③ ④ ⑤	민감성
47	자신이 기력이 넘치며 사교적이라고 생각한다.	① ② ③ ④ ⑤	외향성
48	익숙한 일·놀이에 진부함을 잘 느끼고, 새로운 놀이·활동에 흥미를 크게 느낀다.	① ② ③ ④ ⑤	지적개방성
49	친구들을 신뢰해 그들의 말을 잘 듣는 편이다.	① ② ③ ④ ⑤	친화성
50	인생의 목표와 방향이 뚜렷하며 부지런하다는 평가를 받곤 한다.	① ② ③ ④ ⑤	성실성
51	감정을 잘 조절해 여간해서 흥분하지 않는 편이다.	① ② ③ ④ ⑤	민감성
52	느긋하고 서두르지 않으며 여유로운 편이다.	① ② ③ ④ ⑤	외향성
53	새로운 유행이 시작되면 다른 사람보다 먼저 시도해 보는 편이다.	① ② ③ ④ ⑤	지적개방성
54	친구와 다투면 먼저 손을 내밀어 화해하지 못해 친구를 잃곤 한다.	① ② ③ ④ ⑤	친화성
55	자신이 유능하다고 믿기 때문에 자신감이 넘친다.	① ② ③ ④ ⑤	성실성
56	걱정거리가 머릿속에서 쉽사리 잊히지 않는 편이다.	① ② ③ ④ ⑤	민감성
57	혼자 있을 때가 편안하다.	① ② ③ ④ ⑤	외향성
58	비유적·상징적인 것보다는 사실적·현실적인 표현을 선호한다.	① ② ③ ④ ⑤	지적개방성
59	모르는 사람은 믿을 수 없으므로 경계하는 편이다.	① ② ③ ④ ⑤	친화성
60	책임감, 신중성 등 자신에 대한 주위의 평판이 좋다고 생각한다.	① ② ③ ④ ⑤	성실성

61	슬픈 일만 머릿속에 오래 남는다.	① ② ③ ④ ⑤	민감성
62	꾸물대는 것이 싫어 늘 서두르는 편이다.	① ② ③ ④ ⑤	외향성
63	예술가가 된 나의 모습을 상상하곤 한다.	① ② ③ ④ ⑤	지적개방성
64	칭찬도 나쁘게 받아들이는 편이다.	① ② ③ ④ ⑤	친화성
65	경솔한 언행으로 분란을 일으킬 때가 종종 있다.	① ② ③ ④ ⑤	성실성
66	삶이 버겁게 느껴져 침울해지곤 한다.	① ② ③ ④ ⑤	민감성
67	윗사람, 아랫사람 가리지 않고 쉽게 친해져 어울린다.	① ② ③ ④ ⑤	외향성
68	상상 속에서 이야기를 잘 만들어 내는 편이다.	① ② ③ ④ ⑤	지적개방성
69	손해를 입지 않으려고 약삭빠르게 행동하는 편이다.	① ② ③ ④ ⑤	친화성
70	기왕 일을 한다면 꼼꼼하게 하는 편이다.	① ② ③ ④ ⑤	성실성
71	비난을 받으면 몹시 신경이 쓰이고 자신감을 잃는다.	① ② ③ ④ ⑤	민감성
72	주위 사람들에게 인사하는 것이 귀찮다.	① ② ③ ④ ⑤	외향성
73	창의력과 상상력이 풍부하다는 이야기를 자주 듣는다.	① ② ③ ④ ⑤	지적개방성
74	자기중심적인 관점에서 남을 비판하곤 한다.	① ② ③ ④ ⑤	친화성
75	지나치게 깔끔하고 싶은 강박증이 있다.	① ② ③ ④ ⑤	성실성
76	세밀한 계획을 세워도 과도한 불안을 느낄 때가 많다.	① ② ③ ④ ⑤	민감성
77	항상 바쁘게 살아가는 편이다.	① ② ③ ④ ⑤	외향성
78	타인이 예상하지 못한 엉뚱한 행동, 생각을 할 때가 자주 있다.	① ② ③ ④ ⑤	지적개방성
79	의견이 어긋날 때는 먼저 한발 양보하는 편이다.	① ② ③ ④ ⑤	친화성
80	어떤 일을 시도하다가 잘 안되면 금방 포기한다.	① ② ③ ④ ⑤	성실성
81	긴박한 상황에 맞닥뜨리면 자신감을 잃을 때가 많다.	① ② ③ ④ ⑤	민감성
82	처음 만난 사람과 이야기하는 것이 피곤하다.	① ② ③ ④ ⑤	외향성
83	이것저것 새로운 것에 관심이 많고 새로운 것을 배우고 싶다.	① ② ③ ④ ⑤	지적개방성
84	싫은 사람과도 충분히 협력할 수 있다고 생각한다.	① ② ③ ④ ⑤	친화성
85	꾸준하고 참을성이 있다는 말을 자주 듣는다.	① ② ③ ④ ⑤	성실성
86	신호 대기 중에도 조바심이 난다.	① ② ③ ④ ⑤	민감성
87	남들보다 우월한 지위에서 영향력을 행사하고 싶다.	① ② ③ ④ ⑤	외향성
88	'왜?'라는 질문을 자주 한다.	① ② ③ ④ ⑤	지적개방성
89	좋아하지 않는 사람이라도 친절하고 공손하게 대한다.	① ② ③ ④ ⑤	친화성
90	세부적인 내용을 일목요연하게 정리해 공부한다.	① ② ③ ④ ⑤	성실성
91	상대가 통화 중이면 다급해져 연속해서 전화를 건다.	① ② ③ ④ ⑤	민감성
92	쾌활하고 자신감이 강하며 남과의 교제에 적극적이다.	① ② ③ ④ ⑤	외향성
93	궁금한 점이 있으면 꼬치꼬치 따져서 반드시 궁금증을 풀고 싶다.	① ② ③ ④ ⑤	지적개방성
94	사람들은 누구나 곤경을 회피하려고 거짓말을 한다.	① ② ③ ④ ⑤	친화성
95	물건을 분실하거나 어디에 두었는지 기억 못할 때가 많다.	① ② ③ ④ ⑤	성실성
96	충동적인 행동을 하지 않는 편이다.	① ② ③ ④ ⑤	민감성

97	상대방이 말을 걸어오기를 기다리는 편이다.	① ② ③ ④ ⑤	외향성
98	새로운 생각들을 수용해 자신의 관점을 쉽게 수정하는 편이다.	① ② ③ ④ ⑤	지적개방성
99	기분을 솔직하게 드러내는 편이어서 남들이 나의 기분을 금방 알아채곤 한다.	① ② ③ ④ ⑤	친화성
100	의지와 끈기가 강한 편이다.	① ② ③ ④ ⑤	성실성
101	어떤 상황에서든 만족할 수 있다.	① ② ③ ④ ⑤	민감성
102	모르는 사람에게 말을 걸기보다는 혼자 있는 게 좋다.	① ② ③ ④ ⑤	외향성
103	어떤 일이든 새로운 방향에서 이해할 수 있다고 생각한다.	① ② ③ ④ ⑤	지적개방성
104	부모님이나 친구들에게 진심을 잘 고백하는 편이다.	① ② ③ ④ ⑤	친화성
105	참을성이 있지만 융통성이 부족하다는 말을 듣곤 한다.	① ② ③ ④ ⑤	성실성
106	깜짝 놀라면 몹시 당황하는 편이다.	① ② ③ ④ ⑤	민감성
107	아는 사람이 많아져 대인관계를 넓히는 것을 선호한다.	① ② ③ ④ ⑤	외향성
108	자신의 감수성, 지적 흥미에 충실하며 내면세계에 관심이 많다.	① ② ③ ④ ⑤	지적개방성
109	사람들은 이득이 된다면 옳지 않은 방법이라도 쓸 것이다.	① ② ③ ④ ⑤	친화성
110	세밀하게 설정된 계획표를 성실하게 실천하려 노력하는 편이다.	① ② ③ ④ ⑤	성실성
111	난처한 헛소문에 휘말려도 개의치 않는다.	① ② ③ ④ ⑤	민감성
112	매사에 진지하려고 노력한다.	① ② ③ ④ ⑤	외향성
113	급진적인 변화를 선호한다.	① ② ③ ④ ⑤	지적개방성
114	주변 사람들의 감정과 욕구를 잘 이해하는 편이다.	① ② ③ ④ ⑤	친화성
115	대체로 먼저 할 일을 해 놓고 나서 노는 편이다.	① ② ③ ④ ⑤	성실성
116	긴급 사태에도 당황하지 않고 행동할 수 있다.	① ② ③ ④ ⑤	민감성
117	일할 때 자신의 생각대로 하지 못할 때가 많다.	① ② ③ ④ ⑤	외향성
118	새로운 변화를 싫어한다.	① ② ③ ④ ⑤	지적개방성
119	다른 사람의 감정에 민감하다.	① ② ③ ④ ⑤	친화성
120	시험을 보기 전에 먼저 꼼꼼하게 공부 계획표를 짠다.	① ② ③ ④ ⑤	성실성
121	삶에는 고통을 주는 것들이 너무 많다고 생각한다.	① ② ③ ④ ⑤	민감성
122	내성적인 성격 때문에 윗사람과의 대화가 꺼려진다.	① ② ③ ④ ⑤	외향성
123	새로운 물건에서 신선한 아름다움을 느낄 때가 많다.	① ② ③ ④ ⑤	지적개방성
124	사람들이 정직하게 행동하는 것은 타인의 비난이 두렵기 때문이다.	① ② ③ ④ ⑤	친화성
125	계획에 따라 규칙적인 생활을 하는 편이다.	① ② ③ ④ ⑤	성실성
126	걱정거리가 있으면 잠을 잘 수가 없다.	① ② ③ ④ ⑤	민감성
127	자기주장만 지나치게 내세워 소란을 일으키곤 한다.	① ② ③ ④ ⑤	외향성
128	예술 작품에서 큰 감동을 받곤 한다.	① ② ③ ④ ⑤	지적개방성
129	싹싹하고 협조적이라는 평가를 받곤 한다.	① ② ③ ④ ⑤	친화성
130	소지품을 잘 챙기지 않아 잃어버리곤 한다.	① ② ③ ④ ⑤	성실성
131	즐거운 일보다는 괴로운 일이 더 많다.	① ② ③ ④ ⑤	민감성
132	누가 나에게 말을 걸기 전에는 내가 먼저 말을 걸지 않는다.	① ② ③ ④ ⑤	외향성

133	기본에 얽매이는 정공법보다는 창의적인 변칙을 선택하곤 한다.	① ② ③ ④ ⑤	지적개방성
134	쉽게 양보를 하는 편이다.	① ② ③ ④ ⑤	친화성
135	신발이나 옷이 떨어져도 무관심해 단정하지 못할 때가 종종 있다.	① ② ③ ④ ⑤	성실성
136	사소한 일에도 긴장해 위축되곤 한다.	① ② ③ ④ ⑤	민감성
137	타인과 어울리는 것보다는 혼자 지내는 것이 즐겁다.	① ② ③ ④ ⑤	외향성
138	직업을 선택할 때 창조력과 심미안이 필요한 것을 선호한다.	① ② ③ ④ ⑤	지적개방성
139	자기 것을 이웃에게 잘 나누어주는 편이다.	① ② ③ ④ ⑤	친화성
140	몇 번이고 생각하고 검토한다.	① ② ③ ④ ⑤	성실성
141	어떤 일에 실패하면 두고두고 생각난다.	① ② ③ ④ ⑤	민감성
142	친구와 웃고 떠드는 것을 별로 좋아하지 않는다.	① ② ③ ④ ⑤	외향성
143	창조적인 일을 하고 싶다.	① ② ③ ④ ⑤	지적개방성
144	자기 것을 덜 주장하고, 덜 고집하는 편이다.	① ② ③ ④ ⑤	친화성
145	일단 결정된 것은 완수하기 위해 자신의 능력을 총동원한다.	① ② ③ ④ ⑤	성실성
146	수줍음이 많아서 사람들 앞에서 너무 위축되곤 한다.	① ② ③ ④ ⑤	민감성
147	비교적 말이 없고 무난한 것을 선호하는 편이다.	① ② ③ ④ ⑤	외향성
148	새로운 것을 고안하는 일에서 큰 즐거움을 느낀다.	① ② ③ ④ ⑤	지적개방성
149	나의 이익에 직접적인 영향을 주는 사안에 대해서는 고집을 꺾지 않는다.	① ② ③ ④ ⑤	친화성
150	사회적 규범을 지키려 애쓰고 목표 의식이 뚜렷한 편이다.	① ② ③ ④ ⑤	성실성
151	나를 기분 나쁘게 한 사람을 쉽게 잊지 못한다.	① ② ③ ④ ⑤	민감성
152	내성적이어서 낯선 이와 만나는 것을 꺼리는 편이다.	① ② ③ ④ ⑤	외향성
153	예술적 감식안이 있는 편이다.	① ② ③ ④ ⑤	지적개방성
154	남의 명령이 듣기 싫고 자기 본위적인 편이다.	① ② ③ ④ ⑤	친화성
155	규율을 따르느라 때로는 융통성이 부족해지곤 한다.	① ② ③ ④ ⑤	성실성
156	나를 힘들게 하는 일들이 너무 많다고 여긴다.	① ② ③ ④ ⑤	민감성
157	마음을 터놓고 지내는 친구들이 적은 편이다.	① ② ③ ④ ⑤	외향성
158	창조력은 부족하지만 실용적인 사고에 능숙한 편이다.	① ② ③ ④ ⑤	지적개방성
159	남이 일하는 방식이 못마땅해 공격적으로 참견하곤 한다.	① ② ③ ④ ⑤	친화성
160	여러 번 생각한 끝에 결정을 내린다.	① ② ③ ④ ⑤	성실성
161	주변 사람이 잘되는 것을 보면 상대적으로 내가 실패한 것 같다.	① ② ③ ④ ⑤	민감성
162	대중의 주목을 받는 연예인이 되고 싶은 마음은 조금도 없다.	① ② ③ ④ ⑤	외향성
163	예술제나 미술전 등에 관심이 많다.	① ② ③ ④ ⑤	지적개방성
164	조화로운 신뢰 관계를 유지하기 위해 타인의 이름을 기억하려 노력하는 편이다.	① ② ③ ④ ⑤	친화성
165	도서실 등에서 책을 정돈하고 관리하는 일을 싫어하지 않는다.	① ② ③ ④ ⑤	성실성
166	남의 비난에도 스트레스를 잘 받지 않는다.	① ② ③ ④ ⑤	민감성
167	여럿이 모여서 얘기하는 데 잘 끼어들지 못한다.	① ② ③ ④ ⑤	외향성
168	공상이나 상상을 많이 하는 편이다.	① ② ③ ④ ⑤	지적개방성

169	예절은 가식처럼 느껴지기 때문에 잘 신경 쓰지 않는 편이다.	① ② ③ ④ ⑤	친화성
170	선입견으로 섣불리 단정하지 않기 위해 주의 깊게 살피는 편이다.	① ② ③ ④ ⑤	성실성
171	불확실한 미래에 대한 염려는 불필요하다고 생각한다.	① ② ③ ④ ⑤	민감성
172	처음 보는 사람들과 쉽게 얘기하고 친해지는 편이다.	① ② ③ ④ ⑤	외향성
173	참신한 물건을 개발하는 일이 적성에 맞는 것 같다.	① ② ③ ④ ⑤	지적개방성
174	의기양양하며 공격적인 사람보다는 겸손하며 이해심이 많은 사람이 되고 싶다.	① ② ③ ④ ⑤	친화성
175	주어진 일을 매듭짓기 위해 끝까지 매달리는 편이다.	① ② ③ ④ ⑤	성실성
176	기분 나쁜 일은 오래 생각하지 않는다.	① ② ③ ④ ⑤	민감성
177	모르는 사람들이 많이 있는 곳에서도 활발하게 행동하는 편이다.	① ② ③ ④ ⑤	외향성
178	새로운 아이디어를 생각해내는 일이 좋다.	① ② ③ ④ ⑤	지적개방성
179	대인관계에서 상황을 빨리 파악하는 편이다.	① ② ③ ④ ⑤	친화성
180	전표 계산 또는 장부 기입 같은 일을 싫증내지 않고 할 수 있다.	① ② ③ ④ ⑤	성실성
181	근심이 별로 없고, 정서적인 반응이 무딘 편이다.	① ② ③ ④ ⑤	민감성
182	모임에서 말을 많이 하고 적극적으로 행동한다.	① ② ③ ④ ⑤	외향성
183	사건 뒤에 숨은 본질을 생각해 보기를 좋아한다.	① ② ③ ④ ⑤	지적개방성
184	나는 이해득실에 밝은 현실주의자라고 생각한다.	① ② ③ ④ ⑤	친화성
185	자신의 장래를 위해 1년, 5년, 10년 등 장단기 목표를 세운다.	① ② ③ ④ ⑤	성실성
186	자신이 처한 환경에서 불안, 분노, 우울, 절망 등을 잘 느끼지 않는다.	① ② ③ ④ ⑤	민감성
187	여기저기에 친구나 아는 사람들이 많이 있다.	① ② ③ ④ ⑤	외향성
188	색채 감각이나 미적 센스가 풍부한 편이다.	① ② ③ ④ ⑤	지적개방성
189	남의 감정을 잘 이해하는 편이라서 남이 나에게 고민 상담을 요청할 때가 많다.	① ② ③ ④ ⑤	친화성
190	신중하고 주의 깊다는 평가를 받곤 한다.	① ② ③ ④ ⑤	성실성
191	대체로 걱정하거나 고민하지 않는다.	① ② ③ ④ ⑤	민감성
192	활발하고 적극적이라는 말을 자주 듣는다.	① ② ③ ④ ⑤	외향성
193	엉뚱한 일을 하기 좋아하고 발상도 개성적이다.	① ② ③ ④ ⑤	지적개방성
194	남들과 껄끄러운 상황을 되도록 회피하려고 한다.	① ② ③ ④ ⑤	친화성
195	일을 완료하기 전에는 쉬어도 마음이 편하지 않다.	① ② ③ ④ ⑤	성실성
196	일반적으로 낙담할 일을 당해도 쉽게 상처받지 않는다.	① ② ③ ④ ⑤	민감성
197	혼자 조용히 있기보다는 사람들과 어울리려고 한다.	① ② ③ ④ ⑤	외향성
198	지적 흥미를 충족하기 위해 책과 신문을 많이 읽는다.	① ② ③ ④ ⑤	지적개방성
199	타인과 더불어 살려면 반드시 법을 지켜야 한다.	① ② ③ ④ ⑤	친화성
200	실패하든 성공하든 장래를 위해 그 원인을 반드시 분석한다.	① ② ③ ④ ⑤	성실성
201	화가 날 법한 상황을 잘 참는 편이다.	① ② ③ ④ ⑤	민감성
202	활동이 많으면서도 무난하고 점잖다는 말을 듣곤 한다.	① ② ③ ④ ⑤	외향성
203	패션과 아름다움에 대한 감각이 둔한 편이다.	① ② ③ ④ ⑤	지적개방성

204	타인을 잘 믿는 편이며, 남을 돕기를 주저하지 않는다.	① ② ③ ④ ⑤	친화성
205	매사에 충분히 준비되어 있다는 자신감이 든다.	① ② ③ ④ ⑤	성실성
206	비관적이고 무기력한 상황을 견디기 힘들다.	① ② ③ ④ ⑤	민감성
207	앞에 나서서 통솔하기보다는 다른 이의 지휘에 잘 따르는 편이다.	① ② ③ ④ ⑤	외향성
208	자신의 감수성을 발휘하면 좋은 에세이를 쓸 수 있을 것 같다.	① ② ③ ④ ⑤	지적개방성
209	상대방의 기분을 잘 이해한다.	① ② ③ ④ ⑤	친화성
210	과업을 이루려면 준법정신이 반드시 필요하다.	① ② ③ ④ ⑤	성실성
211	실수를 하면 하루 종일 기분이 좋지 않다.	① ② ③ ④ ⑤	민감성
212	혼자서 일하기를 좋아한다.	① ② ③ ④ ⑤	외향성
213	낯선 곳에서 생소한 풍취를 즐길 수 있는 여행이 좋다.	① ② ③ ④ ⑤	지적개방성
214	공식적인 요청이 없더라도 회사의 행사에는 참여해야 한다.	① ② ③ ④ ⑤	친화성
215	성공하기 위해서는 반드시 자신을 통제해야 한다고 생각한다.	① ② ③ ④ ⑤	성실성
216	화가 나면 주변에 있는 물건을 집어던지곤 한다.	① ② ③ ④ ⑤	민감성
217	조용하고 명상적인 분위기를 좋아한다.	① ② ③ ④ ⑤	외향성
218	박람회 등에서 견학을 하며 지식을 넓히는 일을 좋아한다.	① ② ③ ④ ⑤	지적개방성
219	집단의 협동을 위해서 월간 정보, 공지 사항을 꼼꼼하게 확인하는 편이다.	① ② ③ ④ ⑤	친화성
220	시간을 시, 분 단위로 세밀하게 나눠 쓴다.	① ② ③ ④ ⑤	성실성
221	욕구를 느끼면 기존의 것을 무시하고 충동적으로 행동하는 편이다.	① ② ③ ④ ⑤	민감성
222	친구를 잘 바꾸지 않는다.	① ② ③ ④ ⑤	외향성
223	상품을 고를 때 디자인과 색에 신경을 많이 쓴다.	① ② ③ ④ ⑤	지적개방성
224	다른 사람과 싸워도 쉽게 화해할 수 있다.	① ② ③ ④ ⑤	친화성
225	삶의 목표를 이루려면 정성스럽고 참된 행동이 가장 중요하다고 생각한다.	① ② ③ ④ ⑤	성실성
226	예기치 못한 일이 발생해도 침착함을 유지한다.	① ② ③ ④ ⑤	민감성
227	모든 일에 앞장서는 편이다.	① ② ③ ④ ⑤	외향성
228	한때는 예술가를 꿈꾸며 습작에 매달린 적이 있다.	① ② ③ ④ ⑤	지적개방성
229	부서의 협력을 위해 상사의 명령은 반드시 수행해야 한다고 생각한다.	① ② ③ ④ ⑤	친화성
230	큰일을 이루고 싶은 야망을 위해 자신을 닦아세우는 편이다.	① ② ③ ④ ⑤	성실성
231	자신에 대한 주위의 잘못된 소문에도 크게 화를 내지 않는다.	① ② ③ ④ ⑤	민감성
232	남을 지배하는 사람이 되고 싶다.	① ② ③ ④ ⑤	외향성
233	실내 장식품이나 액세서리 등에 관심이 많다.	① ② ③ ④ ⑤	지적개방성
234	자신의 행동이 타인에게 무례하게 보이지는 않는지 살피는 편이다.	① ② ③ ④ ⑤	친화성
235	걸리지만 않는다면 융통성을 위해 법을 조금은 어겨도 괜찮다.	① ② ③ ④ ⑤	성실성
236	감정에 휘둘려 섣부른 판단을 하지 않으려고 애쓴다.	① ② ③ ④ ⑤	민감성
237	외딴 곳보다는 사람들이 북적거리는 곳에 살고 싶다.	① ② ③ ④ ⑤	외향성
238	지자체에서 개최하는 각종 예술제 소식에 관심이 많다.	① ② ③ ④ ⑤	지적개방성
239	인간은 착한 본성을 가지고 태어났다고 생각한다.	① ② ③ ④ ⑤	친화성

240	마감이 다가오기 전에 미리 업무를 마무리하는 편이다.	① ② ③ ④ ⑤	성실성
241	누군가 내 험담을 하는 것은 아닌지 괜스레 불안할 때가 있다.	① ② ③ ④ ⑤	민감성
242	혼자서 하는 일보다는 여러 사람을 두루 만나는 일이 더 마음에 든다.	① ② ③ ④ ⑤	외향성
243	무슨 감정이든 쉽게 몰입하며 낯선 것에 흥미를 느끼는 편이다.	① ② ③ ④ ⑤	지적개방성
244	대화를 할 때 남을 더 배려하는 편이다.	① ② ③ ④ ⑤	친화성
245	어떻게 일해야 더 효율적일지 늘 고민한다.	① ② ③ ④ ⑤	성실성
246	나쁜 일이 일어나도 쉽게 떨쳐낼 수 있다.	① ② ③ ④ ⑤	민감성
247	바쁜 도시보다는 한적한 자연에 묻혀 느긋하게 살고 싶다.	① ② ③ ④ ⑤	외향성
248	추운 지역에 사는 주민들에게 냉장고를 파는 방법처럼 상식의 틀을 깨는 사고방식을 선호한다.	① ② ③ ④ ⑤	지적개방성
249	모임이 있을 때 주로 남들에게 맞춰주는 편이다.	① ② ③ ④ ⑤	친화성
250	주위를 항상 청결하게 하려고 노력하는 편이다.	① ② ③ ④ ⑤	성실성
251	화가 나도 적당히 조절하며 남에게 화풀이를 하지 않는다.	① ② ③ ④ ⑤	민감성
252	휴일에 집에만 머물지 않고 외출해 나를 찾는 친구들과 어울리는 편이다.	① ② ③ ④ ⑤	외향성
253	생활 주변에 있는 설치미술 작품을 보면서 깊은 감명을 받는다.	① ② ③ ④ ⑤	지적개방성
254	남을 도울 때 큰 보람을 느낀다.	① ② ③ ④ ⑤	친화성
255	일을 추진하기 전에 새로운 방법은 없는지 찾아보는 편이다.	① ② ③ ④ ⑤	성실성
256	무기력을 자주 느끼며, 그럴 때마다 열등감 때문에 속을 썩인다.	① ② ③ ④ ⑤	민감성
257	조직 내에서 주목을 받을 때는 난처함을 느낀다.	① ② ③ ④ ⑤	외향성
258	기존의 종교적·정치적 가치는 언제든 재검토될 수 있다고 생각한다.	① ② ③ ④ ⑤	지적개방성
259	타인이 나를 돕는 것에는 다른 뜻이 숨어 있다고 생각한다.	① ② ③ ④ ⑤	친화성
260	조직의 실패를 비판할 때 자책감을 자주 느낀다.	① ② ③ ④ ⑤	성실성
261	자질구레한 일로 갑자기 화를 잘 내는 편이다.	① ② ③ ④ ⑤	민감성
262	잘하지는 못하지만 발표를 마다하지 않는다.	① ② ③ ④ ⑤	외향성
263	현실적인 것, 실용적인 것, 익숙한 것을 선호한다.	① ② ③ ④ ⑤	지적개방성
264	타인의 행복에 관심이 적고, 타인에게 상냥하지 않은 편이다.	① ② ③ ④ ⑤	친화성
265	목표를 세웠으나 흐지부지되는 경우가 많은 편이다.	① ② ③ ④ ⑤	성실성
266	일을 그르쳤을 때 그 원인을 알아내지 못하면 크게 불안하다.	① ② ③ ④ ⑤	민감성
267	모르는 사람과 이야기하는 것은 용기가 필요하다.	① ② ③ ④ ⑤	외향성
268	잘하지 못하더라도 자신의 창의성을 바탕으로 끝까지 해내려 한다.	① ② ③ ④ ⑤	지적개방성
269	남의 생일이나 명절 때 선물을 사러 다니는 일이 귀찮게 느껴진다.	① ② ③ ④ ⑤	친화성
270	다른 사람들이 하지 못하는 일을 하고 싶다.	① ② ③ ④ ⑤	성실성
271	집에서 가만히 있으면 기분이 우울해진다.	① ② ③ ④ ⑤	민감성
272	번잡한 인간관계를 잠시 접어두고 혼자서 여행을 떠나고 싶을 때가 자주 있다.	① ② ③ ④ ⑤	외향성
273	지적 호기심이 별로 없고, 감정이 건조한 편이다.	① ② ③ ④ ⑤	지적개방성
274	반대에 부딪혀도 자신의 의견을 끝까지 고집한다.	① ② ③ ④ ⑤	친화성

275	일을 할 때는 노력한 만큼 명시적인 결과를 내는 것이 중요하다고 생각한다.	① ② ③ ④ ⑤	성실성
276	지금까지 후회를 하면서 마음을 썩인 적이 거의 없다.	① ② ③ ④ ⑤	민감성
277	다른 사람과 몸을 많이 부딪치는 거친 운동에 도전하는 편이다	① ② ③ ④ ⑤	외향성
278	여행을 가서 새로운 자극을 경험하는 것을 선호한다.	① ② ③ ④ ⑤	지적개방성
279	남들이 반대해도 내 생각을 절대 바꾸지 않는다.	① ② ③ ④ ⑤	친화성
280	어려움에 빠져도 좌절하지 않고 정성스럽게 행동한다.	① ② ③ ④ ⑤	성실성
281	다소 비관적이어서 좀처럼 결단을 내리지 못하는 경우가 있다.	① ② ③ ④ ⑤	민감성
282	그룹 내에서는 누군가의 주도 아래 따라가는 경우가 많다.	① ② ③ ④ ⑤	외향성
283	낯선 것은 다양한 변화를 이끌 가능성이 많다고 본다.	① ② ③ ④ ⑤	지적개방성
284	남들이 내 일에 관여하면 방해를 받은 것 같아 비협조적으로 된다.	① ② ③ ④ ⑤	친화성
285	계획 없이 행동을 먼저 하다가 포기할 때가 간혹 있다.	① ② ③ ④ ⑤	성실성
286	고민 때문에 끙끙거리며 생각할 때가 많다.	① ② ③ ④ ⑤	민감성
287	남들과의 관계가 어색해지면 입을 다무는 경우가 많다.	① ② ③ ④ ⑤	외향성
288	현실에 만족하지 않고 변화를 추구하는 편이다.	① ② ③ ④ ⑤	지적개방성
289	자신의 감정을 솔직하게 드러내고, 타인에게 상냥하고 너그러운 편이다.	① ② ③ ④ ⑤	친화성
290	실행하기 전에 재확인할 때가 많다.	① ② ③ ④ ⑤	성실성

※ 다음 문항을 읽고 ① ~ ⑥ 중 자신에게 해당하는 것을 고르시오(① 전혀 그렇지 않다, ② 그렇지 않다, ③ 약간 그렇지 않다, ④ 약간 그렇다, ⑤ 그렇다, ⑥ 매우 그렇다). [1~50]

번호	문항	응답	척도의 유형
01	인내력이 약하고 성격이 급하다는 소리를 자주 듣는다.	① ② ③ ④ ⑤ ⑥	민감성
02	타인과 사적(私的)인 교제보다는 공적(公的)인 거리를 유지하는 것을 선호한다.	① ② ③ ④ ⑤ ⑥	외향성
03	나는 복잡해서 깊은 이해가 필요한 문제를 푸는 것에 흥미를 느낀다.	① ② ③ ④ ⑤ ⑥	지적개방성
04	반드시 남을 앞질러 이기고 싶어 몹시 경쟁적일 때가 있다.	① ② ③ ④ ⑤ ⑥	친화성
05	개인적인 목표를 거의 매번 성취하는 편이다.	① ② ③ ④ ⑤ ⑥	성실성
06	삶은 원래 허무한 것이라는 생각 때문에 세상이 괴롭고 귀찮게 느껴지곤 한다.	① ② ③ ④ ⑤ ⑥	민감성
07	행사에서 사회를 맡는 일처럼 대중 앞에 서는 일에 관심이 많다.	① ② ③ ④ ⑤ ⑥	외향성
08	소설을 읽을 때는 대리만족과 심리적 쾌감이 중요하다고 생각한다.	① ② ③ ④ ⑤ ⑥	지적개방성
09	사람은 누구나 실패할 수 있으므로 서로 도와야 한다고 생각한다.	① ② ③ ④ ⑤ ⑥	친화성
10	타인과 대화할 때 내 생각을 잘 정리해 조리 있게 말하려고 하는 편이다.	① ② ③ ④ ⑤ ⑥	성실성
11	나는 곤란한 상황도 심각하게 인식하지 않기 때문에 스스로 대담하게 대처할 수 있다고 생각한다.	① ② ③ ④ ⑤ ⑥	민감성
12	연구직처럼 한 곳에만 머물며 한 가지 일에 몰두하는 일은 따분할 것 같아 싫다.	① ② ③ ④ ⑤ ⑥	외향성
13	아이디어 회의 중 모든 의견은 반드시 존중되어야 한다.	① ② ③ ④ ⑤ ⑥	지적개방성
14	누구나 자신의 이익을 위해서라면 타인의 손해에 무관심할 수 있다고 생각한다.	① ② ③ ④ ⑤ ⑥	친화성
15	내가 몸담은 조직에서 사고가 발생한다면 기꺼이 책임을 지고 물러나겠다.	① ② ③ ④ ⑤ ⑥	성실성
16	스트레스를 받는 상황에 대한 대처 능력이 다소 부족하다.	① ② ③ ④ ⑤ ⑥	민감성
17	교제 범위가 넓은 편이라 사람을 만나는 데 많은 시간을 들인다.	① ② ③ ④ ⑤ ⑥	외향성
18	사회적 현상의 이면에 숨은 의미를 통찰하는 데 관심이 있다.	① ② ③ ④ ⑤ ⑥	지적개방성
19	타인의 욕구를 공감하고 이해하려 노력하는 편이다.	① ② ③ ④ ⑤ ⑥	친화성
20	나는 우유부단한 신중론자보다는, 파격적으로 보이더라도 융통성 있는 행동파가 낫다고 생각한다.	① ② ③ ④ ⑤ ⑥	성실성
21	다소 다혈질적인 성격 때문에 화를 내는 일이 잦다.	① ② ③ ④ ⑤ ⑥	민감성
22	리더로서 주도하기보다는 리더를 보좌하는 일에 능숙하다.	① ② ③ ④ ⑤ ⑥	외향성
23	가치의 기준은 당연히 사람마다 조금씩 다르다고 생각한다.	① ② ③ ④ ⑤ ⑥	지적개방성
24	타인을 전적으로 믿지 못하기 때문에 나의 본심을 감출 때가 많다.	① ② ③ ④ ⑤ ⑥	친화성

25	성실함과 자긍심은 성공이라는 문을 여는 마스터키라고 생각한다.	① ② ③ ④ ⑤ ⑥	성실성
26	긴장감을 잘 느끼지 않으며 비교적 차분한 편이다.	① ② ③ ④ ⑤ ⑥	민감성
27	모르는 사람과도 마음이 맞으면 쉽게 마음을 터놓고 바로 친해진다.	① ② ③ ④ ⑤ ⑥	외향성
28	전자책, SNS 등 새로운 정보 획득 수단을 적극 활용한다.	① ② ③ ④ ⑤ ⑥	지적개방성
29	어떠한 경우에도 공익을 위해 자신의 권리를 희생할 수 없다고 생각한다.	① ② ③ ④ ⑤ ⑥	친화성
30	수행 목표를 이루기 위해 스스로를 관리하는 기본 규칙을 설정한다.	① ② ③ ④ ⑤ ⑥	성실성
31	심리적 압박감을 느낄 때면 몹시 불안해진다.	① ② ③ ④ ⑤ ⑥	민감성
32	느긋하고 여유롭기보다는 활기차고 바쁘게 지내는 편이다.	① ② ③ ④ ⑤ ⑥	외향성
33	박학다식한 사람과 이야기하다 보면 배울 것이 많다고 생각한다.	① ② ③ ④ ⑤ ⑥	지적개방성
34	귀찮아질까봐 남의 곤란한 사정에 개입하지 않는 편이다.	① ② ③ ④ ⑤ ⑥	친화성
35	목표를 정해 자기 계발에 노력하는 편이다.	① ② ③ ④ ⑤ ⑥	성실성
36	거울을 보면서 열등감이나 자괴감을 느끼곤 한다.	① ② ③ ④ ⑤ ⑥	민감성
37	운동보다는 독서를 즐기는 편이다.	① ② ③ ④ ⑤ ⑥	외향성
38	기존의 격식을 깨뜨리는 것에서 미적 쾌감을 크게 느낀다.	① ② ③ ④ ⑤ ⑥	지적개방성
39	타인의 법률 위반을 목격한다면 신고하기보다는 자수를 권유할 것이다.	① ② ③ ④ ⑤ ⑥	친화성
40	준비만 잘하면 어려운 일도 충분히 해낼 수 있다고 믿는다.	① ② ③ ④ ⑤ ⑥	성실성
41	긴장감 때문에 말을 더듬거나 머릿속이 하얘질 때가 있다.	① ② ③ ④ ⑤ ⑥	민감성
42	다른 사람들의 눈길을 끌고 주목을 받는 것이 아무렇지 않다.	① ② ③ ④ ⑤ ⑥	외향성
43	자유로운 발상을 보장하는 개방적 풍토가 보편적 전통을 확립하는 일보다 중요하다고 생각한다.	① ② ③ ④ ⑤ ⑥	지적개방성
44	사람은 자신의 이익을 기대할 수 있을 때만 타인에게 친절하다고 생각한다.	① ② ③ ④ ⑤ ⑥	친화성
45	이루기 어려울수록 성취했을 때 얻는 보람도 크다고 생각한다.	① ② ③ ④ ⑤ ⑥	성실성
46	좋은 일이든 나쁜 일이든 포커페이스를 유지할 수 있다.	① ② ③ ④ ⑤ ⑥	민감성
47	나는 주군인 유비보다는 그를 보필하는 제갈량에 어울린다고 생각한다.	① ② ③ ④ ⑤ ⑥	외향성
48	사안을 평가할 때 보편성보다는 독특성을 중시하는 편이다.	① ② ③ ④ ⑤ ⑥	지적개방성
49	지나친 호승심 때문에 고집을 부릴 때가 있다.	① ② ③ ④ ⑤ ⑥	친화성
50	물건들이 제자리에 정리정돈이 잘되어 있어야 마음이 홀가분하다.	① ② ③ ④ ⑤ ⑥	성실성

CHAPTER 03

4문 5답 / 3문 6답

※ 인성검사는 정답이 따로 없는 유형이므로 결과지를 제공하지 않습니다.

01   4문 5답

※ 각 문항을 읽고 ①~⑤ 중 자신의 성향과 가까운 정도에 따라 (① 전혀 그렇지 않다, ② 그렇지 않다, ③ 보통이다, ④ 그렇다, ⑤ 매우 그렇다 중 하나를 선택하시오. 그리고 4개의 문항 중 자신의 성향과 가장 먼 것(멀다)과 가까운 것(가깝다)을 하나씩 선택하시오. [1~340]

01

민감성

문항	답안 1					답안 2	
	①	②	③	④	⑤	멀다	가깝다
A. 컨디션에 따라 기분이 잘 변한다.	☐	☐	☐	☐	☐	☐	☐
B. 당혹감을 잘 느끼지 못하는 편이다.	☐	☐	☐	☐	☐	☐	☐
C. 정서적인 반응이 적고 무신경한 편이다.	☐	☐	☐	☐	☐	☐	☐
D. 자신에게 우울증이나 불안장애가 있는지 의심하곤 한다.	☐	☐	☐	☐	☐	☐	☐

02

외향성

문항	답안 1					답안 2	
	①	②	③	④	⑤	멀다	가깝다
A. 자기주장이 강한 편이다.	☐	☐	☐	☐	☐	☐	☐
B. 인간관계에 거리를 두는 편이다.	☐	☐	☐	☐	☐	☐	☐
C. 어떠한 일이 있어도 출세하고 싶다.	☐	☐	☐	☐	☐	☐	☐
D. 별로 유쾌하지 않으며 내향적이지만 자신이 불행하다고 느끼지 않는다.	☐	☐	☐	☐	☐	☐	☐

03

지적개방성

문항	답안 1					답안 2	
	①	②	③	④	⑤	멀다	가깝다
A. 감수성이 풍부하다는 평가를 받곤 한다.	☐	☐	☐	☐	☐	☐	☐
B. 신기한 것보다는 익숙한 것에 눈길이 간다.	☐	☐	☐	☐	☐	☐	☐
C. 감정을 중시하지 않아 정서가 무딘 편이다.	☐	☐	☐	☐	☐	☐	☐
D. 권위와 전통은 윤리처럼 반드시 지켜야 하는 것이다.	☐	☐	☐	☐	☐	☐	☐

04

문항	답안 1					답안 2	
	①	②	③	④	⑤	멀다	가깝다
A. 다른 사람의 일에 관심이 거의 없다.	☐	☐	☐	☐	☐	☐	☐
B. 성격이 사근사근하고 솔직한 편이다.	☐	☐	☐	☐	☐	☐	☐
C. 너무 자만하지 말라는 핀잔을 받곤 한다.	☐	☐	☐	☐	☐	☐	☐
D. 다소 떳떳하지 않아도 치부(致富)하는 것이 먼저라고 생각한다.	☐	☐	☐	☐	☐	☐	☐

05

문항	답안 1					답안 2	
	①	②	③	④	⑤	멀다	가깝다
A. 노력의 여하보다 결과가 중요하다.	☐	☐	☐	☐	☐	☐	☐
B. 사물을 신중하게 생각하는 편이다.	☐	☐	☐	☐	☐	☐	☐
C. 자신의 준비성과 능력이 부족함을 느낀다.	☐	☐	☐	☐	☐	☐	☐
D. 과제를 반드시 완수해야 한다는 강박을 느끼곤 한다.	☐	☐	☐	☐	☐	☐	☐

06

문항	답안 1					답안 2	
	①	②	③	④	⑤	멀다	가깝다
A. 살다 보면 힘든 일이 너무 많다.	☐	☐	☐	☐	☐	☐	☐
B. 언짢은 감정을 금방 삭이는 편이다.	☐	☐	☐	☐	☐	☐	☐
C. 고민이 생겨도 심각하게 생각하지 않는다.	☐	☐	☐	☐	☐	☐	☐
D. 어떤 경우에도 상황을 절망적으로 보지 않는다.	☐	☐	☐	☐	☐	☐	☐

07

문항	답안 1					답안 2	
	①	②	③	④	⑤	멀다	가깝다
A. 몸으로 부딪쳐 도전하는 편이다.	☐	☐	☐	☐	☐	☐	☐
B. 어수선한 번화가에서 열정을 느끼곤 한다.	☐	☐	☐	☐	☐	☐	☐
C. 나서기보다는 남의 리드를 따르는 편이다.	☐	☐	☐	☐	☐	☐	☐
D. 권투처럼 격렬한 것보다는 바둑처럼 정적인 스포츠를 선호한다.	☐	☐	☐	☐	☐	☐	☐

08

문항	답안 1					답안 2	
	①	②	③	④	⑤	멀다	가깝다
A. 미지의 세계를 동경하는 편이다.	☐	☐	☐	☐	☐	☐	☐
B. 예술 작품에 별로 흥미를 느끼지 못한다.	☐	☐	☐	☐	☐	☐	☐
C. 검증을 거치지 않은 것은 받아들일 수 없다.	☐	☐	☐	☐	☐	☐	☐
D. 미완성작은 자유롭게 상상할 여지가 많아서 가치가 있다고 생각한다.	☐	☐	☐	☐	☐	☐	☐

09

친화성

문항	답안 1					답안 2	
	①	②	③	④	⑤	멀다	가깝다
A. 우월감을 자랑하곤 한다.	☐	☐	☐	☐	☐	☐	☐
B. 타인에게 간섭받는 것을 싫어한다.	☐	☐	☐	☐	☐	☐	☐
C. 남으로부터 배려심이 깊다는 말을 듣는다.	☐	☐	☐	☐	☐	☐	☐
D. 협상에서는 역지사지(易地思之)가 가장 중요하다.	☐	☐	☐	☐	☐	☐	☐

10

성실성

문항	답안 1					답안 2	
	①	②	③	④	⑤	멀다	가깝다
A. 맡겨진 일은 기필코 끝을 맺는다.	☐	☐	☐	☐	☐	☐	☐
B. 빨리 처리해야 할 일도 미루곤 한다.	☐	☐	☐	☐	☐	☐	☐
C. 자신이 준비된 인재라고 생각할 때가 많다.	☐	☐	☐	☐	☐	☐	☐
D. 기존의 계획을 엄수하는 것보다는 임기응변에 강하다고 생각한다.	☐	☐	☐	☐	☐	☐	☐

11

민감성

문항	답안 1					답안 2	
	①	②	③	④	⑤	멀다	가깝다
A. 지나치게 감상적일 때가 종종 있다.	☐	☐	☐	☐	☐	☐	☐
B. 대수롭지 않은 일로 눈물을 흘리곤 한다.	☐	☐	☐	☐	☐	☐	☐
C. 대개의 경우에는 상황을 낙관적으로 본다.	☐	☐	☐	☐	☐	☐	☐
D. 일을 성공시키지 못해도 낙담하거나 불평하지 않는다.	☐	☐	☐	☐	☐	☐	☐

32 • 21대기업 유형별 인성검사

12

문항	답안 1					답안 2	
	①	②	③	④	⑤	멀다	가깝다
A. 바쁜 생활에서 활력과 생동감을 느낀다.	☐	☐	☐	☐	☐	☐	☐
B. 친구들과 함께 단체경기를 즐기는 편이다.	☐	☐	☐	☐	☐	☐	☐
C. 혼자 있는 게 좋아 사회적 자극을 피한다.	☐	☐	☐	☐	☐	☐	☐
D. 남들보다 높은 위치에서 그들에게 영향을 끼치는 것에 관심이 없다.	☐	☐	☐	☐	☐	☐	☐

13

문항	답안 1					답안 2	
	①	②	③	④	⑤	멀다	가깝다
A. 지식욕이 많지 않다고 생각한다.	☐	☐	☐	☐	☐	☐	☐
B. 상상력은 별로 중요하지 않다고 생각한다.	☐	☐	☐	☐	☐	☐	☐
C. 자신만의 예술관으로 작품을 감상하려 한다.	☐	☐	☐	☐	☐	☐	☐
D. 독서할 때 미적 감성이 독특한 작품을 선호한다.	☐	☐	☐	☐	☐	☐	☐

14

문항	답안 1					답안 2	
	①	②	③	④	⑤	멀다	가깝다
A. 타인들을 좀처럼 의심하지 않는 편이다.	☐	☐	☐	☐	☐	☐	☐
B. 자신의 권익을 적극적으로 주장하는 편이다.	☐	☐	☐	☐	☐	☐	☐
C. 이재민 구호 단체에 성금을 보내곤 한다.	☐	☐	☐	☐	☐	☐	☐
D. 지나친 겸손은 예의가 아니며 과시욕은 자연스러운 욕망이라고 생각한다.	☐	☐	☐	☐	☐	☐	☐

15

문항	답안 1					답안 2	
	①	②	③	④	⑤	멀다	가깝다
A. 일주일의 계획을 세우는 것이 즐겁다.	☐	☐	☐	☐	☐	☐	☐
B. 책임 의식이 부족하다는 평가를 받곤 한다.	☐	☐	☐	☐	☐	☐	☐
C. 공부를 열심히 하지 않아도 마음이 느긋하다.	☐	☐	☐	☐	☐	☐	☐
D. 공간을 효율적으로 활용하도록 가재도구를 깔끔하게 수납할 수 있다.	☐	☐	☐	☐	☐	☐	☐

16

문항	답안 1					답안 2	
	①	②	③	④	⑤	멀다	가깝다
A. 화가 나도 참아 넘길 때가 많다.	☐	☐	☐	☐	☐	☐	☐
B. 슬픈 일을 당해도 비참하지 않으려 한다.	☐	☐	☐	☐	☐	☐	☐
C. 구매욕을 잘 참지 못해 적자를 내곤 한다.	☐	☐	☐	☐	☐	☐	☐
D. 우울감, 열등감에 빠지면 쉽게 떨쳐버리지 못한다.	☐	☐	☐	☐	☐	☐	☐

17

외향성

문항	답안 1					답안 2	
	①	②	③	④	⑤	멀다	가깝다
A. 남들과 가깝게 왕래하지 않는 편이다.	☐	☐	☐	☐	☐	☐	☐
B. 크게 행복하진 않지만 크게 불행하지도 않다.	☐	☐	☐	☐	☐	☐	☐
C. 위험을 무릅쓰는 스포츠를 즐기는 편이다.	☐	☐	☐	☐	☐	☐	☐
D. 함께 일할 사람을 1명만 뽑는다면 유쾌하고 명랑한 사람을 뽑겠다.	☐	☐	☐	☐	☐	☐	☐

18

지적개방성

문항	답안 1					답안 2	
	①	②	③	④	⑤	멀다	가깝다
A. 새로운 생각들의 영향을 잘 받는 편이다.	☐	☐	☐	☐	☐	☐	☐
B. 실험적인 것보다는 검증된 것을 선호한다.	☐	☐	☐	☐	☐	☐	☐
C. 검증되고 원금이 확실히 보장돼야 투자한다.	☐	☐	☐	☐	☐	☐	☐
D. 호기심을 강하게 느끼며 감정을 중시하는 편이다.	☐	☐	☐	☐	☐	☐	☐

19

친화성

문항	답안 1					답안 2	
	①	②	③	④	⑤	멀다	가깝다
A. 이윤 확대보다는 상생이 먼저라고 생각한다.	☐	☐	☐	☐	☐	☐	☐
B. 알력이 발생하면 자신의 입장을 고수한다.	☐	☐	☐	☐	☐	☐	☐
C. 갈등을 겪을 때 상대방에게 의존하곤 한다.	☐	☐	☐	☐	☐	☐	☐
D. 진정으로 신뢰하고 마음을 허락할 수 있는 사람은 없다.	☐	☐	☐	☐	☐	☐	☐

20

문항	답안 1					답안 2	
	①	②	③	④	⑤	멀다	가깝다
A. 자신이 경솔하다고 자주 느낀다.	☐	☐	☐	☐	☐	☐	☐
B. 돌다리는 두드리지 않고 건너는 편이다.	☐	☐	☐	☐	☐	☐	☐
C. 실패해도 성공할 때까지 계속 도전한다.	☐	☐	☐	☐	☐	☐	☐
D. 일의 다음 단계로 넘어가기 전에 반성과 피드백을 통해 완성도를 높이려 한다.	☐	☐	☐	☐	☐	☐	☐

21

문항	답안 1					답안 2	
	①	②	③	④	⑤	멀다	가깝다
A. 사는 것이 힘들다고 느낀 적은 없다.	☐	☐	☐	☐	☐	☐	☐
B. 사물의 밝은 면만을 보려고 노력한다.	☐	☐	☐	☐	☐	☐	☐
C. 오랜 번민으로 심한 괴로움을 느끼곤 한다.	☐	☐	☐	☐	☐	☐	☐
D. 긴장이 심해지면 도무지 일손이 잡히지 않는다.	☐	☐	☐	☐	☐	☐	☐

22

문항	답안 1					답안 2	
	①	②	③	④	⑤	멀다	가깝다
A. 혼자서 사색을 즐기는 편이다.	☐	☐	☐	☐	☐	☐	☐
B. 자기주장이 강해서 알력을 일으키곤 한다.	☐	☐	☐	☐	☐	☐	☐
C. 타인과의 관계에서 의구심이 들 때가 많다.	☐	☐	☐	☐	☐	☐	☐
D. 다른 사람이 나를 어떻게 생각하는지 궁금할 때가 많다.	☐	☐	☐	☐	☐	☐	☐

23

문항	답안 1					답안 2	
	①	②	③	④	⑤	멀다	가깝다
A. 방법이 정해진 일은 안심할 수 있다.	☐	☐	☐	☐	☐	☐	☐
B. 이론적 근거가 확증된 것만을 선호한다.	☐	☐	☐	☐	☐	☐	☐
C. 예술인이 된 자신의 모습을 상상하곤 한다.	☐	☐	☐	☐	☐	☐	☐
D. 마음의 소리를 듣기 위해 깊은 생각에 잠기곤 한다.	☐	☐	☐	☐	☐	☐	☐

24

문항	답안 1					답안 2	
	①	②	③	④	⑤	멀다	가깝다
A. 다른 사람의 의견에 귀를 기울인다.	☐	☐	☐	☐	☐	☐	☐
B. 싸운 후 화해하지 못해 친구를 잃곤 한다.	☐	☐	☐	☐	☐	☐	☐
C. 규범을 따르며 공평하려고 애쓰는 편이다.	☐	☐	☐	☐	☐	☐	☐
D. 협조적인 토의보다는 경쟁적인 토론에 능숙하다.	☐	☐	☐	☐	☐	☐	☐

25

문항	답안 1					답안 2	
	①	②	③	④	⑤	멀다	가깝다
A. 추진력은 부족해도 융통성은 높은 편이다.	☐	☐	☐	☐	☐	☐	☐
B. 성취감이 큰 일에서 동기부여를 받는 편이다.	☐	☐	☐	☐	☐	☐	☐
C. 묘안이 떠올라도 여러모로 검토해 실행한다.	☐	☐	☐	☐	☐	☐	☐
D. 일을 하면서도 능력 부족으로 목표를 달성할 수 없다고 생각하곤 한다.	☐	☐	☐	☐	☐	☐	☐

26

문항	답안 1					답안 2	
	①	②	③	④	⑤	멀다	가깝다
A. 나는 내 욕구를 잘 억제하는 편이다.	☐	☐	☐	☐	☐	☐	☐
B. 때로는 암울한 기분에 휩싸이곤 한다.	☐	☐	☐	☐	☐	☐	☐
C. 쉽게 넌더리가 나서 공허하게 느껴진다.	☐	☐	☐	☐	☐	☐	☐
D. 성격이 강인하지만 정서 반응에 둔감한 편이다.	☐	☐	☐	☐	☐	☐	☐

27

문항	답안 1					답안 2	
	①	②	③	④	⑤	멀다	가깝다
A. 인맥을 유지·확대하는 일에 관심이 많다.	☐	☐	☐	☐	☐	☐	☐
B. 동문회에 가능한 한 참석하려고 노력한다.	☐	☐	☐	☐	☐	☐	☐
C. 남들의 주목을 받는 게 불쾌하게 느껴진다.	☐	☐	☐	☐	☐	☐	☐
D. 사생활을 침해당할 것 같아 유명해지고 싶지 않다.	☐	☐	☐	☐	☐	☐	☐

28

문항	답안 1					답안 2	
	①	②	③	④	⑤	멀다	가깝다
A. 꿈을 가진 사람에게 끌린다.	☐	☐	☐	☐	☐	☐	☐
B. 남의 의견에 수용적이지 않은 편이다.	☐	☐	☐	☐	☐	☐	☐
C. 굳이 나누자면 나는 보수적이라고 생각한다.	☐	☐	☐	☐	☐	☐	☐
D. 나와 관점이 다른 사람을 만나 신선한 충격을 받기를 선호한다.	☐	☐	☐	☐	☐	☐	☐

29

문항	답안 1					답안 2	
	①	②	③	④	⑤	멀다	가깝다
A. 이익의 공정한 배분을 위해 협조적이다.	☐	☐	☐	☐	☐	☐	☐
B. 겸손과 배려를 실천하려고 애쓰는 편이다.	☐	☐	☐	☐	☐	☐	☐
C. 잘 모르는 타인에 대한 불신감이 큰 편이다.	☐	☐	☐	☐	☐	☐	☐
D. 자신의 영리를 극대화하기 위해서 남을 복종시켜야 한다고 생각한다.	☐	☐	☐	☐	☐	☐	☐

30

문항	답안 1					답안 2	
	①	②	③	④	⑤	멀다	가깝다
A. 목표를 세워도 지키지 못하곤 한다.	☐	☐	☐	☐	☐	☐	☐
B. 자신이 유능하다고 믿지 못할 때가 많다.	☐	☐	☐	☐	☐	☐	☐
C. 계획을 실제로 행하기 전에 꼭 재확인한다.	☐	☐	☐	☐	☐	☐	☐
D. 사회적 규범을 준수하면서 책임을 다하려면 먼저 도덕적 인간이 되어야 한다.	☐	☐	☐	☐	☐	☐	☐

31

문항	답안 1					답안 2	
	①	②	③	④	⑤	멀다	가깝다
A. 스트레스를 받으면 자신감을 잃곤 한다.	☐	☐	☐	☐	☐	☐	☐
B. 흥분해도 마음을 잘 가라앉히는 편이다.	☐	☐	☐	☐	☐	☐	☐
C. 불행이 닥칠까봐 마음이 불안해지곤 한다.	☐	☐	☐	☐	☐	☐	☐
D. 안 좋은 일을 당하면 운이 나빴을 뿐이라며 심각하게 받아들이지 않는다.	☐	☐	☐	☐	☐	☐	☐

PART 1

32

문항	답안 1					답안 2	
	①	②	③	④	⑤	멀다	가깝다
A. 남들보다 튀는 것을 싫어한다.	☐	☐	☐	☐	☐	☐	☐
B. 타인과 만났을 때 화제에 부족함이 없다.	☐	☐	☐	☐	☐	☐	☐
C. 명랑하고 유쾌하다는 평가를 받곤 한다.	☐	☐	☐	☐	☐	☐	☐
D. 연예인이 되면 삶이 불편해질 것이라 생각한다.	☐	☐	☐	☐	☐	☐	☐

33

지적개방성

문항	답안 1					답안 2	
	①	②	③	④	⑤	멀다	가깝다
A. 틀에 박힌 일은 몹시 싫다.	☐	☐	☐	☐	☐	☐	☐
B. 궁금증을 잘 느끼지 못하는 편이다.	☐	☐	☐	☐	☐	☐	☐
C. 새로운 것을 받아들이는 데 보수적이다.	☐	☐	☐	☐	☐	☐	☐
D. 단일 민족 사회보다는 다문화 사회를 지지한다.	☐	☐	☐	☐	☐	☐	☐

34

친화성

문항	답안 1					답안 2	
	①	②	③	④	⑤	멀다	가깝다
A. 자신의 이익보다 조직의 이익이 중요하다.	☐	☐	☐	☐	☐	☐	☐
B. 상대방과의 타협점을 찾는 일에 능숙하다.	☐	☐	☐	☐	☐	☐	☐
C. 필요하다면 남에게 위협조로 말할 수 있다.	☐	☐	☐	☐	☐	☐	☐
D. 남들이 반대해도 자신의 의견을 결코 고치지 않는다.	☐	☐	☐	☐	☐	☐	☑

35

성실성

문항	답안 1					답안 2	
	①	②	③	④	⑤	멀다	가깝다
A. 동기부여를 받지 못하는 편이다.	☐	☐	☐	☐	☐	☐	☐
B. 사전에 계획을 세워 행동하는 편이다.	☐	☐	☐	☐	☐	☐	☐
C. 목표가 확실하지 않으면 행동하지 않는다.	☐	☐	☐	☐	☐	☐	☐
D. 자신의 입장을 망각하고 지나치게 가볍게 행동하곤 한다.	☐	☐	☐	☐	☐	☐	☐

36

문항	답안 1					답안 2	
	①	②	③	④	⑤	멀다	가깝다
A. 자신의 삶이 덧없다고 느껴지곤 한다.	☐	☐	☐	☐	☐	☐	☐
B. 자신이 번아웃되어 껍데기만 남은 것 같다.	☐	☐	☐	☐	☐	☐	☐
C. 자질구레한 것은 별로 걱정하지 않는다.	☐	☐	☐	☐	☐	☐	☐
D. 욕망·욕구처럼 미움·절망도 절제할 수 있다고 생각한다.	☐	☐	☐	☐	☐	☐	☐

37

문항	답안 1					답안 2	
	①	②	③	④	⑤	멀다	가깝다
A. 사람들 앞에 잘 나서지 못한다.	☐	☐	☐	☐	☐	☐	☐
B. 정열은 내 삶을 움직이는 원동력이다.	☐	☐	☐	☐	☐	☐	☐
C. 사소한 일에도 즐거움을 잘 느끼곤 한다.	☐	☐	☐	☐	☐	☐	☐
D. 아는 사람과 우연히 만나도 굳이 알은척하지 않는다.	☐	☐	☐	☐	☐	☐	☐

38

문항	답안 1					답안 2	
	①	②	③	④	⑤	멀다	가깝다
A. 기발한 착상을 잘하는 편이다.	☐	☐	☐	☐	☐	☐	☐
B. 상상만으로 글의 줄거리를 지어낼 수 있다.	☐	☐	☐	☐	☐	☐	☐
C. 호기심이 적고 감정의 진폭이 좁은 편이다.	☐	☐	☐	☐	☐	☐	☐
D. 대개의 경우 감성적으로 접근하는 것은 바람직하지 않다.	☐	☐	☐	☐	☐	☐	☐

39

문항	답안 1					답안 2	
	①	②	③	④	⑤	멀다	가깝다
A. 남들의 문제에 개입하기를 꺼린다.	☐	☐	☐	☐	☐	☐	☐
B. 나는 남들보다 특별히 잘난 점이 없다.	☐	☐	☐	☐	☐	☐	☐
C. 인간은 원래 이기적인 동물이라고 여긴다.	☐	☐	☐	☐	☐	☐	☐
D. 협상할 때는 상호 이득을 이루는 것이 최선이다.	☐	☐	☐	☐	☐	☐	☐

40

문항	답안 1					답안 2	
	①	②	③	④	⑤	멀다	가깝다
A. 임시변통하는 일에 능숙한 편이다.	☐	☐	☐	☐	☐	☐	☐
B. 정돈을 잘하지 못해 주변이 어수선한 편이다.	☐	☐	☐	☐	☐	☐	☐
C. 일에 착수하면 반드시 성과를 거둬야 한다.	☐	☐	☐	☐	☐	☐	☐
D. 무리하게 일을 진행하지 않음으로써 완성도를 높이는 편이다.	☐	☐	☐	☐	☐	☐	☐

41

민감성

문항	답안 1					답안 2	
	①	②	③	④	⑤	멀다	가깝다
A. 충동적인 언행을 삼가는 편이다.	☐	☐	☐	☐	☐	☐	☐
B. 후회하느라 속을 썩이지 않는 편이다.	☐	☐	☐	☐	☐	☐	☐
C. 부질없는 심려 때문에 난감해지곤 한다.	☐	☐	☐	☐	☐	☐	☐
D. 어떤 선택을 해도 무의미하다는 생각 때문에 충동적으로 행동하곤 한다.	☐	☐	☐	☐	☐	☐	☐

42

외향성

문항	답안 1					답안 2	
	①	②	③	④	⑤	멀다	가깝다
A. 흥분을 주는 자극적인 운동을 좋아한다.	☐	☐	☐	☐	☐	☐	☐
B. 리더들의 주장을 잘 수용해 따르는 편이다.	☐	☐	☐	☐	☐	☐	☐
C. 다른 사람의 시선을 끄는 것을 선호한다.	☐	☐	☐	☐	☐	☐	☐
D. 타인과의 만남을 회피하고 혼자 있기를 즐긴다.	☐	☐	☐	☐	☐	☐	☐

43

지적개방성

문항	답안 1					답안 2	
	①	②	③	④	⑤	멀다	가깝다
A. 예술은 나의 관심을 끌지 못한다.	☐	☐	☐	☐	☐	☐	☐
B. 때로는 비현실적인 공상을 하곤 한다.	☐	☐	☐	☐	☐	☐	☐
C. 학창 시절에 선생님의 지시를 어긴 적이 없다.	☐	☐	☐	☐	☐	☐	☐
D. 감수성과 통찰력에 의존해 직감적으로 판단하는 편이다.	☐	☐	☐	☐	☐	☐	☐

44

문항	답안 1					답안 2	
	①	②	③	④	⑤	멀다	가깝다
A. 낯선 이를 결코 쉽게 믿지 않는다.	☐	☐	☐	☐	☐	☐	☐
B. 다른 사람보다 고집이 세고 냉정하다.	☐	☐	☐	☐	☐	☐	☐
C. 인간들은 본래 선한 의도를 가지고 있다.	☐	☐	☐	☐	☐	☐	☐
D. 다수가 반대하면 나의 생각을 다수의 의견에 맞춰 수정한다.	☐	☐	☐	☐	☐	☐	☐

45

성실성

문항	답안 1					답안 2	
	①	②	③	④	⑤	멀다	가깝다
A. 스케줄을 짜고 행동하는 편이다.	☐	☐	☐	☐	☐	☐	☐
B. 계획에 얽매이는 것을 좋아하지 않는다.	☐	☐	☐	☐	☐	☐	☐
C. 어떤 일이 있어도 의욕을 가지고 노력한다.	☐	☐	☐	☐	☐	☐	☐
D. 한결같고 인내력이 있다는 말을 거의 듣지 못했다.	☐	☐	☐	☐	☐	☐	☐

46

민감성

문항	답안 1					답안 2	
	①	②	③	④	⑤	멀다	가깝다
A. 때로는 지나치게 성을 내곤 한다.	☐	☐	☐	☐	☐	☐	☐
B. 자잘한 일에도 흡족함을 느끼곤 한다.	☐	☐	☐	☐	☐	☐	☐
C. 따분함을 느끼면 몹시 무기력해지곤 한다.	☐	☐	☐	☐	☐	☐	☐
D. 현실적인 어려움에 부닥쳐도 차분하게 대처한다.	☐	☐	☐	☐	☐	☐	☐

47

외향성

문항	답안 1					답안 2	
	①	②	③	④	⑤	멀다	가깝다
A. 격렬한 운동을 하는 것을 싫어한다.	☐	☐	☐	☐	☐	☐	☐
B. 대인관계가 거추장스럽게 느껴지곤 한다.	☐	☐	☐	☐	☐	☐	☐
C. 타인에게 영향을 끼치는 위치에 서고 싶다.	☐	☐	☐	☐	☐	☐	☐
D. 남들보다 활기차며 무난하지 않은 것을 좋아한다.	☐	☐	☐	☐	☐	☐	☐

48

문항	답안 1		답안 2	
	① ② ③ ④ ⑤		멀다	가깝다
A. 언제나 익숙한 길로만 다니는 편이다.	☐ ☐ ☐ ☐ ☐		☐	☐
B. 마술쇼는 나의 흥미를 끌지 못한다.	☐ ☐ ☐ ☐ ☐		☐	☐
C. 지식을 쌓기 위해 꾸준히 독서하는 편이다.	☐ ☐ ☐ ☐ ☐		☐	☐
D. 이상을 실현하려면 개방성이 가장 중요하다고 생각한다.	☐ ☐ ☐ ☐ ☐		☐	☐

49

문항	답안 1		답안 2	
	① ② ③ ④ ⑤		멀다	가깝다
A. 경쟁자를 이기기 위해 선수를 치곤 한다.	☐ ☐ ☐ ☐ ☐		☐	☐
B. 타인을 이해하고 존중하려 애쓰는 편이다.	☐ ☐ ☐ ☐ ☐		☐	☐
C. 상대의 긍정적인 면을 찾으려 하는 편이다.	☐ ☐ ☐ ☐ ☐		☐	☐
D. 비협조적인 상대에게는 협박조로 응수하는 것이 적절하다고 생각한다.	☐ ☐ ☐ ☐ ☐		☐	☐

50

문항	답안 1		답안 2	
	① ② ③ ④ ⑤		멀다	가깝다
A. 욕구의 영향으로 변덕을 부리는 편이다.	☐ ☐ ☐ ☐ ☐		☐	☐
B. 무슨 일이든 수차례 검토하고 확인한다.	☐ ☐ ☐ ☐ ☐		☐	☐
C. 일이나 사물을 정리할 때 애를 먹곤 한다.	☐ ☐ ☐ ☐ ☐		☐	☐
D. 계획의 수립과 실천을 질서 있게 하려고 애쓴다.	☐ ☐ ☐ ☐ ☐		☐	☐

51

문항	답안 1		답안 2	
	① ② ③ ④ ⑤		멀다	가깝다
A. 화나면 안절부절 어쩔 줄을 모르곤 한다.	☐ ☐ ☐ ☐ ☐		☐	☐
B. 황당한 일을 겪어도 자신감을 잃지 않는다.	☐ ☐ ☐ ☐ ☐		☐	☐
C. 스트레스를 받아도 감정적 대응을 자제한다.	☐ ☐ ☐ ☐ ☐		☐	☐
D. 사고를 낼까봐 마음이 조마조마해져 과속운전을 절대 하지 않는다.	☐ ☐ ☐ ☐ ☐		☐	☐

52

문항	답안 1					답안 2	
	①	②	③	④	⑤	멀다	가깝다
A. 공동 작업보다는 개인 작업을 선호한다.	☐	☐	☐	☐	☐	☐	☐
B. 넓은 인간관계는 나의 관심사가 아니다.	☐	☐	☐	☐	☐	☐	☐
C. 자신의 의견을 당차게 주장하는 편이다.	☐	☐	☐	☐	☐	☐	☐
D. 힘에 부치는 활동을 해도 피로를 잘 느끼지 않는다.	☐	☐	☐	☐	☐	☐	☐

53

문항	답안 1					답안 2	
	①	②	③	④	⑤	멀다	가깝다
A. 난해한 예술에 관심이 더욱 끌린다.	☐	☐	☐	☐	☐	☐	☐
B. 전통을 반드시 지켜야 한다고 생각한다.	☐	☐	☐	☐	☐	☐	☐
C. 모르는 것을 배우는 일에 적극적인 편이다.	☐	☐	☐	☐	☐	☐	☐
D. 경험하지 않은 것은 마음속으로 잘 구상하지 못한다.	☐	☐	☐	☐	☐	☐	☐

54

문항	답안 1					답안 2	
	①	②	③	④	⑤	멀다	가깝다
A. 자신을 내세우지 않는 편이다.	☐	☐	☐	☐	☐	☐	☐
B. 성악설보다는 성선설을 지지한다.	☐	☐	☐	☐	☐	☐	☐
C. 지나친 승부욕 때문에 갈등을 빚곤 한다.	☐	☐	☐	☐	☐	☐	☐
D. 타인의 곤란한 요구는 단칼에 거절하는 편이다.	☐	☐	☐	☐	☐	☐	☐

55

문항	답안 1					답안 2	
	①	②	③	④	⑤	멀다	가깝다
A. 혼자서도 꾸준히 하는 것을 좋아한다.	☐	☐	☐	☐	☐	☐	☐
B. 학창 시절에 밤새워 공부한 적이 별로 없다.	☐	☐	☐	☐	☐	☐	☐
C. 원칙의 준수보다는 변칙적 활용에 능하다.	☐	☐	☐	☐	☐	☐	☐
D. 공부할 때는 주요 내용만을 정리해 암기하곤 한다.	☐	☐	☐	☐	☐	☐	☐

56

문항	답안 1					답안 2	
	①	②	③	④	⑤	멀다	가깝다
A. 기가 죽거나 실망하지 않는 편이다.	☐	☐	☐	☐	☐	☐	☐
B. 작은 상처에도 수선을 피우곤 한다.	☐	☐	☐	☐	☐	☐	☐
C. 성격이 밝아 스트레스를 잘 느끼지 않는다.	☐	☐	☐	☐	☐	☐	☐
D. 미래를 확신할 수 없어 불안해질 때가 많다.	☐	☐	☐	☐	☐	☐	☐

57

문항	답안 1					답안 2	
	①	②	③	④	⑤	멀다	가깝다
A. 군중 앞에 나서기가 꺼려진다.	☐	☐	☐	☐	☐	☐	☐
B. 다른 사람과 대화하는 것을 좋아한다.	☐	☐	☐	☐	☐	☐	☐
C. 혼자 깊은 생각에 잠기는 것을 좋아한다.	☐	☐	☐	☐	☐	☐	☐
D. 수많은 사람들에게 영향을 끼칠 수 있는 큰일을 해보고 싶다.	☐	☐	☐	☐	☐	☐	☐

58

문항	답안 1					답안 2	
	①	②	③	④	⑤	멀다	가깝다
A. 변화가 주는 다양성을 선호한다.	☐	☐	☐	☐	☐	☐	☐
B. 통찰력보다는 익숙한 경험으로 판단한다.	☐	☐	☐	☐	☐	☐	☐
C. 도전적인 직업보다는 안정된 직업이 좋다.	☐	☐	☐	☐	☐	☐	☐
D. 감수성은 자신의 삶을 다채롭게 하는 데 도움이 된다고 생각한다.	☐	☐	☐	☐	☐	☐	☐

59

문항	답안 1					답안 2	
	①	②	③	④	⑤	멀다	가깝다
A. 친절하다는 평가를 받곤 한다.	☐	☐	☐	☐	☐	☐	☐
B. 약삭빠르다는 핀잔을 듣곤 한다.	☐	☐	☐	☐	☐	☐	☐
C. 타인의 충고나 의견을 호의적으로 듣는다.	☐	☐	☐	☐	☐	☐	☐
D. 곤경에 처한 사람을 도와주는 일에 인색한 편이다.	☐	☐	☐	☐	☐	☐	☐

60

문항	답안 1		답안 2	
	① ② ③ ④ ⑤		멀다	가깝다
A. 됨됨이가 진중하다는 평가를 받곤 한다.	☐ ☐ ☐ ☐ ☐		☐	☐
B. 스케줄 없이 즉흥적으로 행동하는 편이다.	☐ ☐ ☐ ☐ ☐		☐	☐
C. 의지가 굳고 착실하다는 평가를 받곤 한다.	☐ ☐ ☐ ☐ ☐		☐	☐
D. 생각이 짧아 앞뒤를 헤아리지 못한다는 비판을 받곤 한다.	☐ ☐ ☐ ☐ ☐		☐	☐

61

문항	답안 1		답안 2	
	① ② ③ ④ ⑤		멀다	가깝다
A. 별것 아닌 일로 안달복달하곤 한다.	☐ ☐ ☐ ☐ ☐		☐	☐
B. 어려운 상황에서도 마음이 굳센 편이다.	☐ ☐ ☐ ☐ ☐		☐	☐
C. 어떤 상황에서도 희망이 있다고 확신한다.	☐ ☐ ☐ ☐ ☐		☐	☐
D. 이성보다는 감정의 영향을 더 많이 받는 편이다.	☐ ☐ ☐ ☐ ☐		☐	☐

62

문항	답안 1		답안 2	
	① ② ③ ④ ⑤		멀다	가깝다
A. 에너지가 넘치고 몸놀림이 재빠른 편이다.	☐ ☐ ☐ ☐ ☐		☐	☐
B. 일찍 기상해 외출 준비를 서두르는 편이다.	☐ ☐ ☐ ☐ ☐		☐	☐
C. 인간관계에 지쳐 혼자 여행을 떠나곤 한다.	☐ ☐ ☐ ☐ ☐		☐	☐
D. 같이 일할 사람을 1명만 택한다면 차분하고 진지한 사람을 뽑겠다.	☐ ☐ ☐ ☐ ☐		☐	☐

63

문항	답안 1		답안 2	
	① ② ③ ④ ⑤		멀다	가깝다
A. 변화는 나를 힘들게 만든다.	☐ ☐ ☐ ☐ ☐		☐	☐
B. 새로운 가게보다는 단골가게만 간다.	☐ ☐ ☐ ☐ ☐		☐	☐
C. 혁신이 이끄는 변화의 다양성을 선호한다.	☐ ☐ ☐ ☐ ☐		☐	☐
D. 설계도를 보고 기계의 작동 과정을 머릿속으로 그릴 수 있다.	☐ ☐ ☐ ☐ ☐		☐	☐

64

문항	답안 1					답안 2	
	①	②	③	④	⑤	멀다	가깝다
A. 언쟁을 별로 마다하지 않는 편이다.	☐	☐	☐	☐	☐	☐	
B. 아랫사람의 말도 귀담아듣는 편이다.	☐	☐	☐	☐	☐	☐	☐
C. 이익을 위해 때로는 규율을 어기곤 한다.	☐	☐	☐	☐	☐	☐	☐
D. 협상에서는 양보와 타협이 기본 원칙이라고 생각한다.	☐	☐	☐	☐	☐	☐	☐

65

문항	답안 1					답안 2	
	①	②	③	④	⑤	멀다	가깝다
A. 경우에 맞춰 다르게 행동하곤 한다.	☐	☐	☐	☐	☐	☐	☐
B. 책임감 때문에 압박감을 느끼곤 한다.	☐	☐	☐	☐	☐	☐	☐
C. 운명이라면 노력해도 성공할 수 없다.	☐	☐	☐	☐	☐	☐	☐
D. 자율성과 준법정신이 확고하다는 평가를 받곤 한다.	☐	☐	☐	☐	☐	☐	☐

66

문항	답안 1					답안 2	
	①	②	③	④	⑤	멀다	가깝다
A. 푸념을 거의 하지 않는다.	☐	☐	☐	☐	☐	☐	☐
B. 걱정거리로 좌불안석할 때가 종종 있다.	☐	☐	☐	☐	☐	☐	☐
C. 마음이 거북할 때는 식은땀을 쏟곤 한다.	☐	☐	☐	☐	☐	☐	☐
D. 자신감이 있어 타인의 비난에 휘둘리지 않는다.	☐	☐	☐	☐	☐	☐	☐

67

문항	답안 1					답안 2	
	①	②	③	④	⑤	멀다	가깝다
A. 조용한 분위기를 선호한다.	☐	☐	☐	☐	☐	☐	☐
B. 언제나 활기가 넘치는 편이다.	☐	☐	☐	☐	☐	☐	☐
C. 사람들 앞에 나서는 데 어려움이 없다.	☐	☐	☐	☐	☐	☐	☐
D. 여행을 한다면 번잡한 도시보다는 목가적인 농촌으로 가고 싶다.	☐	☐	☐	☐	☐	☐	☐

68

문항	답안 1 ① ② ③ ④ ⑤		답안 2 멀다	가깝다
A. 변화에서 즐거움을 느끼는 편이다.	☐ ☐ ☐ ☐ ☐		☐	☐
B. 정해진 절차가 바뀌는 것을 싫어한다.	☐ ☐ ☐ ☐ ☐		☐	☐
C. 독창적인 발상을 하는 것에 능숙하지 않다.	☐ ☐ ☐ ☐ ☐		☐	☐
D. 디자인만 따지다가 비실용적인 물건을 사곤 한다.	☐ ☐ ☐ ☐ ☐		☐	☐

69

문항	답안 1 ① ② ③ ④ ⑤		답안 2 멀다	가깝다
A. 조직 내에서 우등생 부류라고 생각한다.	☐ ☐ ☐ ☐ ☐		☐	☐
B. 집단의 명령을 받는 것이 별로 달갑지 않다.	☐ ☐ ☐ ☐ ☐		☐	☐
C. 사교적이고 활달하다는 평가를 받곤 한다.	☐ ☐ ☐ ☐ ☐		☐	☐
D. 조직 구성원의 첫 번째 덕목은 조화성이라고 생각한다.	☐ ☐ ☐ ☐ ☐		☐	☐

70

문항	답안 1 ① ② ③ ④ ⑤		답안 2 멀다	가깝다
A. 성취욕을 잘 느끼지 못하는 편이다.	☐ ☐ ☐ ☐ ☐		☐	☐
B. 주체성, 자주성이 높다고 평가받곤 한다.	☐ ☐ ☐ ☐ ☐		☐	☐
C. 목표를 고집하기보다는 융통성을 중시한다.	☐ ☐ ☐ ☐ ☐		☐	☐
D. 높은 목표는 자신을 이끄는 에너지라고 생각한다.	☐ ☐ ☐ ☐ ☐		☐	☐

71

문항	답안 1 ① ② ③ ④ ⑤		답안 2 멀다	가깝다
A. 실패를 곱씹으며 자책하는 편이다.	☐ ☐ ☐ ☐ ☐		☐	☐
B. 사소한 실수에 얽매이는 것이 싫다.	☐ ☐ ☐ ☐ ☐		☐	☐
C. 사소한 일에도 신경을 많이 쓰는 편이다.	☐ ☐ ☐ ☐ ☐		☐	☐
D. 자제력을 가지고 합리적으로 판단하려고 노력한다.	☐ ☐ ☐ ☐ ☐		☐	☐

72

문항	답안 1					답안 2	
	①	②	③	④	⑤	멀다	가깝다
A. 명령을 받기보다는 명령을 하고 싶다.	☐	☐	☐	☐	☐	☐	☐
B. 정적이고 사색적인 분위기를 선호한다.	☐	☐	☐	☐	☐	☐	☐
C. 타인과 관계를 이루고 대화하는 것이 좋다.	☐	☐	☐	☐	☐	☐	☐
D. 남들의 생각에는 별로 관심이 없고 내 의견을 내세우는 편이다.	☐	☐	☐	☐	☐	☐	☐

73

문항	답안 1					답안 2	
	①	②	③	④	⑤	멀다	가깝다
A. 새로운 것보다는 익숙한 것이 좋다.	☐	☐	☐	☐	☐	☐	☐
B. 새로운 변화를 별로 좋아하지 않는다.	☐	☐	☐	☐	☐	☐	☐
C. 굳이 말하자면 혁신적이라고 생각한다.	☐	☐	☐	☐	☐	☐	☐
D. 위트 있는 글로 자신의 감수성을 표현할 수 있다.	☐	☐	☐	☐	☐	☐	☐

74

문항	답안 1					답안 2	
	①	②	③	④	⑤	멀다	가깝다
A. 조직 내에서 독단적으로 움직이곤 한다.	☐	☐	☐	☐	☐	☐	☐
B. 이해득실을 과하게 따지는 사람은 꺼려진다.	☐	☐	☐	☐	☐	☐	☐
C. 협력과 공정성을 매우 중요하게 여긴다.	☐	☐	☐	☐	☐	☐	☐
D. 조직을 따르기보다는 자신의 의견을 밀어붙이는 편이다.	☐	☐	☐	☐	☐	☐	☐

75

문항	답안 1					답안 2	
	①	②	③	④	⑤	멀다	가깝다
A. 명확한 장래의 목표가 없다.	☐	☐	☐	☐	☐	☐	☐
B. 자신의 단점을 잘 고치지 못한다.	☐	☐	☐	☐	☐	☐	☐
C. 체념하지 않고 끝까지 견디는 편이다.	☐	☐	☐	☐	☐	☐	☐
D. 수차례 검토하느라 일의 진척이 느릴 때가 있다.	☐	☐	☐	☐	☐	☐	☐

76

문항	답안 1		답안 2	
	① ② ③ ④ ⑤		멀다	가깝다
A. 과거의 일에 괘념치 않는다.	☐ ☐ ☐ ☐ ☐		☐	☐
B. 상심했던 경험을 쉽게 극복하지 못한다.	☐ ☐ ☐ ☐ ☐		☐	☐
C. 중병에 걸린 것은 아닌지 걱정하곤 한다.	☐ ☐ ☐ ☐ ☐		☐	☐
D. 예측할 수 없는 미래에 대해 별로 염려하지 않는다.	☐ ☐ ☐ ☐ ☐		☐	☐

77

문항	답안 1		답안 2	
	① ② ③ ④ ⑤		멀다	가깝다
A. 함께보다는 혼자서 일하는 것을 선호한다.	☐ ☐ ☐ ☐ ☐		☐	☐
B. 타인들 사이에서 그들을 소개하는 편이다.	☐ ☐ ☐ ☐ ☐		☐	☐
C. 새로운 사람을 소개받는 것은 달갑지 않다.	☐ ☐ ☐ ☐ ☐		☐	☐
D. 단체로 야외 활동을 할 때는 선두에 서서 인솔하는 편이다.	☐ ☐ ☐ ☐ ☐		☐	☐

78

문항	답안 1		답안 2	
	① ② ③ ④ ⑤		멀다	가깝다
A. 빠른 변화는 별로 달갑지 않다.	☐ ☐ ☐ ☐ ☐		☐	☐
B. 기지가 넘치는 글을 쓸 수 있다.	☐ ☐ ☐ ☐ ☐		☐	☐
C. 변화 수용에 적극적인 상사와 일하고 싶다.	☐ ☐ ☐ ☐ ☐		☐	☐
D. 지적 도전을 즐기지 않으며 사실지향적인 사고를 선호한다.	☐ ☐ ☐ ☐ ☐		☐	☐

79

문항	답안 1		답안 2	
	① ② ③ ④ ⑤		멀다	가깝다
A. 남과 다투어도 빨리 화해할 수 있다.	☐ ☐ ☐ ☐ ☐		☐	☐
B. 남들보다 우수한 편이라고 생각한다.	☐ ☐ ☐ ☐ ☐		☐	☐
C. 지나치게 온정을 표시하는 것은 좋지 않다.	☐ ☐ ☐ ☐ ☐		☐	☐
D. 협상할 때는 개방된 질문으로 상대에게 가능성을 열어줘야 한다.	☐ ☐ ☐ ☐ ☐		☐	☐

80

문항	답안 1					답안 2	
	①	②	③	④	⑤	멀다	가깝다
A. 시간을 성실히 지키는 편이다.	☐	☐	☐	☐	☐	☐	☐
B. 계획적인 행동을 중요하게 여긴다.	☐	☐	☐	☐	☐	☐	☐
C. 성취욕, 자율성이 낮다는 평가를 받곤 한다.	☐	☐	☐	☐	☐	☐	☐
D. 일의 밑그림을 작성하는 것에 소질이 없다고 생각한다.	☐	☐	☐	☐	☐	☐	☐

81

문항	답안 1					답안 2	
	①	②	③	④	⑤	멀다	가깝다
A. 슬픈 일은 빨리 잊는 편이다.	☐	☐	☐	☐	☐	☐	☐
B. 당황하면 쓸데없는 말이 많아진다.	☐	☐	☐	☐	☐	☐	☐
C. 실패를 심기일전의 기회로 삼는 편이다.	☐	☐	☐	☐	☐	☐	☐
D. 욕구를 충족하지 못하면 강박감을 느끼곤 한다.	☐	☐	☐	☐	☐	☐	☐

82

문항	답안 1					답안 2	
	①	②	③	④	⑤	멀다	가깝다
A. 친구들과 함께보다는 혼자 노는 편이다.	☐	☐	☐	☐	☐	☐	☐
B. 다른 사람들과 함께 하는 것이 거북하다.	☐	☐	☐	☐	☐	☐	☐
C. 일을 선택할 때에는 인간관계를 중시한다.	☐	☐	☐	☐	☐	☐	☐
D. 긴밀한 관계 형성을 위해 사람들의 이름을 외우려고 하는 편이다.	☐	☐	☐	☐	☐	☐	☐

83

문항	답안 1					답안 2	
	①	②	③	④	⑤	멀다	가깝다
A. 새것보다는 옛것에서 배울 게 더 많다.	☐	☐	☐	☐	☐	☐	☐
B. 익숙한 것에서 매너리즘을 느끼곤 한다.	☐	☐	☐	☐	☐	☐	☐
C. 검증되지 않은 이론은 결코 수용할 수 없다.	☐	☐	☐	☐	☐	☐	☐
D. 함께 일할 사람을 1명만 뽑는다면 상상력·창의력이 높은 사람을 택하겠다.	☐	☐	☐	☐	☐	☐	☐

84

문항	답안 1					답안 2	
	①	②	③	④	⑤	멀다	가깝다
A. 남의 의견을 절대 참고하지 않는다.	☐	☐	☐	☐	☐	☐	☐
B. 누구하고나 허물없이 지내는 편이다.	☐	☐	☐	☐	☐	☐	☐
C. 남들의 썰렁한 농담도 웃어주는 편이다.	☐	☐	☐	☐	☐	☐	☐
D. 자신이 가장 잘 알고 있다고 생각해 남의 지적을 거의 수용하지 않는다.	☐	☐	☐	☐	☐	☐	☐

85

문항	답안 1					답안 2	
	①	②	③	④	⑤	멀다	가깝다
A. 일을 선택할 때는 일의 보람을 중시한다.	☐	☐	☐	☐	☐	☐	☐
B. 신중하게 생각하지 않고 행동으로 옮긴다.	☐	☐	☐	☐	☐	☐	☐
C. 일정을 세울 때 시간 낭비 없게 잡곤 한다.	☐	☐	☐	☐	☐	☐	☐
D. 자신은 능력이 부족하므로 많이 뜯어고쳐야 한다고 생각한다.	☐	☐	☐	☐	☐	☐	☐

86

문항	답안 1					답안 2	
	①	②	③	④	⑤	멀다	가깝다
A. 스트레스 관리를 잘하는 편이다.	☐	☐	☐	☐	☐	☐	☐
B. 망설이다가 결정을 내리지 못하곤 한다.	☐	☐	☐	☐	☐	☐	☐
C. 스트레스를 받아도 남에게 화를 내지 않는다.	☐	☐	☐	☐	☐	☐	☐
D. 하찮은 일에도 신경질적으로 반응할 때가 많다.	☐	☐	☐	☐	☐	☐	☐

87

문항	답안 1					답안 2	
	①	②	③	④	⑤	멀다	가깝다
A. 자신의 존재를 과시해 주목받고 싶다.	☐	☐	☐	☐	☐	☐	☐
B. 매사에 유쾌함과 재미를 찾으려 노력한다.	☐	☐	☐	☐	☐	☐	☐
C. 소극적이어서 자신을 잘 표현하지 못한다.	☐	☐	☐	☐	☐	☐	☐
D. 회의할 때 상급자의 의견을 최우선시하는 편이다.	☐	☐	☐	☐	☐	☐	☐

88

문항	답안 1					답안 2	
	①	②	③	④	⑤	멀다	가깝다
A. 예술은 내 삶에 영향을 끼치지 못한다.	☐	☐	☐	☐	☐	☐	☐
B. 특정 양식에 얽매이는 것은 진부해서 싫다.	☐	☐	☐	☐	☐	☐	☐
C. 권위에 의존하면 타성에 빠지기 쉽다고 생각한다.	☐	☐	☐	☐	☐	☐	☐
D. 타인의 별것 아닌 행동에서는 깨달음을 얻을 수 없다고 생각한다.	☐	☐	☐	☐	☐	☐	☐

89

문항	답안 1					답안 2	
	①	②	③	④	⑤	멀다	가깝다
A. 성장과 분배 중에서는 분배가 우선이다.	☐	☐	☐	☐	☐	☐	☐
B. 타인의 칭찬이 아첨처럼 들릴 때가 있다.	☐	☐	☐	☐	☐	☐	☐
C. 붙임성이 없고 고집스럽다는 핀잔을 듣는다.	☐	☐	☐	☐	☐	☐	☐
D. 지나친 예절은 오히려 인간관계를 방해한다고 생각한다.	☐	☐	☐	☐	☐	☐	☐

90

문항	답안 1					답안 2	
	①	②	③	④	⑤	멀다	가깝다
A. 행동이 부주의하고 가볍다는 소리를 듣곤 한다.	☐	☐	☐	☐	☐	☐	☐
B. 어려운 일을 만나면 빨리 단념하는 편이다.	☐	☐	☐	☐	☐	☐	☐
C. 하늘은 스스로 돕는 자를 돕는다고 믿는다.	☐	☐	☐	☐	☐	☐	☐
D. 성공의 근본적 비결은 정성과 참됨, 꾸준함이라고 생각한다.	☐	☐	☐	☐	☐	☐	☐

91

문항	답안 1					답안 2	
	①	②	③	④	⑤	멀다	가깝다
A. 자신의 신세를 한탄하지 않는다.	☐	☐	☐	☐	☐	☐	☐
B. 평정심을 잃고 안절부절못하곤 한다.	☐	☐	☐	☐	☐	☐	☐
C. 스트레스를 받아도 잘 참는 편이다.	☐	☐	☐	☐	☐	☐	☐
D. 먼 미래에 대한 걱정으로 진정하지 못할 때가 종종 있다.	☐	☐	☐	☐	☐	☐	☐

92

문항	답안 1					답안 2	
	①	②	③	④	⑤	멀다	가깝다
A. 놀 때도 열정적으로 노는 편이다.	☐	☐	☐	☐	☐	☐	☐
B. 무인도에서 살고 싶을 때가 종종 있다.	☐	☐	☐	☐	☐	☐	☐
C. 여럿의 대표가 되는 일이 몹시 부담스럽다.	☐	☐	☐	☐	☐	☐	☐
D. 남들과 인사하는 것이 불필요하다고 생각하곤 한다.	☐	☐	☐	☐	☐	☐	☐

93

문항	답안 1					답안 2	
	①	②	③	④	⑤	멀다	가깝다
A. 창의적인 일을 좋아한다.	☐	☐	☐	☐	☐	☐	☐
B. 글 솜씨가 별로 없는 편이다.	☐	☐	☐	☐	☐	☐	☐
C. 유머 코드가 진부하다는 핀잔을 듣곤 한다.	☐	☐	☐	☐	☐	☐	☐
D. 정해진 절차를 따르는 것보다는 자유로운 사고방식을 선호한다.	☐	☐	☐	☐	☐	☐	☐

94

문항	답안 1					답안 2	
	①	②	③	④	⑤	멀다	가깝다
A. 도덕과 윤리, 공정성 등을 몹시 중시한다.	☐	☐	☐	☐	☐	☐	☐
B. 남들과 시비를 가리기를 마다하지 않는다.	☐	☐	☐	☐	☐	☐	☐
C. 타인의 불행을 보면 애통함을 크게 느낀다.	☐	☐	☐	☐	☐	☐	☐
D. 협상에서는 상대를 굴복시키려면 주장을 강하게 전달해야 한다.	☐	☐	☐	☐	☐	☐	☐

95

문항	답안 1					답안 2	
	①	②	③	④	⑤	멀다	가깝다
A. 매사를 태평하게 보아 넘기는 편이다.	☐	☐	☐	☐	☐	☐	☐
B. 결심을 해도 생각을 바꾸는 일이 많다.	☐	☐	☐	☐	☐	☐	☐
C. 비교적 손재주가 있다는 평가를 받곤 한다.	☐	☐	☐	☐	☐	☐	☐
D. 성공한 사람의 첫 번째 덕목은 성실성이라고 생각한다.	☐	☐	☐	☐	☐	☐	☐

96

문항	답안 1					답안 2	
	①	②	③	④	⑤	멀다	가깝다
A. 때로는 공연한 불안에 휩싸이곤 한다.	☐	☐	☐	☐	☐	☐	☐
B. 낙담해도 금세 딛고 일어서는 편이다.	☐	☐	☐	☐	☐	☐	☐
C. 자신의 처지가 서럽다고 느낀 적이 없다.	☐	☐	☐	☐	☐	☐	☐
D. 예상하지 못한 상황과 맞닥뜨리면 잘 대처할 수 없을 것 같아 불안하다.	☐	☐	☐	☐	☐	☐	☐

97

문항	답안 1					답안 2	
	①	②	③	④	⑤	멀다	가깝다
A. 영향력이 보다 높은 사람이 되고 싶다.	☐	☐	☐	☐	☐	☐	☐
B. 부모님의 친구분을 접대하는 것이 귀찮다.	☐	☐	☐	☐	☐	☐	☐
C. 휴일에는 거의 집에만 틀어박혀 있곤 한다.	☐	☐	☐	☐	☐	☐	☐
D. 영화를 고를 때 액션이나 코미디 장르를 선호한다.	☐	☐	☐	☐	☐	☐	☐

98

문항	답안 1					답안 2	
	①	②	③	④	⑤	멀다	가깝다
A. 신선하고 독창적인 것을 선호한다.	☐	☐	☐	☐	☐	☐	☐
B. 지식과 교훈은 나의 흥미를 끌지 못한다.	☐	☐	☐	☐	☐	☐	☐
C. 독창적인 발상이 필요한 작업을 선호한다.	☐	☐	☐	☐	☐	☐	☐
D. 격식을 따르는 것에서 매너리즘을 느끼지 않는다.	☐	☐	☐	☐	☐	☐	☐

99

문항	답안 1					답안 2	
	①	②	③	④	⑤	멀다	가깝다
A. 윗사람을 대하는 태도가 자연스럽다.	☐	☐	☐	☐	☐	☐	☐
B. 나를 비난하는 사람은 피하는 편이다.	☐	☐	☐	☐	☐	☐	☐
C. 타인의 입에 발린 소리가 몹시 거슬린다.	☐	☐	☐	☐	☐	☐	☐
D. 타인과의 조화를 위해 남의 쓴소리를 겸허히 수용한다.	☐	☐	☐	☐	☐	☐	☐

100

성실성

문항	답안 1					답안 2	
	①	②	③	④	⑤	멀다	가깝다
A. 계획은 실천에 의해 검증된다고 생각한다.	☐	☐	☐	☐	☐	☐	☐
B. 계획을 세우지만 대부분 수포로 돌아간다.	☐	☐	☐	☐	☐	☐	☐
C. 주관과 의지가 부족하다는 평가를 받는다.	☐	☐	☐	☐	☐	☐	☐
D. 계획을 도중에 수정하지 않도록 미리 치밀한 계획을 세우는 편이다.	☐	☐	☐	☐	☐	☐	☐

101

민감성

문항	답안 1					답안 2	
	①	②	③	④	⑤	멀다	가깝다
A. 기분이 상해도 오래가지 않는다.	☐	☐	☐	☐	☐	☐	☐
B. 근거 없는 박탈감, 소외감을 느끼곤 한다.	☐	☐	☐	☐	☐	☐	☐
C. 조바심내지 않고 진득하게 기다릴 수 있다.	☐	☐	☐	☐	☐	☐	☐
D. 곤란한 상황에 처하면 시간을 돌리고 싶을 때가 많다.	☐	☐	☐	☐	☐	☐	☐

102

외향성

문항	답안 1					답안 2	
	①	②	③	④	⑤	멀다	가깝다
A. 모임에서 여론을 주도하는 편이다.	☐	☐	☐	☐	☐	☐	☐
B. 휴일에는 아무것도 하고 싶지 않다.	☐	☐	☐	☐	☐	☐	☐
C. 친구와 싸우면 낯설어져 거리를 두곤 한다.	☐	☐	☐	☐	☐	☐	☐
D. 반복적·규칙적 생활은 나에게 자극을 주지 못한다.	☐	☐	☐	☐	☐	☐	☐

103

지적개방성

문항	답안 1					답안 2	
	①	②	③	④	⑤	멀다	가깝다
A. 상상력이 있다는 말을 자주 듣는다.	☐	☐	☐	☐	☐	☐	☐
B. 액세서리에 맞춰 옷을 잘 골라 입는다.	☐	☐	☐	☐	☐	☐	☐
C. 슬픈 노래를 들어도 별다른 감흥이 없다.	☐	☐	☐	☐	☐	☐	☐
D. 착안하는 능력은 다소 부족해도 현실적인 사고에 능숙한 편이다.	☐	☐	☐	☐	☐	☐	☐

104

문항	답안 1					답안 2	
	①	②	③	④	⑤	멀다	가깝다
A. 타인의 충고를 기꺼이 받아들인다.	☐	☐	☐	☐	☐	☐	☐
B. 분란을 일으킨 상대와 금방 화해하곤 한다.	☐	☐	☐	☐	☐	☐	☐
C. 타인의 단점을 보면 우월감을 느끼곤 한다.	☐	☐	☐	☐	☐	☐	☐
D. 협상할 때는 상대와의 다툼이 불가피하다고 생각한다.	☐	☐	☐	☐	☐	☐	☐

105

문항	답안 1					답안 2	
	①	②	③	④	⑤	멀다	가깝다
A. 착수한 일은 어김없이 끝까지 추진한다.	☐	☐	☐	☐	☐	☐	☐
B. 융통성을 위해 업무 수칙을 어길 수 있다.	☐	☐	☐	☐	☐	☐	☐
C. 조직 내에서 행동파라는 평가를 받고 싶다.	☐	☐	☐	☐	☐	☐	☐
D. 성취를 위해 자신의 부족한 점은 반드시 고친다.	☐	☐	☐	☐	☐	☐	☐

106

문항	답안 1					답안 2	
	①	②	③	④	⑤	멀다	가깝다
A. 상심해도 금세 기운을 차리는 편이다.	☐	☐	☐	☐	☐	☐	☐
B. 예사로운 일에도 신경이 곤두서곤 한다.	☐	☐	☐	☐	☐	☐	☐
C. 광고를 보면 구매욕을 느껴 즉시 사곤 한다.	☐	☐	☐	☐	☐	☐	☐
D. 곤란한 문제를 만나도 합리적으로 대응할 수 있다고 생각한다.	☐	☐	☐	☐	☐	☐	☐

107

문항	답안 1					답안 2	
	①	②	③	④	⑤	멀다	가깝다
A. 작은 일에도 유쾌함을 크게 느낀다.	☐	☐	☐	☐	☐	☐	☐
B. 아무것도 하지 않고 오랫동안 가만히 있을 수 있다.	☐	☐	☐	☐	☐	☐	☐
C. 남들이 나를 추켜올리면 기분이 몹시 좋다.	☐	☐	☐	☐	☐	☐	☐
D. 평온하고 무난한 삶에서 깊은 사색을 즐기는 편이다.	☐	☐	☐	☐	☐	☐	☐

108

문항	답안 1					답안 2	
	①	②	③	④	⑤	멀다	가깝다
A. 발상을 전환하는 일을 선호하는 편이다.	☐	☐	☐	☐	☐	☐	☐
B. 부정적인 것에서도 배울 게 있다고 본다.	☐	☐	☐	☐	☐	☐	☐
C. 남들은 웃지 않는 영화 장면에서 웃곤 한다.	☐	☐	☐	☐	☐	☐	☐
D. 다수의 생각을 수렴하기보다는 소수 권위자의 의견에 치중하는 편이다.	☐	☐	☐	☐	☐	☐	☐

109

문항	답안 1					답안 2	
	①	②	③	④	⑤	멀다	가깝다
A. 싫은 사람은 만나지 않으려고 노력한다.	☐	☐	☐	☐	☐	☐	☐
B. 돈이 되지 않는 일은 남에게 넘기곤 한다.	☐	☐	☐	☐	☐	☐	☐
C. 친구에게 고민을 솔직히 이야기하곤 한다.	☐	☐	☐	☐	☐	☐	☐
D. 재미없는 농담을 하는 사람에게 웃기지 않다고 솔직히 말하곤 한다.	☐	☐	☐	☐	☐	☐	☐

110

문항	답안 1					답안 2	
	①	②	③	④	⑤	멀다	가깝다
A. 확고한 장래의 목표가 있다.	☐	☐	☐	☐	☐	☐	☐
B. 결정을 자주 바꾸는 것을 꺼리지 않는다.	☐	☐	☐	☐	☐	☐	☐
C. 생각이 신중하지 않다는 평가를 받곤 한다.	☐	☐	☐	☐	☐	☐	☐
D. 예상하지 못한 상황에 처해도 신중하게 행동한다.	☐	☐	☐	☐	☐	☐	☐

111

문항	답안 1					답안 2	
	①	②	③	④	⑤	멀다	가깝다
A. 기분이 잘 바뀌지 않는 편에 속한다.	☐	☐	☐	☐	☐	☐	☐
B. 상황을 희망적으로 보며 좌절하지 않는다.	☐	☐	☐	☐	☐	☐	☐
C. 우울할 때 과거로 돌아가고 싶어지곤 한다.	☐	☐	☐	☐	☐	☐	☐
D. 주사를 맞을 때 조마조마해 마음이 몹시 졸아든다.	☐	☐	☐	☐	☐	☐	☐

112

문항	답안 1					답안 2	
	①	②	③	④	⑤	멀다	가깝다
A. 다른 사람들의 주목을 받는 게 좋다.	☐	☐	☐	☐	☐	☐	☐
B. 아무도 찬성하지 않아도 내 의견을 말한다.	☐	☐	☐	☐	☐	☐	☐
C. 아무것도 안 하고 있으면 좀이 쑤시곤 한다.	☐	☐	☐	☐	☐	☐	☐
D. 모임에서 대세를 주도하기보다는 따르는 편이다.	☐	☐	☐	☐	☐	☐	☐

113

문항	답안 1					답안 2	
	①	②	③	④	⑤	멀다	가깝다
A. 새로운 생각을 개방적으로 듣는 편이다.	☐	☐	☐	☐	☐	☐	☐
B. 한 번도 문학 작가가 되고 싶은 적이 없다.	☐	☐	☐	☐	☐	☐	☐
C. 유행을 따라 패션 스타일을 바꾸는 편이다.	☐	☐	☐	☐	☐	☐	☐
D. 같이 일할 사람을 1명만 택한다면 개성·감수성이 높은 사람을 뽑겠다.	☐	☐	☐	☐	☐	☐	☐

114

문항	답안 1					답안 2	
	①	②	③	④	⑤	멀다	가깝다
A. 타인에게 다정다감한 편이다.	☐	☐	☐	☐	☐	☐	☐
B. 남들과 타협하기를 싫어하는 편이다.	☐	☐	☐	☐	☐	☐	☐
C. 다투고 나서 절교한 친구가 많은 편이다.	☐	☐	☐	☐	☐	☐	☐
D. 복지 정책 강화에 필요한 재원 마련을 위해 증세하는 데 찬성한다.	☐	☐	☐	☐	☐	☐	☐

115

문항	답안 1					답안 2	
	①	②	③	④	⑤	멀다	가깝다
A. 신중하거나 주의 깊지 못한 편이다.	☐	☐	☐	☐	☐	☐	☐
B. 인생을 분명하게 설계해 실행한다.	☐	☐	☐	☐	☐	☐	☐
C. 명확한 장래 목표에 따라 행동하는 편이다.	☐	☐	☐	☐	☐	☐	☐
D. 책임이 무거운데도 지나치게 느긋하다는 비판을 받곤 한다.	☐	☐	☐	☐	☐	☐	☐

116

문항	답안 1					답안 2	
	①	②	③	④	⑤	멀다	가깝다
A. 사놓고 쓰지 않는 물건이 많이 있다.	☐	☐	☐	☐	☐	☐	☐
B. 황당한 일을 당하면 물건을 던지곤 한다.	☐	☐	☐	☐	☐	☐	☐
C. 사소한 일로 기죽거나 불안해지지 않는다.	☐	☐	☐	☐	☐	☐	☐
D. 여간해서 흥분하지 않는 냉철한 사람이라는 평가를 받곤 한다.	☐	☐	☐	☐	☐	☐	☐

117

문항	답안 1					답안 2	
	①	②	③	④	⑤	멀다	가깝다
A. 학창 시절에는 조용한 학생이었다.	☐	☐	☐	☐	☐	☐	☐
B. 운동을 하고 있을 때는 생기가 넘친다.	☐	☐	☐	☐	☐	☐	☐
C. 나만의 방법으로 홀로 일하는 것을 즐긴다.	☐	☐	☐	☐	☐	☐	☐
D. 조직의 성쇠와 사활은 리더에게 달려 있다고 생각한다.	☐	☐	☐	☐	☐	☐	☐

118

문항	답안 1					답안 2	
	①	②	③	④	⑤	멀다	가깝다
A. 개성을 별로 추구하지 않는 편이다.	☐	☐	☐	☐	☐	☐	☐
B. 작중인물에게 감정이입이 잘되는 편이다.	☐	☐	☐	☐	☐	☐	☐
C. 다양한 자극을 적극적으로 수용하는 편이다.	☐	☐	☐	☐	☐	☐	☐
D. 계절이 바뀌어도 옷 입는 스타일이 잘 변하지 않는다.	☐	☐	☐	☐	☐	☐	☐

119

문항	답안 1					답안 2	
	①	②	③	④	⑤	멀다	가깝다
A. 악의 없이 한 말에도 의심이 들곤 한다.	☐	☐	☐	☐	☐	☐	☐
B. 일을 결정할 때 타인의 반응을 신경 쓴다.	☐	☐	☐	☐	☐	☐	☐
C. 타인의 감정을 부단히 신경을 쓰는 편이다.	☐	☐	☐	☐	☐	☐	☐
D. 협상에서는 주도권을 선점하는 것이 가장 중요하다.	☐	☐	☐	☐	☐	☐	☐

120

문항	답안 1					답안 2	
	①	②	③	④	⑤	멀다	가깝다
A. 이루고 싶은 목표가 별로 없다.	☐	☐	☐	☐	☐	☐	☐
B. 깨끗이 정돈된 상태를 좋아한다.	☐	☐	☐	☐	☐	☐	☐
C. 실패를 막기 위해 복수의 복안을 준비한다.	☐	☐	☐	☐	☐	☐	☐
D. '신중함'의 유의어는 '우유부단'이라고 생각한다.	☐	☐	☐	☐	☐	☐	☐

121

민감성

문항	답안 1					답안 2	
	①	②	③	④	⑤	멀다	가깝다
A. 언짢은 일이 뇌리에서 계속 맴돈다.	☐	☐	☐	☐	☐	☐	☐
B. 약속 시간에 상대가 늦으면 조바심이 난다.	☐	☐	☐	☐	☐	☐	☐
C. 삶은 본래 괴롭고 귀찮은 것이라고 여긴다.	☐	☐	☐	☐	☐	☐	☐
D. 급박한 상황에서도 긴장하거나 서두르지 않는다.	☐	☐	☐	☐	☐	☐	☐

122

외향성

문항	답안 1					답안 2	
	①	②	③	④	⑤	멀다	가깝다
A. 늘 피곤해 하는 편이다.	☐	☐	☐	☐	☐	☐	☐
B. 막역하게 지내는 친구들이 많다.	☐	☐	☐	☐	☐	☐	☐
C. 오랫동안 가만히 앉아 있는 것은 싫다.	☐	☐	☐	☐	☐	☐	☐
D. 나와 생각이 다른 사람과 함께 있으면 소극적이 된다.	☐	☐	☐	☐	☐	☐	☐

123

지적개방성

문항	답안 1					답안 2	
	①	②	③	④	⑤	멀다	가깝다
A. 식자우환(識字憂患)이라는 말에 동감한다.	☐	☐	☐	☐	☐	☐	☐
B. 무릎을 치게 하는 격언, 명언을 좋아한다.	☐	☐	☐	☐	☐	☐	☐
C. 변화가 적은 일도 꾸준히 계속하는 편이다.	☐	☐	☐	☐	☐	☐	☐
D. 소설을 고를 때 감수성을 자극하는 작품을 선호한다.	☐	☐	☐	☐	☐	☐	☐

124

문항	답안 1					답안 2	
	①	②	③	④	⑤	멀다	가깝다
A. 타인의 의견을 잘 듣는 편이다.	☐	☐	☐	☐	☐	☐	☐
B. 남들과 협의할 때 양보하기를 싫어한다.	☐	☐	☐	☐	☐	☐	☐
C. 친구들을 잘 이해하며 그들에게 만족하고 있다.	☐	☐	☐	☐	☐	☐	☐
D. 사고방식이 나와 맞는 사람하고만 어울리는 편이다.	☐	☐	☐	☐	☐	☐	☐

125

문항	답안 1					답안 2	
	①	②	③	④	⑤	멀다	가깝다
A. 포기하지 않고 노력하는 것이 중요하다.	☐	☐	☐	☐	☐	☐	☐
B. 주어진 책임을 완수하지 못할 때가 많다.	☐	☐	☐	☐	☐	☐	☐
C. 자신의 능력을 믿지 못할 때가 종종 있다.	☐	☐	☐	☐	☐	☐	☐
D. 자신의 인생은 자신이 설계해야 한다고 생각한다.	☐	☐	☐	☐	☐	☐	☐

126

문항	답안 1					답안 2	
	①	②	③	④	⑤	멀다	가깝다
A. 스트레스에 매우 예민한 편이다.	☐	☐	☐	☐	☐	☐	☐
B. 옛날로 되돌아가고 싶다고 자주 생각한다.	☐	☐	☐	☐	☐	☐	☐
C. 슬픈 일을 당해도 너무 비통해 하지 않는다.	☐	☐	☐	☐	☐	☐	☐
D. 열악한 형편에 휘둘리지 않고 형편을 개선할 수 있다고 여긴다.	☐	☐	☐	☐	☐	☐	☐

127

문항	답안 1					답안 2	
	①	②	③	④	⑤	멀다	가깝다
A. 남의 눈을 의식할 때가 많다.	☐	☐	☐	☐	☐	☐	☐
B. 몸가짐이 느긋하고 과묵한 편이다.	☐	☐	☐	☐	☐	☐	☐
C. 평범한 일상에도 즐거움과 만족을 느낀다.	☐	☐	☐	☐	☐	☐	☐
D. 사교적 분위기를 주도하고 바쁘게 활동하는 편이다.	☐	☐	☐	☐	☐	☐	☐

128

문항	답안 1					답안 2	
	①	②	③	④	⑤	멀다	가깝다
A. 창조적인 일에 깊은 흥미를 느낀다.	☐	☐	☐	☐	☐	☐	☐
B. 유행하는 패션은 나의 관심을 끌지 못한다.	☐	☐	☐	☐	☐	☐	☐
C. 선입견이 부정적인 것은 아니라고 생각한다.	☐	☐	☐	☐	☐	☐	☐
D. 실현 가능성이 없는 공상도 때로는 가치가 있다고 생각한다.	☐	☐	☐	☐	☐	☐	☐

129

문항	답안 1					답안 2	
	①	②	③	④	⑤	멀다	가깝다
A. 타인의 문제에 냉소적인 편이다.	☐	☐	☐	☐	☐	☐	☐
B. 주변 사람들이 칭찬해 주면 어색해진다.	☐	☐	☐	☐	☐	☐	☐
C. 집단에 순응적이고 예의 바른 편이다.	☐	☐	☐	☐	☐	☐	☐
D. 사회적 약자를 돕는 정책을 더욱 강화해야 한다고 생각한다.	☐	☐	☐	☐	☐	☐	☐

130

문항	답안 1					답안 2	
	①	②	③	④	⑤	멀다	가깝다
A. 사물을 정돈하는 일이 매우 귀찮다.	☐	☐	☐	☐	☐	☐	☐
B. 오늘 해야 할 일을 내일로 미루곤 한다.	☐	☐	☐	☐	☐	☐	☐
C. 자신을 믿고 일할 때 능률이 더 오른다.	☐	☐	☐	☐	☐	☐	☐
D. 미래를 대비해 외국어 학습 등 실력을 쌓는 일에 열중한다.	☐	☐	☐	☐	☐	☐	☐

131

문항	답안 1					답안 2	
	①	②	③	④	⑤	멀다	가깝다
A. 가끔 괜스레 무기력해질 때가 있다.	☐	☐	☐	☐	☐	☐	☐
B. 스트레스 상황에서도 마음은 느긋하다.	☐	☐	☐	☐	☐	☐	☐
C. 이유 없이 마음이 초조하고 들뜨곤 한다.	☐	☐	☐	☐	☐	☐	☐
D. 약속 시간에 상대가 늦어도 조바심이 나지 않는다.	☐	☐	☐	☐	☐	☐	☐

132

문항	답안 1					답안 2	
	①	②	③	④	⑤	멀다	가깝다
A. 인간은 사교적 동물이라고 생각한다.	☐	☐	☐	☐	☐	☐	☐
B. 인맥 등의 사회적 관계망을 중시한다.	☐	☐	☐	☐	☐	☐	☐
C. 막역하게 교제하는 동료들이 많지 않다.	☐	☐	☐	☐	☐	☐	☐
D. 내 잘못을 비난하는 사람과는 말하고 싶지 않다.	☐	☐	☐	☐	☐	☐	☐

133

문항	답안 1					답안 2	
	①	②	③	④	⑤	멀다	가깝다
A. 환경의 변화가 썩 달갑지 않다.	☐	☐	☐	☐	☐	☐	☐
B. 익숙한 것보다는 새로운 것을 선호한다.	☐	☐	☐	☐	☐	☐	☐
C. 판단의 제1원칙은 검증 가능한 실용성이다.	☐	☐	☐	☐	☐	☐	☐
D. 전통에 대한 맹신은 거추장스런 인습이라고 생각한다.	☐	☐	☐	☐	☐	☐	☐

134

문항	답안 1					답안 2	
	①	②	③	④	⑤	멀다	가깝다
A. 남을 믿지 못해 혼자서 해치울 때가 많다.	☐	☐	☐	☐	☐	☐	☐
B. 친구가 없다면 어떻게 해야 할지 모르겠다.	☐	☐	☐	☐	☐	☐	☐
C. 중요한 문제는 누가 대신 결정하길 바란다.	☐	☐	☐	☐	☐	☐	☐
D. 타인의 물건을 사용하려면 미리 물어봐야 한다고 생각한다.	☐	☐	☐	☐	☐	☐	☐

135

문항	답안 1					답안 2	
	①	②	③	④	⑤	멀다	가깝다
A. '중간만 가자'고 생각할 때가 많다.	☐	☐	☐	☐	☐	☐	☐
B. 일이 어려울수록 더 큰 의욕을 느낀다.	☐	☐	☐	☐	☐	☐	☐
C. 맡은 분야에서 최고가 되려고 늘 노력한다.	☐	☐	☐	☐	☐	☐	☐
D. 미처 대비하지 못한 경우에는 상황에 맞춰 기지 있게 대응하려 한다.	☐	☐	☐	☐	☐	☐	☐

136

문항	답안 1					답안 2	
	①	②	③	④	⑤	멀다	가깝다
A. 남들보다 낭비하는 편이다.	☐	☐	☐	☐	☐	☐	☐
B. 기분이 잘 바뀌는 편에 속한다.	☐	☐	☐	☐	☐	☐	☐
C. 걱정거리가 있어도 공부에 집중할 수 있다.	☐	☐	☐	☐	☐	☐	☐
D. 시간이 지나면 대부분 즐거운 추억으로 남는다고 생각한다.	☐	☐	☐	☐	☐	☐	☐

137

문항	답안 1					답안 2	
	①	②	③	④	⑤	멀다	가깝다
A. 자극적인 게임을 즐기는 편이다.	☐	☐	☐	☐	☐	☐	☐
B. 옳지 않다고 생각하면 거세게 저항한다.	☐	☐	☐	☐	☐	☐	☐
C. 친구와 다투면 껄끄러워 말을 걸지 못한다.	☐	☐	☐	☐	☐	☐	☐
D. 낙엽 지는 풍경을 보며 호젓한 사색을 즐기곤 한다.	☐	☐	☐	☐	☐	☐	☐

138

문항	답안 1					답안 2	
	①	②	③	④	⑤	멀다	가깝다
A. 예술 작품에서 깨달음을 얻곤 한다.	☐	☐	☐	☐	☐	☐	☐
B. 선입견이 지나치다는 비판을 받곤 한다.	☐	☐	☐	☐	☐	☐	☐
C. 촌철살인의 한마디로 감동을 줄 수 있다.	☐	☐	☐	☐	☐	☐	☐
D. 함께 일할 사람을 1명만 뽑는다면 권위를 존중하는 사람을 택하겠다.	☐	☐	☐	☐	☐	☐	☐

139

문항	답안 1					답안 2	
	①	②	③	④	⑤	멀다	가깝다
A. 다른 사람을 경계하고 고집이 센 편이다.	☐	☐	☐	☐	☐	☐	☐
B. 불쌍한 사람을 보면 마음이 몹시 아프다.	☐	☐	☐	☐	☐	☐	☐
C. 이해심과 인정이 많다는 말을 많이 듣는다.	☐	☐	☐	☐	☐	☐	☐
D. 업무를 분담할 때 갈등의 소지가 있는 일은 남에게 미루는 편이다.	☐	☐	☐	☐	☐	☐	☐

140

문항	답안 1		답안 2	
	① ② ③ ④ ⑤		멀다	가깝다
A. 계획 없는 일을 시키면 짜증이 난다.	☐ ☐ ☐ ☐ ☐		☐	☐
B. 누가 시키지 않아도 스스로 공부한다.	☐ ☐ ☐ ☐ ☐		☐	☐
C. 자신과의 약속을 잘 지키지 못하는 편이다.	☐ ☐ ☐ ☐ ☐		☐	☐
D. 계획을 세우거나 계획에 맞춰 일정을 잡는 일에 능숙하지 않다.	☐ ☐ ☐ ☐ ☐		☐	☐

141

문항	답안 1		답안 2	
	① ② ③ ④ ⑤		멀다	가깝다
A. 부끄러움을 잘 느끼지 않는다.	☐ ☐ ☐ ☐ ☐		☐	☐
B. 타인의 비난을 받으면 눈물이 잘 난다.	☐ ☐ ☐ ☐ ☐		☐	☐
C. 중요한 순간에 실패할까봐 자주 불안하다.	☐ ☐ ☐ ☐ ☐		☐	☐
D. 좀처럼 흥분하지 않고 감정적 반응이 느린 편이다.	☐ ☐ ☐ ☐ ☐		☐	☐

142

문항	답안 1		답안 2	
	① ② ③ ④ ⑤		멀다	가깝다
A. 주위 사람들에게 존경을 받고 싶다.	☐ ☐ ☐ ☐ ☐		☐	☐
B. 오락거리를 별로 즐기지 않는 편이다.	☐ ☐ ☐ ☐ ☐		☐	☐
C. 집에서 쉴 때는 종일 아무것도 안 한다.	☐ ☐ ☐ ☐ ☐		☐	☐
D. 폐단은 앞장서서 반드시 바로잡으려 한다.	☐ ☐ ☐ ☐ ☐		☐	☐

143

문항	답안 1		답안 2	
	① ② ③ ④ ⑤		멀다	가깝다
A. 공상에 자주 빠지는 편이다.	☐ ☐ ☐ ☐ ☐		☐	☐
B. 내가 말한 것이 틀리면 정정할 수 있다.	☐ ☐ ☐ ☐ ☐		☐	☐
C. 모르는 것이 있어도 별로 알고 싶지 않다.	☐ ☐ ☐ ☐ ☐		☐	☐
D. 익숙한 규칙적·반복적 일상에서 편안함을 느낀다.	☐ ☐ ☐ ☐ ☐		☐	☐

144

문항	답안 1					답안 2	
	①	②	③	④	⑤	멀다	가깝다
A. "그게 정말이야?"라며 의심을 많이 한다.	☐	☐	☐	☐	☐	☐	☐
B. 남을 돕느라 내 일을 하지 못할 때도 있다.	☐	☐	☐	☐	☐	☐	☐
C. 다른 사람의 감정과 문제에 냉담한 편이다.	☐	☐	☐	☐	☐	☐	☐
D. 나와 생각이 다른 사람들과도 협조적으로 지낼 수 있다.	☐	☐	☐	☐	☐	☐	☐

145

문항	답안 1					답안 2	
	①	②	③	④	⑤	멀다	가깝다
A. 예측력과 상황 판단력이 매우 좋다.	☐	☐	☐	☐	☐	☐	☐
B. 행동거지가 무겁고 주의가 깊은 편이다.	☐	☐	☐	☐	☐	☐	☐
C. 타인과의 약속을 어길 때가 많은 편이다.	☐	☐	☐	☐	☐	☐	☐
D. 미리 계획하기보다는 일이 생기면 그때그때 처리하는 편이다.	☐	☐	☐	☐	☐	☐	☐

146

문항	답안 1					답안 2	
	①	②	③	④	⑤	멀다	가깝다
A. 스트레스를 잘 통제한다.	☐	☐	☐	☐	☐	☐	☐
B. 마지막 잎새에서도 희망을 느끼곤 한다.	☐	☐	☐	☐	☐	☐	☐
C. 큰일도 아닌데 기죽고 불안할 때가 있다.	☐	☐	☐	☐	☐	☐	☐
D. 자신을 뜯어고치고 싶을 정도로 열등감을 느낄 때가 있다.	☐	☐	☐	☐	☐	☐	☐

147

문항	답안 1					답안 2	
	①	②	③	④	⑤	멀다	가깝다
A. 토론에서 거의 대부분 발언하는 편이다.	☐	☐	☐	☐	☐	☐	☐
B. 시끄러운 환경에서도 사색에 빠지곤 한다.	☐	☐	☐	☐	☐	☐	☐
C. 사적인 이야기를 남들에게 잘하지 않는다.	☐	☐	☐	☐	☐	☐	☐
D. 소속감을 통해 구성원에게 동기를 부여해야 한다고 생각한다.	☐	☐	☐	☐	☐	☐	☐

148

문항	답안 1					답안 2	
	①	②	③	④	⑤	멀다	가깝다
A. 변화와 전통 중에 전통이 먼저이다.	☐	☐	☐	☐	☐	☐	☐
B. 익숙하지 않은 장소에 가는 것이 싫다.	☐	☐	☐	☐	☐	☐	☐
C. 상상력을 자극하는 판타지 소설을 즐긴다.	☐	☐	☐	☐	☐	☐	☐
D. 실증되지 않은 이론도 검토할 가치는 충분하다고 생각한다.	☐	☐	☐	☐	☐	☐	☐

149

문항	답안 1					답안 2	
	①	②	③	④	⑤	멀다	가깝다
A. 내 실력을 뽐내고 싶을 때가 많다.	☐	☐	☐	☐	☐	☐	☐
B. 다른 사람들이 바보같다고 생각하곤 한다.	☐	☐	☐	☐	☐	☐	☐
C. 동료들의 칭찬 소리가 껄끄러울 때가 많다.	☐	☐	☐	☐	☐	☐	☐
D. 화목을 위해 조직 내의 분위기에 민감한 편이다.	☐	☐	☐	☐	☐	☐	☐

150

문항	답안 1					답안 2	
	①	②	③	④	⑤	멀다	가깝다
A. 곤경에도 주저앉지 않고 노력을 다한다.	☐	☐	☐	☐	☐	☐	☐
B. 어려운 일을 만나면 느긋이 돌아가곤 한다.	☐	☐	☐	☐	☐	☐	☐
C. 알기 쉽게 요점을 정리해 설명하는 편이다.	☐	☐	☐	☐	☐	☐	☐
D. 어떤 사물의 중요하지 않은 정보는 대부분 금방 잊는 편이다.	☐	☐	☐	☐	☐	☐	☐

151

문항	답안 1					답안 2	
	①	②	③	④	⑤	멀다	가깝다
A. 침착해 보인다는 평가를 자주 듣는다.	☐	☐	☐	☐	☐	☐	☐
B. 범죄사건 뉴스를 보면 불안해진다.	☐	☐	☐	☐	☐	☐	☐
C. 자신에게 건강염려증이 있다고 생각한다.	☐	☐	☐	☐	☐	☐	☐
D. 스트레스에 휘둘리지 않는 냉철한 사람이라는 평가를 받고 싶다.	☐	☐	☐	☐	☐	☐	☐

152

문항	답안 1					답안 2	
	①	②	③	④	⑤	멀다	가깝다
A. 타인들이 나를 주목하는 것을 즐긴다.	☐	☐	☐	☐	☐	☐	☐
B. 무슨 일이든 혼자서 하는 것이 편하다.	☐	☐	☐	☐	☐	☐	☐
C. 권력자와 함께 있어도 주눅이 들지 않는다.	☐	☐	☐	☐	☐	☐	☐
D. 내가 속한 팀을 최고로 만드는 데 관심이 없다.	☐	☐	☐	☐	☐	☐	☐

153

문항	답안 1					답안 2	
	①	②	③	④	⑤	멀다	가깝다
A. 지식은 자신의 힘이 된다고 믿는다.	☐	☐	☐	☐	☐	☐	☐
B. 잘 모른다고 해도 크게 불편하지 않다.	☐	☐	☐	☐	☐	☐	☐
C. 상관의 명령은 어떤 경우에도 지켜야 한다.	☐	☐	☐	☐	☐	☐	☐
D. 나는 타인의 쓴소리를 흔쾌히 받아들이는 개방적인 사람이다.	☐	☐	☐	☐	☐	☐	☐

154

문항	답안 1					답안 2	
	①	②	③	④	⑤	멀다	가깝다
A. 남들을 잘 설득하는 편이다.	☐	☐	☐	☐	☐	☐	☐
B. 다른 사람의 의견을 잘 수긍하는 편이다.	☐	☐	☐	☐	☐	☐	☐
C. 주변에 있는 모든 사람은 다 경쟁자이다.	☐	☐	☐	☐	☐	☐	☐
D. 협상할 때는 이익을 지키기 위해 협상을 결렬시킬 수 있다.	☐	☐	☐	☐	☐	☐	☐

155

문항	답안 1					답안 2	
	①	②	③	④	⑤	멀다	가깝다
A. 성취 욕구가 낮아 결정을 번복하곤 한다.	☐	☐	☐	☐	☐	☐	☐
B. 업무 수칙은 엄수할 철칙이라고 생각한다.	☐	☐	☐	☐	☐	☐	☐
C. 충동적이고 부주의하다는 평가를 받곤 한다.	☐	☐	☐	☐	☐	☐	☐
D. 어떻게 일을 해야 할지 매우 신중하게 고려하는 편이다.	☐	☐	☐	☐	☐	☐	☐

156

문항	답안 1					답안 2	
	①	②	③	④	⑤	멀다	가깝다
A. 침착하고 냉정한 편이다.	☐	☐	☐	☐	☐	☐	☐
B. 매사에 얽매여 마음의 자유롭지 않다.	☐	☐	☐	☐	☐	☐	☐
C. 불쾌한 일은 빨리 털어버리는 편이다.	☐	☐	☐	☐	☐	☐	☐
D. 잘 참지 못하고 피로감을 쉽게 느낄 때가 많다.	☐	☐	☐	☐	☐	☐	☐

157

문항	답안 1					답안 2	
	①	②	③	④	⑤	멀다	가깝다
A. 힘든 운동을 할 때도 활기가 넘친다.	☐	☐	☐	☐	☐	☐	☐
B. 장시간 동안 잠자코 있는 것이 싫다.	☐	☐	☐	☐	☐	☐	☐
C. 아무 일도 안 하고 멍하니 있을 때가 많다.	☐	☐	☐	☐	☐	☐	☐
D. 리더가 되면 오히려 번거로운 책임만 늘어날 것이다.	☐	☐	☐	☐	☐	☐	☐

158

문항	답안 1					답안 2	
	①	②	③	④	⑤	멀다	가깝다
A. 박학다식한 사람이 되고 싶다.	☐	☐	☐	☐	☐	☐	☐
B. 모르는 것은 모른다고 인정하는 편이다.	☐	☐	☐	☐	☐	☐	☐
C. 낯선 것을 꺼리고, 익숙한 것을 옹호한다.	☐	☐	☐	☐	☐	☐	☐
D. 지혜보다 다이아몬드가 당연히 비싸다고 생각한다.	☐	☐	☐	☐	☐	☐	☐

159

문항	답안 1					답안 2	
	①	②	③	④	⑤	멀다	가깝다
A. 타인의 기분을 민감하게 알아챈다.	☐	☐	☐	☐	☐	☐	☐
B. 잘못을 저지르면 먼저 인정하고 사과한다.	☐	☐	☐	☐	☐	☐	☐
C. 남의 단점이나 잘못이 눈에 쉽게 들어온다.	☐	☐	☐	☐	☐	☐	☐
D. 나와 생각이 다른 사람들과는 협조적으로 지내지 못한다.	☐	☐	☐	☐	☐	☐	☐

160

문항	답안 1					답안 2	
	①	②	③	④	⑤	멀다	가깝다
A. 오류가 없도록 정확한 정보를 늘 검색한다.	☐	☐	☐	☐	☐	☐	☐
B. 목표에 방해가 되는 유혹에 넘어가곤 한다.	☐	☐	☐	☐	☐	☐	☐
C. '시간만 때우자'고 생각할 때가 종종 있다.	☐	☐	☐	☐	☐	☐	☐
D. 어려운 일을 만나면 정면으로 돌파하려는 편이다.	☐	☐	☐	☐	☐	☐	☐

161

문항	답안 1					답안 2	
	①	②	③	④	⑤	멀다	가깝다
A. 나쁜 일들만 기억에 남는다.	☐	☐	☐	☐	☐	☐	☐
B. 스트레스를 혼자 삭이는 편이다.	☐	☐	☐	☐	☐	☐	☐
C. 스스로가 못났다고 생각해 실의에 빠지곤 한다.	☐	☐	☐	☐	☐	☐	☐
D. 화가 나도 일에 몰두하는 데 방해를 받지 않는다.	☐	☐	☐	☐	☐	☐	☐

162

문항	답안 1					답안 2	
	①	②	③	④	⑤	멀다	가깝다
A. 운동 같은 실외 활동으로 기분 전환을 잘한다.	☐	☐	☐	☐	☐	☐	☐
B. 나를 자신감 있게 드러낼 수 있다.	☐	☐	☐	☐	☐	☐	☐
C. 지시하는 것보다 명령을 받는 것이 편하다.	☐	☐	☐	☐	☐	☐	☐
D. 다른 사람들과 긴밀한 관계를 이루지 못하는 편이다.	☐	☐	☐	☐	☐	☐	☐

163

문항	답안 1					답안 2	
	①	②	③	④	⑤	멀다	가깝다
A. 항상 지식에 대한 갈증을 느낀다.	☐	☐	☐	☐	☐	☐	☐
B. 매년 휴가 때는 같은 곳으로 여행을 간다.	☐	☐	☐	☐	☐	☐	☐
C. 타인의 사소한 행동에서 교훈을 얻곤 한다.	☐	☐	☐	☐	☐	☐	☐
D. 세상살이 이치를 깊이 알수록 걱정거리도 는다고 생각한다.	☐	☐	☐	☐	☐	☐	☐

164

문항	답안 1					답안 2	
	①	②	③	④	⑤	멀다	가깝다
A. 타인의 약속을 결코 의심하지 않는다.	☐	☐	☐	☐	☐	☐	☐
B. 돈과 정직 중에 돈이 먼저라고 생각한다.	☐	☐	☐	☐	☐	☐	☐
C. 제 이익만 지키려 한다는 핀잔을 듣곤 한다.	☐	☐	☐	☐	☐	☐	☐
D. 동료가 될 사람을 1명만 택한다면 솔직하고 희생적인 사람을 뽑겠다.	☐	☐	☐	☐	☐	☐	☐

165

문항	답안 1					답안 2	
	①	②	③	④	⑤	멀다	가깝다
A. 노력도 때로는 나를 배신한다고 믿는다.	☐	☐	☐	☐	☐	☐	☐
B. 자신이 무엇을 해야 하는지 잘 알고 있다.	☐	☐	☐	☐	☐	☐	☐
C. 고난이 닥치면 일의 성공을 단념하곤 한다.	☐	☐	☐	☐	☐	☐	☐
D. 남보다 뛰어난 능력을 갖추기 위해 강박적으로 공부에 매달린다.	☐	☐	☐	☐	☐	☐	☐

166

문항	답안 1					답안 2	
	①	②	③	④	⑤	멀다	가깝다
A. 부끄러움을 쉽게 탄다.	☐	☐	☐	☐	☐	☐	☐
B. 후회는 불필요하다고 생각한다.	☐	☐	☐	☐	☐	☐	☐
C. 스트레스를 곧잘 떨쳐 내는 편이다.	☐	☐	☐	☐	☐	☐	☐
D. 걱정거리가 생기면 공부를 할 수가 없다.	☐	☐	☐	☐	☐	☐	☐

167

문항	답안 1					답안 2	
	①	②	③	④	⑤	멀다	가깝다
A. 내가 속한 팀을 최고로 만들고 싶다.	☐	☐	☐	☐	☐	☐	☐
B. 사교적이면서 의견을 분명하게 밝힌다.	☐	☐	☐	☐	☐	☐	☐
C. 처음 만난 사람과는 선뜻 대화하지 못한다.	☐	☐	☐	☐	☐	☐	☐
D. 아는 사람이 없는 낯선 곳으로 출장 가는 일을 꺼린다.	☐	☐	☐	☐	☐	☐	☐

168

문항	답안 1					답안 2	
	①	②	③	④	⑤	멀다	가깝다
A. 타인보다 감수성이 둔한 편이다.	☐	☐	☐	☐	☐	☐	☐
B. 변화된 환경에 적응하는 데 오래 걸린다.	☐	☐	☐	☐	☐	☐	☐
C. 다이아몬드보다 지혜가 비싸다고 생각한다.	☐	☐	☐	☐	☐	☐	☐
D. 모르는 것은 부끄러운 게 아니라 불편한 것일 뿐이라고 생각한다.	☐	☐	☐	☐	☐	☐	☐

169

문항	답안 1					답안 2	
	①	②	③	④	⑤	멀다	가깝다
A. 생각조차 하기 싫은 사람이 있다.	☐	☐	☐	☐	☐	☐	☐
B. 상대방보다 먼저 사과하는 편이다.	☐	☐	☐	☐	☐	☐	☐
C. 자신의 권리를 크게 주장하는 편이다.	☐	☐	☐	☐	☐	☐	☐
D. 진실함과 금전적 이익 중에 진실함이 우선이라고 생각한다.	☐	☐	☐	☐	☐	☐	☐

170

문항	답안 1					답안 2	
	①	②	③	④	⑤	멀다	가깝다
A. 궂은일도 마다하지 않는다.	☐	☐	☐	☐	☐	☐	☐
B. 약속을 어기고 비밀을 누설할 때가 많다.	☐	☐	☐	☐	☐	☐	☐
C. 어차피 안 될 것은 결국 안 된다고 여긴다.	☐	☐	☐	☐	☐	☐	☐
D. 선입관으로 판단을 흐리지 않기 위해 치밀하게 숙고하는 편이다.	☐	☐	☐	☐	☐	☐	☐

171

문항	답안 1					답안 2	
	①	②	③	④	⑤	멀다	가깝다
A. 자신이 쓸모없다고 한탄한 적이 있다.	☐	☐	☐	☐	☐	☐	☐
B. 동요되더라도 금세 냉정해지는 편이다.	☐	☐	☐	☐	☐	☐	☐
C. 우리 집은 넉넉하지는 않아도 행복하다.	☐	☐	☐	☐	☐	☐	☐
D. 빨리 결단하지 못해서 스트레스를 받을 때가 많다.	☐	☐	☐	☐	☐	☐	☐

172

문항	답안 1					답안 2	
	①	②	③	④	⑤	멀다	가깝다
A. 혼자 있는 것을 싫어한다.	☐	☐	☐	☐	☐	☐	☐
B. 한자리에 가만히 있지 못하는 편이다.	☐	☐	☐	☐	☐	☐	☐
C. 많은 사람과 장시간 함께 있으면 피곤하다.	☐	☐	☐	☐	☐	☐	☐
D. 리더십과 팔로어십 중에 팔로어십이 먼저라고 생각한다.	☐	☐	☐	☐	☐	☐	☐

173

지적개방성

문항	답안 1					답안 2	
	①	②	③	④	⑤	멀다	가깝다
A. 새로운 도구, 수단을 활용하는 데 서툴다.	☐	☐	☐	☐	☐	☐	☐
B. 온고지신(溫故知新)이라는 말에 전적으로 동의한다.	☐	☐	☐	☐	☐	☐	☐
C. 모르는 것을 알려주면 큰 고마움을 느낀다.	☐	☐	☐	☐	☐	☐	☐
D. 지식과 교훈은 삶을 풍요롭게 만든다고 생각한다.	☐	☐	☐	☐	☐	☐	☐

174

친화성

문항	답안 1					답안 2	
	①	②	③	④	⑤	멀다	가깝다
A. 다른 사람들의 일을 잘 돕는 편이다.	☐	☐	☐	☐	☐	☐	☐
B. 남들이 약속을 지킬지 의심하곤 한다.	☐	☐	☐	☐	☐	☐	☐
C. 다른 사람의 친절을 신뢰하지 못하곤 한다.	☐	☐	☐	☐	☐	☐	☐
D. 대기업의 확장보다는 중소기업과의 상생으로 조화를 이루는 것이 우선이다.	☐	☐	☐	☐	☐	☐	☐

175

성실성

문항	답안 1					답안 2	
	①	②	③	④	⑤	멀다	가깝다
A. 하고 싶은 것은 반드시 해내는 편이다.	☐	☐	☐	☐	☐	☐	☐
B. 신중할수록 성공과 멀어진다고 생각한다.	☐	☐	☐	☐	☐	☐	☐
C. 법령의 규정을 잘 지킨다고 자부한다.	☐	☐	☐	☐	☐	☐	☐
D. 특정한 관심 분야를 꾸준히 이어나가지 못하는 편이다.	☐	☐	☐	☐	☐	☐	☐

176

문항	답안 1					답안 2	
	①	②	③	④	⑤	멀다	가깝다
A. 자의식이 과하다고 느낀 적이 있다.	☐	☐	☐	☐	☐	☐	☐
B. 흥분을 잘 주체하지 못하는 편이다.	☐	☐	☐	☐	☐	☐	☐
C. 정색하면서 화를 내는 일이 거의 없다.	☐	☐	☐	☐	☐	☐	☐
D. 좌절감을 거의 느끼지 않으며 매사에 침착한 편이다.	☐	☐	☐	☐	☐	☐	☐

177

문항	답안 1					답안 2	
	①	②	③	④	⑤	멀다	가깝다
A. 조용한 것보다는 활동적인 것이 좋다.	☐	☐	☐	☐	☐	☐	☐
B. 지시를 받기보다는 지시를 하는 것이 더 편하다.	☐	☐	☐	☐	☐	☐	☐
C. 용기를 내야 초면인 사람과 대화할 수 있다.	☐	☐	☐	☐	☐	☐	☐
D. 리더십만 강조하면 비효율을 초래한다고 생각한다.	☐	☐	☐	☐	☐	☐	☐

178

문항	답안 1					답안 2	
	①	②	③	④	⑤	멀다	가깝다
A. 전통은 지식의 원천이라고 생각한다.	☐	☐	☐	☐	☐	☐	☐
B. 나는 지식 수용에 유연한 학구파이다.	☐	☐	☐	☐	☐	☐	☐
C. 유머코드가 독특하다는 소리를 듣곤 한다.	☐	☐	☐	☐	☐	☐	☐
D. 새로운 것보다는 남들과 비슷한 방식을 선호하는 편이다.	☐	☐	☐	☐	☐	☐	☐

179

문항	답안 1					답안 2	
	①	②	③	④	⑤	멀다	가깝다
A. 사과를 잘하지 못하는 편이다.	☐	☐	☐	☐	☐	☐	☐
B. 불우이웃을 보면 그냥 지나치지 못한다.	☐	☐	☐	☐	☐	☐	☐
C. 사람보다는 동물이 더 낫다는 생각을 한다.	☐	☐	☐	☐	☐	☐	☐
D. 타인과 협력하지 않으면 목적을 이룰 수 없다고 생각한다.	☐	☐	☐	☐	☐	☐	☐

180

문항	답안 1					답안 2	
	①	②	③	④	⑤	멀다	가깝다
A. 이루고 싶은 목표가 많은 편이다.	☐	☐	☐	☐	☐	☐	☐
B. 스스로의 경력 개발에 관심이 별로 없다.	☐	☐	☐	☐	☐	☐	☐
C. 학창 시절 남들보다 결석이 잦은 편이었다.	☐	☐	☐	☐	☐	☐	☐
D. 책임감 있고 사리에 밝은 사람이라는 평가를 받고 싶다.	☐	☐	☐	☐	☐	☐	☐

181

문항	답안 1					답안 2	
	①	②	③	④	⑤	멀다	가깝다
A. 화를 내는 일이 거의 없다.	☐	☐	☐	☐	☐	☐	☐
B. 약속 시간에 늦으면 몹시 불안해진다.	☐	☐	☐	☐	☐	☐	☐
C. 후회는 자연스러운 감정이라고 생각한다.	☐	☐	☐	☐	☐	☐	☐
D. 어쩔 수 없는 상황에서도 자책과 분노를 느낀다.	☐	☐	☐	☐	☐	☐	☐

182

문항	답안 1					답안 2	
	①	②	③	④	⑤	멀다	가깝다
A. 매일 아침 일찍 가뿐하게 일어난다.	☐	☐	☐	☐	☐	☐	☐
B. 발언하기보다는 듣는 입장이 편하다.	☐	☐	☐	☐	☐	☐	☐
C. 초면인 사람들에게도 말을 잘 거는 편이다.	☐	☐	☐	☐	☐	☐	☐
D. 시간이 나면 주로 잠을 자면서 휴식을 취하는 편이다.	☐	☐	☐	☐	☐	☐	☐

183

문항	답안 1					답안 2	
	①	②	③	④	⑤	멀다	가깝다
A. 글을 쓸 때 재치가 있는 편이다.	☐	☐	☐	☐	☐	☐	☐
B. 차이보다는 통합을 중시하는 편이다.	☐	☐	☐	☐	☐	☐	☐
C. 통찰력이 부족한 편이다.	☐	☐	☐	☐	☐	☐	☐
D. 사회적 통념에 '어째서?'라는 의문을 제기하곤 한다.	☐	☐	☐	☐	☐	☐	☐

PART 1

184

문항	답안 1					답안 2	
	①	②	③	④	⑤	멀다	가깝다
A. 사람에 대한 정이 많은 편이다.	☐	☐	☐	☐	☐	☐	☐
B. 타인이 일하는 것을 보면 답답해지곤 한다.	☐	☐	☐	☐	☐	☐	☐
C. 남들의 이타심이 가식적으로 느껴지곤 한다.	☐	☐	☐	☐	☐	☐	☐
D. 특혜의 시행보다는 호혜적 평등성이 우선이라고 생각한다.	☐	☐	☐	☐	☐	☐	☐

185

문항	답안 1					답안 2	
	①	②	③	④	⑤	멀다	가깝다
A. 목표 실행 안건을 자주 점검한다.	☐	☐	☐	☐	☐	☐	☐
B. 먼저 신중히 생각한 후 행동하는 편이다.	☐	☐	☐	☐	☐	☐	☐
C. 추진력보다 융통성이 우선이라고 생각한다.	☐	☐	☐	☐	☐	☐	☐
D. 완성도 향상보다는 구색을 갖추는 것을 선호한다.	☐	☐	☐	☐	☐	☐	☐

186

문항	답안 1					답안 2	
	①	②	③	④	⑤	멀다	가깝다
A. 권태를 거의 느끼지 않는다.	☐	☐	☐	☐	☐	☐	☐
B. 즐거운 일만 기억하려고 노력한다.	☐	☐	☐	☐	☐	☐	☐
C. 물건을 사두고도 쓰지 않을 때가 많다.	☐	☐	☐	☐	☐	☐	☐
D. 과거의 실패가 지금도 나에게 부정적 영향을 준다.	☐	☐	☐	☐	☐	☐	☐

187

문항	답안 1					답안 2	
	①	②	③	④	⑤	멀다	가깝다
A. 다른 사람들과 잘 어울리는 편이다.	☐	☐	☐	☐	☐	☐	☐
B. 앞에 나서기보다는 뒤에서 돕는 편이다.	☐	☐	☐	☐	☐	☐	☐
C. 타인의 시선에 부담감을 느낄 때가 많다.	☐	☐	☐	☐	☐	☐	☐
D. 잠자코 듣는 것보다는 발언하는 입장이 편하다.	☐	☐	☐	☐	☐	☐	☐

188

문항	답안 1					답안 2	
	①	②	③	④	⑤	멀다	가깝다
A. 단순할수록 실용적이라고 생각한다.	☐	☐	☐	☐	☐	☐	☐
B. 계절이 바뀌면 옷맵시를 바꾸곤 한다.	☐	☐	☐	☐	☐	☐	☐
C. 새로운 문화에 대한 관심이 별로 없다.	☐	☐	☐	☐	☐	☐	☐
D. 예술의 가치는 현실의 재현보다는 개성과 창조성에 있다고 생각한다.	☐	☐	☐	☐	☐	☐	☐

189

문항	답안 1					답안 2	
	①	②	③	④	⑤	멀다	가깝다
A. 타인의 감정을 꼼꼼하게 살피는 편이다.	☐	☐	☐	☐	☐	☐	☐
B. 속기 전에 속여야 한다는 말에 동의한다.	☐	☐	☐	☐	☐	☐	☐
C. 남과 협조해도 별로 소득이 없을 것 같다.	☐	☐	☐	☐	☐	☐	☐
D. 동료가 될 사람을 1명만 뽑는다면 겸손하고 협조적인 사람을 택하겠다.	☐	☐	☐	☐	☐	☐	☐

190

문항	답안 1					답안 2	
	①	②	③	④	⑤	멀다	가깝다
A. 끈기가 부족한 것은 나의 단점이다.	☐	☐	☐	☐	☐	☐	☐
B. 사업에 장래성이 있는지 자주 점검한다.	☐	☐	☐	☐	☐	☐	☐
C. 목표가 뚜렷하고 효율성을 추구하는 편이다.	☐	☐	☐	☐	☐	☐	☐
D. 치밀하게 계획을 세워도 실패를 피하기 어렵다고 생각한다.	☐	☐	☐	☐	☐	☐	☐

191

문항	답안 1					답안 2	
	①	②	③	④	⑤	멀다	가깝다
A. 자신에 대해 종종 창피하다고 생각한다.	☐	☐	☐	☐	☐	☐	☐
B. 과거로 돌아가고 싶다는 생각이 강하다.	☐	☐	☐	☐	☐	☐	☐
C. 신경이 곤두서면 감정을 터뜨려 발산한다.	☐	☐	☐	☐	☐	☐	☐
D. 다소 비관적인 처지에서도 평온함을 잃지 않는다.	☐	☐	☐	☐	☐	☐	☐

192

문항	답안 1					답안 2	
	①	②	③	④	⑤	멀다	가깝다
A. 카리스마가 있다는 말을 종종 듣는다.	☐	☐	☐	☐	☐	☐	☐
B. 낯선 사람과 대화하는 것은 피곤하다.	☐	☐	☐	☐	☐	☐	☐
C. 온종일 느긋하게 집에만 있는 것이 싫다.	☐	☐	☐	☐	☐	☐	☐
D. 소수의 사람들과 오래도록 알고 지내는 편이다.	☐	☐	☐	☐	☐	☐	☐

193

문항	답안 1					답안 2	
	①	②	③	④	⑤	멀다	가깝다
A. 아이디어맨이라는 평가를 받곤 한다.	☐	☐	☐	☐	☐	☐	☐
B. 시인이나 소설가가 되고 싶은 적이 있다.	☐	☐	☐	☐	☐	☐	☐
C. 다양성보다는 통일성을 중시하는 편이다.	☐	☐	☐	☐	☐	☐	☐
D. 타인들의 새로운 생각을 잘 포용하지 못하는 편이다.	☐	☐	☐	☐	☐	☐	☐

194

문항	답안 1					답안 2	
	①	②	③	④	⑤	멀다	가깝다
A. 타인의 눈치를 보는 일이 많다.	☐	☐	☐	☐	☐	☐	☐
B. 타인의 일을 돕는 것이 매우 성가시다.	☐	☐	☐	☐	☐	☐	☐
C. 자신의 영리를 남보다 강하게 주장한다.	☐	☐	☐	☐	☐	☐	☐
D. 대의를 지키기 위해 자신의 이익을 양보할 수 있다.	☐	☐	☐	☐	☐	☐	☐

195

문항	답안 1					답안 2	
	①	②	③	④	⑤	멀다	가깝다
A. 장래를 꼼꼼히 계획하곤 한다.	☐	☐	☐	☐	☐	☐	☐
B. 마감일이 닥쳐서 부랴부랴 처리하곤 한다.	☐	☐	☐	☐	☐	☐	☐
C. 하던 일을 중간에 그만둬도 개의치 않는다.	☐	☐	☐	☐	☐	☐	☐
D. 탄력적인 일 처리와 원칙 준수 중에 후자가 먼저라고 생각한다.	☐	☐	☐	☐	☐	☐	☐

196

문항	답안 1					답안 2	
	①	②	③	④	⑤	멀다	가깝다
A. 자주 긴장되고 불안하다.	☐	☐	☐	☐	☐	☐	☐
B. 씀씀이가 적잖이 헤픈 편이다.	☐	☐	☐	☐	☐	☐	☐
C. 스트레스를 받아도 드러내지 않는 편이다.	☐	☐	☐	☐	☐	☐	☐
D. 밤의 어둠이 깊을수록 새벽빛이 더 밝다고 생각한다.	☐	☐	☐	☐	☐	☐	☐

197

문항	답안 1					답안 2	
	①	②	③	④	⑤	멀다	가깝다
A. 자기 소신을 명확하게 표현한다.	☐	☐	☐	☐	☐	☐	☐
B. 타인들과 활발하게 사귀는 편이다.	☐	☐	☐	☐	☐	☐	☐
C. 꼼짝하지 않고 가만히 있어도 견딜 만하다.	☐	☐	☐	☐	☐	☐	☐
D. 인생에 친구는 한 명이어도 괜찮다고 생각한다.	☐	☐	☐	☐	☐	☐	☐

198

문항	답안 1					답안 2	
	①	②	③	④	⑤	멀다	가깝다
A. 패션 감각을 계발하는 일에 관심이 많다.	☐	☐	☐	☐	☐	☐	☐
B. 자신의 삶에 변화를 주는 것을 선호한다.	☐	☐	☐	☐	☐	☐	☐
C. 변화는 대개 부정적 결과를 초래한다.	☐	☐	☐	☐	☐	☐	☐
D. 모른다는 사실을 인정하기 싫어 입을 다물곤 한다.	☐	☐	☐	☐	☐	☐	☐

199

문항	답안 1					답안 2	
	①	②	③	④	⑤	멀다	가깝다
A. 삶은 겸손을 배우는 과정이라고 생각한다.	☐	☐	☐	☐	☐	☐	☐
B. 이웃에 대한 무관심은 악덕이라고 생각한다.	☐	☐	☐	☐	☐	☐	☐
C. 내 생각이 항상 남보다 옳다고 믿는 편이다.	☐	☐	☐	☐	☐	☐	☐
D. 협상에서는 상대에 대한 위협이 불가피하다고 생각한다.	☐	☐	☐	☐	☐	☐	☐

200

문항	답안 1					답안 2	
	①	②	③	④	⑤	멀다	가깝다
A. 신중하고 주의 깊은 편이다.	☐	☐	☐	☐	☐	☐	☐
B. 행동보다 말이 앞설 때가 많다.	☐	☐	☐	☐	☐	☐	☐
C. 원칙론자가 반드시 성공하는 것은 아니다.	☐	☐	☐	☐	☐	☐	☐
D. 준비만 철저히 하면 실패하지 않는다고 생각한다.	☐	☐	☐	☐	☐	☐	☐

201

문항	답안 1					답안 2	
	①	②	③	④	⑤	멀다	가깝다
A. 기분이 변덕스런 편에 속한다.	☐	☐	☐	☐	☐	☐	☐
B. 참을성과 자제력이 있다는 평가를 받는다.	☐	☐	☐	☐	☐	☐	☐
C. 평소 감정이 메마른 것 같다는 생각이 든다.	☐	☐	☐	☐	☐	☐	☐
D. 슬픈 노랫말을 들으면 내 이야기같아 괴로워진다.	☐	☐	☐	☐	☐	☐	☐

202

문항	답안 1					답안 2	
	①	②	③	④	⑤	멀다	가깝다
A. 모임에서 리더가 아니면 편치 않다.	☐	☐	☐	☐	☐	☐	☐
B. 집단에서 힘 있는 사람을 금방 파악한다.	☐	☐	☐	☐	☐	☐	☐
C. 조용한 장소에서 사색이나 독서를 즐긴다.	☐	☐	☐	☐	☐	☐	☐
D. 많은 사람들 앞에서 발표하는 업무는 피하고 싶다.	☐	☐	☐	☐	☐	☐	☐

203

문항	답안 1					답안 2	
	①	②	③	④	⑤	멀다	가깝다
A. 개성은 나의 삶을 이끄는 동력이다.	☐	☐	☐	☐	☐	☐	☐
B. 현실적이고 단조로울수록 관심이 끌린다.	☐	☐	☐	☐	☐	☐	☐
C. 깊은 이해를 위해 예술 이론을 배우고 싶다.	☐	☐	☐	☐	☐	☐	☐
D. 상품을 고를 때 디자인보다는 실용성을 중시한다.	☐	☐	☐	☐	☐	☐	☐

204

문항	답안 1					답안 2	
	①	②	③	④	⑤	멀다	가깝다
A. 외국의 빈곤 문제에 관심이 별로 없다.	☐	☐	☐	☐	☐	☐	☐
B. 주변 사람들에게 인사를 잘하는 편이다.	☐	☐	☐	☐	☐	☐	☐
C. 대화할 때 상대의 감정을 살피는 편이다.	☐	☐	☐	☐	☐	☐	☐
D. 타인의 곤란한 부탁을 매몰차게 거절하는 편이다.	☐	☐	☐	☐	☐	☐	☐

205

문항	답안 1					답안 2	
	①	②	③	④	⑤	멀다	가깝다
A. 대체로 자신을 신뢰하는 편이다.	☐	☐	☐	☐	☐	☐	☐
B. 무능하다고 느낄 때가 많다.	☐	☐	☐	☐	☐	☐	☐
C. 오늘 할 일을 내일로 미룰 때가 많다.	☐	☐	☐	☐	☐	☐	☐
D. 자신의 부족한 부분을 자각하면 반드시 개선한다.	☐	☐	☐	☐	☐	☐	☐

206

문항	답안 1					답안 2	
	①	②	③	④	⑤	멀다	가깝다
A. 결정적 순간에 일을 그르칠까 염려한다.	☐	☐	☐	☐	☐	☐	☐
B. 침착하고 평온하다는 말을 많이 듣는다.	☐	☐	☐	☐	☐	☐	☐
C. 즉흥적인 기분으로 목적지를 바꾸곤 한다.	☐	☐	☐	☐	☐	☐	☐
D. 일 하다 보면 스트레스를 받기 마련이므로 스트레스를 대수롭지 않게 여긴다.	☐	☐	☐	☐	☐	☐	☐

207

문항	답안 1					답안 2	
	①	②	③	④	⑤	멀다	가깝다
A. 남 앞에서 스스럼없이 자기소개를 한다.	☐	☐	☐	☐	☐	☐	☐
B. 자신의 소신을 명쾌하게 내세우지 못한다.	☐	☐	☐	☐	☐	☐	☐
C. 타인을 가르치는 일에서 즐거움을 느낀다.	☐	☐	☐	☐	☐	☐	☐
D. 번지점프처럼 모험적인 스포츠는 하고 싶지 않다.	☐	☐	☐	☐	☐	☐	☐

PART 1

208

문항	답안 1					답안 2	
	①	②	③	④	⑤	멀다	가깝다
A. 아는 만큼 보인다는 말을 믿는다.	☐	☐	☐	☐	☐	☐	☐
B. 독창적인 방식으로 일하기를 좋아한다.	☐	☐	☐	☐	☐	☐	☐
C. 실용적일수록 수용하기 쉽다고 생각한다.	☐	☐	☐	☐	☐	☐	☐
D. 권위적이더라도 현실적인 상사 밑에서 일하고 싶다.	☐	☐	☐	☐	☐	☐	☐

209

문항	답안 1					답안 2	
	①	②	③	④	⑤	멀다	가깝다
A. 세상에 공짜는 없다고 생각한다.	☐	☐	☐	☐	☐	☐	☐
B. 나에게 도움을 요청하면 반드시 응한다.	☐	☐	☐	☐	☐	☐	☐
C. 남을 위해 돈을 쓰는 경우가 거의 없다.	☐	☐	☐	☐	☐	☐	☐
D. 조직 번영의 최대 동력은 인화와 협동이라고 생각한다.	☐	☐	☐	☐	☐	☐	☐

210

문항	답안 1					답안 2	
	①	②	③	④	⑤	멀다	가깝다
A. 타인의 말보다는 자신의 소신을 따른다.	☐	☐	☐	☐	☐	☐	☐
B. 경솔하고 충동적이라는 비판을 듣곤 한다.	☐	☐	☐	☐	☐	☐	☐
C. 자신과의 약속을 반드시 지키려 노력한다.	☐	☐	☐	☐	☐	☐	☐
D. 노력해봤자 크게 달라질 것은 없다고 생각해 크게 힘쓰지 않는 편이다.	☐	☐	☐	☐	☐	☐	☐

211

문항	답안 1					답안 2	
	①	②	③	④	⑤	멀다	가깝다
A. 별로 근심하지 않는다.	☐	☐	☐	☐	☐	☐	☐
B. 열등감이 항상 발목을 잡는다고 느낀다.	☐	☐	☐	☐	☐	☐	☐
C. 종종 '태어나지 않았더라면'이라고 생각하곤 한다.	☐	☐	☐	☐	☐	☐	☐
D. 낯선 환경에서 불안을 느끼는 것은 오히려 당연하다고 생각한다.	☐	☐	☐	☐	☐	☐	☐

212

문항	답안 1					답안 2	
	①	②	③	④	⑤	멀다	가깝다
A. 모임에서 리더가 되는 것이 불편하다.	☐	☐	☐	☐	☐	☐	☐
B. 하루 종일 말하지 않고 지낼 수 있다.	☐	☐	☐	☐	☐	☐	☐
C. 나의 행동은 절도가 있고 명쾌한 편이다.	☐	☐	☐	☐	☐	☐	☐
D. 팔로워십과 리더십 중에 리더십이 우선이라고 생각한다.	☐	☐	☐	☐	☐	☐	☐

213

문항	답안 1					답안 2	
	①	②	③	④	⑤	멀다	가깝다
A. 상상력과 감성이 풍부하다.	☐	☐	☐	☐	☐	☐	☐
B. 변화는 대개 긍정적 결과를 이끈다.	☐	☐	☐	☐	☐	☐	☐
C. 대중적·일반적일수록 더욱 선호한다.	☐	☐	☐	☐	☐	☐	☐
D. 의사 결정의 제1원칙은 현실성을 따지는 것이라고 생각한다.	☐	☐	☐	☐	☐	☐	☐

214

문항	답안 1					답안 2	
	①	②	③	④	⑤	멀다	가깝다
A. 타인을 평가하는 데 인색한 편이다.	☐	☐	☐	☐	☐	☐	☐
B. 자신의 실수에 대해 솔직하게 사과하는 편이다.	☐	☐	☐	☐	☐	☐	☐
C. 타인에게 관심을 갖는 것에 소홀한 편이다.	☐	☐	☐	☐	☐	☐	☐
D. 자신이 손해를 입을 수 있더라도 조직의 의사에 반대하지 않는다.	☐	☐	☐	☐	☐	☐	☐

215

문항	답안 1					답안 2	
	①	②	③	④	⑤	멀다	가깝다
A. 세심하고 믿음직하다는 평가를 받곤 한다.	☐	☐	☐	☐	☐	☐	☐
B. 사회 규범을 지키지 않을 때가 많다.	☐	☐	☐	☐	☐	☐	☐
C. 티끌은 모아도 여전히 티끌이라고 생각한다.	☐	☐	☐	☐	☐	☐	☐
D. 신용카드 회원 가입 시 매우 신중하게 따지는 편이다.	☐	☐	☐	☐	☐	☐	☐

216

문항	답안 1					답안 2	
	①	②	③	④	⑤	멀다	가깝다
A. 나의 환경에 대체로 만족한다.	☐	☐	☐	☐	☐	☐	☐
B. 대체로 걱정하거나 고민하지 않는다.	☐	☐	☐	☐	☐	☐	☐
C. 걱정스러운 일이 좀처럼 잊히지 않는다.	☐	☐	☐	☐	☐	☐	☐
D. 모든 일을 너무 심각하게 생각하는 경향이 있다.	☐	☐	☐	☐	☐	☐	☐

217

문항	답안 1					답안 2	
	①	②	③	④	⑤	멀다	가깝다
A. 사람을 상대하는 것을 좋아한다.	☐	☐	☐	☐	☐	☐	☐
B. 대인관계 범위를 넓히는 일에 관심이 없다.	☐	☐	☐	☐	☐	☐	☐
C. 격한 운동을 하다가 크게 다친 경험이 있다.	☐	☐	☐	☐	☐	☐	☐
D. 장기나 바둑처럼 혼자서 하는 게임을 선호한다.	☐	☐	☐	☐	☐	☐	☐

218

문항	답안 1					답안 2	
	①	②	③	④	⑤	멀다	가깝다
A. 감성적인 영화를 보고 운 적이 많다.	☐	☐	☐	☐	☐	☐	☐
B. 변화가 적을수록 모범적이라고 생각한다.	☐	☐	☐	☐	☐	☐	☐
C. 호기심이 많고, 새로운 상황에 잘 적응한다.	☐	☐	☐	☐	☐	☐	☐
D. 역사 드라마를 볼 때 역사적 고증이 가장 중요하다고 생각한다.	☐	☐	☐	☐	☐	☐	☐

219

문항	답안 1					답안 2	
	①	②	③	④	⑤	멀다	가깝다
A. 남들에게 인사를 잘하지 않는 편이다.	☐	☐	☐	☐	☐	☐	☐
B. 이길 때조차도 압도적으로 이기려고 한다.	☐	☐	☐	☐	☐	☐	☐
C. 자신의 생각이 늘 옳다고 고집하지 않는다.	☐	☐	☐	☐	☐	☐	☐
D. 인간관계에서 가식적 행위보다는 정성스런 마음이 중요하다고 생각한다.	☐	☐	☐	☐	☐	☐	☐

220

문항	답안 1					답안 2	
	①	②	③	④	⑤	멀다	가깝다
A. 성취욕이 낮은 편인 것 같다.	☐	☐	☐	☐	☐	☐	☐
B. 목표에 방해가 되는 유혹을 잘 참는다.	☐	☐	☐	☐	☐	☐	☐
C. 자신이 준비되지 않았다고 느끼곤 한다.	☐	☐	☐	☐	☐	☐	☐
D. 함께 일할 사람을 1명만 뽑는다면 목표의식이 강한 사람을 택하겠다.	☐	☐	☐	☐	☐	☐	☐

221

문항	답안 1					답안 2	
	①	②	③	④	⑤	멀다	가깝다
A. 충동구매는 절대 하지 않는다.	☐	☐	☐	☐	☐	☐	☐
B. 그날 컨디션에 따라 행동이 달라진다.	☐	☐	☐	☐	☐	☐	☐
C. 비판을 들어도 쉽게 상처받지 않는다.	☐	☐	☐	☐	☐	☐	☐
D. 자신이 남보다 못하다는 생각에 열등감이 들곤 한다.	☐	☐	☐	☐	☐	☐	☐

222

문항	답안 1					답안 2	
	①	②	③	④	⑤	멀다	가깝다
A. 인간관계의 범위는 넓을수록 좋다고 본다.	☐	☐	☐	☐	☐	☐	☐
B. 낯선 곳에서도 씩씩하게 행동하는 편이다.	☐	☐	☐	☐	☐	☐	☐
C. 사람을 상대하는 것에 부담을 느끼곤 한다.	☐	☐	☐	☐	☐	☐	☐
D. 반드시 가입해야 한다면 인원이 가능한 한 적은 모임을 선호한다.	☐	☐	☐	☐	☐	☐	☐

223

문항	답안 1					답안 2	
	①	②	③	④	⑤	멀다	가깝다
A. 지식 습득을 위해 매일 신문을 읽는다.	☐	☐	☐	☐	☐	☐	☐
B. 보편적 · 상식적인 것일수록 더욱 끌린다.	☐	☐	☐	☐	☐	☐	☐
C. 예술에 조예가 깊다는 평가를 받곤 한다.	☐	☐	☐	☐	☐	☐	☐
D. 학교를 졸업하면 새로운 것을 배울 필요가 없다고 생각한다.	☐	☐	☐	☐	☐	☐	☐

224

문항	답안 1					답안 2	
	①	②	③	④	⑤	멀다	가깝다
A. 남을 잘 믿지 못하는 편이다.	☐	☐	☐	☐	☐	☐	☐
B. 법은 멀고 돈은 가깝다고 생각한다.	☐	☐	☐	☐	☐	☐	☐
C. 손해를 입어도 정직하려고 노력한다.	☐	☐	☐	☐	☐	☐	☐
D. 인권 유린 범죄를 전하는 기사에 댓글을 다는 편이다.	☐	☐	☐	☐	☐	☐	☐

225

문항	답안 1					답안 2	
	①	②	③	④	⑤	멀다	가깝다
A. 성취 욕구가 낮아 나태해지곤 한다.	☐	☐	☐	☐	☐	☐	☐
B. 동기부여를 받지 못하면 게을러지곤 한다.	☐	☐	☐	☐	☐	☐	☐
C. 가훈을 정하라면 '책임과 성실'로 정하겠다.	☐	☐	☐	☐	☐	☐	☐
D. 문서 작성할 때 오탈자가 있는지 여러 번 확인한다.	☐	☐	☐	☐	☐	☐	☐

226

문항	답안 1					답안 2	
	①	②	③	④	⑤	멀다	가깝다
A. 감정 변화에 매우 민감한 편이다.	☐	☐	☐	☐	☐	☐	☐
B. 고통은 시간이 해결해 준다고 생각한다.	☐	☐	☐	☐	☐	☐	☐
C. 미래의 일에 대해 두려움을 느끼지 않는다.	☐	☐	☐	☐	☐	☐	☐
D. 친구들의 성공 소식을 들으면 패배자가 된 것 같다.	☐	☐	☐	☐	☐	☐	☐

227

문항	답안 1					답안 2	
	①	②	③	④	⑤	멀다	가깝다
A. 동작이 재빠른 편이다.	☐	☐	☐	☐	☐	☐	☐
B. 홀로 일하는 것을 선호한다.	☐	☐	☐	☐	☐	☐	☐
C. 타인과 관계를 맺는 일이 번거롭고 귀찮다.	☐	☐	☐	☐	☐	☐	☐
D. 남에게 보이기 좋아하고 자신의 의견을 주장하는 편이다.	☐	☐	☐	☐	☐	☐	☐

228

문항	답안 1					답안 2	
	①	②	③	④	⑤	멀다	가깝다
A. 남들보다 질문을 많이 하는 편이다.	☐	☐	☐	☐	☐	☐	☐
B. 전형적일수록 기본양식으로 삼을 만하다.	☐	☐	☐	☐	☐	☐	☐
C. 타인의 새로운 생각을 잘 수용하는 편이다.	☐	☐	☐	☐	☐	☐	☐
D. 전자제품을 살 때 외관보다는 제원을 꼼꼼히 살피는 편이다.	☐	☐	☐	☐	☐	☐	☐

229

문항	답안 1					답안 2	
	①	②	③	④	⑤	멀다	가깝다
A. 평소에 진심을 숨기는 편이다.	☐	☐	☐	☐	☐	☐	☐
B. 협의를 통해 정한 사항은 반드시 지킨다.	☐	☐	☐	☐	☐	☐	☐
C. 남의 문제에 관여하는 것을 몹시 꺼린다.	☐	☐	☐	☐	☐	☐	☐
D. 부모에게는 자녀와의 두터운 애정이 가장 중요하다고 생각한다.	☐	☐	☐	☐	☐	☐	☐

230

문항	답안 1					답안 2	
	①	②	③	④	⑤	멀다	가깝다
A. 노력은 배신하지 않는다는 격언을 믿는다.	☐	☐	☐	☐	☐	☐	☐
B. 끈기가 부족해 쉽게 포기하는 성향이 있다.	☐	☐	☐	☐	☐	☐	☐
C. 일을 여유롭게 하다가 시기를 놓치곤 한다.	☐	☐	☐	☐	☐	☐	☐
D. 어떤 사건과 관련한 사소한 정보도 오랫동안 기억하는 편이다.	☐	☐	☐	☐	☐	☐	☐

231

문항	답안 1					답안 2	
	①	②	③	④	⑤	멀다	가깝다
A. 감정 조절을 잘하는 편이다.	☐	☐	☐	☐	☐	☐	☐
B. 힘겨운 고민 때문에 속을 썩이곤 한다.	☐	☐	☐	☐	☐	☐	☐
C. 쉽게 흥분하고 외부의 자극에도 과민하다.	☐	☐	☐	☐	☐	☐	☐
D. 경쟁률이 높아도 합격자는 반드시 나온다고 안위한다.	☐	☐	☐	☐	☐	☐	☐

232

문항	답안 1 ① ② ③ ④ ⑤		답안 2 멀다	가깝다
A. 스스로를 자신감 있게 표현할 수 있다.	☐ ☐ ☐ ☐ ☐		☐	☐
B. 매사에 긍정적이고 웃음도 많은 편이다.	☐ ☐ ☐ ☐ ☐		☐	☐
C. 처음 보는 사람과는 대화하고 싶지 않다.	☐ ☐ ☐ ☐ ☐		☐	☐
D. 대인관계에서 나서지 않고 타인을 따르는 편이다.	☐ ☐ ☐ ☐ ☐		☐	☐

233

문항	답안 1 ① ② ③ ④ ⑤		답안 2 멀다	가깝다
A. 변화된 환경에 빨리 적응하는 편이다.	☐ ☐ ☐ ☐ ☐		☐	☐
B. 노인의 판단은 꼭 따라야 할 법칙과 같다.	☐ ☐ ☐ ☐ ☐		☐	☐
C. 의견이 다양할수록 일에 방해가 될 것이다.	☐ ☐ ☐ ☐ ☐		☐	☐
D. 선입견에 얽매이지 않고 가능성을 열어두는 편이다.	☐ ☐ ☐ ☐ ☐		☐	☐

234

문항	답안 1 ① ② ③ ④ ⑤		답안 2 멀다	가깝다
A. 규범의 공정한 적용을 중시하는 편이다.	☐ ☐ ☐ ☐ ☐		☐	☐
B. 드러나지 않게 남들을 돕는 것을 선호한다.	☐ ☐ ☐ ☐ ☐		☐	☐
C. 남을 경계해야 자신의 이득을 지킬 수 있다.	☐ ☐ ☐ ☐ ☐		☐	☐
D. 상점에서 점원이 내게 말을 거는 것이 달갑지 않다.	☐ ☐ ☐ ☐ ☐		☐	☐

235

문항	답안 1 ① ② ③ ④ ⑤		답안 2 멀다	가깝다
A. 타인과의 약속은 깨지 못할 철칙이다.	☐ ☐ ☐ ☐ ☐		☐	☐
B. 일할 때 책임감을 잘 느끼지 않는 편이다.	☐ ☐ ☐ ☐ ☐		☐	☐
C. 승리는 끈기 있는 자가 차지한다고 생각한다.	☐ ☐ ☐ ☐ ☐		☐	☐
D. 성취욕과 추진력이 높지 않다고 생각한다.	☐ ☐ ☐ ☐ ☐		☐	☐

236

문항	답안 1					답안 2	
	①	②	③	④	⑤	멀다	가깝다
A. 정서적인 반응에 인색한 편이다.	☐	☐	☐	☐	☐	☐	☐
B. 건강을 잃을까봐 염려할 때가 많다.	☐	☐	☐	☐	☐	☐	☐
C. 나는 스트레스에 담대하게 맞설 수 있다.	☐	☐	☐	☐	☐	☐	☐
D. 연말이 가까워지면 덧없이 나이만 먹는 것 같아 자신이 처량해진다.	☐	☐	☐	☐	☐	☐	☐

237

문항	답안 1					답안 2	
	①	②	③	④	⑤	멀다	가깝다
A. 침묵은 금이라는 말에 동의하지 않는다.	☐	☐	☐	☐	☐	☐	☐
B. 리더십 계발에 관한 정보에 관심이 많다.	☐	☐	☐	☐	☐	☐	☐
C. 다른 사람들의 대화에 끼고 싶어지곤 한다.	☐	☐	☐	☐	☐	☐	☐
D. 어떤 문제가 생기면 남의 시선을 의식해 회색론을 택하는 편이다.	☐	☐	☐	☐	☐	☐	☐

238

문항	답안 1					답안 2	
	①	②	③	④	⑤	멀다	가깝다
A. 패션 유행에 몹시 둔감한 편이다.	☐	☐	☐	☐	☐	☐	☐
B. 평소 예술에 대한 관심이 거의 없다.	☐	☐	☐	☐	☐	☐	☐
C. 모르는 것을 알고 싶어 하는 욕구가 강하다.	☐	☐	☐	☐	☐	☐	☐
D. 업무 수칙도 때로는 변경될 수 있다고 생각한다.	☐	☐	☐	☐	☐	☐	☐

239

문항	답안 1					답안 2	
	①	②	③	④	⑤	멀다	가깝다
A. 우월감을 갖고 행동할 때가 많다.	☐	☐	☐	☐	☐	☐	☐
B. 타인과의 갈등을 빨리 해결하는 편이다.	☐	☐	☐	☐	☐	☐	☐
C. 갈등 상황을 남이 해결해주길 바라곤 한다.	☐	☐	☐	☐	☐	☐	☐
D. 나긋나긋하지만 다소 의존적이라는 평가를 받곤 한다.	☐	☐	☐	☐	☐	☐	☐

240

문항	답안 1					답안 2	
	①	②	③	④	⑤	멀다	가깝다
A. 작심삼일(作心三日) 할 때가 많다.	☐	☐	☐	☐	☐	☐	☐
B. 목적 달성을 위해 한계에 도전하곤 한다.	☐	☐	☐	☐	☐	☐	☐
C. 대의 달성을 위해 큰 수고를 감내하곤 한다.	☐	☐	☐	☐	☐	☐	☐
D. 지극히 조심한다는 방침은 오히려 위험하다고 생각한다.	☐	☐	☐	☐	☐	☐	☐

241

문항	답안 1					답안 2	
	①	②	③	④	⑤	멀다	가깝다
A. 끝날 때까지 끝난 게 아니라고 믿는다.	☐	☐	☐	☐	☐	☐	☐
B. 비관적인 상황에서도 소망을 잃지 않는다.	☐	☐	☐	☐	☐	☐	☐
C. 집에 가만히 있으면 불안하거나 울적해진다.	☐	☐	☐	☐	☐	☐	☐
D. 싫증을 쉽게 느껴 관심사가 충동적으로 자주 바뀌는 편이다.	☐	☐	☐	☐	☐	☐	☐

242

문항	답안 1					답안 2	
	①	②	③	④	⑤	멀다	가깝다
A. 열정을 잘 느끼지 못하는 편이다.	☐	☐	☐	☐	☐	☐	☐
B. 사람들과 어울려 일하는 것을 선호한다.	☐	☐	☐	☐	☐	☐	☐
C. 온종일 책상 앞에만 있어도 지루하지 않다.	☐	☐	☐	☐	☐	☐	☐
D. 식당에서 부족하지 않게 넉넉히 음식을 주문하는 편이다.	☐	☐	☐	☐	☐	☐	☐

243

문항	답안 1					답안 2	
	①	②	③	④	⑤	멀다	가깝다
A. 남들보다 감수성이 날카로운 편이다.	☐	☐	☐	☐	☐	☐	☐
B. 신지식을 수용하는 데 보수적인 편이다.	☐	☐	☐	☐	☐	☐	☐
C. 절대 변하지 않는 철칙은 없다고 생각한다.	☐	☐	☐	☐	☐	☐	☐
D. 파괴적 혁신은 일자리 감소 등 사회적 부작용을 초래할 것이다.	☐	☐	☐	☐	☐	☐	☐

244

문항	답안 1					답안 2	
	①	②	③	④	⑤	멀다	가깝다
A. 인간은 욕심 많은 동물이라고 생각한다.	☐	☐	☐	☐	☐	☐	☐
B. 비판을 받더라도 솔직하게 말하는 편이다.	☐	☐	☐	☐	☐	☐	☐
C. 우쭐대고 공격적이라는 비판을 받곤 한다.	☐	☐	☐	☐	☐	☐	☐
D. 조직 구성원의 첫 번째 덕목은 조화성이라고 생각한다.	☐	☐	☐	☐	☐	☐	☐

245

문항	답안 1					답안 2	
	①	②	③	④	⑤	멀다	가깝다
A. 조심할수록 성공 가능성이 높아진다.	☐	☐	☐	☐	☐	☐	☐
B. '성공'의 유의어는 '인내'라고 생각한다.	☐	☐	☐	☐	☐	☐	☐
C. 한계에 도전하기를 몹시 꺼리는 편이다.	☐	☐	☐	☐	☐	☐	☐
D. 학창 시절에 일일 계획표대로 생활하지 않는 날이 많았다.	☐	☐	☐	☐	☐	☐	☐

246

문항	답안 1					답안 2	
	①	②	③	④	⑤	멀다	가깝다
A. 권태를 자주 느끼곤 한다.	☐	☐	☐	☐	☐	☐	☐
B. 미래를 생각할 때 희망을 느끼곤 한다.	☐	☐	☐	☐	☐	☐	☐
C. 위험하지 않아도 소심해서 주저하곤 한다.	☐	☐	☐	☐	☐	☐	☐
D. 당혹스런 상황에도 담대하게 잘 대처하곤 한다.	☐	☐	☐	☐	☐	☐	☐

247

문항	답안 1					답안 2	
	①	②	③	④	⑤	멀다	가깝다
A. 남들보다 위험을 즐기는 편이다.	☐	☐	☐	☐	☐	☐	☐
B. 타인과의 관계에 크게 관심을 두지 않는다.	☐	☐	☐	☐	☐	☐	☐
C. 계단보다는 엘리베이터를 이용하는 편이다.	☐	☐	☐	☐	☐	☐	☐
D. 새로운 사람과 대인관계를 맺는 것에서 즐거움을 느낀다.	☐	☐	☐	☐	☐	☐	☐

248

문항	답안 1					답안 2	
	①	②	③	④	⑤	멀다	가깝다
A. 변화된 환경에 쉽게 적응하지 못한다.	☐	☐	☐	☐	☐	☐	☐
B. 자신을 매우 감성적인 사람이라고 여긴다.	☐	☐	☐	☐	☐	☐	☐
C. 보수적 성향은 인간의 자연스러운 특징이다.	☐	☐	☐	☐	☐	☐	☐
D. 어렸을 때 기계를 분해하다가 망가뜨리곤 했다.	☐	☐	☐	☐	☐	☐	☐

249

문항	답안 1					답안 2	
	①	②	③	④	⑤	멀다	가깝다
A. 손해가 예상되면 거짓말을 할 수 있다.	☐	☐	☐	☐	☐	☐	☐
B. 타인의 슬픔에 대한 동정심이 적은 편이다.	☐	☐	☐	☐	☐	☐	☐
C. 건설적인 비판은 나를 갈고닦는 힘이 된다.	☐	☐	☐	☐	☐	☐	☐
D. 공손함은 허물을 용서받을 수 있게 한다고 생각한다.	☐	☐	☐	☐	☐	☐	☐

250

문항	답안 1					답안 2	
	①	②	③	④	⑤	멀다	가깝다
A. 다소 부주의해서 약속을 어기곤 한다.	☐	☐	☐	☐	☐	☐	☐
B. 성공보다는 성취감이 더 중요하다.	☐	☐	☐	☐	☐	☐	☐
C. 다소 나태하고 느긋한 것이 나의 단점이다.	☐	☐	☐	☐	☐	☐	☐
D. 성공을 하려면 고난에 대한 도전이 반드시 필요하다.	☐	☐	☐	☐	☐	☐	☐

251

문항	답안 1					답안 2	
	①	②	③	④	⑤	멀다	가깝다
A. 지레 겁부터 먹을 때가 많다.	☐	☐	☐	☐	☐	☐	☐
B. 새로운 환경에 놓이면 스트레스를 받는다.	☐	☐	☐	☐	☐	☐	☐
C. 실패를 미래를 위한 양분으로 삼는 편이다.	☐	☐	☐	☐	☐	☐	☐
D. 모든 인간은 굴곡을 겪기 마련이라고 긍정한다.	☐	☐	☐	☐	☐	☐	☐

252

문항	답안 1					답안 2	
	①	②	③	④	⑤	멀다	가깝다
A. 남에게 부탁을 할 때 큰 부담을 느낀다.	☐	☐	☐	☐	☐	☐	☐
B. 내 삶은 유쾌하지는 않아도 불운하지 않다.	☐	☐	☐	☐	☐	☐	☐
C. 윈드서핑처럼 활동적인 운동을 즐긴다.	☐	☐	☐	☐	☐	☐	☐
D. 조직 발전의 가장 큰 동력은 결정권자의 리더십이라고 생각한다.	☐	☐	☐	☐	☐	☐	☐

253

문항	답안 1					답안 2	
	①	②	③	④	⑤	멀다	가깝다
A. 예술에서 아름다움을 잘 느끼지 못한다.	☐	☐	☐	☐	☐	☐	☐
B. 현실적인 사고를 매우 선호하는 편이다.	☐	☐	☐	☐	☐	☐	☐
C. 새로운 도구, 수단을 적극 활용하는 편이다.	☐	☐	☐	☐	☐	☐	☐
D. 권위의 존중과 개방성의 추구 중에 후자가 우선이라고 생각한다.	☐	☐	☐	☐	☐	☐	☐

254

문항	답안 1					답안 2	
	①	②	③	④	⑤	멀다	가깝다
A. 타인의 문제에 무관심한 편이다.	☐	☐	☐	☐	☐	☐	☐
B. 단체에서 힘든 역할을 맡아도 잘 협조한다.	☐	☐	☐	☐	☐	☐	☐
C. 남을 위해 기꺼이 수고하고 희생할 수 있다.	☐	☐	☐	☐	☐	☐	☐
D. 자신이 손해를 입을 수 있다면 필사적으로 반대한다.	☐	☐	☐	☐	☐	☐	☐

255

문항	답안 1					답안 2	
	①	②	③	④	⑤	멀다	가깝다
A. 불성실하다는 비판을 받곤 한다.	☐	☐	☐	☐	☐	☐	☐
B. 학창시절 결석을 거의 하지 않았다.	☐	☐	☐	☐	☐	☐	☐
C. 변화하는 상황에 적절히 대처하는 편이다.	☐	☐	☐	☐	☐	☐	☐
D. 일 잘하는 불성실한 사람과 일 못하는 성실한 사람 중에 후자를 선호한다.	☐	☐	☐	☐	☐	☐	☐

256

문항	답안 1					답안 2	
	①	②	③	④	⑤	멀다	가깝다
A. 욕구를 잘 참고 통제하는 편이다.	☐	☐	☐	☐	☐	☐	☐
B. 전화를 거칠게 끊는 경우가 종종 있다.	☐	☐	☐	☐	☐	☐	☐
C. 왠지 불길한 생각에 휩싸일 때가 있다.	☐	☐	☐	☐	☐	☐	☐
D. 곤란스런 상황을 만나도 마음을 다잡아 대범하게 잘 처신할 수 있다.	☐	☐	☐	☐	☐	☐	☐

257

문항	답안 1					답안 2	
	①	②	③	④	⑤	멀다	가깝다
A. 자극은 적을수록 좋다고 생각한다.	☐	☐	☐	☐	☐	☐	☐
B. 바둑보다 축구를 더 좋아한다.	☐	☐	☐	☐	☐	☐	☐
C. 리더보다는 유능한 참모진이 되고 싶다.	☐	☐	☐	☐	☐	☐	☐
D. 손해 위험이 있더라도 과감하게 모험적인 결정을 하는 편이다.	☐	☐	☐	☐	☐	☐	☐

258

문항	답안 1					답안 2	
	①	②	③	④	⑤	멀다	가깝다
A. 주변 일에 호기심이 많다.	☐	☐	☐	☐	☐	☐	☐
B. 실용적이며 감정의 폭이 좁은 편이다.	☐	☐	☐	☐	☐	☐	☐
C. 남들보다 전통과 권위에 순종적인 편이다.	☐	☐	☐	☐	☐	☐	☐
D. 새로운 것을 보면 반드시 직접 체험을 하는 편이다.	☐	☐	☐	☐	☐	☐	☐

259

문항	답안 1					답안 2	
	①	②	③	④	⑤	멀다	가깝다
A. 나의 손해를 남에게 떠넘기곤 한다.	☐	☐	☐	☐	☐	☐	☐
B. 자신보다는 남을 위해 쓰는 돈이 더 많다.	☐	☐	☐	☐	☐	☐	☐
C. 인권, 환경 등 세계적 문제에 관심이 많다.	☐	☐	☐	☐	☐	☐	☐
D. 누군가 나에게 도움을 요청해도 돕지 않을 때가 많다.	☐	☐	☐	☐	☐	☐	☐

260

문항	답안 1					답안 2	
	①	②	③	④	⑤	멀다	가깝다
A. 에너지와 시간을 낭비할 때가 많다.	☐	☐	☐	☐	☐	☐	☐
B. 경솔한 행동 때문에 일을 그르치곤 한다.	☐	☐	☐	☐	☐	☐	☐
C. 늘 최상의 준비 상태를 유지하려 노력한다.	☐	☐	☐	☐	☐	☐	☐
D. 처리해야만 하는 일은 반드시 완료하려고 공을 들이는 편이다.	☐	☐	☐	☐	☐	☐	☐

261

문항	답안 1					답안 2	
	①	②	③	④	⑤	멀다	가깝다
A. 화나도 감정을 적절하게 다스릴 수 있다.	☐	☐	☐	☐	☐	☐	☐
B. 내 인생은 고난의 연속이었다고 생각한다.	☐	☐	☐	☐	☐	☐	☐
C. 어려운 상황에서도 비교적 침착한 편이다.	☐	☐	☐	☐	☐	☐	☐
D. 스트레스를 받으면 표정으로 잘 드러나는 편이다.	☐	☐	☐	☐	☐	☐	☐

262

문항	답안 1					답안 2	
	①	②	③	④	⑤	멀다	가깝다
A. 하고 싶은 말은 반드시 해야 후련하다.	☐	☐	☐	☐	☐	☐	☐
B. 나에 대한 타인의 생각이 크게 신경 쓰인다.	☐	☐	☐	☐	☐	☐	☐
C. 내성적이며 대인관계에 거리를 두는 편이다.	☐	☐	☐	☐	☐	☐	☐
D. 같이 일할 사람을 1명만 택한다면 활동적·정열적인 사람을 뽑겠다.	☐	☐	☐	☐	☐	☐	☐

263

문항	답안 1					답안 2	
	①	②	③	④	⑤	멀다	가깝다
A. 현실적인 일과 관습에 관심이 많다.	☐	☐	☐	☐	☐	☐	☐
B. 구름 잡는 듯한 이야기를 몹시 싫어한다.	☐	☐	☐	☐	☐	☐	☐
C. 결정을 할 때는 직관적 통찰력을 중시한다.	☐	☐	☐	☐	☐	☐	☐
D. 사실성보다는 상상력에서 더 많은 감동을 받는다.	☐	☐	☐	☐	☐	☐	☐

문항	답안 1					답안 2	
	①	②	③	④	⑤	멀다	가깝다
A. 정직성과 협동심은 나의 장점이다.	☐	☐	☐	☐	☐	☐	☐
B. 남들에게 친절하지 않고 비판적인 편이다.	☐	☐	☐	☐	☐	☐	☐
C. 개인적 문제 해결도 남에게 의지하곤 한다.	☐	☐	☐	☐	☐	☐	☐
D. 타인의 불행을 보면 내가 아니라서 다행이라고 생각한다.	☐	☐	☐	☐	☐	☐	☐

문항	답안 1					답안 2	
	①	②	③	④	⑤	멀다	가깝다
A. 편한 대로 살고 싶을 때가 많다.	☐	☐	☐	☐	☐	☐	☐
B. 주의가 산만해 심사숙고하지 못하곤 한다.	☐	☐	☐	☐	☐	☐	☐
C. 맞춤법을 지키기 위해 사전을 늘 이용한다.	☐	☐	☐	☐	☐	☐	☐
D. 업무능력을 개선하려면 먼저 불성실한 행동부터 바로잡아야 한다.	☐	☐	☐	☐	☐	☐	☐

문항	답안 1					답안 2	
	①	②	③	④	⑤	멀다	가깝다
A. 화가 나도 물건을 던지거나 하지 않는다.	☐	☐	☐	☐	☐	☐	☐
B. 자제력과 참을성이 부족해서 걱정이 된다.	☐	☐	☐	☐	☐	☐	☐
C. 처지가 다급해도 상황에 휘둘리지 않는다.	☐	☐	☐	☐	☐	☐	☐
D. 심각한 상황에서 뜻밖의 웃음이 터져 곤란을 겪곤 한다.	☐	☐	☐	☐	☐	☐	☐

문항	답안 1					답안 2	
	①	②	③	④	⑤	멀다	가깝다
A. 열정은 뜻을 이루는 근본이라고 생각한다.	☐	☐	☐	☐	☐	☐	☐
B. 자극적인 것보다는 담백한 음식을 즐긴다.	☐	☐	☐	☐	☐	☐	☐
C. 분주한 장소에서 활기를 느끼길 좋아한다.	☐	☐	☐	☐	☐	☐	☐
D. 타인과 가깝게 지내려고 노력해봤자 번거로운 일만 늘어난다고 생각한다.	☐	☐	☐	☐	☐	☐	☐

268

문항	답안 1					답안 2	
	①	②	③	④	⑤	멀다	가깝다
A. 나는 지극히 실제적·현실적인 사람이다.	☐	☐	☐	☐	☐	☐	☐
B. 관행을 반드시 존중해야 한다고 생각한다.	☐	☐	☐	☐	☐	☐	☐
C. 신기한 현상을 보면 궁금증을 크게 느낀다.	☐	☐	☐	☐	☐	☐	☐
D. 부모님의 말씀이 언제나 옳은 것은 아니라고 생각한다.	☐	☐	☐	☐	☐	☐	☐

269

문항	답안 1					답안 2	
	①	②	③	④	⑤	멀다	가깝다
A. 기본적으로 인간에 대한 불신감이 있다.	☐	☐	☐	☐	☐	☐	☐
B. 남들과 함께 일하고 결정하기를 좋아한다.	☐	☐	☐	☐	☐	☐	☐
C. 타인의 감정과 생각을 잘 간파하는 편이다.	☐	☐	☐	☐	☐	☐	☐
D. 연봉으로 능력을 평가받는 곳에서 일하고 싶다.	☐	☐	☐	☐	☐	☐	☐

270

문항	답안 1					답안 2	
	①	②	③	④	⑤	멀다	가깝다
A. 경력 개발을 위해 부단히 노력한다.	☐	☐	☐	☐	☐	☐	☐
B. 좋다고 판단해도 섣불리 달려들지 않는다.	☐	☐	☐	☐	☐	☐	☐
C. 조심성이 낮고 이랬다저랬다 할 때가 많다.	☐	☐	☐	☐	☐	☐	☐
D. 회사는 성실한 직원보다 일 잘하는 직원을 원한다고 생각한다.	☐	☐	☐	☐	☐	☐	☐

271

문항	답안 1					답안 2	
	①	②	③	④	⑤	멀다	가깝다
A. 필요 이상으로 긴장하고 불안해지곤 한다.	☐	☐	☐	☐	☐	☐	☐
B. 쥐구멍에는 결코 볕이 들지 않을 것이다.	☐	☐	☐	☐	☐	☐	☐
C. 역경을 만나도 지나치게 낙담하지 않는다.	☐	☐	☐	☐	☐	☐	☐
D. 성공하지 못해도 크게 스트레스를 받지 않는다.	☐	☐	☐	☐	☐	☐	☐

272

문항	답안 1					답안 2	
	①	②	③	④	⑤	멀다	가깝다
A. 모임에서 책임 있는 일을 맡고 싶다.	☐	☐	☐	☐	☐	☐	☐
B. 내가 속한 팀의 능력 향상에 관심이 없다.	☐	☐	☐	☐	☐	☐	☐
C. 혼자 있기를 좋아하며 사회적 자극이 귀찮다.	☐	☐	☐	☐	☐	☐	☐
D. 학창 시절에 거의 모든 체육활동에 참여하려고 기꺼이 노력했다.	☐	☐	☐	☐	☐	☐	☐

273

문항	답안 1					답안 2	
	①	②	③	④	⑤	멀다	가깝다
A. 생소한 환경에 쉽게 적응하지 못한다.	☐	☐	☐	☐	☐	☐	☐
B. 창조성은 지성의 바탕이라고 생각한다.	☐	☐	☐	☐	☐	☐	☐
C. 전통을 존중하며 변화를 꺼리는 편이다.	☐	☐	☐	☐	☐	☐	☐
D. 전문가의 견해가 항상 옳은 것은 아니라고 생각한다.	☐	☐	☐	☐	☐	☐	☐

274

문항	답안 1					답안 2	
	①	②	③	④	⑤	멀다	가깝다
A. 이기심은 인간의 본성이라고 생각한다.	☐	☐	☐	☐	☐	☐	☐
B. 자기만의 방식에 익숙하고 혼자 판단한다.	☐	☐	☐	☐	☐	☐	☐
C. 일할 때 타인의 지지를 받는 것이 중요하다.	☐	☐	☐	☐	☐	☐	☐
D. 성선설보다는 성악설이 진리에 가깝다고 생각한다.	☐	☐	☐	☐	☐	☐	☐

275

문항	답안 1					답안 2	
	①	②	③	④	⑤	멀다	가깝다
A. 끈기는 나의 장점 중 하나이다.	☐	☐	☐	☐	☐	☐	☐
B. 인내심이 낮아 실패할 때가 많다.	☐	☐	☐	☐	☐	☐	☐
C. 자신의 임무를 잊을 때가 종종 있다.	☐	☐	☐	☐	☐	☐	☐
D. 착수하기 전에 반드시 가능성을 충분히 타진한다.	☐	☐	☐	☐	☐	☐	☐

276

문항	답안 1					답안 2	
	①	②	③	④	⑤	멀다	가깝다
A. 소용없는 후회를 하곤 한다.	☐	☐	☐	☐	☐	☐	☐
B. 공연한 푸념을 늘어놓을 때가 있다.	☐	☐	☐	☐	☐	☐	☐
C. 충동적인 행동을 하는 것을 싫어한다.	☐	☐	☐	☐	☐	☐	☐
D. 자신의 처지를 낙관적으로 보며 자신감을 잃지 않는다.	☐	☐	☐	☐	☐	☐	☐

277

문항	답안 1					답안 2	
	①	②	③	④	⑤	멀다	가깝다
A. 타인과 더불어 일하는 것이 거북하다.	☐	☐	☐	☐	☐	☐	☐
B. 엘리베이터보다는 계단을 이용하는 편이다.	☐	☐	☐	☐	☐	☐	☐
C. 유능한 스태프들이 리더를 돋보이게 만든다.	☐	☐	☐	☐	☐	☐	☐
D. 나의 지시에 불응하는 부하가 있다면 반드시 지시를 따르도록 설득할 것이다.	☐	☐	☐	☐	☐	☐	☐

278

문항	답안 1					답안 2	
	①	②	③	④	⑤	멀다	가깝다
A. 통합보다는 다양한 차이를 중시한다.	☐	☐	☐	☐	☐	☐	☐
B. 흑백논리에 빠지는 것을 항상 경계한다.	☐	☐	☐	☐	☐	☐	☐
C. 새로운 아이디어에 반대할 때가 더 많다.	☐	☐	☐	☐	☐	☐	☐
D. 슬픈 영화를 보아도 감정의 변화를 거의 느끼지 않는다.	☐	☐	☐	☐	☐	☐	☐

279

문항	답안 1					답안 2	
	①	②	③	④	⑤	멀다	가깝다
A. 타인을 칭찬하는 것에 인색한 편이다.	☐	☐	☐	☐	☐	☐	☐
B. 나 자신보다는 집단에 의존할 때가 많다.	☐	☐	☐	☐	☐	☐	☐
C. 협상에서는 상대의 거부권을 인정해야 한다.	☐	☐	☐	☐	☐	☐	☐
D. 대인관계에 가장 큰 영향을 끼치는 것은 돈이라고 생각한다.	☐	☐	☐	☐	☐	☐	☐

280

문항	답안 1					답안 2	
	①	②	③	④	⑤	멀다	가깝다
A. 부주의하고 신중하지 못해 실수하곤 한다.	☐	☐	☐	☐	☐	☐	☐
B. 집단 활동이나 규범에 얽매이고 싶지 않다.	☐	☐	☐	☐	☐	☐	☐
C. 무언가를 결정할 때 오랫동안 살피곤 한다.	☐	☐	☐	☐	☐	☐	☐
D. 현재 실행 중인 계획이 미래의 더 훌륭한 계획보다 낫다고 생각한다.	☐	☐	☐	☐	☐	☐	☐

281

문항	답안 1					답안 2	
	①	②	③	④	⑤	멀다	가깝다
A. 충동구매를 참지 못해 집에 쓸모없는 물건이 많다.	☐	☐	☐	☐	☐	☐	☐
B. 곤란한 일이 생겨도 마른땀이 나거나 마음이 떨리지 않는다.	☐	☐	☐	☐	☐	☐	☐
C. 실수를 했을 때 마음이 몹시 상해 일손이 쉽게 잡히지 않는다.	☐	☐	☐	☐	☐	☐	☐
D. 자신이 당혹스러운 상황에 배짱 있게 처신할 능력이 있다고 믿는다.	☐	☐	☐	☐	☐	☐	☐

282

문항	답안 1					답안 2	
	①	②	③	④	⑤	멀다	가깝다
A. 혼자 행동하는 것을 좋아한다.	☐	☐	☐	☐	☐	☐	☐
B. 지도자의 리더십이 조직의 성패를 좌우하는 가장 큰 요인이라고 생각한다.	☐	☐	☐	☐	☐	☐	☐
C. 인간관계가 귀찮다고 생각해 타인과 가까이하지 않는 경우가 많다.	☐	☐	☐	☐	☐	☐	☐
D. 동료와 함께 행동하는 것을 선호한다.	☐	☐	☐	☐	☐	☐	☐

283

문항	답안 1					답안 2	
	①	②	③	④	⑤	멀다	가깝다
A. 친숙하지 않은 일에도 끝까지 달려드는 편이다.	☐	☐	☐	☐	☐	☐	☐
B. 꿈을 좇는 사람보다는 현실적이 사람이 더 좋다.	☐	☐	☐	☐	☐	☐	☐
C. 권위에 도전하는 사람보다는 순응하는 사람을 선호한다.	☐	☐	☐	☐	☐	☐	☐
D. 상상하기를 좋아하지만 때로는 비현실적이라는 평가를 받는다.	☐	☐	☐	☐	☐	☐	☐

284

문항	답안 1					답안 2	
	①	②	③	④	⑤	멀다	가깝다
A. 어려움에 처한 사람을 보아도 별로 동정심이 들지 않는다.	☐	☐	☐	☐	☐	☐	☐
B. 집단의 의견은 대체적으로 합리적이라고 생각한다.	☐	☐	☐	☐	☐	☐	☐
C. 가난한 사람을 보면 측은한 마음을 크게 느끼는 편이다.	☐	☐	☐	☐	☐	☐	☐
D. 한번 결정한 의견은 주위의 반대가 있더라도 계속 고집하는 편이다.	☐	☐	☐	☐	☐	☐	☐

285

문항	답안 1					답안 2	
	①	②	③	④	⑤	멀다	가깝다
A. 동료가 될 사람을 1명만 뽑는다면 융통성이 높은 사람을 택하겠다.	☐	☐	☐	☐	☐	☐	☐
B. 일을 성취하려면 사전에 실력을 쌓고 준비하는 것이 반드시 필요하다고 생각한다.	☐	☐	☐	☐	☐	☐	☐
C. 둘 다 중요하겠지만 행동보다는 신중함이 중요하다고 생각한다.	☐	☐	☐	☐	☐	☐	☐
D. 세심하게 준비하느라 시간을 보내기보다는 경솔하게 보이더라도 일단 착수하는 것이 중요하다고 생각한다.	☐	☐	☐	☐	☐	☐	☐

286

문항	답안 1					답안 2	
	①	②	③	④	⑤	멀다	가깝다
A. 즉흥적으로 쇼핑을 하지 않는 편이다.	☐	☐	☐	☐	☐	☐	☐
B. 일을 시작하기 전에 어려운 상황을 예측하지 못해 실패할까봐 근심할 때가 있다.	☐	☐	☐	☐	☐	☐	☐
C. 예측하지 못한 까다로운 상황에 처하면 차분함을 잃는 편이다.	☐	☐	☐	☐	☐	☐	☐
D. 쇼핑을 할 때는 미리 예산을 세우고 씀씀이를 조절하는 편이다.	☐	☐	☐	☐	☐	☐	☐

287

문항	답안 1					답안 2	
	①	②	③	④	⑤	멀다	가깝다
A. 대인관계에 크게 신경 쓰지 않는다.	☐	☐	☐	☐	☐	☐	☐
B. 남들 앞에서 의견을 발표하는 데 자신이 있다.	☐	☐	☐	☐	☐	☐	☐
C. 새로운 사람과 관계를 맺는 것을 선호한다.	☐	☐	☐	☐	☐	☐	☐
D. 남들이 무슨 생각을 하는지 별로 궁금하지 않다.	☐	☐	☐	☐	☐	☐	☐

PART 1

288

문항	답안 1					답안 2	
	①	②	③	④	⑤	멀다	가깝다
A. 각각의 변화에 대응하는 새로운 방법들을 모색하지 않는 편이다.	☐	☐	☐	☐	☐	☐	☐
B. 어떠한 도구이든 그 용도의 유용성은 이용 목적에 따라 달라질 수 있다.	☐	☐	☐	☐	☐	☐	☐
C. 구매 의사를 결정할 때에는 실용성을 가장 중시하는 편이다.	☐	☐	☐	☐	☐	☐	☐
D. 인생을 풍요롭게 만들기 위해 다양한 경험을 쌓으려고 애쓰는 편이다.	☐	☐	☐	☐	☐	☐	☐

289

문항	답안 1					답안 2	
	①	②	③	④	⑤	멀다	가깝다
A. 반대 의견이 내 의견보다 논리적이어도 순응하지 않는 편이다.	☐	☐	☐	☐	☐	☐	☐
B. 곤란한 처지에 놓인 사람을 보면 스스로 이겨내도록 돕고 싶다.	☐	☐	☐	☐	☐	☐	☐
C. 내가 남들보다 특별히 잘난 점은 없다고 생각한다.	☐	☐	☐	☐	☐	☐	☐
D. 어려움에 처한 사람을 봐도 별로 신경 쓰지 않는다.	☐	☐	☐	☐	☐	☐	☐

290

문항	답안 1					답안 2	
	①	②	③	④	⑤	멀다	가깝다
A. 일단 시작한 일도 끝까지 못할 때가 종종 있다.	☐	☐	☐	☐	☐	☐	☐
B. 일의 순조로운 진행을 위해 선택지는 항상 여러 개를 준비하는 편이다.	☐	☐	☐	☐	☐	☐	☐
C. 굳은 마음으로 일을 시작해도 의지력이 약해 체념할 때가 많다.	☐	☐	☐	☐	☐	☐	☐
D. 어쩔 수 없이 실패할 수밖에 없더라도 끝까지 뒷갈망에 힘쓴다.	☐	☐	☐	☐	☐	☐	☐

291

문항	답안 1					답안 2	
	①	②	③	④	⑤	멀다	가깝다
A. 예측하지 못한 상황에서는 걱정을 많이 하는 편이다.	☐	☐	☐	☐	☐	☐	☐
B. 염려하는 것처럼 보여도 실제로는 거의 염려하지 않는 편이다.	☐	☐	☐	☐	☐	☐	☐
C. 꼭 필요하지 않아도 쇼핑을 자주 하는 편이다.	☐	☐	☐	☐	☐	☐	☐
D. 성공하지 못해도 예측하지 못했다면 굳이 낙심하지는 않는 편이다.	☐	☐	☐	☐	☐	☐	☐

292

문항	답안 1					답안 2	
	①	②	③	④	⑤	멀다	가깝다
A. 외향적이어서 발표 기회를 거의 꺼리지 않는다.	☐	☐	☐	☐	☐	☐	☐
B. 친구는 많지 않지만 그들과 오랫동안 깊은 교우 관계를 유지하고 있다.	☐	☐	☐	☐	☐	☐	☐
C. 주말에는 주로 약속을 잡아 외출하는 편이다.	☐	☐	☐	☐	☐	☐	☐
D. 평온한 것을 선호하며 무리와 어울리는 것을 즐기지 않는다.	☐	☐	☐	☐	☐	☐	☐

293

문항	답안 1					답안 2	
	①	②	③	④	⑤	멀다	가깝다
A. 굳이 나누자면 자신이 낭만주의자에 가깝다고 생각한다.	☐	☐	☐	☐	☐	☐	☐
B. 물건을 살 때 익숙하고 남들이 선호하는 것을 구입하는 편이다.	☐	☐	☐	☐	☐	☐	☐
C. 무언가를 선택할 때 객관성과 보편성을 중시하는 편이다.	☐	☐	☐	☐	☐	☐	☐
D. 의사를 결정할 때 먼저 주변 사람들의 생각을 듣고서 수용하는 편이다.	☐	☐	☐	☐	☐	☐	☐

294

문항	답안 1					답안 2	
	①	②	③	④	⑤	멀다	가깝다
A. 타인과 함께할 때 적극적으로 협조한다.	☐	☐	☐	☐	☐	☐	☐
B. '남은 남, 나는 나'라고 생각해 남의 문제에 관여하지 않는 편이다.	☐	☐	☐	☐	☐	☐	☐
C. 말수가 적고 남을 잘 믿지 않는 성향이 있다.	☐	☐	☐	☐	☐	☐	☐
D. 타인의 만족과 기쁨에 주의를 기울이며 친절하게 대하려 노력하는 편이다.	☐	☐	☐	☐	☐	☐	☐

295

문항	답안 1					답안 2	
	①	②	③	④	⑤	멀다	가깝다
A. 임시방편에 능숙하지만 자율성이 부족한 편이다.	☐	☐	☐	☐	☐	☐	☐
B. 책임을 완수하기 위해 먼저 신중하게 계획하고 준비하려 한다.	☐	☐	☐	☐	☐	☐	☐
C. 자신이 맡은 일에 잘 준비되어 있다고 스스로를 신뢰하는 편이다.	☐	☐	☐	☐	☐	☐	☐
D. 계획의 큰 틀만 대강 세운 후 신속히 행동하면서 상황에 맞춰 유연하게 대처하는 편이다.	☐	☐	☐	☐	☐	☐	☐

296

문항	답안 1					답안 2	
	①	②	③	④	⑤	멀다	가깝다
A. 무슨 일이든 지나친 걱정은 금물이라고 생각한다.	☐	☐	☐	☐	☐	☐	☐
B. 항상 쇼핑할 때 생각보다 많은 지출을 하는 편이다.	☐	☐	☐	☐	☐	☐	☐
C. 지나치게 걱정하는 경우가 많은 것 또한 염려가 된다.	☐	☐	☐	☐	☐	☐	☐
D. 염려하는 것처럼 보여도 속으로는 계속 염려하지 않는 경우가 있다.	☐	☐	☐	☐	☐	☐	☐

297

문항	답안 1					답안 2	
	①	②	③	④	⑤	멀다	가깝다
A. 주말에는 주로 집에서 느긋하게 지내는 편이다.	☐	☐	☐	☐	☐	☐	☐
B. 마음을 졸이게 하는 스릴러 영화나 소설을 즐겨 보는 편이다.	☐	☐	☐	☐	☐	☐	☐
C. 남들이 부러워할 만한 일을 하고 싶다.	☐	☐	☐	☐	☐	☐	☐
D. 나서지 않고 누군가의 뒤를 따라 행동하는 편이다.	☐	☐	☐	☐	☐	☐	☐

298

문항	답안 1					답안 2	
	①	②	③	④	⑤	멀다	가깝다
A. 예술 작품을 즐기며, 실용적인 것에 관심이 별로 없는 편이다.	☐	☐	☐	☐	☐	☐	☐
B. 생소한 것을 즐기지 않으며, 전통과 권위를 옹호하는 성향이 있다.	☐	☐	☐	☐	☐	☐	☐
C. 새로운 변화를 선호하고 다양성을 추구하는 성향이 있다.	☐	☐	☐	☐	☐	☐	☐
D. 변화된 환경에 적응하는 데 오래 걸리고 지적 도전에 흥미가 없는 편이다.	☐	☐	☐	☐	☐	☐	☐

299

문항	답안 1					답안 2	
	①	②	③	④	⑤	멀다	가깝다
A. 대인관계에 있어 항상 회의적이며 차가운 성향이 있다.	☐	☐	☐	☐	☐	☐	☐
B. 타인과의 조화를 중시해 규범을 지키고 공손하게 행동하려 노력하는 편이다.	☐	☐	☐	☐	☐	☐	☐
C. 타인의 말을 선한 의도로 받아들이는 편이다.	☐	☐	☐	☐	☐	☐	☐
D. 타인을 전혀 신경 쓰지 않아 독불장군이라는 소리를 듣기도 한다.	☐	☐	☐	☐	☐	☐	☐

300

문항	답안 1					답안 2	
	①	②	③	④	⑤	멀다	가깝다
A. 자신이 언제나 한결같은 노력파라고 생각한다.	☐	☐	☐	☐	☐	☐	☐
B. 일 처리가 버겁다고 느껴질 경우에 자신의 능력이 부족하다는 생각이 종종 든다.	☐	☐	☐	☐	☐	☐	☐
C. 자신이 임기응변에 약하다고 생각한다.	☐	☐	☐	☐	☐	☐	☐
D. 예상치 못한 어려움을 만나면 쉽게 단념하고 새로운 일을 찾는 편이다.	☐	☐	☐	☐	☐	☐	☐

301

문항	답안 1					답안 2	
	①	②	③	④	⑤	멀다	가깝다
A. 남에게 주의를 받으면 몹시 침울해진다.	☐	☐	☐	☐	☐	☐	☐
B. 쉽게 흥분하지 않지만 지나치게 냉정해 둔감하다는 평가를 받기도 한다.	☐	☐	☐	☐	☐	☐	☐
C. 열등감을 느낀 적이 거의 없다.	☐	☐	☐	☐	☐	☐	☐
D. 다급한 상황에 처하면 긴장감 때문에 스트레스를 크게 느낀다.	☐	☐	☐	☐	☐	☐	☐

302

문항	답안 1					답안 2	
	①	②	③	④	⑤	멀다	가깝다
A. 스스로 남들을 이끌며 행동하는 편이다.	☐	☐	☐	☐	☐	☐	☐
B. 내성적이어서 자신의 의견을 표현하는 것을 주저할 때가 많다.	☐	☐	☐	☐	☐	☐	☐
C. 친한 친구하고만 어울리는 편이다.	☐	☐	☐	☐	☐	☐	☐
D. 남에게 지배당하기 싫고 차라리 남을 지배하고 싶을 때가 많다.	☐	☐	☐	☐	☐	☐	☐

303

문항	답안 1					답안 2	
	①	②	③	④	⑤	멀다	가깝다
A. 지금까지 가본 적이 없는 곳에 가는 것을 좋아한다.	☐	☐	☐	☐	☐	☐	☐
B. 새로운 일을 하는 것보다는 익숙하고 확실한 일을 하는 것을 선호한다.	☐	☐	☐	☐	☐	☐	☐
C. 시간이 난다면 집에만 있고 싶다.	☐	☐	☐	☐	☐	☐	☐
D. 낯선 여행지에서 현지인들의 삶을 이해하고 지혜를 배우는 것을 선호한다.	☐	☐	☐	☐	☐	☐	☐

304

문항	답안 1					답안 2	
	①	②	③	④	⑤	멀다	가깝다
A. 소탈한 편이며, 겸손을 잃지 않으려 노력한다.	☐	☐	☐	☐	☐	☐	☐
B. 자신의 이익을 최우선으로 여겨 강하게 주장하는 편이다.	☐	☐	☐	☐	☐	☐	☐
C. 타인의 칭찬을 곡해해 들을 때가 종종 있다.	☐	☐	☐	☐	☐	☐	☐
D. 자신이 다소 손해를 입더라도 타인에게 관대하려고 노력한다.	☐	☐	☐	☐	☐	☐	☐

305

문항	답안 1					답안 2	
	①	②	③	④	⑤	멀다	가깝다
A. 생각하기 전에 먼저 행동하는 편이다.	☐	☐	☐	☐	☐	☐	☐
B. 자신감이 많고 끈기가 강한 편이다.	☐	☐	☐	☐	☐	☐	☐
C. 작은 일이라도 끝까지 충실하게 임해 성취하려 한다.	☐	☐	☐	☐	☐	☐	☐
D. 휴가를 떠날 때 사전에 일정을 정연하게 준비해 가는 것을 좋아하지 않는다.	☐	☐	☐	☐	☐	☐	☐

306

문항	답안 1					답안 2	
	①	②	③	④	⑤	멀다	가깝다
A. 불필요한 고민을 하는 경우는 거의 없다.	☐	☐	☐	☐	☐	☐	☐
B. 위급한 상황에 처할 때 마음의 평안을 잃고 절망을 느끼곤 한다.	☐	☐	☐	☐	☐	☐	☐
C. 당황스러운 환경에 처하면 쉽게 평정심을 잃어 식은땀이 난다.	☐	☐	☐	☐	☐	☐	☐
D. 주변으로부터 자제력과 인내심이 강하다는 평가를 자주 받는다.	☐	☐	☐	☐	☐	☐	☐

307

문항	답안 1					답안 2	
	①	②	③	④	⑤	멀다	가깝다
A. 처음 만난 사람에게도 친하게 다가가는 편이다.	☐	☐	☐	☐	☐	☐	☐
B. 누군가의 지시를 받아 행동하는 것이 편하게 느껴진다.	☐	☐	☐	☐	☐	☐	☐
C. 차분히 있는 것보다 몸을 쓰며 자극받는 것을 선호한다.	☐	☐	☐	☐	☐	☐	☐
D. 처음 만난 사람과 친해지려면 오랜 시간이 필요하다.	☐	☐	☐	☐	☐	☐	☐

308

문항	답안 1					답안 2	
	①	②	③	④	⑤	멀다	가깝다
A. 낯선 곳을 방문할 때 흥미를 느끼지 못하는 편이다.	☐	☐	☐	☐	☐	☐	☐
B. 현실에 만족을 느끼기보다는 더 좋게 만들 여지가 항상 있다고 생각한다.	☐	☐	☐	☐	☐	☐	☐
C. 이전에 해보지 않았던 일을 할 때 주저하는 편이다.	☐	☐	☐	☐	☐	☐	☐
D. 흠결 없는 법률은 하나도 없으므로 국회의 가장 큰 역할은 법률의 부단한 개정이라고 생각한다.	☐	☐	☐	☐	☐	☐	☐

309

문항	답안 1					답안 2	
	①	②	③	④	⑤	멀다	가깝다
A. 잘 모르는 사람과 만나는 일은 언제나 즐겁다.	☐	☐	☐	☐	☐	☐	☐
B. 경쟁할 때는 상대방과의 조화보다는 경쟁에서의 승리에 무게를 두는 편이다.	☐	☐	☐	☐	☐	☐	☐
C. 주변으로부터 오기가 세다는 평가를 자주 받는다.	☐	☐	☐	☐	☐	☐	☐
D. 나의 언행 때문에 타인의 감정이 상하지는 않았는지 살피려고 노력한다.	☐	☐	☐	☐	☐	☐	☐

310

문항	답안 1					답안 2	
	①	②	③	④	⑤	멀다	가깝다
A. 자신이 성취욕이 강한 사람이라고는 생각하지 않는다.	☐	☐	☐	☐	☐	☐	☐
B. 돌다리도 두들겨 보고 건너는 편이다.	☐	☐	☐	☐	☐	☐	☐
C. 성품이 단정하고 점잖다는 평가를 별로 받지 못하는 편이다.	☐	☐	☐	☐	☐	☐	☐
D. 예상 가능한 모든 경우에 세밀하게 대비한 후에 실천에 옮기는 편이다.	☐	☐	☐	☐	☐	☐	☐

311

문항	답안 1		답안 2	
	① ② ③ ④ ⑤		멀다	가깝다
A. 걱정에 휩싸여 속을 썩일 때가 거의 없다.	☐ ☐ ☐ ☐ ☐		☐	☐
B. 거북한 상황에 처하면 위축감과 침울함을 종종 느낀다.	☐ ☐ ☐ ☐ ☐		☐	☐
C. 주변으로부터 침착하고 온화하다는 평가를 자주 받는다.	☐ ☐ ☐ ☐ ☐		☐	☐
D. 어떤 일에 속박감을 느껴 마음이 자유롭지 못한 경우가 많다.	☐ ☐ ☐ ☐ ☐		☐	☐

312

외향성

문항	답안 1		답안 2	
	① ② ③ ④ ⑤		멀다	가깝다
A. 마음을 트고 지내는 사람이 많은 편이다.	☐ ☐ ☐ ☐ ☐		☐	☐
B. 자신이 과묵하고 느긋하며 정적인 것을 선호하는 성향이 있다고 생각한다.	☐ ☐ ☐ ☐ ☐		☐	☐
C. 모험, 스릴 등의 자극적인 일보다는 평범한 일에 관심이 많다.	☐ ☐ ☐ ☐ ☐		☐	☐
D. 생활 주변의 대수롭지 않은 일에서도 즐거움과 유쾌함을 자주 느낀다.	☐ ☐ ☐ ☐ ☐		☐	☐

313

지적개방성

문항	답안 1		답안 2	
	① ② ③ ④ ⑤		멀다	가깝다
A. 물건을 살 때는 실용성보다는 독특성에 무게를 두는 편이다.	☐ ☐ ☐ ☐ ☐		☐	☐
B. 주관적 정서를 중시하는 감성주의보다는 객관적 현실을 중시하는 사실주의를 지지한다.	☐ ☐ ☐ ☐ ☐		☐	☐
C. 독특하고 불확실한 것보다는 일반적이고 명확한 것을 더 좋아한다.	☐ ☐ ☐ ☐ ☐		☐	☐
D. 다양한 자극을 적극적으로 추구하며 궁금증을 강하게 느끼는 성향이 있다.	☐ ☐ ☐ ☐ ☐		☐	☐

314

문항	답안 1					답안 2	
	①	②	③	④	⑤	멀다	가깝다
A. 나와 견해가 다른 사람과는 잘 융화되지 못하는 편이다.	☐	☐	☐	☐	☐	☐	☐
B. 규칙을 따르고 공정하게 판단하려 노력하는 편이다.	☐	☐	☐	☐	☐	☐	☐
C. 타인을 경계하며 자신의 의중을 감출 때가 많다.	☐	☐	☐	☐	☐	☐	☐
D. 내 성격은 까다롭지 않으며 연민을 잘 느끼는 편이다.	☐	☐	☐	☐	☐	☐	☐

315

문항	답안 1					답안 2	
	①	②	③	④	⑤	멀다	가깝다
A. 하나의 일이나 취미에 끈기 있게 몰두하는 편이다.	☐	☐	☐	☐	☐	☐	☐
B. 일을 진행하는 가운데 애초의 계획을 쉽게 바꾸는 편이다.	☐	☐	☐	☐	☐	☐	☐
C. 이루려는 바가 원대함보다는 신속성이 높을수록 바람직하다고 생각한다.	☐	☐	☐	☐	☐	☐	☐
D. 건물에 들어서면 먼저 탈출로부터 주의 깊게 파악하는 편이다.	☐	☐	☐	☐	☐	☐	☐

316

문항	답안 1					답안 2	
	①	②	③	④	⑤	멀다	가깝다
A. 어려운 일에 정면으로 맞설 수 있는 능력이 있다.	☐	☐	☐	☐	☐	☐	☐
B. 다소 부당한 대우에 잘 대처하지 못하고 스트레스를 받는 편이다.	☐	☐	☐	☐	☐	☐	☐
C. 곤경에 처했을 때 의지와 의욕을 잃는 경우가 종종 있다.	☐	☐	☐	☐	☐	☐	☐
D. 나에 대한 뜬소문을 들어도 그것이 악의적이지 않다면 대범하게 참아 넘길 수 있다.	☐	☐	☐	☐	☐	☐	☐

317

문항	답안 1					답안 2	
	①	②	③	④	⑤	멀다	가깝다
A. 먼발치에서 지인을 발견해도 굳이 말을 걸고 싶지 않을 때가 많다.	☐	☐	☐	☐	☐	☐	☐
B. 많은 사람들과 어울려 열정적·활동적으로 사는 것에서 보람을 느낀다.	☐	☐	☐	☐	☐	☐	☐
C. 자기주장이 거칠어 분란을 일으킬 때가 있다.	☐	☐	☐	☐	☐	☐	☐
D. 굳이 말하자면 분주하고 활동적이기보다는 차분하고 여유로운 편이다.	☐	☐	☐	☐	☐	☐	☐

318

문항	답안 1					답안 2	
	①	②	③	④	⑤	멀다	가깝다
A. 새로운 것을 보기만 하는 것은 성에 차지 않으며, 직접 해보아야 직성이 풀린다.	☐	☐	☐	☐	☐	☐	☐
B. 변화할 수 있는 것보다는 고정적인 것에 관심을 갖는 편이다.	☐	☐	☐	☐	☐	☐	☐
C. 독특한 시각에서 관찰해 깊게 이해하는 것을 잘하지 못한다.	☐	☐	☐	☐	☐	☐	☐
D. 변화와 다양성을 좋아하고, 새로운 가치를 잘 받아들이는 성향이 있다.	☐	☐	☐	☐	☐	☐	☐

319

문항	답안 1					답안 2	
	①	②	③	④	⑤	멀다	가깝다
A. 승부욕이 강해 단순한 놀이라도 지는 것을 싫어한다.	☐	☐	☐	☐	☐	☐	☐
B. 의견이 나뉠 때 스스로 결정하지 못하고 상대방에게 의존할 때가 종종 있다.	☐	☐	☐	☐	☐	☐	☐
C. 타인이 내 일에 훈수를 두는 것이 몹시 싫다.	☐	☐	☐	☐	☐	☐	☐
D. 다른 사람의 비평을 건설적으로 수용하는 편이다.	☐	☐	☐	☐	☐	☐	☐

320

문항	답안 1					답안 2	
	①	②	③	④	⑤	멀다	가깝다
A. 일단 일을 시작했다면 그 목표를 성취하기 위해 갖은 노력을 다한다.	☐	☐	☐	☐	☐	☐	☐
B. 생각보다 행동이 앞서 자신을 통제하지 못할 때가 종종 있다.	☐	☐	☐	☐	☐	☐	☐
C. 계획을 세우지 않아도 행동을 잘하는 편이다.	☐	☐	☐	☐	☐	☐	☐
D. 높은 성취감을 얻기 위해 단순한 일보다는 좀 더 복잡한 일을 해결하는 것을 선호한다.	☐	☐	☐	☐	☐	☐	☐

321

문항	답안 1					답안 2	
	①	②	③	④	⑤	멀다	가깝다
A. 나를 드러내지 않지만 열등감 때문에 상심할 때가 많다.	☐	☐	☐	☐	☐	☐	☐
B. 주변 사람들은 나의 얼굴에서 어떤 감정도 읽을 수 없다는 평가를 자주 한다.	☐	☐	☐	☐	☐	☐	☐
C. 당혹스런 경우에도 기가 죽거나 별로 초조해지지 않는다.	☐	☐	☐	☐	☐	☐	☐
D. 나에 대한 근거 없는 소문을 듣게 되면 화가 치밀어 참을 수 없다.	☐	☐	☐	☐	☐	☐	☐

322

문항	답안 1					답안 2	
	①	②	③	④	⑤	멀다	가깝다
A. 남들의 이목을 끌 수 있는 중요한 일을 하고 싶은 적이 별로 없다.	☐	☐	☐	☐	☐	☐	☐
B. 때로는 리더십보다 팔로워십이 중요하다고 생각한다.	☐	☐	☐	☐	☐	☐	☐
C. 자신의 의견을 상대방에게 잘 피력하지 못한다.	☐	☐	☐	☐	☐	☐	☐
D. 수영, 산악자전거 타기처럼 에너지 소모가 매우 많은 운동을 좋아한다.	☐	☐	☐	☐	☐	☐	☐

323

문항	답안 1					답안 2	
	①	②	③	④	⑤	멀다	가깝다
A. 상품을 구입할 때 상품성이 입증된 베스트셀러 위주로 사는 편이다.	☐	☐	☐	☐	☐	☐	☐
B. 레드오션을 정공법으로 공략하기보다는 블루오션이 될 수 있는 틈새시장을 개척하는 것을 선호한다.	☐	☐	☐	☐	☐	☐	☐
C. 인기 있는 대중음악보다는 잘 알려지지 않은 세미클래식을 선호한다.	☐	☐	☐	☐	☐	☐	☐
D. 혁신적이지만 변칙적인 실행안보다는 개혁적이지는 않더라도 입증된 정공법을 선택하는 편이다.	☐	☐	☐	☐	☐	☐	☐

324

문항	답안 1					답안 2	
	①	②	③	④	⑤	멀다	가깝다
A. 조직 내에서 다른 사람들이 반대하더라도 나는 내 생각을 굽히지 않을 것이다.	☐	☐	☐	☐	☐	☐	☐
B. 필요한 충고를 할 때도 듣는 이의 기분을 배려해 부드럽게 말하려고 한다.	☐	☐	☐	☐	☐	☐	☐
C. 다소 투박하더라도 진솔하게 말하려고 노력하는 편이다.	☐	☐	☐	☐	☐	☐	☐
D. 상대방의 잘못을 매우 따끔하게 나무라는 편이다.	☐	☐	☐	☐	☐	☐	☐

325

문항	답안 1					답안 2	
	①	②	③	④	⑤	멀다	가깝다
A. 계획을 세우지 않아도 행동을 잘 하는 편이다.	☐	☐	☐	☐	☐	☐	☐
B. 착수하기에 앞서 매우 조심스럽게 헤아려 보는 편이다.	☐	☐	☐	☐	☐	☐	☐
C. 공부할 때 목표와 방향을 설정하지 않는 편이다.	☐	☐	☐	☐	☐	☐	☐
D. 높은 성취감을 얻기 위해 단순한 일보다는 좀 더 복잡한 일을 해결하는 것을 선호한다.	☐	☐	☐	☐	☐	☐	☐

326

문항	답안 1					답안 2	
	①	②	③	④	⑤	멀다	가깝다
A. 어떤 상황에서도 내 감정을 조절해 평상심을 유지할 수 있다.	☐	☐	☐	☐	☐	☐	☐
B. 종종 남들이 이유 없이 나를 무시한다는 느낌이 들어 화가 치밀곤 한다.	☐	☐	☐	☐	☐	☐	☐
C. 주변 사람들로부터 내가 지나치게 흥분한다는 지적을 받을 때가 많다.	☐	☐	☐	☐	☐	☐	☐
D. 나도 질투의 대상처럼 성공할 수 있는 능력이 있다고 생각해 질투도 자신의 발전을 이끄는 원동력이 된다고 생각한다.	☐	☐	☐	☐	☐	☐	☐

327

문항	답안 1					답안 2	
	①	②	③	④	⑤	멀다	가깝다
A. 잘 모르는 사람과는 대화를 잘 이어나가지 못한다.	☐	☐	☐	☐	☐	☐	☐
B. 때로는 남들보다 돋보이는 것이 매우 중요하게 느껴진다.	☐	☐	☐	☐	☐	☐	☐
C. 친하지 않은 사람과는 어울리고 싶은 생각이 없다.	☐	☐	☐	☐	☐	☐	☐
D. 축구를 한다면 수비수보다는 관중의 관심을 크게 받는 공격수를 맡고 싶다.	☐	☐	☐	☐	☐	☐	☐

328

문항	답안 1					답안 2	
	①	②	③	④	⑤	멀다	가깝다
A. 공연 관람을 위해 돈과 시간을 많이 쓰는 편이다.	☐	☐	☐	☐	☐	☐	☐
B. 상상력이 필요한 일보다는 현실적 사고방식이 필요한 일을 선호한다.	☐	☐	☐	☐	☐	☐	☐
C. 관행은 사회 성원들이 인정하는 전통이라고 생각해 관행을 존중하는 편이다.	☐	☐	☐	☐	☐	☐	☐
D. 기쁨처럼 긍정적인 감정뿐만 아니라 슬픔처럼 부정적인 감정도 잘 표현하는 편이다.	☐	☐	☐	☐	☐	☐	☐

329

문항	답안 1					답안 2	
	①	②	③	④	⑤	멀다	가깝다
A. 남들이 나에게 박수를 치는 것도 비판적으로 해석하는 편이다.	☐	☐	☐	☐	☐	☐	☐
B. 타인의 문제에 대해 격려하고 돕는 편이다.	☐	☐	☐	☐	☐	☐	☐
C. 아랫사람에게도 예의 바르고 부드럽게 대하려 노력파는 편이다.	☐	☐	☐	☐	☐	☐	☐
D. 이웃의 분쟁을 보았을 때 개입해 그들이 화해하도록 중재하는 일을 꺼린다.	☐	☐	☐	☐	☐	☐	☐

330

문항	답안 1					답안 2	
	①	②	③	④	⑤	멀다	가깝다
A. 행동으로 옮기기 전에 다시 생각해볼 여지는 없는지 따지는 편이다.	☐	☐	☐	☐	☐	☐	☐
B. 일을 자세하게 설계하기보다는 변화하는 상황에 맞춰 적절히 대처하는 편이다.	☐	☐	☐	☐	☐	☐	☐
C. 자신의 유능함을 발휘할 수 있는 일에 관심이 많다.	☐	☐	☐	☐	☐	☐	☐
D. 자신이 남들보다 목표 의식이 강하고 능력이 많다고 자부한다.	☐	☐	☐	☐	☐	☐	☐

331

문항	답안 1					답안 2	
	①	②	③	④	⑤	멀다	가깝다
A. 과거의 실수가 떠올라 마음이 언짢아지는 일이 많다.	☐	☐	☐	☐	☐	☐	☐
B. 자신의 주변에서 뭔가 불행한 일이 생길 것 같은 기분이 든다.	☐	☐	☐	☐	☐	☐	☐
C. 난처한 일이 벌어져도 평정심을 유지할 수 있다.	☐	☐	☐	☐	☐	☐	☐
D. 불현듯한 욕구를 누르지 못해 충동적으로 행동하곤 한다.	☐	☐	☐	☐	☐	☐	☐

332

문항	답안 1					답안 2	
	①	②	③	④	⑤	멀다	가깝다
A. 유쾌하거나 명랑하지는 않지만 차분하고 진지하게 행동하는 편이다.	☐	☐	☐	☐	☐	☐	☐
B. 지휘자의 지도를 잘 따르는 것이 가장 중요하다고 생각한다.	☐	☐	☐	☐	☐	☐	☐
C. 몸을 활발하게 움직여 일하는 것을 좋아한다.	☐	☐	☐	☐	☐	☐	☐
D. 낯선 사람과 만날 때는 부담감을 많이 느끼는 편이다.	☐	☐	☐	☐	☐	☐	☐

333

문항	답안 1					답안 2	
	①	②	③	④	⑤	멀다	가깝다
A. 혼자서 식사할 때도 격식에 맞춰서 먹어야 한다고 생각한다.	☐	☐	☐	☐	☐	☐	☐
B. 자유로운 정신과 참신한 창의력이 필요한 예술가를 선호한다.	☐	☐	☐	☐	☐	☐	☐
C. 신작 영화, 인기 영화 등을 자주 관람하는 편이다.	☐	☐	☐	☐	☐	☐	☐
D. 권위자의 가치관이 나와 다를 때는 권위자의 가치관을 받아들이는 편이다.	☐	☐	☐	☐	☐	☐	☐

334

문항	답안 1					답안 2	
	①	②	③	④	⑤	멀다	가깝다
A. 그 누구보다도 나 자신이 우수하다고 자부한다.	☐	☐	☐	☐	☐	☐	☐
B. 누군가 나에게 화를 낼 때 가장 급선무는 그를 다독여 진정시키는 일이다.	☐	☐	☐	☐	☐	☐	☐
C. 동료들이 다툴 때는 그들을 중재해 화해하도록 돕는다.	☐	☐	☐	☐	☐	☐	☐
D. 나에게는 대다수의 사람들보다 우월한 어떤 능력이 있다고 믿는다.	☐	☐	☐	☐	☐	☐	☐

335

문항	답안 1					답안 2	
	①	②	③	④	⑤	멀다	가깝다
A. 몸가짐이 정갈하고 믿음직하다는 평가를 받은 적이 별로 없다.	☐	☐	☐	☐	☐	☐	☐
B. 다른 사람들이 쉽게 싫증을 느끼는 일도 뚝심 있게 꾸준히 하는 편이다.	☐	☐	☐	☐	☐	☐	☐
C. 모든 일에 대뜸 달려들어 행동하는 편이다.	☐	☐	☐	☐	☐	☐	☐
D. 100m 달리기보다는 마라톤을 선호한다.	☐	☐	☐	☐	☐	☐	☐

336

민감성

문항	답안 1					답안 2	
	①	②	③	④	⑤	멀다	가깝다
A. 마음을 비울수록 채울 여지가 더 늘어난다고 생각한다.	☐	☐	☐	☐	☐	☐	☐
B. 욕구를 충족하지 못할 경우에 마음의 안정을 지키기가 어렵다.	☐	☐	☐	☐	☐	☐	☐
C. 자신의 근심거리에만 몰두해 과민하게 반응하지 않는다.	☐	☐	☐	☐	☐	☐	☐
D. 음료가 절반이 담긴 잔을 보면 반밖에 남지 않았다는 생각에 허탈해진다.	☐	☐	☐	☐	☐	☐	☐

337

외향성

문항	답안 1					답안 2	
	①	②	③	④	⑤	멀다	가깝다
A. 타인에게 지시를 내리는 사람이 되고 싶지 않다.	☐	☐	☐	☐	☐	☐	☐
B. 신체 건강을 위해 몸을 보다 많이 움직이는 일을 선호한다.	☐	☐	☐	☐	☐	☐	☐
C. 자신의 의견을 강하게 내세우는 편이다.	☐	☐	☐	☐	☐	☐	☐
D. 타인과 사귀는 일에 적극적이라고 생각한다.	☐	☐	☐	☐	☐	☐	☐

338

문항	답안 1					답안 2	
	①	②	③	④	⑤	멀다	가깝다
A. 감성과 공감을 자유롭게 표현하는 것에 능숙하지 못한 편이다.	☐	☐	☐	☐	☐	☐	☐
B. 뷔페에서 식사할 때 처음 보는 종류의 음식을 먹는 것에 거리낌이 없다.	☐	☐	☐	☐	☐	☐	☐
C. 다소 허황되어 현실과 동떨어진 상상을 하지 않는다.	☐	☐	☐	☐	☐	☐	☐
D. 혁신적인 변화를 이루려면 다른 기업과의 차별화에 주력해야 한다고 생각한다.	☐	☐	☐	☐	☐	☐	☐

339

친화성

문항	답안 1					답안 2	
	①	②	③	④	⑤	멀다	가깝다
A. 주변 사람들의 비판은 귀에 거슬리더라도 언제나 도움이 된다고 생각한다.	☐	☐	☐	☐	☐	☐	☐
B. 누군가 나에게 화를 내면 나 또한 적절히 반격해 그를 굴복시키고 싶어진다.	☐	☐	☐	☐	☐	☐	☐
C. 나의 선의로도 상대방의 호의를 이끌어낼 수 없을 때가 많다고 생각한다.	☐	☐	☐	☐	☐	☐	☐
D. 구성원 간의 존중과 조화 유지를 이루려면 공정한 규범을 세워 준수하는 것이 무엇보다 중요하다고 생각한다.	☐	☐	☐	☐	☐	☐	☐

340

성실성

문항	답안 1					답안 2	
	①	②	③	④	⑤	멀다	가깝다
A. 넘기 어려운 고비를 만나도 단념하지 않고 끝까지 노력한다.	☐	☐	☐	☐	☐	☐	☐
B. 임무나 의무를 완수하기 위해 강박감을 느끼는 일이 없다.	☐	☐	☐	☐	☐	☐	☐
C. 일을 시작하기에 앞서 별로 심사숙고하지 않는다.	☐	☐	☐	☐	☐	☐	☐
D. 책임을 다하기 위해 나름의 원칙을 세워 스스로를 통제할 수 있다.	☐	☐	☐	☐	☐	☐	☐

※ 각 문항을 읽고 ① ～ ⑥ 중 자신의 성향과 가까운 정도에 따라 ① 전혀 그렇지 않다, ② 그렇지 않다, ③ 조금 그렇지 않다, ④ 조금 그렇다, ⑤ 그렇다, ⑥ 매우 그렇다 중 하나를 선택하시오. 그리고 3개의 문항 중 자신의 성향과 가장 먼 것(멀다)과 가까운 것(가깝다)을 하나씩 선택하시오. [1~285]

01
민감성

문항	답안 1						답안 2	
	①	②	③	④	⑤	⑥	멀다	가깝다
A. 시련은 있어도 좌절은 없다고 믿는다.	☐	☐	☐	☐	☐	☐	☐	☐
B. 장래를 생각하면 불안을 느낄 때가 많다.	☐	☐	☐	☐	☐	☐	☐	☐
C. 충동적으로 행동하지 않으려고 욕구와 감정을 조절하는 편이다.	☐	☐	☐	☐	☐	☐	☐	☐

02
외향성

문항	답안 1						답안 2	
	①	②	③	④	⑤	⑥	멀다	가깝다
A. 여행을 할 때 인적이 뜸한 곳을 선호한다.	☐	☐	☐	☐	☐	☐	☐	☐
B. 자신의 생각과 감정을 잘 표현하지 못한다.	☐	☐	☐	☐	☐	☐	☐	☐
C. 완전한 안전은 헛된 믿음일 뿐이며 삶은 모험의 연속이라고 생각한다.	☐	☐	☐	☐	☐	☐	☐	☐

03
지적개방성

문항	답안 1						답안 2	
	①	②	③	④	⑤	⑥	멀다	가깝다
A. 정치적·종교적으로 보수적인 편이다.	☐	☐	☐	☐	☐	☐	☐	☐
B. 철학 등의 본질적인 문제에 무관심하다.	☐	☐	☐	☐	☐	☐	☐	☐
C. 지혜로운 사람이 되려면 늘 변해야 한다고 생각한다.	☐	☐	☐	☐	☐	☐	☐	☐

04
친화성

문항	답안 1						답안 2	
	①	②	③	④	⑤	⑥	멀다	가깝다
A. 대인관계에서 깊은 상처를 받은 적이 있다.	☐	☐	☐	☐	☐	☐	☐	☐
B. 타인과 협력할 때 자신의 역할에 충실하다.	☐	☐	☐	☐	☐	☐	☐	☐
C. 나는 소수의 정예 엘리트 집단에 어울린다고 생각한다.	☐	☐	☐	☐	☐	☐	☐	☐

05

문항	답안 1						답안 2	
	①	②	③	④	⑤	⑥	멀다	가깝다
A. 자신에게 느슨하며 사고가 유연한 편이다.	☐	☐	☐	☐	☐	☐	☐	☐
B. 계획이나 규칙을 잘 지키지 못하는 편이다.	☐	☐	☐	☐	☐	☐	☐	☐
C. 노력하는 사람이 재능을 타고난 사람을 이긴다고 생각한다.	☐	☐	☐	☐	☐	☐	☐	☐

06

민감성

문항	답안 1						답안 2	
	①	②	③	④	⑤	⑥	멀다	가깝다
A. 내 장래는 희망적이라고 생각한다.	☐	☐	☐	☐	☐	☐	☐	☐
B. 스트레스를 받을까봐 두려워지곤 한다.	☐	☐	☐	☐	☐	☐	☐	☐
C. 시간이 지나도 괴로움이 쉽사리 사그라지지 않는다.	☐	☐	☐	☐	☐	☐	☐	☐

07

외향성

문항	답안 1						답안 2	
	①	②	③	④	⑤	⑥	멀다	가깝다
A. 내향적이고 사교성이 낮은 편이다.	☐	☐	☐	☐	☐	☐	☐	☐
B. 자극은 다다익선(多多益善)이라고 생각한다.	☐	☐	☐	☐	☐	☐	☐	☐
C. 사람들을 좋아해서 스스럼없이 대화하는 편이다.	☐	☐	☐	☐	☐	☐	☐	☐

08

지적개방성

문항	답안 1						답안 2	
	①	②	③	④	⑤	⑥	멀다	가깝다
A. 낯선 환경에 놓이는 것이 불쾌하다.	☐	☐	☐	☐	☐	☐	☐	☐
B. 통일성보다는 다양성이 중요하다고 여긴다.	☐	☐	☐	☐	☐	☐	☐	☐
C. 깊이 이해하려고 애쓰는 것은 과제 완수의 기본이라고 생각한다.	☐	☐	☐	☐	☐	☐	☐	☐

09

친화성

문항	답안 1						답안 2	
	①	②	③	④	⑤	⑥	멀다	가깝다
A. 너무 솔직해 남에게 이용당할 때가 많다.	☐	☐	☐	☐	☐	☐	☐	☐
B. 남의 의견에 별로 구애받지 않는 편이다.	☐	☐	☐	☐	☐	☐	☐	☐
C. 자신의 손실을 남에게 절대 전가하려 하지 않는다.	☐	☐	☐	☐	☐	☐	☐	☐

10

문항	답안 1						답안 2	
	①	②	③	④	⑤	⑥	멀다	가깝다
A. 스스로가 한 일에 책임을 지려고 노력한다.	☐	☐	☐	☐	☐	☐	☐	☐
B. 계획적이기보다는 즉흥적으로 사는 편이다.	☐	☐	☐	☐	☐	☐	☐	☐
C. 장해물이나 목표가 없다면 만족감도 없다고 생각한다.	☐	☐	☐	☐	☐	☐	☐	☐

11

문항	답안 1						답안 2	
	①	②	③	④	⑤	⑥	멀다	가깝다
A. 불만보다는 감사를 느낄 때가 많다.	☐	☐	☐	☐	☐	☐	☐	☐
B. 견디다 보면 슬픔도 익숙해질 것이다.	☐	☐	☐	☐	☐	☐	☐	☐
C. '내 삶에는 왜 이렇게 시련이 많을까'하고 스트레스를 받곤 한다.	☐	☐	☐	☐	☐	☐	☐	☐

12

문항	답안 1						답안 2	
	①	②	③	④	⑤	⑥	멀다	가깝다
A. 나의 성격은 쾌활함과는 거리가 멀다.	☐	☐	☐	☐	☐	☐	☐	☐
B. 말수가 적으며 수줍어하는 성향이 있다.	☐	☐	☐	☐	☐	☐	☐	☐
C. 일부 어머니들의 치맛바람을 극성스럽다고 생각하지 않는다.	☐	☐	☐	☐	☐	☐	☐	☐

13

문항	답안 1						답안 2	
	①	②	③	④	⑤	⑥	멀다	가깝다
A. 정치적으로 진보당보다 보수당을 지지한다.	☐	☐	☐	☐	☐	☐	☐	☐
B. 분석적·지성적인 일에 관심이 없는 편이다.	☐	☐	☐	☐	☐	☐	☐	☐
C. 인생의 스승은 부모처럼 고귀한 존재라고 생각한다.	☐	☐	☐	☐	☐	☐	☐	☐

14

문항	답안 1						답안 2	
	①	②	③	④	⑤	⑥	멀다	가깝다
A. 기본적으로 타인을 믿지 못하는 편이다.	☐	☐	☐	☐	☐	☐	☐	☐
B. 인간미가 부족하다는 비판을 받곤 한다.	☐	☐	☐	☐	☐	☐	☐	☐
C. 남의 고통을 목격하면 그 고통이 내게 고스란히 전해지는 것 같다.	☐	☐	☐	☐	☐	☐	☐	☐

15

문항	답안 1						답안 2	
	①	②	③	④	⑤	⑥	멀다	가깝다
A. 규범은 내 행동에 큰 영향을 주지 못한다.	☐	☐	☐	☐	☐	☐	☐	☐
B. 학창 시절에는 시험 기간이 닥쳐서야 공부를 했다.	☐	☐	☐	☐	☐	☐	☐	☐
C. 기회도 그것을 찾으려 노력하는 사람에게 주어진다고 생각한다.	☐	☐	☐	☐	☐	☐	☐	☐

16

문항	답안 1						답안 2	
	①	②	③	④	⑤	⑥	멀다	가깝다
A. 안정감보다는 불안감을 느낄 때가 많다.	☐	☐	☐	☐	☐	☐	☐	☐
B. 여름철 무더위는 나를 몹시 짜증나게 한다.	☐	☐	☐	☐	☐	☐	☐	☐
C. 인생에는 괴로운 일보다 즐거운 일이 많다고 여긴다.	☐	☐	☐	☐	☐	☐	☐	☐

17

문항	답안 1						답안 2	
	①	②	③	④	⑤	⑥	멀다	가깝다
A. 맵고 짠 자극적 음식을 즐기는 편이다.	☐	☐	☐	☐	☐	☐	☐	☐
B. 한겨울의 맹추위에도 실외 활동을 즐긴다.	☐	☐	☐	☐	☐	☐	☐	☐
C. 본질을 깨우치는 것에 집중하는 미니멀 라이프를 선호한다.	☐	☐	☐	☐	☐	☐	☐	☐

18

문항	답안 1						답안 2	
	①	②	③	④	⑤	⑥	멀다	가깝다
A. 변화는 항상 나를 힘들게 한다.	☐	☐	☐	☐	☐	☐	☐	☐
B. 사람은 죽을 때까지 학생이라고 생각한다.	☐	☐	☐	☐	☐	☐	☐	☐
C. 오래된 생각을 버려야 혁신적인 아이디어를 얻을 수 있다고 생각한다.	☐	☐	☐	☐	☐	☐	☐	☐

19

문항	답안 1						답안 2	
	①	②	③	④	⑤	⑥	멀다	가깝다
A. 타산적이라는 비판을 받곤 한다.	☐	☐	☐	☐	☐	☐	☐	☐
B. 남들에게 복종하고 의존하고 싶어지곤 한다.	☐	☐	☐	☐	☐	☐	☐	☐
C. 성악설보다는 성선설이 더 타당하다고 생각한다.	☐	☐	☐	☐	☐	☐	☐	☐

PART 1

20

문항	답안 1						답안 2	
	①	②	③	④	⑤	⑥	멀다	가깝다
A. 하던 일을 중간에 그만두는 것을 싫어한다.	☐	☐	☐	☐	☐	☐	☐	☐
B. 씀씀이를 단속하려고 영수증을 잘 관리한다.	☐	☐	☐	☐	☐	☐	☐	☐
C. 노력은 배신하지 않는다는 격언을 믿지 않는다.	☐	☐	☐	☐	☐	☐	☐	☐

21

문항	답안 1						답안 2	
	①	②	③	④	⑤	⑥	멀다	가깝다
A. 쉽게 흥분하지 않는 편이다.	☐	☐	☐	☐	☐	☐	☐	☐
B. 짜증날 때도 감정을 잘 조절할 수 있다.	☐	☐	☐	☐	☐	☐	☐	☐
C. 슬픔이 닥칠 때마다 새롭게 느껴져 견디기가 몹시 힘들다.	☐	☐	☐	☐	☐	☐	☐	☐

22

문항	답안 1						답안 2	
	①	②	③	④	⑤	⑥	멀다	가깝다
A. 다소 대인기피증이 있는 것 같다.	☐	☐	☐	☐	☐	☐	☐	☐
B. 느긋이 적게보다는, 급히 많이 먹으려 한다.	☐	☐	☐	☐	☐	☐	☐	☐
C. 팀원들이 장차 리더가 되도록 은밀히 돕는 팀장이 최고의 리더일 것이다.	☐	☐	☐	☐	☐	☐	☐	☐

23

문항	답안 1						답안 2	
	①	②	③	④	⑤	⑥	멀다	가깝다
A. 통찰력은 나의 주요한 특징 중 하나이다.	☐	☐	☐	☐	☐	☐	☐	☐
B. 권위나 전통적 가치에 도전하기를 꺼린다.	☐	☐	☐	☐	☐	☐	☐	☐
C. 혁신적인 생각은 전통을 익히는 데서 비롯된다고 생각한다.	☐	☐	☐	☐	☐	☐	☐	☐

24

문항	답안 1						답안 2	
	①	②	③	④	⑤	⑥	멀다	가깝다
A. 실제의 이익을 따지는 데 빠른 편이다.	☐	☐	☐	☐	☐	☐	☐	☐
B. 독선적 행동으로 남들의 비난을 받곤 한다.	☐	☐	☐	☐	☐	☐	☐	☐
C. 나의 인간관에 가장 큰 영향을 끼친 것은 정직이다.	☐	☐	☐	☐	☐	☐	☐	☐

25

문항	답안 1						답안 2	
	①	②	③	④	⑤	⑥	멀다	가깝다
A. 굳이 양심에 따라 살려고 애쓰지 않는다.	☐	☐	☐	☐	☐	☐	☐	☐
B. 계획성이나 정확성과는 거리가 먼 편이다.	☐	☐	☐	☐	☐	☐	☐	☐
C. 전적으로 믿을 수 있는 것은 계획뿐이라고 여겨 목표와 비전을 잃지 않는다.	☐	☐	☐	☐	☐	☐	☐	☐

26

문항	답안 1						답안 2	
	①	②	③	④	⑤	⑥	멀다	가깝다
A. 자신의 현재 처지에 대해 비교적 만족한다.	☐	☐	☐	☐	☐	☐	☐	☐
B. '왜 하필 나에게'라는 생각이 들 때가 많다.	☐	☐	☐	☐	☐	☐	☐	☐
C. 뜨거운 여름날의 불쾌지수에 매우 민감한 편이다.	☐	☐	☐	☐	☐	☐	☐	☐

27

문항	답안 1						답안 2	
	①	②	③	④	⑤	⑥	멀다	가깝다
A. 앞장서는 리더가 최고의 리더일 것이다.	☐	☐	☐	☐	☐	☐	☐	☐
B. 바쁜 삶 속에서 큰 열정을 느끼곤 한다.	☐	☐	☐	☐	☐	☐	☐	☐
C. 대인관계에서 긴장해 매우 조심스러울 때가 많다.	☐	☐	☐	☐	☐	☐	☐	☐

28

문항	답안 1						답안 2	
	①	②	③	④	⑤	⑥	멀다	가깝다
A. 새로운 지식을 습득하는 데 인색하지 않다.	☐	☐	☐	☐	☐	☐	☐	☐
B. 익숙지 않은 환경에서는 매우 의기소침하다.	☐	☐	☐	☐	☐	☐	☐	☐
C. 책이 아닌 것과 책 중에 하나만 살 수 있다면 책을 살 것이다.	☐	☐	☐	☐	☐	☐	☐	☐

29

문항	답안 1						답안 2	
	①	②	③	④	⑤	⑥	멀다	가깝다
A. 타인의 지지는 나에게 큰 힘이 된다.	☐	☐	☐	☐	☐	☐	☐	☐
B. 약삭빠르고 실리적이며 기민한 편이다.	☐	☐	☐	☐	☐	☐	☐	☐
C. 나는 집단이 지나치게 소수 정예화되는 것에 반대한다.	☐	☐	☐	☐	☐	☐	☐	☐

PART 1

30
성실성

문항	답안 1						답안 2	
	①	②	③	④	⑤	⑥	멀다	가깝다
A. 원칙주의자는 반드시 성공할 것이다.	☐	☐	☐	☐	☐	☐	☐	☐
B. 완벽주의자를 보면 고리타분하다고 느낀다.	☐	☐	☐	☐	☐	☐	☐	☐
C. 재능은 타고나는 것이 아니라 노력의 결과라고 생각한다.	☐	☐	☐	☐	☐	☐	☐	☐

31
민감성

문항	답안 1						답안 2	
	①	②	③	④	⑤	⑥	멀다	가깝다
A. 화가 나도 타인에게 화풀이를 하지 않는다.	☐	☐	☐	☐	☐	☐	☐	☐
B. 감정을 통제하지 못해 충동적일 때가 많다.	☐	☐	☐	☐	☐	☐	☐	☐
C. 긍정적인 것보다는 부정적인 면이 눈에 먼저 들어오는 편이다.	☐	☐	☐	☐	☐	☐	☐	☐

32
외향성

문항	답안 1						답안 2	
	①	②	③	④	⑤	⑥	멀다	가깝다
A. 대인관계가 사무적 · 형식적일 때가 많다.	☐	☐	☐	☐	☐	☐	☐	☐
B. 용장(勇壯) 밑에 약졸 없다는 말에 동감한다.	☐	☐	☐	☐	☐	☐	☐	☐
C. 여행할 때 사람들이 많이 왕래하는 곳을 선호한다.	☐	☐	☐	☐	☐	☐	☐	☐

33
지적개방성

문항	답안 1						답안 2	
	①	②	③	④	⑤	⑥	멀다	가깝다
A. 새로운 변화에서 큰 흥미를 느끼곤 한다.	☐	☐	☐	☐	☐	☐	☐	☐
B. 새로운 관점을 제시하는 비평문을 선호한다.	☐	☐	☐	☐	☐	☐	☐	☐
C. 연장자의 견해는 어떠한 경우에도 존중해야 한다고 생각한다.	☐	☐	☐	☐	☐	☐	☐	☐

34
친화성

문항	답안 1						답안 2	
	①	②	③	④	⑤	⑥	멀다	가깝다
A. 이타심과 동정심은 나의 큰 장점이다.	☐	☐	☐	☐	☐	☐	☐	☐
B. 사람을 사귈 때도 손익을 따지는 편이다.	☐	☐	☐	☐	☐	☐	☐	☐
C. 타인을 비판하기 전에 그의 입장에서 생각해 보곤 한다.	☐	☐	☐	☐	☐	☐	☐	☐

35

문항	답안 1						답안 2	
	①	②	③	④	⑤	⑥	멀다	가깝다
A. 친구들이 나의 의견을 신뢰하는 편이다.	☐	☐	☐	☐	☐	☐	☐	☐
B. 계획에 따라 움직이는 것은 따분한 일이다.	☐	☐	☐	☐	☐	☐	☐	☐
C. 성공의 원동력은 거듭된 실패의 극복이라고 생각한다.	☐	☐	☐	☐	☐	☐	☐	☐

36

문항	답안 1						답안 2	
	①	②	③	④	⑤	⑥	멀다	가깝다
A. 나는 정서적으로 매우 안정적인 편이다.	☐	☐	☐	☐	☐	☐	☐	☐
B. 미래의 일을 생각하면 두려워지곤 한다.	☐	☐	☐	☐	☐	☐	☐	☐
C. 감정보다는 이성의 영향을 더 크게 받는 편이다.	☐	☐	☐	☐	☐	☐	☐	☐

37

문항	답안 1						답안 2	
	①	②	③	④	⑤	⑥	멀다	가깝다
A. 비난을 받을까봐 주장을 잘하지 못한다.	☐	☐	☐	☐	☐	☐	☐	☐
B. 남들과 잘 어울리는 편이다.	☐	☐	☐	☐	☐	☐	☐	☐
C. 뒤에서 묵묵히 팀원을 지원하는 리더가 최고의 리더라고 생각한다.	☐	☐	☐	☐	☐	☐	☐	☐

38

문항	답안 1						답안 2	
	①	②	③	④	⑤	⑥	멀다	가깝다
A. 기지나 위트와는 거리가 먼 편이다.	☐	☐	☐	☐	☐	☐	☐	☐
B. 관례에 따라 행동하는 때가 더 많다.	☐	☐	☐	☐	☐	☐	☐	☐
C. 때로는 연소자의 생각에서도 배울 게 있다고 생각한다.	☐	☐	☐	☐	☐	☐	☐	☐

39

문항	답안 1						답안 2	
	①	②	③	④	⑤	⑥	멀다	가깝다
A. 자기중심적이고 독립적인 편이다.	☐	☐	☐	☐	☐	☐	☐	☐
B. 남들을 배려하고 관대하게 대하는 편이다.	☐	☐	☐	☐	☐	☐	☐	☐
C. 권모술수에 능한 현실주의자가 성공할 가능성이 높다고 생각한다.	☐	☐	☐	☐	☐	☐	☐	☐

40

문항	답안 1						답안 2	
	①	②	③	④	⑤	⑥	멀다	가깝다
A. 성공을 위해 자신을 통제하는 일이 없다.	☐	☐	☐	☐	☐	☐	☐	☐
B. 규칙, 계획, 책임감과는 거리가 먼 편이다.	☐	☐	☐	☐	☐	☐	☐	☐
C. 부족한 점을 부끄러워 해야 고칠 수 있다고 생각한다.	☐	☐	☐	☐	☐	☐	☐	☐

41

민감성

문항	답안 1						답안 2	
	①	②	③	④	⑤	⑥	멀다	가깝다
A. 짜증날 때는 감정을 잘 조절하지 못한다.	☐	☐	☐	☐	☐	☐	☐	☐
B. 현재 자신의 형편에 대해 불만이 많다.	☐	☐	☐	☐	☐	☐	☐	☐
C. 자신의 감정과 행동을 지극히 잘 통제하는 편이다.	☐	☐	☐	☐	☐	☐	☐	☐

42

외향성

문항	답안 1						답안 2	
	①	②	③	④	⑤	⑥	멀다	가깝다
A. 상당히 말이 적고 내성적인 편이다.	☐	☐	☐	☐	☐	☐	☐	☐
B. 대인관계에서 자신감이 있고 적극적이다.	☐	☐	☐	☐	☐	☐	☐	☐
C. 더위나 추위는 나의 실외활동에 영향을 주지 않는다.	☐	☐	☐	☐	☐	☐	☐	☐

43

지적개방성

문항	답안 1						답안 2	
	①	②	③	④	⑤	⑥	멀다	가깝다
A. 불치하문(不恥下問)이라는 말에 동감한다.	☐	☐	☐	☐	☐	☐	☐	☐
B. 실용성과 현실성은 나의 가장 큰 장점이다.	☐	☐	☐	☐	☐	☐	☐	☐
C. 급변하는 사회에 적응하기 위해 신기술을 적극 수용한다.	☐	☐	☐	☐	☐	☐	☐	☐

44

친화성

문항	답안 1						답안 2	
	①	②	③	④	⑤	⑥	멀다	가깝다
A. 상당히 자기중심적이고 독립적인 편이다.	☐	☐	☐	☐	☐	☐	☐	☐
B. 타인과 교제할 때 손익을 따지지 않는다.	☐	☐	☐	☐	☐	☐	☐	☐
C. 성별, 인종, 재산 등에 따라 사람을 차별하지 않는다.	☐	☐	☐	☐	☐	☐	☐	☐

45

문항	답안 1						답안 2	
	①	②	③	④	⑤	⑥	멀다	가깝다
A. 타성에 젖지 않게 자신을 조율하곤 한다.	☐	☐	☐	☐	☐	☐	☐	☐
B. 나에게 도덕과 규범은 낡은 잣대일 뿐이다.	☐	☐	☐	☐	☐	☐	☐	☐
C. 문서를 작성할 때 맞춤법에 신경 쓰지 않는 편이다.	☐	☐	☐	☐	☐	☐	☐	☐

46

문항	답안 1						답안 2	
	①	②	③	④	⑤	⑥	멀다	가깝다
A. 자신의 삶에 대해 불만이 별로 없다.	☐	☐	☐	☐	☐	☐	☐	☐
B. 자기 통제와 담대함은 나의 큰 장점이다.	☐	☐	☐	☐	☐	☐	☐	☐
C. 쉽게 낙담해 무기력해지고 위축되는 것은 나의 단점이다.	☐	☐	☐	☐	☐	☐	☐	☐

47

문항	답안 1						답안 2	
	①	②	③	④	⑤	⑥	멀다	가깝다
A. 과묵하고 언행을 삼가는 편이다.	☐	☐	☐	☐	☐	☐	☐	☐
B. 감정 표현을 억제하고 세심한 편이다.	☐	☐	☐	☐	☐	☐	☐	☐
C. '지배, 정열, 대담'은 나를 표현하는 키워드이다.	☐	☐	☐	☐	☐	☐	☐	☐

48

문항	답안 1						답안 2	
	①	②	③	④	⑤	⑥	멀다	가깝다
A. 보편적인 것과 관습에 구애받는 편이다.	☐	☐	☐	☐	☐	☐	☐	☐
B. 예술이나 여행을 거의 즐기지 않는 편이다.	☐	☐	☐	☐	☐	☐	☐	☐
C. 구호는 감수성에 호소해야 효과적이라고 생각한다.	☐	☐	☐	☐	☐	☐	☐	☐

49

문항	답안 1						답안 2	
	①	②	③	④	⑤	⑥	멀다	가깝다
A. 타인에 대한 공감이 부족한 편이다.	☐	☐	☐	☐	☐	☐	☐	☐
B. 남들과 함께 결정하고 일하기를 꺼린다.	☐	☐	☐	☐	☐	☐	☐	☐
C. 조직에서 문제가 발생했을 때 내 잘못을 솔직히 인정한다.	☐	☐	☐	☐	☐	☐	☐	☐

50

문항	답안 1						답안 2	
	①	②	③	④	⑤	⑥	멀다	가깝다
A. 자율적인 행동 기준이 엄격하지 않다.	☐	☐	☐	☐	☐	☐	☐	☐
B. 성공을 위한 자기 통제력이 별로 없다.	☐	☐	☐	☐	☐	☐	☐	☐
C. 협상할 때는 많이 듣고 적게 말하는 신중함이 필요하다.	☐	☐	☐	☐	☐	☐	☐	☐

51

문항	답안 1						답안 2	
	①	②	③	④	⑤	⑥	멀다	가깝다
A. 정서적으로 다소 불안정한 편이다.	☐	☐	☐	☐	☐	☐	☐	☐
B. 나약하고 조급하다는 평가를 받곤 한다.	☐	☐	☐	☐	☐	☐	☐	☐
C. 소신이 있기 때문에 주변의 평가에 쉽게 휘둘리지 않는다.	☐	☐	☐	☐	☐	☐	☐	☐

52

문항	답안 1						답안 2	
	①	②	③	④	⑤	⑥	멀다	가깝다
A. 자기주장을 공격적으로 하곤 한다.	☐	☐	☐	☐	☐	☐	☐	☐
B. 타인을 대할 때 지배성이 강한 편이다.	☐	☐	☐	☐	☐	☐	☐	☐
C. 활동성과 모험 정신이 부족한 것은 나의 큰 단점이다.	☐	☐	☐	☐	☐	☐	☐	☐

53

문항	답안 1						답안 2	
	①	②	③	④	⑤	⑥	멀다	가깝다
A. 상상의 세계에 거의 관심이 없다.	☐	☐	☐	☐	☐	☐	☐	☐
B. 일반적·대중적이지 않을수록 더욱 선호한다.	☐	☐	☐	☐	☐	☐	☐	☐
C. 작품이 중요한 것처럼 비평가의 견해도 중요하다고 생각한다.	☐	☐	☐	☐	☐	☐	☐	☐

54

문항	답안 1						답안 2	
	①	②	③	④	⑤	⑥	멀다	가깝다
A. 인간관계에서 이익을 논하는 것이 싫다.	☐	☐	☐	☐	☐	☐	☐	☐
B. 남의 친절과 환대는 나를 크게 고무시킨다.	☐	☐	☐	☐	☐	☐	☐	☐
C. 남에게 솔직하게 말하면 불필요한 비판을 받을 수 있다고 생각한다.	☐	☐	☐	☐	☐	☐	☐	☐

55
성실성

문항	답안 1						답안 2	
	①	②	③	④	⑤	⑥	멀다	가깝다
A. 남들은 나를 신뢰하는 편이다.	☐	☐	☐	☐	☐	☐	☐	☐
B. 성공을 위해 자신을 옥죄는 일이 거의 없다.	☐	☐	☐	☐	☐	☐	☐	☐
C. 시험이 아무리 어려워도 스스로 노력하면 반드시 합격할 것이다.	☐	☐	☐	☐	☐	☐	☐	☐

56
민감성

문항	답안 1						답안 2	
	①	②	③	④	⑤	⑥	멀다	가깝다
A. 소심하고 불안한 면이 있다.	☐	☐	☐	☐	☐	☐	☐	☐
B. 당황할 때는 몹시 화가 나기도 한다.	☐	☐	☐	☐	☐	☐	☐	☐
C. 반드시 필요한 걱정조차도 하지 않는 경우가 많다.	☐	☐	☐	☐	☐	☐	☐	☐

57
외향성

문항	답안 1						답안 2	
	①	②	③	④	⑤	⑥	멀다	가깝다
A. 대인관계에 서투른 편이다.	☐	☐	☐	☐	☐	☐	☐	☐
B. 열정적이고 매우 쾌활한 편이다.	☐	☐	☐	☐	☐	☐	☐	☐
C. 논리를 따져 나의 주장을 내세우는 것이 매우 번거롭다.	☐	☐	☐	☐	☐	☐	☐	☐

58
지적개방성

문항	답안 1						답안 2	
	①	②	③	④	⑤	⑥	멀다	가깝다
A. 새로운 아이디어를 구상하는 데 서툴다.	☐	☐	☐	☐	☐	☐	☐	☐
B. 매우 현실적·실제적·보수적인 편이다.	☐	☐	☐	☐	☐	☐	☐	☐
C. 동양화의 '여백의 미'에서 자유를 크게 느끼곤 한다.	☐	☐	☐	☐	☐	☐	☐	☐

59
친화성

문항	답안 1						답안 2	
	①	②	③	④	⑤	⑥	멀다	가깝다
A. 동료의 지지를 얻는 일에 무관심하다.	☐	☐	☐	☐	☐	☐	☐	☐
B. 도움을 구하느니 차라리 혼자 처리하겠다.	☐	☐	☐	☐	☐	☐	☐	☐
C. 어린이날 등 각종 기념일에 타인을 위한 선물을 꼭 준비한다.	☐	☐	☐	☐	☐	☐	☐	☐

60

문항	답안 1						답안 2	
	①	②	③	④	⑤	⑥	멀다	가깝다
A. 단기간에 큰돈을 벌고 싶은 욕심이 많다.	☐	☐	☐	☐	☐	☐	☐	☐
B. 책임이 과중한 일은 맡기가 매우 꺼려진다.	☐	☐	☐	☐	☐	☐	☐	☐
C. 어려운 일도 충분히 해낼 수 있다고 자부한다.	☐	☐	☐	☐	☐	☐	☐	☐

61

문항	답안 1						답안 2	
	①	②	③	④	⑤	⑥	멀다	가깝다
A. 감정에 휘둘리지 않는다.	☐	☐	☐	☐	☐	☐	☐	☐
B. 남들보다 근심이나 걱정이 많은 편이다.	☐	☐	☐	☐	☐	☐	☐	☐
C. 불만을 참지 못해 푸념을 할 때가 많은 편이다.	☐	☐	☐	☐	☐	☐	☐	☐

62

문항	답안 1						답안 2	
	①	②	③	④	⑤	⑥	멀다	가깝다
A. 낙천적·사교적인 편이다.	☐	☐	☐	☐	☐	☐	☐	☐
B. 타인에게 자신의 권위를 내세우곤 한다.	☐	☐	☐	☐	☐	☐	☐	☐
C. 인간관계에서 거리감을 느끼는 경우가 잦은 편이다.	☐	☐	☐	☐	☐	☐	☐	☐

63

문항	답안 1						답안 2	
	①	②	③	④	⑤	⑥	멀다	가깝다
A. 상식적·보편적이지 않을수록 더욱 끌린다.	☐	☐	☐	☐	☐	☐	☐	☐
B. 지성과 감수성이 낮은 것은 나의 단점이다.	☐	☐	☐	☐	☐	☐	☐	☐
C. 작품은 감상자마다 다른 의미로 받아들일 수 있다고 생각한다.	☐	☐	☐	☐	☐	☐	☐	☐

64

문항	답안 1						답안 2	
	①	②	③	④	⑤	⑥	멀다	가깝다
A. 겸손과 정직은 나의 가장 큰 장점이다.	☐	☐	☐	☐	☐	☐	☐	☐
B. 남의 문제를 해결하는 일에 기꺼이 나선다.	☐	☐	☐	☐	☐	☐	☐	☐
C. 타인을 위한 나의 수고와 희생이 불필요하게 느껴질 때가 많다.	☐	☐	☐	☐	☐	☐	☐	☐

65

성실성

문항	답안 1						답안 2	
	①	②	③	④	⑤	⑥	멀다	가깝다
A. 스스로가 상당히 유능하다고 생각한다.	☐	☐	☐	☐	☐	☐	☐	☐
B. 일의 완수에 대한 강박증을 느끼지 않는다.	☐	☐	☐	☐	☐	☐	☐	☐
C. 목적 달성을 위해 매우 금욕적인 삶도 감내할 수 있다.	☐	☐	☐	☐	☐	☐	☐	☐

66

민감성

문항	답안 1						답안 2	
	①	②	③	④	⑤	⑥	멀다	가깝다
A. 걱정, 분노, 불안 등을 잘 느끼지 않는다.	☐	☐	☐	☐	☐	☐	☐	☐
B. 근심이 있어도 겉으로 잘 드러내지 않는다.	☐	☐	☐	☐	☐	☐	☐	☐
C. 차례를 기다릴 때는 초조함 때문에 속이 타는 것 같다.	☐	☐	☐	☐	☐	☐	☐	☐

67

외향성

문항	답안 1						답안 2	
	①	②	③	④	⑤	⑥	멀다	가깝다
A. 대담하고 모험적일 때가 많다.	☐	☐	☐	☐	☐	☐	☐	☐
B. 위험할 때는 결코 함부로 행동하지 않는다.	☐	☐	☐	☐	☐	☐	☐	☐
C. 사람을 만나는 것이 꺼려져 남들과 어울리지 못한다.	☐	☐	☐	☐	☐	☐	☐	☐

68

지적개방성

문항	답안 1						답안 2	
	①	②	③	④	⑤	⑥	멀다	가깝다
A. 창의성과 지성이 부족한 편이다.	☐	☐	☐	☐	☐	☐	☐	☐
B. 새롭고 다양한 예술 활동에 관심이 없다.	☐	☐	☐	☐	☐	☐	☐	☐
C. 개방적일수록 변화에 더 잘 적응한다고 생각한다.	☐	☐	☐	☐	☐	☐	☐	☐

69

친화성

문항	답안 1						답안 2	
	①	②	③	④	⑤	⑥	멀다	가깝다
A. 우월감으로 지나치게 자랑할 때가 많다.	☐	☐	☐	☐	☐	☐	☐	☐
B. 타인의 입장과 사정에 관심이 매우 많다.	☐	☐	☐	☐	☐	☐	☐	☐
C. '머리 검은 짐승은 구제하지 말라'는 속담을 믿는다.	☐	☐	☐	☐	☐	☐	☐	☐

70

문항	답안 1						답안 2	
	①	②	③	④	⑤	⑥	멀다	가깝다
A. 이익을 위해서라면 편법도 꺼리지 않는다.	☐	☐	☐	☐	☐	☐	☐	☐
B. 규칙과 의무를 지키는 일은 매우 번거롭다.	☐	☐	☐	☐	☐	☐	☐	☐
C. 일하는 시간, 노는 시간을 구분해 일에 방해가 되지 않게 한다.	☐	☐	☐	☐	☐	☐	☐	☐

71

문항	답안 1						답안 2	
	①	②	③	④	⑤	⑥	멀다	가깝다
A. 며칠 동안 집에만 있어도 우울하지 않다.	☐	☐	☐	☐	☐	☐	☐	☐
B. 죄책감으로 마음이 몹시 불편해지곤 한다.	☐	☐	☐	☐	☐	☐	☐	☐
C. 자신이 무용지물이라고 생각해 좌절할 때가 많다.	☐	☐	☐	☐	☐	☐	☐	☐

72

문항	답안 1						답안 2	
	①	②	③	④	⑤	⑥	멀다	가깝다
A. 우월감으로 독단적인 행동을 하곤 한다.	☐	☐	☐	☐	☐	☐	☐	☐
B. 매사에 적극적이며 반응이 빠른 편이다.	☐	☐	☐	☐	☐	☐	☐	☐
C. 남과 어울릴 때보다 혼자 있을 때 편안함을 크게 느낀다.	☐	☐	☐	☐	☐	☐	☐	☐

73

문항	답안 1						답안 2	
	①	②	③	④	⑤	⑥	멀다	가깝다
A. 참신한 예술 작품에 공감하지 못한다.	☐	☐	☐	☐	☐	☐	☐	☐
B. 통속적 작품도 예술로서 유의미할 것이다.	☐	☐	☐	☐	☐	☐	☐	☐
C. 미묘할수록 상상할 여지가 많아 좋다고 생각한다.	☐	☐	☐	☐	☐	☐	☐	☐

74

문항	답안 1						답안 2	
	①	②	③	④	⑤	⑥	멀다	가깝다
A. 봉사활동을 상당히 선호하는 편이다.	☐	☐	☐	☐	☐	☐	☐	☐
B. 갈등 상황에서 조화를 지향해 수용적이다.	☐	☐	☐	☐	☐	☐	☐	☐
C. 원하는 것이 있을 때만 타인이 나에게 친절하다고 생각한다.	☐	☐	☐	☐	☐	☐	☐	☐

75

문항	답안 1						답안 2	
	①	②	③	④	⑤	⑥	멀다	가깝다
A. 계획을 세운 것은 반드시 지킨다.	☐	☐	☐	☐	☐	☐	☐	☐
B. '될 대로 돼라'라고 생각할 때가 많다.	☐	☐	☐	☐	☐	☐	☐	☐
C. 물건을 살 때 여러 사이트를 검색해 최저가를 꼼꼼히 확인한다.	☐	☐	☐	☐	☐	☐	☐	☐

76

문항	답안 1						답안 2	
	①	②	③	④	⑤	⑥	멀다	가깝다
A. 불안과 스트레스에 매우 민감하다.	☐	☐	☐	☐	☐	☐	☐	☐
B. 수동적이며 타인의 동정을 바라는 편이다.	☐	☐	☐	☐	☐	☐	☐	☐
C. 스트레스를 받는 경우에도 결코 역정을 내지 않는다.	☐	☐	☐	☐	☐	☐	☐	☐

77

문항	답안 1						답안 2	
	①	②	③	④	⑤	⑥	멀다	가깝다
A. 사람들과 사귀는 것을 피하는 편이다.	☐	☐	☐	☐	☐	☐	☐	☐
B. 비난을 받을까봐 자기주장을 삼가는 편이다.	☐	☐	☐	☐	☐	☐	☐	☐
C. 논리 따지기를 좋아하고 주장이 매우 강한 편이다.	☐	☐	☐	☐	☐	☐	☐	☐

78

문항	답안 1						답안 2	
	①	②	③	④	⑤	⑥	멀다	가깝다
A. 참신한 시를 읽으면 기분이 상쾌해진다.	☐	☐	☐	☐	☐	☐	☐	☐
B. 지적인 자극을 찾는 일에 매우 소극적이다.	☐	☐	☐	☐	☐	☐	☐	☐
C. 유행을 타지 않을수록 명작이 되기 쉬울 것이다.	☐	☐	☐	☐	☐	☐	☐	☐

79

문항	답안 1						답안 2	
	①	②	③	④	⑤	⑥	멀다	가깝다
A. 타인보다는 자신의 만족이 더 중요하다.	☐	☐	☐	☐	☐	☐	☐	☐
B. 아랫사람에게는 존댓말을 거의 쓰지 않는다.	☐	☐	☐	☐	☐	☐	☐	☐
C. 대인관계에서 가장 중요한 것 두 가지는 신뢰와 정직일 것이다.	☐	☐	☐	☐	☐	☐	☐	☐

80

문항	답안 1						답안 2	
	①	②	③	④	⑤	⑥	멀다	가깝다
A. 자신의 유능함을 자부한다.	☐	☐	☐	☐	☐	☐	☐	☐
B. 자기를 성찰하는 일에 별로 관심이 없다.	☐	☐	☐	☐	☐	☐	☐	☐
C. 내가 한 일에 대한 책임을 회피하고 싶어지곤 한다.	☐	☐	☐	☐	☐	☐	☐	☐

81

문항	답안 1						답안 2	
	①	②	③	④	⑤	⑥	멀다	가깝다
A. 의지력이 약하고 걱정이 많은 편이다.	☐	☐	☐	☐	☐	☐	☐	☐
B. 자신에 대해 매우 비판적일 때가 많다.	☐	☐	☐	☐	☐	☐	☐	☐
C. 어떠한 경우에도 자신의 욕구를 합리적으로 통제할 수 있다.	☐	☐	☐	☐	☐	☐	☐	☐

82

문항	답안 1						답안 2	
	①	②	③	④	⑤	⑥	멀다	가깝다
A. 매우 활기차고 배짱이 있는 편이다.	☐	☐	☐	☐	☐	☐	☐	☐
B. 항상 상대방이 먼저 인사하기를 기다린다.	☐	☐	☐	☐	☐	☐	☐	☐
C. 위험한 상황에서도 매우 적극적으로 행동하곤 한다.	☐	☐	☐	☐	☐	☐	☐	☐

83

문항	답안 1						답안 2	
	①	②	③	④	⑤	⑥	멀다	가깝다
A. 호기심은 나를 이끄는 원동력이다.	☐	☐	☐	☐	☐	☐	☐	☐
B. 변화를 꿰뚫어 보는 통찰력이 있는 편이다.	☐	☐	☐	☐	☐	☐	☐	☐
C. 변화가 많은 것보다는 단순한 패턴을 선호한다.	☐	☐	☐	☐	☐	☐	☐	☐

84

문항	답안 1						답안 2	
	①	②	③	④	⑤	⑥	멀다	가깝다
A. 사랑과 평등은 내가 추구하는 가치이다.	☐	☐	☐	☐	☐	☐	☐	☐
B. 성희롱, 성차별 등의 이슈에 관심이 많다.	☐	☐	☐	☐	☐	☐	☐	☐
C. 남의 도움을 구하기보다는 혼자서 일을 처리하는 편이다.	☐	☐	☐	☐	☐	☐	☐	☐

85

문항	답안 1						답안 2	
	①	②	③	④	⑤	⑥	멀다	가깝다
A. 자기 개발과 관련한 글이나 책에 관심이 없다.	☐	☐	☐	☐	☐	☐	☐	☐
B. 오늘 할 일을 결코 다음으로 미루지 않는다.	☐	☐	☐	☐	☐	☐	☐	☐
C. 자신의 분야에서 최고 수준을 유지하기 위해 노력한다.	☐	☐	☐	☐	☐	☐	☐	☐

86

문항	답안 1						답안 2	
	①	②	③	④	⑤	⑥	멀다	가깝다
A. 위협에 민감하고 열등감을 자주 느낀다.	☐	☐	☐	☐	☐	☐	☐	☐
B. 환경이 바뀌어도 능률의 차이가 거의 없다.	☐	☐	☐	☐	☐	☐	☐	☐
C. 낙담, 슬픔 등의 감정에 별로 치우치지 않는 편이다.	☐	☐	☐	☐	☐	☐	☐	☐

87

문항	답안 1						답안 2	
	①	②	③	④	⑤	⑥	멀다	가깝다
A. 인간관계에 별로 관심이 없다.	☐	☐	☐	☐	☐	☐	☐	☐
B. 모험 정신과 활동성은 나의 큰 장점이다.	☐	☐	☐	☐	☐	☐	☐	☐
C. 윗사람에게 야단을 맞을 때 더 혼날까봐 변명을 하지 못한다.	☐	☐	☐	☐	☐	☐	☐	☐

88

문항	답안 1						답안 2	
	①	②	③	④	⑤	⑥	멀다	가깝다
A. 어떤 문제에 대해 가능한 한 다양하게 접근한다.	☐	☐	☐	☐	☐	☐	☐	☐
B. 지적인 탐구에 몰두하기를 즐기지 못한다.	☐	☐	☐	☐	☐	☐	☐	☐
C. 어떤 분야의 클래식이 된 데는 다 이유가 있다고 생각한다.	☐	☐	☐	☐	☐	☐	☐	☐

89

문항	답안 1						답안 2	
	①	②	③	④	⑤	⑥	멀다	가깝다
A. 정직하면 손해를 보기 쉽다고 생각한다.	☐	☐	☐	☐	☐	☐	☐	☐
B. SNS, 이메일 등 온라인 예절에 관심이 많다.	☐	☐	☐	☐	☐	☐	☐	☐
C. 타인에게 상처받기 전에 먼저 그에게 상처를 주곤 한다.	☐	☐	☐	☐	☐	☐	☐	☐

90

문항	답안 1						답안 2	
	①	②	③	④	⑤	⑥	멀다	가깝다
A. 과정보다는 결과가 중요하다고 생각한다.	☐	☐	☐	☐	☐	☐	☐	☐
B. 나의 능력에 대한 자부심은 나의 장점이다.	☐	☐	☐	☐	☐	☐	☐	☐
C. 성공의 비결은 유연한 융통성에 있다고 생각한다.	☐	☐	☐	☐	☐	☐	☐	☐

91

문항	답안 1						답안 2	
	①	②	③	④	⑤	⑥	멀다	가깝다
A. 불안, 초조, 긴장 등을 느낄 때가 많다.	☐	☐	☐	☐	☐	☐	☐	☐
B. 자기 확신이 강하고 대체로 평온한 편이다.	☐	☐	☐	☐	☐	☐	☐	☐
C. 열등의식 때문에 스트레스를 받는 경우가 많다.	☐	☐	☐	☐	☐	☐	☐	☐

92

문항	답안 1						답안 2	
	①	②	③	④	⑤	⑥	멀다	가깝다
A. 인맥을 넓히는 일에 관심이 거의 없다.	☐	☐	☐	☐	☐	☐	☐	☐
B. 대인관계에서 두려움을 느끼지 않는 편이다.	☐	☐	☐	☐	☐	☐	☐	☐
C. 논리를 따지길 선호하고 자기주장이 매우 강한 편이다.	☐	☐	☐	☐	☐	☐	☐	☐

93

문항	답안 1						답안 2	
	①	②	③	④	⑤	⑥	멀다	가깝다
A. 호기심은 인간의 지극한 본능이다.	☐	☐	☐	☐	☐	☐	☐	☐
B. 능률, 안전 등에 큰 가치를 두는 편이다.	☐	☐	☐	☐	☐	☐	☐	☐
C. 오케스트라를 구성하는 악기의 수는 많을수록 좋을 것이다.	☐	☐	☐	☐	☐	☐	☐	☐

94

문항	답안 1						답안 2	
	①	②	③	④	⑤	⑥	멀다	가깝다
A. 나의 이익이 타인의 행복보다 중요하다.	☐	☐	☐	☐	☐	☐	☐	☐
B. 남들로부터 상냥하다는 평가를 받곤 한다.	☐	☐	☐	☐	☐	☐	☐	☐
C. 인간의 존엄성은 어떠한 경우에도 최우선의 가치이다.	☐	☐	☐	☐	☐	☐	☐	☐

95

문항	답안 1						답안 2	
	①	②	③	④	⑤	⑥	멀다	가깝다
A. 목적을 위해 현재의 유혹을 잘 참는다.	☐	☐	☐	☐	☐	☐	☐	☐
B. '어떻게든 되겠지'라고 생각할 때가 많다.	☐	☐	☐	☐	☐	☐	☐	☐
C. 책임을 다하려면 자신의 능력에 자부심을 가져야 한다.	☐	☐	☐	☐	☐	☐	☐	☐

96

문항	답안 1						답안 2	
	①	②	③	④	⑤	⑥	멀다	가깝다
A. 감정의 균형을 꾸준히 유지할 수 있다.	☐	☐	☐	☐	☐	☐	☐	☐
B. 일상에서 스트레스를 받는 일이 거의 없다.	☐	☐	☐	☐	☐	☐	☐	☐
C. 별것 아닌 일 때문에 자신감을 잃는 경우가 많은 편이다.	☐	☐	☐	☐	☐	☐	☐	☐

97

문항	답안 1						답안 2	
	①	②	③	④	⑤	⑥	멀다	가깝다
A. 폭넓은 인간관계는 거추장스러울 뿐이다.	☐	☐	☐	☐	☐	☐	☐	☐
B. 타인이 리더 역할을 잘하도록 돕는 편이다.	☐	☐	☐	☐	☐	☐	☐	☐
C. 대인관계에서 자신의 느낌과 생각을 적극적으로 표현한다.	☐	☐	☐	☐	☐	☐	☐	☐

98

문항	답안 1						답안 2	
	①	②	③	④	⑤	⑥	멀다	가깝다
A. 창의적 사고에 능숙하지 못하다.	☐	☐	☐	☐	☐	☐	☐	☐
B. 자신이 남들과 차별화되는 것이 싫다.	☐	☐	☐	☐	☐	☐	☐	☐
C. 구성원의 수가 많을수록 창의적 아이디어 개발에 효율적일 것이다.	☐	☐	☐	☐	☐	☐	☐	☐

99

문항	답안 1						답안 2	
	①	②	③	④	⑤	⑥	멀다	가깝다
A. 정직보다는 이익이 더 중요하다고 여긴다.	☐	☐	☐	☐	☐	☐	☐	☐
B. 상대가 누구이건 항상 높임말을 사용한다.	☐	☐	☐	☐	☐	☐	☐	☐
C. 남의 의도를 부정적으로 해석해 공격적일 때가 많다.	☐	☐	☐	☐	☐	☐	☐	☐

PART 1

100

문항	답안 1						답안 2	
	①	②	③	④	⑤	⑥	멀다	가깝다
A. 성취감은 나에게 별로 중요하지 않다.	□	□	□	□	□	□	□	□
B. 장기적인 청사진을 만드는 일은 버겁다.	□	□	□	□	□	□	□	□
C. 사회적 규범을 나름대로 지키면서 살아왔다고 자부한다.	□	□	□	□	□	□	□	□

101

문항	답안 1						답안 2	
	①	②	③	④	⑤	⑥	멀다	가깝다
A. 좌절감을 느낄 때는 너무 격양되곤 한다.	□	□	□	□	□	□	□	□
B. 충동 조절과 욕구 제어를 잘하는 편이다.	□	□	□	□	□	□	□	□
C. 비가 내리는 날에는 마음이 구슬프고 몹시 외로워진다.	□	□	□	□	□	□	□	□

102

문항	답안 1						답안 2	
	①	②	③	④	⑤	⑥	멀다	가깝다
A. 인간관계를 맺고 유지하는 일을 잘한다.	□	□	□	□	□	□	□	□
B. 주장이 강하고 남의 행동을 통제하고 싶다.	□	□	□	□	□	□	□	□
C. 대화할 때 상대의 눈을 똑바로 쳐다보지 못한다.	□	□	□	□	□	□	□	□

103

문항	답안 1						답안 2	
	①	②	③	④	⑤	⑥	멀다	가깝다
A. 도덕적 사태를 숙고하는 데 시간을 들인다.	□	□	□	□	□	□	□	□
B. 권위, 인습, 전통적 가치에 기꺼이 도전한다.	□	□	□	□	□	□	□	□
C. 지나치게 다양한 아이디어는 과제의 진척에 큰 장해가 될 것이다.	□	□	□	□	□	□	□	□

104

문항	답안 1						답안 2	
	①	②	③	④	⑤	⑥	멀다	가깝다
A. 정직과 신뢰성은 성공의 필수조건이다.	□	□	□	□	□	□	□	□
B. 긍정적인 인간관계의 형성에 무관심하다.	□	□	□	□	□	□	□	□
C. 타인을 존중하고 자신을 과하게 드러내지 않는다.	□	□	□	□	□	□	□	□

105

문항	답안 1						답안 2	
	①	②	③	④	⑤	⑥	멀다	가깝다
A. 중언부언하며 경솔하게 말할 때가 많다.	☐	☐	☐	☐	☐	☐	☐	☐
B. '천재'의 유의어는 '노력'이라고 생각한다.	☐	☐	☐	☐	☐	☐	☐	☐
C. 중요한 결정을 할 때는 반드시 충분한 근거를 찾는다.	☐	☐	☐	☐	☐	☐	☐	☐

106

문항	답안 1						답안 2	
	①	②	③	④	⑤	⑥	멀다	가깝다
A. 자신이 쓸모없다고 생각해 낙심하곤 한다.	☐	☐	☐	☐	☐	☐	☐	☐
B. 비난에 휘둘리지 않고 자기 확신이 강하다.	☐	☐	☐	☐	☐	☐	☐	☐
C. 악의적인 질문에도 흔들림 없이 대답할 자신이 있다.	☐	☐	☐	☐	☐	☐	☐	☐

107

문항	답안 1						답안 2	
	①	②	③	④	⑤	⑥	멀다	가깝다
A. 외부 활동을 선호해 공사다망한 편이다.	☐	☐	☐	☐	☐	☐	☐	☐
B. 새로운 공동체에 소속되는 것이 꺼려진다.	☐	☐	☐	☐	☐	☐	☐	☐
C. 인간관계 등의 사회적 욕구 충족에 거의 관심이 없다.	☐	☐	☐	☐	☐	☐	☐	☐

108

문항	답안 1						답안 2	
	①	②	③	④	⑤	⑥	멀다	가깝다
A. 외식을 할 때는 늘 가는 식당을 고집한다.	☐	☐	☐	☐	☐	☐	☐	☐
B. 신제품을 개발하는 일이 어렵게 느껴진다.	☐	☐	☐	☐	☐	☐	☐	☐
C. 의견이 여러 가지일수록 도전 성취에 큰 도움이 될 것이다.	☐	☐	☐	☐	☐	☐	☐	☐

109

문항	답안 1						답안 2	
	①	②	③	④	⑤	⑥	멀다	가깝다
A. 나는 '친절한 미소'와는 거리가 멀다.	☐	☐	☐	☐	☐	☐	☐	☐
B. 상대의 감정에 개의치 않고 할 말은 한다.	☐	☐	☐	☐	☐	☐	☐	☐
C. 대화중에 상대가 이해하지 못할 수 있는 전문용어는 잘 쓰지 않는다.	☐	☐	☐	☐	☐	☐	☐	☐

110

문항	답안 1						답안 2	
	①	②	③	④	⑤	⑥	멀다	가깝다
A. 전문지식을 쌓는 일에 거의 관심이 없다.	□	□	□	□	□	□	□	□
B. 반드시 기초부터 탄탄히 다질 필요는 없다.	□	□	□	□	□	□	□	□
C. 성공의 제1원칙은 계획의 철저한 수행이라고 생각한다.	□	□	□	□	□	□	□	□

111

문항	답안 1						답안 2	
	①	②	③	④	⑤	⑥	멀다	가깝다
A. 인내심이 부족해 쉽게 좌절하곤 한다.	□	□	□	□	□	□	□	□
B. 환경의 변화에 따라 능률의 차이가 크다.	□	□	□	□	□	□	□	□
C. 내게는 쓰라린 기억보다는 흐뭇한 기억이 더 많다.	□	□	□	□	□	□	□	□

112

문항	답안 1						답안 2	
	①	②	③	④	⑤	⑥	멀다	가깝다
A. 권력과 야망, 명예를 중요하게 생각한다.	□	□	□	□	□	□	□	□
B. 즐거움과 행복을 크게 느끼며 낙관적이다.	□	□	□	□	□	□	□	□
C. 내 삶은 대단히 즐겁거나 유쾌하지 않지만 슬프지도 않다.	□	□	□	□	□	□	□	□

113

문항	답안 1						답안 2	
	①	②	③	④	⑤	⑥	멀다	가깝다
A. 생소한 환경에도 잘 적응하는 편이다.	□	□	□	□	□	□	□	□
B. 롤 모델을 정해 최대한 비슷하게 일한다.	□	□	□	□	□	□	□	□
C. 삶의 경륜은 주로 개방성에서 비롯된다고 생각한다.	□	□	□	□	□	□	□	□

114

문항	답안 1						답안 2	
	①	②	③	④	⑤	⑥	멀다	가깝다
A. 필요하다면 얼마든지 속임수를 쓸 수 있다.	□	□	□	□	□	□	□	□
B. 긍정적인 인간관계는 나에게 매우 중요하다.	□	□	□	□	□	□	□	□
C. 기업은 영리 추구에 앞서 사회적 책임에 충실해야 할 것이다.	□	□	□	□	□	□	□	□

115
성실성

문항	답안 1						답안 2	
	①	②	③	④	⑤	⑥	멀다	가깝다
A. 주변 환경을 정돈하는 것에 다소 서툴다.	☐	☐	☐	☐	☐	☐	☐	☐
B. 자신이 친구들보다 생각이 깊다고 자부한다.	☐	☐	☐	☐	☐	☐	☐	☐
C. 안건을 선택할 때 장점과 단점을 반드시 비교해 결정한다.	☐	☐	☐	☐	☐	☐	☐	☐

116
민감성

문항	답안 1						답안 2	
	①	②	③	④	⑤	⑥	멀다	가깝다
A. 화가 나도 하루를 넘기지 않는 편이다.	☐	☐	☐	☐	☐	☐	☐	☐
B. 불안 심리와 충동적 행동은 나의 단점이다.	☐	☐	☐	☐	☐	☐	☐	☐
C. 담대함, 자기 신뢰, 침착성, 긍정적 사고방식 등은 나의 큰 장점이다.	☐	☐	☐	☐	☐	☐	☐	☐

117
외향성

문항	답안 1						답안 2	
	①	②	③	④	⑤	⑥	멀다	가깝다
A. 관계 지향적이며 긍정적 정서를 잘 느낀다.	☐	☐	☐	☐	☐	☐	☐	☐
B. 남을 통제하고 선도하는 일에 관심이 많다.	☐	☐	☐	☐	☐	☐	☐	☐
C. 인적 네트워크를 맺고 관리하는 일에 거의 무관심하다.	☐	☐	☐	☐	☐	☐	☐	☐

118
지적개방성

문항	답안 1						답안 2	
	①	②	③	④	⑤	⑥	멀다	가깝다
A. 참신한 아이디어를 내는 일에 자신이 없다.	☐	☐	☐	☐	☐	☐	☐	☐
B. 생각이 많고 관습에 구애받지 않는 편이다.	☐	☐	☐	☐	☐	☐	☐	☐
C. 어떤 문제에 대한 다양한 접근은 불필요하다고 생각한다.	☐	☐	☐	☐	☐	☐	☐	☐

119
친화성

문항	답안 1						답안 2	
	①	②	③	④	⑤	⑥	멀다	가깝다
A. 타인의 선행을 전하는 기사에 관심이 많다.	☐	☐	☐	☐	☐	☐	☐	☐
B. 타인의 미소를 거짓말처럼 느낄 때가 많다.	☐	☐	☐	☐	☐	☐	☐	☐
C. 선거 후보들은 오직 당선을 위해 공약(空約)을 남발한다고 생각한다.	☐	☐	☐	☐	☐	☐	☐	☐

PART 1

120

문항	답안 1						답안 2	
	①	②	③	④	⑤	⑥	멀다	가깝다
A. 집행보다 철저한 준비가 더 중요하다.	☐	☐	☐	☐	☐	☐	☐	☐
B. 자신의 나태함에 대해 변명할 때가 많다.	☐	☐	☐	☐	☐	☐	☐	☐
C. 친근한 사이에서는 약속을 지키지 않아도 괜찮다고 생각한다.	☐	☐	☐	☐	☐	☐	☐	☐

121

문항	답안 1						답안 2	
	①	②	③	④	⑤	⑥	멀다	가깝다
A. 부끄러움, 수줍음, 스트레스에 민감하다.	☐	☐	☐	☐	☐	☐	☐	☐
B. 슬픔, 낙담에 빠져 헤어나지 못하곤 한다.	☐	☐	☐	☐	☐	☐	☐	☐
C. 어려운 상황에서도 강단이 있다는 평가를 받곤 한다.	☐	☐	☐	☐	☐	☐	☐	☐

122

문항	답안 1						답안 2	
	①	②	③	④	⑤	⑥	멀다	가깝다
A. 조직의 목적과 이익에 관심이 많다.	☐	☐	☐	☐	☐	☐	☐	☐
B. 사회에 큰 영향을 끼치는 지도자가 되고 싶다.	☐	☐	☐	☐	☐	☐	☐	☐
C. 여럿이 어울려 활동하는 일을 즐거워하지 않는다.	☐	☐	☐	☐	☐	☐	☐	☐

123

문항	답안 1						답안 2	
	①	②	③	④	⑤	⑥	멀다	가깝다
A. 여행이나 새로운 경험을 매우 좋아한다.	☐	☐	☐	☐	☐	☐	☐	☐
B. 예술가적인 기질이 있고 직관적인 편이다.	☐	☐	☐	☐	☐	☐	☐	☐
C. 세상 물정에 밝지만 보수적이라는 소리를 듣곤 한다.	☐	☐	☐	☐	☐	☐	☐	☐

124

문항	답안 1						답안 2	
	①	②	③	④	⑤	⑥	멀다	가깝다
A. 상대가 기분이 상하지 않게 말을 조심한다.	☐	☐	☐	☐	☐	☐	☐	☐
B. 상대의 신분에 관계없이 경어를 사용한다.	☐	☐	☐	☐	☐	☐	☐	☐
C. '알아서 하겠지'하며 타인의 문제에 관여하지 않는다.	☐	☐	☐	☐	☐	☐	☐	☐

125

성실성

문항	답안 1						답안 2	
	①	②	③	④	⑤	⑥	멀다	가깝다
A. 목표는 나를 움직이는 원동력이다.	☐	☐	☐	☐	☐	☐	☐	☐
B. 치밀한 계획은 성공의 필수조건이다.	☐	☐	☐	☐	☐	☐	☐	☐
C. 목표를 위해 자신을 자율적으로 잘 통제하지 못한다.	☐	☐	☐	☐	☐	☐	☐	☐

126

민감성

문항	답안 1						답안 2	
	①	②	③	④	⑤	⑥	멀다	가깝다
A. 감정의 균형을 잃을 때가 많다.	☐	☐	☐	☐	☐	☐	☐	☐
B. 자책감으로 스스로를 비난하지 않는다.	☐	☐	☐	☐	☐	☐	☐	☐
C. 어려운 일이 있어도 여유를 잃지 않고 낙천적인 편이다.	☐	☐	☐	☐	☐	☐	☐	☐

127

외향성

문항	답안 1						답안 2	
	①	②	③	④	⑤	⑥	멀다	가깝다
A. 새로운 사람과 만나는 일은 부담스럽다.	☐	☐	☐	☐	☐	☐	☐	☐
B. 대개의 경우 소심하고 내향적인 편이다.	☐	☐	☐	☐	☐	☐	☐	☐
C. 결단력이 있지만 타인을 세심하게 살피지 못한다.	☐	☐	☐	☐	☐	☐	☐	☐

128

지적개방성

문항	답안 1						답안 2	
	①	②	③	④	⑤	⑥	멀다	가깝다
A. 비현실적이고 로맨틱한 상상을 즐긴다.	☐	☐	☐	☐	☐	☐	☐	☐
B. 일정한 과정을 따를 때 안정감을 느낀다.	☐	☐	☐	☐	☐	☐	☐	☐
C. 홍보 문구를 구상하는 일은 나의 적성에 맞지 않다.	☐	☐	☐	☐	☐	☐	☐	☐

129

친화성

문항	답안 1						답안 2	
	①	②	③	④	⑤	⑥	멀다	가깝다
A. 대인관계에서 의심이 많은 편이다.	☐	☐	☐	☐	☐	☐	☐	☐
B. 자신의 진심을 드러내는 일이 거의 없다.	☐	☐	☐	☐	☐	☐	☐	☐
C. 타인이 나를 지나친 격식보다는 격의 없이 대하는 게 더 좋다.	☐	☐	☐	☐	☐	☐	☐	☐

130

문항	답안 1						답안 2	
	①	②	③	④	⑤	⑥	멀다	가깝다
A. 게을러서 기회를 놓칠 때가 많다.	☐	☐	☐	☐	☐	☐	☐	☐
B. 약속을 어겨서 관계가 틀어진 경우가 많다.	☐	☐	☐	☐	☐	☐	☐	☐
C. 책임감과 성취감은 나를 움직이게 하는 가장 큰 에너지이다.	☐	☐	☐	☐	☐	☐	☐	☐

131

문항	답안 1						답안 2	
	①	②	③	④	⑤	⑥	멀다	가깝다
A. 지나치게 예민해 불안과 걱정이 많다.	☐	☐	☐	☐	☐	☐	☐	☐
B. 괴로운 기억보다 즐거운 기억이 더 많다.	☐	☐	☐	☐	☐	☐	☐	☐
C. 자기 확신이 낮고 타인의 비판에 매우 민감한 편이다.	☐	☐	☐	☐	☐	☐	☐	☐

132

문항	답안 1						답안 2	
	①	②	③	④	⑤	⑥	멀다	가깝다
A. 항상 상대방에게 먼저 인사하는 편이다.	☐	☐	☐	☐	☐	☐	☐	☐
B. 다수가 함께 취미 활동을 하는 것이 싫다.	☐	☐	☐	☐	☐	☐	☐	☐
C. 혼자 있는 것보다 타인과 어울릴 때 편안함을 느낀다.	☐	☐	☐	☐	☐	☐	☐	☐

133

문항	답안 1						답안 2	
	①	②	③	④	⑤	⑥	멀다	가깝다
A. 세상 물정에 어둡다는 비판을 받곤 한다.	☐	☐	☐	☐	☐	☐	☐	☐
B. 철학, 종교 등 본질적 문제에 관심이 많다.	☐	☐	☐	☐	☐	☐	☐	☐
C. 원칙에 따라 사무적인 능력을 발휘하는 활동을 선호한다.	☐	☐	☐	☐	☐	☐	☐	☐

134

문항	답안 1						답안 2	
	①	②	③	④	⑤	⑥	멀다	가깝다
A. 타인의 불행에 대해 연민을 느끼지 못한다.	☐	☐	☐	☐	☐	☐	☐	☐
B. 마음을 털어놓고 솔직히 대화하려 노력한다.	☐	☐	☐	☐	☐	☐	☐	☐
C. 불합리한 차별을 당하는 이들을 적극적으로 돕고 싶다.	☐	☐	☐	☐	☐	☐	☐	☐

135

문항	답안 1						답안 2	
	①	②	③	④	⑤	⑥	멀다	가깝다
A. 평소 근면 성실하다고 자부할 수 있다.	☐	☐	☐	☐	☐	☐	☐	☐
B. '성공'의 유의어는 '계획'이라고 생각한다.	☐	☐	☐	☐	☐	☐	☐	☐
C. 먼 미래에 대한 대비보다는 당장의 필요가 더 중요하다.	☐	☐	☐	☐	☐	☐	☐	☐

136

문항	답안 1						답안 2	
	①	②	③	④	⑤	⑥	멀다	가깝다
A. 괴로운 감정에서 빠르게 벗어나는 편이다.	☐	☐	☐	☐	☐	☐	☐	☐
B. 극단의 상황에서도 평정심을 잃지 않는다.	☐	☐	☐	☐	☐	☐	☐	☐
C. 욕구 조절과 충동 제어에 어려움을 겪을 때가 많다.	☐	☐	☐	☐	☐	☐	☐	☐

137

문항	답안 1						답안 2	
	①	②	③	④	⑤	⑥	멀다	가깝다
A. 나는 리더보다는 유능한 참모가 어울린다.	☐	☐	☐	☐	☐	☐	☐	☐
B. 서둘지 않으며 느긋하고 여유로운 편이다.	☐	☐	☐	☐	☐	☐	☐	☐
C. 보다 많은 사람과 교제할 기회를 만드는 편이다.	☐	☐	☐	☐	☐	☐	☐	☐

138

문항	답안 1						답안 2	
	①	②	③	④	⑤	⑥	멀다	가깝다
A. 예술과 미(美)에 대해 흥미가 거의 없다.	☐	☐	☐	☐	☐	☐	☐	☐
B. 언제나 현실적·실제적 사고를 선호한다.	☐	☐	☐	☐	☐	☐	☐	☐
C. 일상적인 문제보다 상상의 세계에 관심이 더 많다.	☐	☐	☐	☐	☐	☐	☐	☐

139

문항	답안 1						답안 2	
	①	②	③	④	⑤	⑥	멀다	가깝다
A. 사람들을 잘 믿지 못해 경계하곤 한다.	☐	☐	☐	☐	☐	☐	☐	☐
B. 자신의 속내를 속일 필요가 있다고 여긴다.	☐	☐	☐	☐	☐	☐	☐	☐
C. 금전적 이익보다는 인간관계가 항상 먼저라고 생각한다.	☐	☐	☐	☐	☐	☐	☐	☐

140

문항	답안 1						답안 2	
	①	②	③	④	⑤	⑥	멀다	가깝다
A. 목표를 정해 성실히 공부하는 편이다.	☐	☐	☐	☐	☐	☐	☐	☐
B. 능력 부족, 준비 부족을 느낄 때가 많다.	☐	☐	☐	☐	☐	☐	☐	☐
C. 정리를 잘하지 못하고 일의 진행이 정연하지 않은 편이다.	☐	☐	☐	☐	☐	☐	☐	☐

141

문항	답안 1						답안 2	
	①	②	③	④	⑤	⑥	멀다	가깝다
A. 사소한 일에 마음이 쉽게 흔들린다.	☐	☐	☐	☐	☐	☐	☐	☐
B. 충분히 해낼 수 있을 때도 불안을 느낀다.	☐	☐	☐	☐	☐	☐	☐	☐
C. 욕구를 잘 다스리며 합리적으로 조절하고 통제할 수 있다.	☐	☐	☐	☐	☐	☐	☐	☐

142

문항	답안 1						답안 2	
	①	②	③	④	⑤	⑥	멀다	가깝다
A. 타인에게 잔소리를 많이 하는 편이다.	☐	☐	☐	☐	☐	☐	☐	☐
B. 술자리에서 남에게 술을 강요하는 편이다.	☐	☐	☐	☐	☐	☐	☐	☐
C. 혼자 있는 것과 사색을 즐기며 남들보다 과묵한 편이다.	☐	☐	☐	☐	☐	☐	☐	☐

143

문항	답안 1						답안 2	
	①	②	③	④	⑤	⑥	멀다	가깝다
A. 위트와 기지가 많다는 소리를 듣곤 한다.	☐	☐	☐	☐	☐	☐	☐	☐
B. 나는 진보적·실험적인 사람이라 생각한다.	☐	☐	☐	☐	☐	☐	☐	☐
C. 정확하고 빈틈이 없지만 변화를 달가워하지 않는다.	☐	☐	☐	☐	☐	☐	☐	☐

144

문항	답안 1						답안 2	
	①	②	③	④	⑤	⑥	멀다	가깝다
A. 타인에게 상처를 줄까봐 언행에 조심한다.	☐	☐	☐	☐	☐	☐	☐	☐
B. 정성과 진심은 통할 것이라고 믿는다.	☐	☐	☐	☐	☐	☐	☐	☐
C. 타인이 아는 나와 내가 아는 나는 매우 다르다.	☐	☐	☐	☐	☐	☐	☐	☐

145

문항	답안 1						답안 2	
	①	②	③	④	⑤	⑥	멀다	가깝다
A. 진행 도중에는 점검하는 일이 거의 없다.	☐	☐	☐	☐	☐	☐	☐	☐
B. '불성실'의 동의어는 '변명'이라고 생각한다.	☐	☐	☐	☐	☐	☐	☐	☐
C. 무슨 일이든 책임감 있고 성실하게 할 자신이 있다.	☐	☐	☐	☐	☐	☐	☐	☐

146

문항	답안 1						답안 2	
	①	②	③	④	⑤	⑥	멀다	가깝다
A. 충동적 욕구에 휘둘리지 않는 편이다.	☐	☐	☐	☐	☐	☐	☐	☐
B. 허탈감이나 공허함을 거의 느끼지 않는다.	☐	☐	☐	☐	☐	☐	☐	☐
C. 천둥 치는 밤에는 겁이 나서 잠들지 못하는 편이다.	☐	☐	☐	☐	☐	☐	☐	☐

147

문항	답안 1						답안 2	
	①	②	③	④	⑤	⑥	멀다	가깝다
A. 거절 의사는 짧고 단호하게 표현한다.	☐	☐	☐	☐	☐	☐	☐	☐
B. 침묵과 사색은 항상 금과 같다고 생각한다.	☐	☐	☐	☐	☐	☐	☐	☐
C. 상대가 먼저 인사하기 전에는 그에게 인사하지 않는다.	☐	☐	☐	☐	☐	☐	☐	☐

148

문항	답안 1						답안 2	
	①	②	③	④	⑤	⑥	멀다	가깝다
A. 지나치게 진보적이라는 비판을 받곤 한다.	☐	☐	☐	☐	☐	☐	☐	☐
B. 지적 도전은 나의 흥미를 별로 끌지 못한다.	☐	☐	☐	☐	☐	☐	☐	☐
C. 새로운 지식을 수용하는 일에서 자극을 받지 못한다.	☐	☐	☐	☐	☐	☐	☐	☐

149

문항	답안 1						답안 2	
	①	②	③	④	⑤	⑥	멀다	가깝다
A. 상대의 입장에서 생각하고 싶지 않다.	☐	☐	☐	☐	☐	☐	☐	☐
B. 나는 남들보다 크게 우월하지는 않다.	☐	☐	☐	☐	☐	☐	☐	☐
C. 선거 구호는 대부분 '헛된 약속'에 불과하다고 생각한다.	☐	☐	☐	☐	☐	☐	☐	☐

문항	답안 1						답안 2	
	①	②	③	④	⑤	⑥	멀다	가깝다
A. 주의력이 부족하고 다소 충동적인 편이다.	☐	☐	☐	☐	☐	☐	☐	☐
B. 임기응변에 능해 변화 상황에 잘 대처한다.	☐	☐	☐	☐	☐	☐	☐	☐
C. 당장의 필요보다는 미래를 대비해 현재의 씀씀이를 긴축하는 것이 더 중요하다.	☐	☐	☐	☐	☐	☐	☐	☐

문항	답안 1						답안 2	
	①	②	③	④	⑤	⑥	멀다	가깝다
A. 심리적·정서적 안정성이 높은 편이다.	☐	☐	☐	☐	☐	☐	☐	☐
B. 불운은 항상 나를 비켜가지 않는 것 같다.	☐	☐	☐	☐	☐	☐	☐	☐
C. 활자를 읽는 것조차 싫을 정도로 극도의 피곤을 느끼곤 한다.	☐	☐	☐	☐	☐	☐	☐	☐

문항	답안 1						답안 2	
	①	②	③	④	⑤	⑥	멀다	가깝다
A. 새로운 공동체에 소속되는 것이 즐겁다.	☐	☐	☐	☐	☐	☐	☐	☐
B. 타인의 주목을 받는 것은 매우 부담스럽다.	☐	☐	☐	☐	☐	☐	☐	☐
C. 인간관계 등의 사회적 욕구를 매우 중시하는 편이다.	☐	☐	☐	☐	☐	☐	☐	☐

문항	답안 1						답안 2	
	①	②	③	④	⑤	⑥	멀다	가깝다
A. 대개의 경우 익숙한 것을 선택한다.	☐	☐	☐	☐	☐	☐	☐	☐
B. 구태의연한 사고방식에 매우 염증을 느낀다.	☐	☐	☐	☐	☐	☐	☐	☐
C. 지적인 언어로 상대의 고루한 생각을 에둘러 꼬집곤 한다.	☐	☐	☐	☐	☐	☐	☐	☐

문항	답안 1						답안 2	
	①	②	③	④	⑤	⑥	멀다	가깝다
A. 타인의 정서를 잘 이해하지 못하는 편이다.	☐	☐	☐	☐	☐	☐	☐	☐
B. 호의적인 인간관계를 매우 중시하는 편이다.	☐	☐	☐	☐	☐	☐	☐	☐
C. 상대방의 감정이 상하지 않도록 언행에 주의한다.	☐	☐	☐	☐	☐	☐	☐	☐

155

문항	답안 1						답안 2	
	①	②	③	④	⑤	⑥	멀다	가깝다
A. 양심적으로 자신의 의무를 다하는 편이다.	☐	☐	☐	☐	☐	☐	☐	☐
B. 규칙과 계획을 책임감 있게 지키는 편이다.	☐	☐	☐	☐	☐	☐	☐	☐
C. 목표가 뚜렷하지 않아 자신을 별로 통제하지 않는다.	☐	☐	☐	☐	☐	☐	☐	☐

156

문항	답안 1						답안 2	
	①	②	③	④	⑤	⑥	멀다	가깝다
A. 남들보다 정서적 균형을 잘 잡는 편이다.	☐	☐	☐	☐	☐	☐	☐	☐
B. 최악의 상황일지라도 희망을 놓지 않는다.	☐	☐	☐	☐	☐	☐	☐	☐
C. 괴로운 기억은 언제나 오랫동안 나를 괴롭힌다.	☐	☐	☐	☐	☐	☐	☐	☐

157

문항	답안 1						답안 2	
	①	②	③	④	⑤	⑥	멀다	가깝다
A. 폭넓은 인간관계는 나에게 힘이 된다.	☐	☐	☐	☐	☐	☐	☐	☐
B. 집단을 이루는 것이 별로 즐겁지 않다.	☐	☐	☐	☐	☐	☐	☐	☐
C. 타인이 나에 대해 관심을 갖지 않기를 바랄 때가 많다.	☐	☐	☐	☐	☐	☐	☐	☐

158

문항	답안 1						답안 2	
	①	②	③	④	⑤	⑥	멀다	가깝다
A. 예리한 감수성과 지성은 나의 장점이다.	☐	☐	☐	☐	☐	☐	☐	☐
B. 권위와 전통에 순응하려는 성향이 강하다.	☐	☐	☐	☐	☐	☐	☐	☐
C. 상상력이 부족해 새로운 생각을 잘하지 못한다.	☐	☐	☐	☐	☐	☐	☐	☐

159

문항	답안 1						답안 2	
	①	②	③	④	⑤	⑥	멀다	가깝다
A. 다른 사람의 정서를 잘 이해하는 편이다.	☐	☐	☐	☐	☐	☐	☐	☐
B. 남과의 관계가 불편해도 신경 쓰지 않는다.	☐	☐	☐	☐	☐	☐	☐	☐
C. 상대의 제안이 눈 가리고 아웅 하는 식의 얕은꾀처럼 느껴지곤 한다.	☐	☐	☐	☐	☐	☐	☐	☐

160

문항	답안 1						답안 2	
	①	②	③	④	⑤	⑥	멀다	가깝다
A. 규범적·도덕적이며 성실한 편이다.	☐	☐	☐	☐	☐	☐	☐	☐
B. 나의 무능함과 주의력 부족을 느끼곤 한다.	☐	☐	☐	☐	☐	☐	☐	☐
C. 융통성과 유연한 사고는 나의 가장 큰 장점이다.	☐	☐	☐	☐	☐	☐	☐	☐

161

문항	답안 1						답안 2	
	①	②	③	④	⑤	⑥	멀다	가깝다
A. 비판에 매우 민감하고 자기 확신이 낮다.	☐	☐	☐	☐	☐	☐	☐	☐
B. 욕구 때문에 충동적인 행동을 하지 않는다.	☐	☐	☐	☐	☐	☐	☐	☐
C. 너무 민감해 불필요한 걱정과 불안을 겪곤 한다.	☐	☐	☐	☐	☐	☐	☐	☐

162

문항	답안 1						답안 2	
	①	②	③	④	⑤	⑥	멀다	가깝다
A. 남의 관심을 받는 것이 즐겁지 않다.	☐	☐	☐	☐	☐	☐	☐	☐
B. 공동체에 대한 소속감을 강하게 느낀다.	☐	☐	☐	☐	☐	☐	☐	☐
C. 자신의 업무 지식과 관련 경험을 타인에게 알려주고 싶다.	☐	☐	☐	☐	☐	☐	☐	☐

163

문항	답안 1						답안 2	
	①	②	③	④	⑤	⑥	멀다	가깝다
A. 새로운 생각의 현실화에 관심이 없다.	☐	☐	☐	☐	☐	☐	☐	☐
B. 종교적·정치적으로 매우 진보적인 편이다.	☐	☐	☐	☐	☐	☐	☐	☐
C. 관습에 별로 구애받지 않고 변화를 시도하곤 한다.	☐	☐	☐	☐	☐	☐	☐	☐

164

문항	답안 1						답안 2	
	①	②	③	④	⑤	⑥	멀다	가깝다
A. 타인을 신뢰하며 협조적인 성향이 높다.	☐	☐	☐	☐	☐	☐	☐	☐
B. 곤경에 처한 사람을 돕는 일에 적극적이다.	☐	☐	☐	☐	☐	☐	☐	☐
C. 사람들은 우월감 충족을 위해 남을 돕는다고 생각한다.	☐	☐	☐	☐	☐	☐	☐	☐

165

문항	답안 1						답안 2	
	①	②	③	④	⑤	⑥	멀다	가깝다
A. 책임감이 강하고 계획적으로 사는 편이다.	☐	☐	☐	☐	☐	☐	☐	☐
B. 정확성을 추구하고 양심적이기 위해 노력한다.	☐	☐	☐	☐	☐	☐	☐	☐
C. 타인의 기대나 도덕적 의무감은 나에게 별로 영향을 주지 못한다.	☐	☐	☐	☐	☐	☐	☐	☐

166

문항	답안 1						답안 2	
	①	②	③	④	⑤	⑥	멀다	가깝다
A. 일희일비(一喜一悲)하지 않으려 노력한다.	☐	☐	☐	☐	☐	☐	☐	☐
B. 스트레스 상황에 상대적으로 잘 대처한다.	☐	☐	☐	☐	☐	☐	☐	☐
C. 운명은 절대 거스를 수 없다는 생각에 낙담하곤 한다.	☐	☐	☐	☐	☐	☐	☐	☐

167

문항	답안 1						답안 2	
	①	②	③	④	⑤	⑥	멀다	가깝다
A. 리더십이 남들보다 부족한 편이다.	☐	☐	☐	☐	☐	☐	☐	☐
B. 명랑성, 활동성 등은 나와 거리가 멀다.	☐	☐	☐	☐	☐	☐	☐	☐
C. 조직의 분위기와 풍토, 문화를 파악하는 일을 중시한다.	☐	☐	☐	☐	☐	☐	☐	☐

168

문항	답안 1						답안 2	
	①	②	③	④	⑤	⑥	멀다	가깝다
A. 일할 때 스토리텔링을 잘 적용할 수 있다.	☐	☐	☐	☐	☐	☐	☐	☐
B. 예술과 나의 내면 세계에 대한 관심이 없다.	☐	☐	☐	☐	☐	☐	☐	☐
C. 새로운 기계가 발명될수록 일자리가 줄어들 것이라 생각한다.	☐	☐	☐	☐	☐	☐	☐	☐

169

문항	답안 1						답안 2	
	①	②	③	④	⑤	⑥	멀다	가깝다
A. 자기중심적·이기적인 성향이 있다.	☐	☐	☐	☐	☐	☐	☐	☐
B. 누구나 선한 의도로 행동한다고 믿는다.	☐	☐	☐	☐	☐	☐	☐	☐
C. 구성원은 조직체의 소모품일 뿐이라고 생각할 때가 많다.	☐	☐	☐	☐	☐	☐	☐	☐

PART 1

170

문항	답안 1						답안 2	
	①	②	③	④	⑤	⑥	멀다	가깝다
A. 임무 완수에 대한 동기가 부족한 편이다.	☐	☐	☐	☐	☐	☐	☐	☐
B. 일할 때 성취에 대한 강박증을 느끼곤 한다.	☐	☐	☐	☐	☐	☐	☐	☐
C. 규범을 어길 때가 많고 자제력도 강하지 못하다.	☐	☐	☐	☐	☐	☐	☐	☐

171

문항	답안 1						답안 2	
	①	②	③	④	⑤	⑥	멀다	가깝다
A. 욕구를 채우지 못하면 짜증이 나곤 한다.	☐	☐	☐	☐	☐	☐	☐	☐
B. 허탈감 때문에 자책하며 한숨을 쉬곤 한다.	☐	☐	☐	☐	☐	☐	☐	☐
C. 온화·차분한 편이어서 쉽게 스트레스를 받지 않는다.	☐	☐	☐	☐	☐	☐	☐	☐

172

문항	답안 1						답안 2	
	①	②	③	④	⑤	⑥	멀다	가깝다
A. 술자리에서 분위기를 주도하는 편이나.	☐	☐	☐	☐	☐	☐	☐	☐
B. 교제의 범위가 넓지 않지만 깊이 사귄다.	☐	☐	☐	☐	☐	☐	☐	☐
C. 인적 네트워크의 형성과 유지에 공을 들이는 편이다.	☐	☐	☐	☐	☐	☐	☐	☐

173

문항	답안 1						답안 2	
	①	②	③	④	⑤	⑥	멀다	가깝다
A. 변화와 감정에 대해 남들보다 둔감하다.	☐	☐	☐	☐	☐	☐	☐	☐
B. 참신한 광고 문구를 잘 만들어낼 수 있다.	☐	☐	☐	☐	☐	☐	☐	☐
C. 사회적이고 반복적인 활동에 전혀 흥미를 느끼지 못한다.	☐	☐	☐	☐	☐	☐	☐	☐

174

문항	답안 1						답안 2	
	①	②	③	④	⑤	⑥	멀다	가깝다
A. '조화'와 '협동'은 나의 좌우명이다.	☐	☐	☐	☐	☐	☐	☐	☐
B. 남과 불편한 관계를 이루는 것이 매우 싫다.	☐	☐	☐	☐	☐	☐	☐	☐
C. 타인에 대한 나의 진심이 통하지 않을 때가 많은 것 같다.	☐	☐	☐	☐	☐	☐	☐	☐

175

문항	답안 1						답안 2	
	①	②	③	④	⑤	⑥	멀다	가깝다
A. 자신에게 엄격하고 자립적인 편이다.	☐	☐	☐	☐	☐	☐	☐	☐
B. 완벽주의적이며 편집적 성향이 있다.	☐	☐	☐	☐	☐	☐	☐	☐
C. 매사에 준비가 철저하지 못하고 속단하는 편이다.	☐	☐	☐	☐	☐	☐	☐	☐

176

문항	답안 1						답안 2	
	①	②	③	④	⑤	⑥	멀다	가깝다
A. 화, 걱정, 불안 등을 잘 느끼는 편이다.	☐	☐	☐	☐	☐	☐	☐	☐
B. 수줍음, 스트레스, 부끄러움에 둔감하다.	☐	☐	☐	☐	☐	☐	☐	☐
C. 정서적 반응이 느려서 민감하지 못하다는 평가를 받곤 한다.	☐	☐	☐	☐	☐	☐	☐	☐

177

문항	답안 1						답안 2	
	①	②	③	④	⑤	⑥	멀다	가깝다
A. 타인과 어울리는 것을 꺼릴 때가 많다.	☐	☐	☐	☐	☐	☐	☐	☐
B. 느긋하고 진지하며 과묵한 경향이 강하다.	☐	☐	☐	☐	☐	☐	☐	☐
C. 공동체의 핵심 가치를 공유하는 일에 앞장설 때가 많다.	☐	☐	☐	☐	☐	☐	☐	☐

178

문항	답안 1						답안 2	
	①	②	③	④	⑤	⑥	멀다	가깝다
A. 진취적이며 다양한 경험을 추구한다.	☐	☐	☐	☐	☐	☐	☐	☐
B. '현실성'과 '실용성'은 나의 신조이다.	☐	☐	☐	☐	☐	☐	☐	☐
C. 신기술이나 새로운 기기를 활용하는 일에 능숙하지 못하다.	☐	☐	☐	☐	☐	☐	☐	☐

179

문항	답안 1						답안 2	
	①	②	③	④	⑤	⑥	멀다	가깝다
A. 냉철한 현실주의 성향이 있다.	☐	☐	☐	☐	☐	☐	☐	☐
B. 타인을 경계하며 무관심한 경향이 강하다.	☐	☐	☐	☐	☐	☐	☐	☐
C. 타인과의 조화와 그들에 대한 존중심은 나의 장점이다.	☐	☐	☐	☐	☐	☐	☐	☐

180

문항	답안 1						답안 2	
	①	②	③	④	⑤	⑥	멀다	가깝다
A. 잘 단념하고 책임감을 별로 느끼지 못한다.	☐	☐	☐	☐	☐	☐	☐	☐
B. 성공을 위해 자신을 다그치고 옥죄곤 한다.	☐	☐	☐	☐	☐	☐	☐	☐
C. 목표가 불확실하고 목표 달성을 위해 자신을 희생하지 못한다.	☐	☐	☐	☐	☐	☐	☐	☐

181

문항	답안 1						답안 2	
	①	②	③	④	⑤	⑥	멀다	가깝다
A. 자책감 때문에 자신을 비난할 때가 많다.	☐	☐	☐	☐	☐	☐	☐	☐
B. 나는 분노에 좌지우지되지 않는 사람이다.	☐	☐	☐	☐	☐	☐	☐	☐
C. 냉정하지 못해 쉽게 흥분하고 분노할 때가 많다.	☐	☐	☐	☐	☐	☐	☐	☐

182

문항	답안 1						답안 2	
	①	②	③	④	⑤	⑥	멀다	가깝다
A. 리더가 되기를 꺼리는 편이다.	☐	☐	☐	☐	☐	☐	☐	☐
B. '침묵은 금'이 아니라고 생각한다.	☐	☐	☐	☐	☐	☐	☐	☐
C. 동호회 등 여럿이 함께 취미를 즐기는 일을 좋아한다.	☐	☐	☐	☐	☐	☐	☐	☐

183

문항	답안 1						답안 2	
	①	②	③	④	⑤	⑥	멀다	가깝다
A. 정치적으로 보수보다 진보를 지지한다.	☐	☐	☐	☐	☐	☐	☐	☐
B. 새롭고 다양한 예술 활동에 흥미를 느낀다.	☐	☐	☐	☐	☐	☐	☐	☐
C. 성과를 높이려면 기존의 방식을 따라야 한다고 생각한다.	☐	☐	☐	☐	☐	☐	☐	☐

184

문항	답안 1						답안 2	
	①	②	③	④	⑤	⑥	멀다	가깝다
A. 상당히 명랑하며 활동적인 편이다.	☐	☐	☐	☐	☐	☐	☐	☐
B. 사교적이어서 타인과의 교제를 매우 즐긴다.	☐	☐	☐	☐	☐	☐	☐	☐
C. 단체의 의견보다 자신의 판단이 우월하다고 생각한다.	☐	☐	☐	☐	☐	☐	☐	☐

185

문항	답안 1						답안 2	
	①	②	③	④	⑤	⑥	멀다	가깝다
A. 주도면밀하다는 평가를 받곤 한다.	☐	☐	☐	☐	☐	☐	☐	☐
B. 사고가 부드럽고 임기응변에 능숙한 편이다.	☐	☐	☐	☐	☐	☐	☐	☐
C. 자신에게 지나치게 엄격해 행동이 부자연스러울 때가 많다.	☐	☐	☐	☐	☐	☐	☐	☐

186

문항	답안 1						답안 2	
	①	②	③	④	⑤	⑥	멀다	가깝다
A. 냉정한 편이어서 쉽게 흥분하지 않는다.	☐	☐	☐	☐	☐	☐	☐	☐
B. 불필요한 불평으로 시간을 보내지 않는다.	☐	☐	☐	☐	☐	☐	☐	☐
C. 분하고 답답할 때면 일손이 전혀 잡히지 않는다.	☐	☐	☐	☐	☐	☐	☐	☐

187

문항	답안 1						답안 2	
	①	②	③	④	⑤	⑥	멀다	가깝다
A. 술자리에서 주량 넘게 마실 때가 많다.	☐	☐	☐	☐	☐	☐	☐	☐
B. 혼자 사색하는 것을 즐기며 말수가 적다.	☐	☐	☐	☐	☐	☐	☐	☐
C. 소극적인 탓에 나의 의견을 표현하지 못할 때가 많다.	☐	☐	☐	☐	☐	☐	☐	☐

188

문항	답안 1						답안 2	
	①	②	③	④	⑤	⑥	멀다	가깝다
A. 독창적 예술 작품에 잘 공감한다.	☐	☐	☐	☐	☐	☐	☐	☐
B. 대개는 '구관이 명관'이라고 생각한다.	☐	☐	☐	☐	☐	☐	☐	☐
C. 안전성을 높이기 위해 보편적인 방식을 고수하는 편이다.	☐	☐	☐	☐	☐	☐	☐	☐

189

문항	답안 1						답안 2	
	①	②	③	④	⑤	⑥	멀다	가깝다
A. 속마음을 감추며 남에게 완고한 편이다.	☐	☐	☐	☐	☐	☐	☐	☐
B. 자신이 타인보다 우월하다고 생각한다.	☐	☐	☐	☐	☐	☐	☐	☐
C. 공손하며 규범 준수와 공정성 유지를 중시한다.	☐	☐	☐	☐	☐	☐	☐	☐

190

성실성

문항	답안 1						답안 2	
	①	②	③	④	⑤	⑥	멀다	가깝다
A. 매사에 믿을 만하다는 평가를 받곤 한다.	☐	☐	☐	☐	☐	☐	☐	☐
B. 충동적이며 경솔하다는 비판을 받곤 한다.	☐	☐	☐	☐	☐	☐	☐	☐
C. 권리보다 의무가 많은 일은 결코 맡고 싶지 않다.	☐	☐	☐	☐	☐	☐	☐	☐

191

민감성

문항	답안 1						답안 2	
	①	②	③	④	⑤	⑥	멀다	가깝다
A. 넋두리를 늘어놓을 때가 많다.	☐	☐	☐	☐	☐	☐	☐	☐
B. 타인에 대해 질투심을 별로 느끼지 못한다.	☐	☐	☐	☐	☐	☐	☐	☐
C. 살면서 난감한 일을 유난히 많이 겪는 것 같다.	☐	☐	☐	☐	☐	☐	☐	☐

192

외향성

문항	답안 1						답안 2	
	①	②	③	④	⑤	⑥	멀다	가깝다
A. 타인의 주목을 받는 일이 즐겁다.	☐	☐	☐	☐	☐	☐	☐	☐
B. 타인의 생각에 관심이 적은 편이다.	☐	☐	☐	☐	☐	☐	☐	☐
C. 조직 내의 권력 관계와 서열을 파악하는 일에 능숙하다.	☐	☐	☐	☐	☐	☐	☐	☐

193

지적개방성

문항	답안 1						답안 2	
	①	②	③	④	⑤	⑥	멀다	가깝다
A. 상상력이 풍부해 새로운 생각을 잘한다.	☐	☐	☐	☐	☐	☐	☐	☐
B. 예술 활동에 직접 참여하고 싶을 때가 많다.	☐	☐	☐	☐	☐	☐	☐	☐
C. 새로운 환경으로 옮겨가기보다는 기존의 환경에 남는 것을 선호한다.	☐	☐	☐	☐	☐	☐	☐	☐

194

친화성

문항	답안 1						답안 2	
	①	②	③	④	⑤	⑥	멀다	가깝다
A. 갈등을 덮어두고 회피하는 편이다.	☐	☐	☐	☐	☐	☐	☐	☐
B. 개선점을 찾기 위한 커뮤니케이션에 애쓴다.	☐	☐	☐	☐	☐	☐	☐	☐
C. 갈등을 외면하거나 의존적으로 대응할 때가 많다.	☐	☐	☐	☐	☐	☐	☐	☐

195

문항	답안 1						답안 2	
	①	②	③	④	⑤	⑥	멀다	가깝다
A. 의무와 규칙을 준수하는 데 철저하다.	☐	☐	☐	☐	☐	☐	☐	☐
B. 목표가 정확하고 목표 달성에 헌신한다.	☐	☐	☐	☐	☐	☐	☐	☐
C. 도전하기보다는 테두리와 한계 내에 머무르는 편이다.	☐	☐	☐	☐	☐	☐	☐	☐

196

문항	답안 1						답안 2	
	①	②	③	④	⑤	⑥	멀다	가깝다
A. 어떠한 부담도 내 행동을 구속하지 못한다.	☐	☐	☐	☐	☐	☐	☐	☐
B. 사소한 일로 자존심이 몹시 상할 때가 많다.	☐	☐	☐	☐	☐	☐	☐	☐
C. 울적할 때보다는 개운하고 후련할 때가 훨씬 많다.	☐	☐	☐	☐	☐	☐	☐	☐

197

문항	답안 1						답안 2	
	①	②	③	④	⑤	⑥	멀다	가깝다
A. 타인의 시선이나 주목이 달갑지 않다.	☐	☐	☐	☐	☐	☐	☐	☐
B. 보통은 공적이고 거리를 두는 편이다.	☐	☐	☐	☐	☐	☐	☐	☐
C. 깊이 사귀기보다는 교제의 범위가 넓은 것을 선호한다.	☐	☐	☐	☐	☐	☐	☐	☐

198

문항	답안 1						답안 2	
	①	②	③	④	⑤	⑥	멀다	가깝다
A. 익숙한 과정을 밟는 것을 선호한다.	☐	☐	☐	☐	☐	☐	☐	☐
B. 강경한 현실주의자라는 평가를 받곤 한다.	☐	☐	☐	☐	☐	☐	☐	☐
C. 새로운 지식을 받아들이는 것에서 자극을 받는다.	☐	☐	☐	☐	☐	☐	☐	☐

199

문항	답안 1						답안 2	
	①	②	③	④	⑤	⑥	멀다	가깝다
A. 경쟁 논리로 시비를 가리려고 하곤 한다.	☐	☐	☐	☐	☐	☐	☐	☐
B. 모든 갈등은 항상 불필요하다고 생각한다.	☐	☐	☐	☐	☐	☐	☐	☐
C. 현상에 대해 냉소적이며 자신의 이익을 우선으로 여긴다.	☐	☐	☐	☐	☐	☐	☐	☐

200

문항	답안 1						답안 2	
	①	②	③	④	⑤	⑥	멀다	가깝다
A. 매사에 철저히 준비하고 숙고하는 편이다.	☐	☐	☐	☐	☐	☐	☐	☐
B. 의무를 지킬 필요가 없다고 생각하곤 한다.	☐	☐	☐	☐	☐	☐	☐	☐
C. 잦은 실수로 인해 자신감을 잃고 단념할 때가 많다.	☐	☐	☐	☐	☐	☐	☐	☐

201

문항	답안 1						답안 2	
	①	②	③	④	⑤	⑥	멀다	가깝다
A. 감정의 기복이 남들보다 큰 편이다.	☐	☐	☐	☐	☐	☐	☐	☐
B. 자신의 삶이 시시하게 보일 때가 많다.	☐	☐	☐	☐	☐	☐	☐	☐
C. 억울한 마음으로 하소연을 하는 것은 불필요할 것이다.	☐	☐	☐	☐	☐	☐	☐	☐

202

문항	답안 1						답안 2	
	①	②	③	④	⑤	⑥	멀다	가깝다
A. 타인과 함께할 때 큰 즐거움을 느낀다.	☐	☐	☐	☐	☐	☐	☐	☐
B. 대개의 경우 활달하고 외향적인 편이다.	☐	☐	☐	☐	☐	☐	☐	☐
C. 나에 관한 타인들의 평가와 시선은 나에게 영향을 주지 못한다.	☐	☐	☐	☐	☐	☐	☐	☐

203

문항	답안 1						답안 2	
	①	②	③	④	⑤	⑥	멀다	가깝다
A. 지적인 자극을 찾는 데 적극적이다.	☐	☐	☐	☐	☐	☐	☐	☐
B. 새로운 생각을 실현하는 일에 관심이 많다.	☐	☐	☐	☐	☐	☐	☐	☐
C. 실제로 얻을 수 있는 이익을 보다 우선으로 생각한다.	☐	☐	☐	☐	☐	☐	☐	☐

204

문항	답안 1						답안 2	
	①	②	③	④	⑤	⑥	멀다	가깝다
A. 항상 마음을 열고 대화하려고 노력한다.	☐	☐	☐	☐	☐	☐	☐	☐
B. 상대의 입장에서 해결책을 생각하곤 한다.	☐	☐	☐	☐	☐	☐	☐	☐
C. 남의 문제에 끼어들면 귀찮은 일을 자초할 것이다.	☐	☐	☐	☐	☐	☐	☐	☐

205

문항	답안 1						답안 2	
	①	②	③	④	⑤	⑥	멀다	가깝다
A. 매사에 믿을 만하다는 평가를 받곤 한다.	☐	☐	☐	☐	☐	☐	☐	☐
B. 언행이 불일치해 비판을 받을 때가 많다.	☐	☐	☐	☐	☐	☐	☐	☐
C. 반드시 기초부터 튼튼히 다져야 한다고 생각한다.	☐	☐	☐	☐	☐	☐	☐	☐

206

문항	답안 1						답안 2	
	①	②	③	④	⑤	⑥	멀다	가깝다
A. 질투와 미움, 시기 등을 크게 느끼곤 한다.	☐	☐	☐	☐	☐	☐	☐	☐
B. '숨 쉬는 한 희망은 있다'는 격언을 믿는다.	☐	☐	☐	☐	☐	☐	☐	☐
C. 역경에 굴하지 않으면 많은 일을 이룰 수 있다고 확신한다.	☐	☐	☐	☐	☐	☐	☐	☐

207

문항	답안 1						답안 2	
	①	②	③	④	⑤	⑥	멀다	가깝다
A. 남의 관심을 받는 것을 좋아한다.	☐	☐	☐	☐	☐	☐	☐	☐
B. 익숙한 권위에 의존할 때가 더욱 많다.	☐	☐	☐	☐	☐	☐	☐	☐
C. 상급자이든 하급자이든 불만을 잘 표현하지 못한다.	☐	☐	☐	☐	☐	☐	☐	☐

208

문항	답안 1						답안 2	
	①	②	③	④	⑤	⑥	멀다	가깝다
A. 지적인 탐구에 몰입하기를 즐긴다.	☐	☐	☐	☐	☐	☐	☐	☐
B. 격변하는 사회에 적응하지 못할 때가 많다.	☐	☐	☐	☐	☐	☐	☐	☐
C. 대개는 포도주처럼 보다 오래된 것이 낫다고 생각한다.	☐	☐	☐	☐	☐	☐	☐	☐

209

문항	답안 1						답안 2	
	①	②	③	④	⑤	⑥	멀다	가깝다
A. 타협으로 갈등을 없애는 것에 관심이 많다.	☐	☐	☐	☐	☐	☐	☐	☐
B. 인사고과를 위해 남들과 치열하게 경쟁한다.	☐	☐	☐	☐	☐	☐	☐	☐
C. 성과급 차등 지급 등 경쟁적 분위기 조성은 필수적이다.	☐	☐	☐	☐	☐	☐	☐	☐

210

문항	답안 1						답안 2	
	①	②	③	④	⑤	⑥	멀다	가깝다
A. 대화중에는 용건만 확실히 말하는 편이다.	☐	☐	☐	☐	☐	☐	☐	☐
B. 임무의 완수는 유연한 융통성에 달려 있다.	☐	☐	☐	☐	☐	☐	☐	☐
C. 맡은 일은 끝까지 책임지려 애쓰지 않는다.	☐	☐	☐	☐	☐	☐	☐	☐

211

문항	답안 1						답안 2	
	①	②	③	④	⑤	⑥	멀다	가깝다
A. 실패에서도 배울 것이 많다고 생각한다.	☐	☐	☐	☐	☐	☐	☐	☐
B. 남으로부터 마음의 상처를 잘 받는 편이다.	☐	☐	☐	☐	☐	☐	☐	☐
C. 남들이 수군거리면 내 험담을 하는 것 같아 개운하지 않다.	☐	☐	☐	☐	☐	☐	☐	☐

212

문항	답안 1						답안 2	
	①	②	③	④	⑤	⑥	멀다	가깝다
A. 집단을 이루는 것을 선호한다.	☐	☐	☐	☐	☐	☐	☐	☐
B. 사교적이며 자극을 추구하는 성향이 강하다.	☐	☐	☐	☐	☐	☐	☐	☐
C. 누군가 자신의 집으로 나를 초대하는 것이 부담스럽다.	☐	☐	☐	☐	☐	☐	☐	☐

213

문항	답안 1						답안 2	
	①	②	③	④	⑤	⑥	멀다	가깝다
A. 예술과 문화에 관심이 매우 많다.	☐	☐	☐	☐	☐	☐	☐	☐
B. 신조어 사용에 비판적이다.	☐	☐	☐	☐	☐	☐	☐	☐
C. 창조적 탐구를 수반하는 활동에 큰 흥미를 느낀다.	☐	☐	☐	☐	☐	☐	☐	☐

214

문항	답안 1						답안 2	
	①	②	③	④	⑤	⑥	멀다	가깝다
A. 합의안의 도출과 문제 규명에 무관심하다.	☐	☐	☐	☐	☐	☐	☐	☐
B. 갈등을 일으키는 일은 거의 회피하곤 한다.	☐	☐	☐	☐	☐	☐	☐	☐
C. 본격적으로 대화하기 전에 긍정적인 분위기를 조성하는 편이다.	☐	☐	☐	☐	☐	☐	☐	☐

215

문항	답안 1						답안 2	
	①	②	③	④	⑤	⑥	멀다	가깝다
A. 말과 행동이 엇갈려 비난을 받곤 한다.	☐	☐	☐	☐	☐	☐	☐	☐
B. 지위가 높을수록 더 많은 책임을 져야 한다.	☐	☐	☐	☐	☐	☐	☐	☐
C. 정의감이 강해 불의를 보면 그냥 넘기지 못한다.	☐	☐	☐	☐	☐	☐	☐	☐

216
민감성

문항	답안 1						답안 2	
	①	②	③	④	⑤	⑥	멀다	가깝다
A. 상실감 극복을 위해 즐거움을 찾곤 한다.	☐	☐	☐	☐	☐	☐	☐	☐
B. 지나친 흥분은 일을 그르친다고 확신한다.	☐	☐	☐	☐	☐	☐	☐	☐
C. 뜨거운 여름날 부채질을 해봤자 팔만 아프다고 생각한다.	☐	☐	☐	☐	☐	☐	☐	☐

217
외향성

문항	답안 1						답안 2	
	①	②	③	④	⑤	⑥	멀다	가깝다
A. 활기차며 자극적인 활동을 선호한다.	☐	☐	☐	☐	☐	☐	☐	☐
B. 나에 대한 남들의 평판, 이목에 무관심하다.	☐	☐	☐	☐	☐	☐	☐	☐
C. 투자한다면 리스크보다는 안전성을 중시할 것이다.	☐	☐	☐	☐	☐	☐	☐	☐

218
지적개방성

문항	답안 1						답안 2	
	①	②	③	④	⑤	⑥	멀다	가깝다
A. 지적인 탐구에 몰입하기를 즐긴다.	☐	☐	☐	☐	☐	☐	☐	☐
B. 오직 기준과 원칙에 따라 과제를 수행한다.	☐	☐	☐	☐	☐	☐	☐	☐
C. 변화에 적응하려면 남들보다 시간이 더 걸린다.	☐	☐	☐	☐	☐	☐	☐	☐

219
친화성

문항	답안 1						답안 2	
	①	②	③	④	⑤	⑥	멀다	가깝다
A. 양보할수록 뒤처진다고 생각한다.	☐	☐	☐	☐	☐	☐	☐	☐
B. 타협으로써 갈등을 없애는 일에 무관심하다.	☐	☐	☐	☐	☐	☐	☐	☐
C. 나의 이익보다는 조직 목표 달성이 언제나 우선이다.	☐	☐	☐	☐	☐	☐	☐	☐

220

문항	답안 1						답안 2	
	①	②	③	④	⑤	⑥	멀다	가깝다
A. 제 몫을 다해내지 못할 때가 많다.	□	□	□	□	□	□	□	□
B. 적당한 열의와 평범한 수완으로 일한다.	□	□	□	□	□	□	□	□
C. 남보다 일찍 출근하고 늦게 퇴근하기를 꺼리지 않는다.	□	□	□	□	□	□	□	□

221

문항	답안 1						답안 2	
	①	②	③	④	⑤	⑥	멀다	가깝다
A. 자신의 존재가 하찮게 느껴질 때가 많다.	□	□	□	□	□	□	□	□
B. 마음의 상처를 입으면 도망치는 때가 많다.	□	□	□	□	□	□	□	□
C. 열등감을 예방하기 위해 자신을 객관적으로 보려고 애쓴다.	□	□	□	□	□	□	□	□

222

문항	답안 1						답안 2	
	①	②	③	④	⑤	⑥	멀다	가깝다
A. 낙천적·정열적인 성향이 강한 편이다.	□	□	□	□	□	□	□	□
B. 헤게모니의 향방에 대해 관심이 전혀 없다.	□	□	□	□	□	□	□	□
C. 적극적으로 자기주장을 하다가 소란을 일으키곤 한다.	□	□	□	□	□	□	□	□

223

문항	답안 1						답안 2	
	①	②	③	④	⑤	⑥	멀다	가깝다
A. 수상록이나 수필집을 읽기를 즐긴다.	□	□	□	□	□	□	□	□
B. 원칙을 지키느라 변화에 적응하지 못한다.	□	□	□	□	□	□	□	□
C. 지나치게 진보적이라 조직에서 고립될 때도 있다.	□	□	□	□	□	□	□	□

224

문항	답안 1						답안 2	
	①	②	③	④	⑤	⑥	멀다	가깝다
A. 적극적으로 경청하려고 노력하는 편이다.	□	□	□	□	□	□	□	□
B. 존중하는 자세로 타인을 대하려 노력한다.	□	□	□	□	□	□	□	□
C. 마음을 열고 대화할 필요성을 느끼지 못할 때가 많다.	□	□	□	□	□	□	□	□

225

문항	답안 1						답안 2	
	①	②	③	④	⑤	⑥	멀다	가깝다
A. 약속 시간보다 항상 일찍 도착하는 편이다.	☐	☐	☐	☐	☐	☐	☐	☐
B. 열 번 듣고 신중하게 한 번 말하는 편이다.	☐	☐	☐	☐	☐	☐	☐	☐
C. 능력의 부족보다는 시간의 부족을 느낄 때가 많다.	☐	☐	☐	☐	☐	☐	☐	☐

226

문항	답안 1						답안 2	
	①	②	③	④	⑤	⑥	멀다	가깝다
A. 항상 심리적 안정을 유지하기 위해 애쓴다.	☐	☐	☐	☐	☐	☐	☐	☐
B. 부정적 상황에서도 감정을 절제할 수 있다.	☐	☐	☐	☐	☐	☐	☐	☐
C. 지하철 문이 닫힐 때 조바심 때문에 성급히 달려들 때가 많다.	☐	☐	☐	☐	☐	☐	☐	☐

227

문항	답안 1						답안 2	
	①	②	③	④	⑤	⑥	멀다	가깝다
A. 리더의 지시를 잠자코 따르는 편이다.	☐	☐	☐	☐	☐	☐	☐	☐
B. 위험에 맞서기보다는 철저히 회피하려 한다.	☐	☐	☐	☐	☐	☐	☐	☐
C. 지나친 자기주장으로 불필요한 갈등을 일으키곤 한다.	☐	☐	☐	☐	☐	☐	☐	☐

228

문항	답안 1						답안 2	
	①	②	③	④	⑤	⑥	멀다	가깝다
A. 변화가 불쾌하게 느껴질 때가 많다.	☐	☐	☐	☐	☐	☐	☐	☐
B. 자신의 감정을 매우 강렬하게 느낀다.	☐	☐	☐	☐	☐	☐	☐	☐
C. 전통과 권위와 동떨어진 변화는 사상누각(砂上樓閣)일 뿐이다.	☐	☐	☐	☐	☐	☐	☐	☐

229

문항	답안 1						답안 2	
	①	②	③	④	⑤	⑥	멀다	가깝다
A. 분쟁 해결을 위한 협의 활동에 적극적이다.	☐	☐	☐	☐	☐	☐	☐	☐
B. 갈등을 해소할 수 있는 중재에 무관심하다.	☐	☐	☐	☐	☐	☐	☐	☐
C. 굳이 갈등 관계를 드러내지 않고 해결을 기피하곤 한다.	☐	☐	☐	☐	☐	☐	☐	☐

230

문항	답안 1						답안 2	
	①	②	③	④	⑤	⑥	멀다	가깝다
A. 계획을 변경하는 일이 빈번한 편이다.	☐	☐	☐	☐	☐	☐	☐	☐
B. 책임을 남에게 떠넘기고 싶어지곤 한다.	☐	☐	☐	☐	☐	☐	☐	☐
C. 자신이 변명을 하는 것이 구차하게 느껴질 때가 많다.	☐	☐	☐	☐	☐	☐	☐	☐

231

문항	답안 1						답안 2	
	①	②	③	④	⑤	⑥	멀다	가깝다
A. 상실감 때문에 우울해질 때가 많다.	☐	☐	☐	☐	☐	☐	☐	☐
B. 배고플 경우에는 평정심을 크게 잃는다.	☐	☐	☐	☐	☐	☐	☐	☐
C. 자신을 둘러싼 환경과 자신의 감정을 통제할 수 있다.	☐	☐	☐	☐	☐	☐	☐	☐

232

문항	답안 1						답안 2	
	①	②	③	④	⑤	⑥	멀다	가깝다
A. 공격적으로 자기주장을 하곤 한다.	☐	☐	☐	☐	☐	☐	☐	☐
B. 상관에게 불만을 가감 없이 말할 수 있다.	☐	☐	☐	☐	☐	☐	☐	☐
C. 소수의 리더보다는 다수의 팔로어들의 역할이 더 중요하다.	☐	☐	☐	☐	☐	☐	☐	☐

233

문항	답안 1						답안 2	
	①	②	③	④	⑤	⑥	멀다	가깝다
A. 학구적·지적인 능력에 자부심을 느낀다.	☐	☐	☐	☐	☐	☐	☐	☐
B. 창의성과 개성은 내가 추구하는 가치이다.	☐	☐	☐	☐	☐	☐	☐	☐
C. 사물의 가치를 판단할 때 보편성과 현실성을 최우선으로 삼는다.	☐	☐	☐	☐	☐	☐	☐	☐

234

문항	답안 1						답안 2	
	①	②	③	④	⑤	⑥	멀다	가깝다
A. 문제 규명과 합의안의 도출에 적극적이다.	☐	☐	☐	☐	☐	☐	☐	☐
B. 조직 내에 갈등은 없는지 세심하게 살핀다.	☐	☐	☐	☐	☐	☐	☐	☐
C. 공동 목표 달성보다는 나의 이익이 더욱 중요하다.	☐	☐	☐	☐	☐	☐	☐	☐

235

문항	답안 1						답안 2	
	①	②	③	④	⑤	⑥	멀다	가깝다
A. 책임이 클수록 성취감도 크다고 생각한다.	☐	☐	☐	☐	☐	☐	☐	☐
B. 어떠한 경우에도 직업윤리를 준수할 것이다.	☐	☐	☐	☐	☐	☐	☐	☐
C. 동기부여에도 의욕이 별로 높아지지 않는다.	☐	☐	☐	☐	☐	☐	☐	☐

236

문항	답안 1						답안 2	
	①	②	③	④	⑤	⑥	멀다	가깝다
A. 지나치게 화를 내지 않는다.	☐	☐	☐	☐	☐	☐	☐	☐
B. 욕구불만일 때는 스트레스를 크게 받는다.	☐	☐	☐	☐	☐	☐	☐	☐
C. 어떤 경우에도 자학하는 생각을 절대 하지 않는다.	☐	☐	☐	☐	☐	☐	☐	☐

237

문항	답안 1						답안 2	
	①	②	③	④	⑤	⑥	멀다	가깝다
A. 남들이 리더 역할을 하도록 맡기는 편이다.	☐	☐	☐	☐	☐	☐	☐	☐
B. 나서지 않고 남의 주장을 수용할 때가 많다.	☐	☐	☐	☐	☐	☐	☐	☐
C. 외향적 성격 때문에 친구들 사이에서 인기가 많은 편이다.	☐	☐	☐	☐	☐	☐	☐	☐

238

문항	답안 1						답안 2	
	①	②	③	④	⑤	⑥	멀다	가깝다
A. 진보적이고 변화를 추구한다.	☐	☐	☐	☐	☐	☐	☐	☐
B. 연로해서도 진보적이면 철이 없는 것이다.	☐	☐	☐	☐	☐	☐	☐	☐
C. 변화에 적응하기보다는 원칙을 고수하는 편이다.	☐	☐	☐	☐	☐	☐	☐	☐

239

문항	답안 1						답안 2	
	①	②	③	④	⑤	⑥	멀다	가깝다
A. 남들의 선심이 아니꼽게 느껴지곤 한다.	☐	☐	☐	☐	☐	☐	☐	☐
B. 예의 바르면 손해를 보기 쉽다고 생각한다.	☐	☐	☐	☐	☐	☐	☐	☐
C. 갈등을 인정하고 해결하는 일에 매우 적극적이다.	☐	☐	☐	☐	☐	☐	☐	☐

PART 1

240

문항	답안 1						답안 2	
	①	②	③	④	⑤	⑥	멀다	가깝다
A. 모순적인 언행으로 책망을 받곤 한다.	☐	☐	☐	☐	☐	☐	☐	☐
B. 몸이 아파도 주어진 임무는 다하려고 한다.	☐	☐	☐	☐	☐	☐	☐	☐
C. 자기 유능감, 정돈, 자율성, 신중함 등이 부족한 편이다.	☐	☐	☐	☐	☐	☐	☐	☐

241

문항	답안 1						답안 2	
	①	②	③	④	⑤	⑥	멀다	가깝다
A. 염려만 하다가 시기를 놓칠 때가 많다.	☐	☐	☐	☐	☐	☐	☐	☐
B. 어떠한 경우에도 자존감을 유지할 수 있다.	☐	☐	☐	☐	☐	☐	☐	☐
C. 열등감이나 무력감 때문에 허탈함에 빠지곤 한다.	☐	☐	☐	☐	☐	☐	☐	☐

242

문항	답안 1						답안 2	
	①	②	③	④	⑤	⑥	멀다	가깝다
A. 권력, 주도권 등은 나의 큰 관심을 끈다.	☐	☐	☐	☐	☐	☐	☐	☐
B. 타인의 관심과 평판의 영향을 많이 받는다.	☐	☐	☐	☐	☐	☐	☐	☐
C. 나를 오해하고 있는 사람과는 보지 않으면 그만일 뿐이다.	☐	☐	☐	☐	☐	☐	☐	☐

243

문항	답안 1						답안 2	
	①	②	③	④	⑤	⑥	멀다	가깝다
A. 창의적 사고에 능숙한 편이다.	☐	☐	☐	☐	☐	☐	☐	☐
B. 비평, 번역은 새로운 창작이라고 생각한다.	☐	☐	☐	☐	☐	☐	☐	☐
C. '상상만을 중시해 현실에서 괴리되었다'는 비판을 받곤 한다.	☐	☐	☐	☐	☐	☐	☐	☐

244

문항	답안 1						답안 2	
	①	②	③	④	⑤	⑥	멀다	가깝다
A. 상대의 호의를 순수하게 받아들인다.	☐	☐	☐	☐	☐	☐	☐	☐
B. 타인을 이해하고 양보하는 데 적극적이다.	☐	☐	☐	☐	☐	☐	☐	☐
C. 갑론을박을 통해 자신의 이익을 지키는 일을 잘한다.	☐	☐	☐	☐	☐	☐	☐	☐

245

문항	답안 1						답안 2	
	①	②	③	④	⑤	⑥	멀다	가깝다
A. 지위가 높을수록 모범이 되어야 한다.	☐	☐	☐	☐	☐	☐	☐	☐
B. 명예와 양심은 당장의 이익보다 우선한다.	☐	☐	☐	☐	☐	☐	☐	☐
C. 꾸준히 해봤자 별로 소득이 없다고 생각할 때가 많다.	☐	☐	☐	☐	☐	☐	☐	☐

246

문항	답안 1						답안 2	
	①	②	③	④	⑤	⑥	멀다	가깝다
A. 자괴감을 거의 느끼지 않는다.	☐	☐	☐	☐	☐	☐	☐	☐
B. 지나친 자책감으로 속을 썩일 때가 많다.	☐	☐	☐	☐	☐	☐	☐	☐
C. 욕구를 잘 절제하며 이성적으로 통제할 때가 많다.	☐	☐	☐	☐	☐	☐	☐	☐

247

문항	답안 1						답안 2	
	①	②	③	④	⑤	⑥	멀다	가깝다
A. 권력 암투에 얽힌 역사에 관심이 많다.	☐	☐	☐	☐	☐	☐	☐	☐
B. 타인들과 함께 있는 것이 싫어질 때가 많다.	☐	☐	☐	☐	☐	☐	☐	☐
C. 대인관계에서 공적이고 사무적인 것 외의 사적인 이야기는 하지 않는다.	☐	☐	☐	☐	☐	☐	☐	☐

248

문항	답안 1						답안 2	
	①	②	③	④	⑤	⑥	멀다	가깝다
A. 변화가 눈에 거슬리게 느껴지곤 한다.	☐	☐	☐	☐	☐	☐	☐	☐
B. 철학적 주제는 나의 흥미를 끌지 못한다.	☐	☐	☐	☐	☐	☐	☐	☐
C. 예술 등의 정신활동을 통해 새로운 자아를 발견할 수 있다.	☐	☐	☐	☐	☐	☐	☐	☐

249

문항	답안 1						답안 2	
	①	②	③	④	⑤	⑥	멀다	가깝다
A. 갈등을 없애기 위한 중재에 능숙하다.	☐	☐	☐	☐	☐	☐	☐	☐
B. 다른 이의 호의가 간섭처럼 느껴지곤 한다.	☐	☐	☐	☐	☐	☐	☐	☐
C. 타인이 당황하는 모습을 보일 때 고소해 하곤 한다.	☐	☐	☐	☐	☐	☐	☐	☐

250

문항	답안 1						답안 2	
	①	②	③	④	⑤	⑥	멀다	가깝다
A. 임무를 타인에게 전가하고 싶어지곤 한다.	☐	☐	☐	☐	☐	☐	☐	☐
B. 자투리 시간을 활용해 자기 개발에 힘쓴다.	☐	☐	☐	☐	☐	☐	☐	☐
C. 신중하지 못한 태도로 불필요한 과정을 반복할 때가 많다.	☐	☐	☐	☐	☐	☐	☐	☐

251

문항	답안 1						답안 2	
	①	②	③	④	⑤	⑥	멀다	가깝다
A. 머리끝까지 화를 낸 적이 거의 없다.	☐	☐	☐	☐	☐	☐	☐	☐
B. 심약해서 곤란한 상황을 잘 견디지 못한다.	☐	☐	☐	☐	☐	☐	☐	☐
C. 불안감, 우울, 분노, 울화, 답답함 등을 느낄 때가 많다.	☐	☐	☐	☐	☐	☐	☐	☐

252

문항	답안 1						답안 2	
	①	②	③	④	⑤	⑥	멀다	가깝다
A. 대인관계에서 거리감을 두는 정도가 크다.	☐	☐	☐	☐	☐	☐	☐	☐
B. 적절한 조언을 하는 멘토로 평가받곤 한다.	☐	☐	☐	☐	☐	☐	☐	☐
C. 저수익의 안전성보다는 고수익의 리스크를 선택할 것이다.	☐	☐	☐	☐	☐	☐	☐	☐

253

문항	답안 1						답안 2	
	①	②	③	④	⑤	⑥	멀다	가깝다
A. 창작 활동에 깊은 흥미를 느낀다.	☐	☐	☐	☐	☐	☐	☐	☐
B. 자신의 개성이 남들과 차별화될수록 좋다.	☐	☐	☐	☐	☐	☐	☐	☐
C. '현실을 무시한 채 이상에만 집착하는 낭만주의자'라는 비판을 받곤 한다.	☐	☐	☐	☐	☐	☐	☐	☐

254

문항	답안 1						답안 2	
	①	②	③	④	⑤	⑥	멀다	가깝다
A. 자신보다는 상대의 관심사를 우선한다.	☐	☐	☐	☐	☐	☐	☐	☐
B. 경쟁·회피보다는 타협·수용하는 편이다.	☐	☐	☐	☐	☐	☐	☐	☐
C. 갈등을 해결하려면 자신의 의견을 강력하게 어필해야 한다.	☐	☐	☐	☐	☐	☐	☐	☐

255

문항	답안 1						답안 2	
	①	②	③	④	⑤	⑥	멀다	가깝다
A. 준비가 소홀해 비판을 받을 때가 많다.	☐	☐	☐	☐	☐	☐	☐	☐
B. 자기 개발과 관련한 책과 글에 관심이 많다.	☐	☐	☐	☐	☐	☐	☐	☐
C. 계획을 세울 때 단기와 장기 목표를 구분해 꼼꼼히 설정한다.	☐	☐	☐	☐	☐	☐	☐	☐

256

문항	답안 1						답안 2	
	①	②	③	④	⑤	⑥	멀다	가깝다
A. 충동에 이끌리는 정도가 남보다 크다.	☐	☐	☐	☐	☐	☐	☐	☐
B. 욕구나 스트레스에 크게 흔들리지 않는다.	☐	☐	☐	☐	☐	☐	☐	☐
C. 자신이 유약하거나 초라하다고 생각한 적이 없다.	☐	☐	☐	☐	☐	☐	☐	☐

257

문항	답안 1						답안 2	
	①	②	③	④	⑤	⑥	멀다	가깝다
A. 모험·스릴보다는 평온·무난함을 선호한다.	☐	☐	☐	☐	☐	☐	☐	☐
B. 활동적이지는 않지만 여유를 잃지 않는다.	☐	☐	☐	☐	☐	☐	☐	☐
C. 실권, 실력자, 세력, 강제력 등은 나의 관심을 끈다.	☐	☐	☐	☐	☐	☐	☐	☐

258

문항	답안 1						답안 2	
	①	②	③	④	⑤	⑥	멀다	가깝다
A. 익숙한 과정을 밟는 것을 선호한다.	☐	☐	☐	☐	☐	☐	☐	☐
B. 삶의 본질이 무엇인지 전혀 궁금하지 않다.	☐	☐	☐	☐	☐	☐	☐	☐
C. 인간이 나이가 들수록 보수적이 되는 것은 자연스러운 현상이다.	☐	☐	☐	☐	☐	☐	☐	☐

259

문항	답안 1						답안 2	
	①	②	③	④	⑤	⑥	멀다	가깝다
A. 이익을 바라며 남에게 호의를 베풀곤 한다.	☐	☐	☐	☐	☐	☐	☐	☐
B. 선행이 생색내기처럼 느껴지곤 한다.	☐	☐	☐	☐	☐	☐	☐	☐
C. 경쟁적 논쟁을 통해 이익을 얻는 일에 능숙하다.	☐	☐	☐	☐	☐	☐	☐	☐

PART 1

260

성실성

문항	답안 1						답안 2	
	①	②	③	④	⑤	⑥	멀다	가깝다
A. 책임감이 약해 타인의 신뢰를 잃곤 한다.	□	□	□	□	□	□	□	□
B. 철저히 준비하기보다는 즉흥적일 때가 많다.	□	□	□	□	□	□	□	□
C. 성공적인 자기 개발을 위해서 욕구를 통제하곤 한다.	□	□	□	□	□	□	□	□

261

민감성

문항	답안 1						답안 2	
	①	②	③	④	⑤	⑥	멀다	가깝다
A. 스스로가 볼품없다고 느껴질 때가 많다.	□	□	□	□	□	□	□	□
B. 화를 잘 삭이며 냉정함을 유지할 수 있다.	□	□	□	□	□	□	□	□
C. 대담하지 못하고 조심성이 지나치게 많은 편이다.	□	□	□	□	□	□	□	□

262

외향성

문항	답안 1						답안 2	
	①	②	③	④	⑤	⑥	멀다	가깝다
A. 침묵과 명상, 사색 등을 즐긴다.	□	□	□	□	□	□	□	□
B. 타인을 대할 때 닦달하는 경우가 많다.	□	□	□	□	□	□	□	□
C. 조직에서는 리더의 역할이 가장 중요하다고 생각한다.	□	□	□	□	□	□	□	□

263

지적개방성

문항	답안 1						답안 2	
	①	②	③	④	⑤	⑥	멀다	가깝다
A. 신제품 개발 업무가 적성에 맞는 것 같다.	□	□	□	□	□	□	□	□
B. 변화는 대개 변질을 초래한다고 생각한다.	□	□	□	□	□	□	□	□
C. 내가 요리사라면 새로운 메뉴 개발을 잘할 자신이 있다.	□	□	□	□	□	□	□	□

264

친화성

문항	답안 1						답안 2	
	①	②	③	④	⑤	⑥	멀다	가깝다
A. 타인의 좋은 의도를 의심하지 않는다.	□	□	□	□	□	□	□	□
B. 갈등의 결과가 항상 부정적인 것은 아니다.	□	□	□	□	□	□	□	□
C. 알력 해결을 위한 협의는 나의 관심사가 아니다.	□	□	□	□	□	□	□	□

265

문항	답안 1						답안 2	
	①	②	③	④	⑤	⑥	멀다	가깝다
A. 자기 성찰은 나를 성공으로 이끌 것이다.	☐	☐	☐	☐	☐	☐	☐	☐
B. 전문 지식을 갖추기 위해 꾸준히 독서한다.	☐	☐	☐	☐	☐	☐	☐	☐
C. 융통적이고 유연한 사고가 부족한 것은 나의 단점이다.	☐	☐	☐	☐	☐	☐	☐	☐

266

문항	답안 1						답안 2	
	①	②	③	④	⑤	⑥	멀다	가깝다
A. 감정이 여려 마음에 상처를 쉽게 받는다.	☐	☐	☐	☐	☐	☐	☐	☐
B. 다소 무신경해 거의 긴장을 하지 않는다.	☐	☐	☐	☐	☐	☐	☐	☐
C. 불안이나 우울함을 거의 느끼지 않으며, 스트레스에 둔감하다.	☐	☐	☐	☐	☐	☐	☐	☐

267

문항	답안 1						답안 2	
	①	②	③	④	⑤	⑥	멀다	가깝다
A. 나서기보다는 소극적으로 관망하는 편이다.	☐	☐	☐	☐	☐	☐	☐	☐
B. 위험을 회피하기보다는 적절히 취하려 한다.	☐	☐	☐	☐	☐	☐	☐	☐
C. 나에 대한 오해를 푸는 일에 구태여 기력을 소모하고 싶지 않다.	☐	☐	☐	☐	☐	☐	☐	☐

268

문항	답안 1						답안 2	
	①	②	③	④	⑤	⑥	멀다	가깝다
A. 획일적인 태도와 행동에 보다 익숙하다.	☐	☐	☐	☐	☐	☐	☐	☐
B. 수필집, 명언집 등은 따분하게 느껴진다.	☐	☐	☐	☐	☐	☐	☐	☐
C. 변화하는 환경에 적응하기 위해 열린 자세로 배우는 편이다.	☐	☐	☐	☐	☐	☐	☐	☐

269

문항	답안 1						답안 2	
	①	②	③	④	⑤	⑥	멀다	가깝다
A. 타협보다는 경쟁을 선택하는 편이다.	☐	☐	☐	☐	☐	☐	☐	☐
B. 협동하고 교섭하는 일에 관심이 거의 없다.	☐	☐	☐	☐	☐	☐	☐	☐
C. 타인을 칭찬하거나 그에게 사과하는 일에 적극적이다.	☐	☐	☐	☐	☐	☐	☐	☐

270

문항	답안 1						답안 2	
	①	②	③	④	⑤	⑥	멀다	가깝다
A. 약속을 지키지 않아 곤욕을 치르곤 한다.	☐	☐	☐	☐	☐	☐	☐	☐
B. 준비가 미지근해 계획이 꼬일 때가 많다.	☐	☐	☐	☐	☐	☐	☐	☐
C. 실현 가능성이 낮은 계획은 '공수표'에 불과하다.	☐	☐	☐	☐	☐	☐	☐	☐

271

문항	답안 1						답안 2	
	①	②	③	④	⑤	⑥	멀다	가깝다
A. 지나친 자괴감 때문에 고민하곤 한다.	☐	☐	☐	☐	☐	☐	☐	☐
B. 자신이 초라하고 나약해 보일 때가 많다.	☐	☐	☐	☐	☐	☐	☐	☐
C. 분노가 일어도 차분하고 냉철하게 판단할 수 있다.	☐	☐	☐	☐	☐	☐	☐	☐

272

문항	답안 1						답안 2	
	①	②	③	④	⑤	⑥	멀다	가깝다
A. 카리스마 있는 변혁적 리더가 되고 싶다.	☐	☐	☐	☐	☐	☐	☐	☐
B. 기백이 부족하고 비활동적인 성향이 강하다.	☐	☐	☐	☐	☐	☐	☐	☐
C. 권력을 둘러싼 세력가들의 파워게임에 관심이 많다.	☐	☐	☐	☐	☐	☐	☐	☐

273

문항	답안 1						답안 2	
	①	②	③	④	⑤	⑥	멀다	가깝다
A. 다양성보다는 획일성을 중요하게 여긴다.	☐	☐	☐	☐	☐	☐	☐	☐
B. 새로운 방법을 창안하는 일을 잘할 수 있다.	☐	☐	☐	☐	☐	☐	☐	☐
C. 음식을 만들 때 나만의 레시피로 요리하곤 한다.	☐	☐	☐	☐	☐	☐	☐	☐

274

문항	답안 1						답안 2	
	①	②	③	④	⑤	⑥	멀다	가깝다
A. 정치권의 이합집산을 비난할 때가 많다.	☐	☐	☐	☐	☐	☐	☐	☐
B. 상대를 설득하기 위해 경청하려고 애쓴다.	☐	☐	☐	☐	☐	☐	☐	☐
C. 나를 도와준 사람에게 도움을 갚으려 노력한다.	☐	☐	☐	☐	☐	☐	☐	☐

275

문항	답안 1						답안 2	
	①	②	③	④	⑤	⑥	멀다	가깝다
A. 충동적이며 부주의한 성향이 강하다.	☐	☐	☐	☐	☐	☐	☐	☐
B. 우선순위에 맞게 꼼꼼히 점검하는 편이다.	☐	☐	☐	☐	☐	☐	☐	☐
C. 목표를 수행할 수 있는 구체적인 방안을 찾기 위해 노력한다.	☐	☐	☐	☐	☐	☐	☐	☐

276

문항	답안 1						답안 2	
	①	②	③	④	⑤	⑥	멀다	가깝다
A. 결점 때문에 자학할 때가 많다.	☐	☐	☐	☐	☐	☐	☐	☐
B. 충동에 이끌려 행동하는 경우가 거의 없다.	☐	☐	☐	☐	☐	☐	☐	☐
C. 견디기 어려운 긴장 상황에 처해도 평온함을 유지할 수 있다.	☐	☐	☐	☐	☐	☐	☐	☐

277

문항	답안 1						답안 2	
	①	②	③	④	⑤	⑥	멀다	가깝다
A. 대인관계의 범위가 좁지만 깊은 편이다.	☐	☐	☐	☐	☐	☐	☐	☐
B. 과묵하고 느긋한 것은 나의 큰 장점이다.	☐	☐	☐	☐	☐	☐	☐	☐
C. 새로운 곳에 취업한다면 사내 동호회에 적극적으로 참여하고 싶다.	☐	☐	☐	☐	☐	☐	☐	☐

278

문항	답안 1						답안 2	
	①	②	③	④	⑤	⑥	멀다	가깝다
A. 하늘 아래 완전히 새로운 것은 없다.	☐	☐	☐	☐	☐	☐	☐	☐
B. 기존의 틀을 깨는 일에 반감을 느끼곤 한다.	☐	☐	☐	☐	☐	☐	☐	☐
C. '네 멋대로 해라'라는 핀잔도 긍정적으로 들릴 때가 있다.	☐	☐	☐	☐	☐	☐	☐	☐

279

문항	답안 1						답안 2	
	①	②	③	④	⑤	⑥	멀다	가깝다
A. 자기도취에 빠져 우쭐해질 때가 많다.	☐	☐	☐	☐	☐	☐	☐	☐
B. 기업체가 제공하는 경품은 미끼일 뿐이다.	☐	☐	☐	☐	☐	☐	☐	☐
C. 보편적 무상 복지는 선심성 포퓰리즘에 불과하다고 생각한다.	☐	☐	☐	☐	☐	☐	☐	☐

280

문항	답안 1						답안 2	
	①	②	③	④	⑤	⑥	멀다	가깝다
A. 동기가 뚜렷하지 못해 느긋한 편이다.	☐	☐	☐	☐	☐	☐	☐	☐
B. 처한 사태에 맞춰 즉각적인 처리에 능하다.	☐	☐	☐	☐	☐	☐	☐	☐
C. 실패 자체보다 실패를 무릅쓰지 않는 것이 더 나쁘다.	☐	☐	☐	☐	☐	☐	☐	☐

281

문항	답안 1						답안 2	
	①	②	③	④	⑤	⑥	멀다	가깝다
A. 화를 잘 참아 노발대발하지 않는다.	☐	☐	☐	☐	☐	☐	☐	☐
B. 사소한 실수에도 자괴를 느낄 때가 많다.	☐	☐	☐	☐	☐	☐	☐	☐
C. 스트레스 때문에 건강을 잃을까봐 걱정이 되곤 한다.	☐	☐	☐	☐	☐	☐	☐	☐

282

문항	답안 1						답안 2	
	①	②	③	④	⑤	⑥	멀다	가깝다
A. 최종 결정권자가 반드시 되고 싶다.	☐	☐	☐	☐	☐	☐	☐	☐
B. 타인과 무리지음을 매우 선호하는 편이다.	☐	☐	☐	☐	☐	☐	☐	☐
C. 승진해서 남들보다 위에 서는 일에 관심이 거의 없다.	☐	☐	☐	☐	☐	☐	☐	☐

283

문항	답안 1						답안 2	
	①	②	③	④	⑤	⑥	멀다	가깝다
A. 완성작보다는 미완성작에서 흥미를 느낀다.	☐	☐	☐	☐	☐	☐	☐	☐
B. 새로운 각도로 이해하는 것에 둔한 편이다.	☐	☐	☐	☐	☐	☐	☐	☐
C. 경험의 폭이 넓을수록 삶은 더욱 풍요로워질 것이다.	☐	☐	☐	☐	☐	☐	☐	☐

284

문항	답안 1						답안 2	
	①	②	③	④	⑤	⑥	멀다	가깝다
A. 타협과 협상하는 일에 적극적이다.	☐	☐	☐	☐	☐	☐	☐	☐
B. 갈등을 관리하는 일에 능숙한 편이다.	☐	☐	☐	☐	☐	☐	☐	☐
C. 타인의 선심이 눈에 거슬려 불쾌할 때가 종종 있다.	☐	☐	☐	☐	☐	☐	☐	☐

285

문항	답안 1						답안 2	
	①	②	③	④	⑤	⑥	멀다	가깝다
A. 성취욕이 낮아 실패를 대수롭지 않게 여긴다.	☐	☐	☐	☐	☐	☐	☐	☐
B. 동기부여는 나의 행동을 일으키지 못한다.	☐	☐	☐	☐	☐	☐	☐	☐
C. 목표 달성을 위해 최대한 구체적인 실천 방안을 찾는다.	☐	☐	☐	☐	☐	☐	☐	☐

※ 인성검사는 정답이 따로 없는 유형이므로 결과지를 제공하지 않습니다.

※ 각 문항을 읽고 보기에서 자신과 가장 가까운 것(㉠)과 가장 먼 것(㉡)을 선택하시오. [1~300]

01   민감성

① 크게 후회할 때가 많다.
② 컨디션에 따라 기분이 잘 변한다.
③ 고민이 생겨도 심각하게 생각하지 않는다.
④ 스트레스를 해소할 수 있는 활동을 자주 하는 편이다.

㉠ ①   ②   ③   ④
㉡ ①   ②   ③   ④

02   외향성

① 자기주장이 매우 강하다.
② 옆에 사람이 있으면 싫다.
③ 어떠한 일이 있어도 출세하고 싶다.
④ 리더의 지시를 받기 전에는 섣불리 행동하지 않는다.

㉠ ①   ②   ③   ④
㉡ ①   ②   ③   ④

03   지적개방성

① 독특함·비범함보다는 익숙함·평범함에 더욱 끌린다.
② 의견의 불일치는 보다 나은 결과를 이끌 수 있다고 생각한다.
③ 현실성 없는 상상은 근거 없는 예측처럼 쓸모없다고 생각한다.
④ '프레임(Frame), 기성(旣成), 형식, 틀' 등의 말에서 따분함을 느낀다.

㉠ ①   ②   ③   ④
㉡ ①   ②   ③   ④

04

① 다른 사람의 일에 관심이 없다.
② 자신의 권리를 강하게 주장하는 편이다.
③ 협상할 때는 서로 윈윈할 수 있는 방안을 협의하려 노력한다.
④ 국제 관계에서도 공정성과 정당성이 가장 중요하다고 생각한다.

ㄱ ① ② ③ ④
ㄴ ① ② ③ ④

05

① 반성하는 일이 거의 없다.
② 노력의 정도보다 결과가 중요하다.
③ 포기하지 않고 노력하는 것이 중요하다.
④ 신중하게 생각하는 편이라고 자부한다.

ㄱ ① ② ③ ④
ㄴ ① ② ③ ④

06

① 작은 위안도 나에게는 큰 격려가 된다.
② 슬럼프에 빠지면 좀처럼 헤어나지 못한다.
③ 군중 속에 있을 때 병이 옮을까 봐 걱정이 되곤 한다.
④ 걱정거리가 있어도 내가 일하는 속도는 줄지 않는다.

ㄱ ① ② ③ ④
ㄴ ① ② ③ ④

07

① 자신의 소문에 관심을 기울인다.
② 친구들과 남의 이야기를 하는 것을 좋아한다.
③ 어떤 경우에도 거칠게 자기주장을 하지 않는다.
④ 유쾌함을 잘 느끼지 않지만 자신이 불행하다고 생각하지 않는다.

ㄱ ① ② ③ ④
ㄴ ① ② ③ ④

08

① 현재 상태를 변경하기보다는 유지하는 것을 선호한다.
② 전형성(典型性)은 클리셰처럼 진부하게 느껴진다.
③ 때로는 표준어보다 사투리가 더 정확하게 표현하는 것 같다.
④ 학문은 반드시 실용성이 있을 때에만 의미가 있다고 생각한다.

㉠ ①　　　　　② 　　　　　③ 　　　　　④
㉡ ①　　　　　② 　　　　　③ 　　　　　④

09

① 진정으로 마음을 허락할 수 있는 사람은 없다.
② 경청할수록 상대를 잘 설득할 수 있을 것이다.
③ 경쟁에서의 승리보다는 조화로운 협동을 우선한다.
④ 인간은 누구나 자신의 이익과 연결될 때에는 부정직하기 마련이라고 생각한다.

㉠ ①　　　　　② 　　　　　③ 　　　　　④
㉡ ①　　　　　② 　　　　　③ 　　　　　④

10

① 일단 일을 시작했다면 반드시 끝을 맺는다.
② 다른 사람들이 쉽게 도전하지 못하는 일을 하고 싶다.
③ 자신의 책임을 타인에게 떠넘기고 싶을 때가 종종 있다.
④ 목표 달성을 위해 스스로를 자율적으로 통제하는 능력이 부족한 것 같다.

㉠ ①　　　　　② 　　　　　③ 　　　　　④
㉡ ①　　　　　② 　　　　　③ 　　　　　④

11

① 불필요한 후회로 시간을 오래 소모할 때가 많다.
② 아물지 못하는 마음의 상처로 괴로울 때가 많다.
③ 절망하지만 않으면 역경을 극복할 수 있다고 믿는다.
④ 더러운 것이나 눈에 보이지 않는 세균이 손에 묻는 것을 크게 꺼려하지 않는다.

㉠ ①　　　　　② 　　　　　③ 　　　　　④
㉡ ①　　　　　② 　　　　　③ 　　　　　④

12

① 리더의 의견을 거의 거스르지 못한다.
② 다른 사람에게 항상 움직이고 있다는 말을 듣는다.
③ 적절한 유머 등 유려한 화술로 대화를 이끄는 데 능숙하다.
④ 투자할 때는 높은 수익률보다는 낮은 실패 위험성에 주목한다.

ⓐ ①　　　　　②　　　　　③　　　　　④
ⓑ ①　　　　　②　　　　　③　　　　　④

13

① 어떤 일을 할 때 흥미보다는 익숙함을 중시한다.
② 꽉 짜인 순서를 따르는 것은 나의 의욕을 잃게 한다.
③ 새로운 스타일의 사물은 나의 관심을 거의 끌지 못한다.
④ 새로운 온라인 환경에서 여러 가지 일들을 능숙하게 처리할 수 있다.

ⓐ ①　　　　　②　　　　　③　　　　　④
ⓑ ①　　　　　②　　　　　③　　　　　④

14

① 잘난 체하지 말라는 비판을 받곤 한다.
② 공평성을 위해 규정의 공정한 적용을 중시한다.
③ 불필요한 경쟁을 예방하기 위해 협동성을 중시한다.
④ 국제 관계에서는 힘의 논리에 따른 실익의 추구가 가장 큰 영향을 끼친다.

ⓐ ①　　　　　②　　　　　③　　　　　④
ⓑ ①　　　　　②　　　　　③　　　　　④

15

① 유연하고 융통적인 사고는 나의 장점이다.
② 자신의 능력을 높이는 계발 활동에 힘쓴다.
③ 계획대로 행동하기보다는 즉흥적으로 행동할 때가 많다.
④ 좋은 생각이 떠올라도 실행하기 전에 여러모로 검토한다.

ⓐ ①　　　　　②　　　　　③　　　　　④
ⓑ ①　　　　　②　　　　　③　　　　　④

16

① 웬만한 일에는 불평을 거의 하지 않는다.
② 스트레스를 받아도 능률이 별로 떨어지지 않는다.
③ 사소한 일에도 피해 의식 때문에 큰 불만을 느끼곤 한다.
④ 생소한 환경에 처하면 두려움과 스트레스가 높아져 사기가 크게 떨어진다.

㉠ ①   ②   ③   ④
㉡ ①   ②   ③   ④

17

① 토론, 토의에서는 적극적으로 참여하고 싶다.
② 남들이 나를 어떻게 평가하는지 별로 관심이 없다.
③ 리더에게 판단을 전적으로 맡기고 그의 지시를 따른다.
④ '당근과 채찍(회유와 협박)'을 통해 조직을 관리하는 데 능숙하다.

㉠ ①   ②   ③   ④
㉡ ①   ②   ③   ④

18

① 보다 많은 자극을 능동적으로 찾는 편이다.
② 수수께끼와 속담에서 깊은 깨달음을 얻곤 한다.
③ 환경의 변화를 감지하거나 분석하는 일에 거의 무관심하다.
④ 새로운 사업이나 방식을 구상하는 일은 내 적성에 전혀 맞지 않는다.

㉠ ①   ②   ③   ④
㉡ ①   ②   ③   ④

19

① 서비스업의 본질은 단연코 '친절'이라고 생각한다.
② 입에 발린 칭찬, 격려를 들으면 고까운 생각이 든다.
③ 전화를 빨리 받는 것도 상대를 위한 배려라고 생각한다.
④ 선진국이 되려면 상대를 압도하는 경제력, 군사력 등 실제적 힘이 가장 중요하다.

㉠ ①   ②   ③   ④
㉡ ①   ②   ③   ④

20

① 임무 완수에 대한 동기가 높은 경향이 있다.
② 일기를 꾸준히 쓰는 일은 내 적성에 맞지 않는다.
③ 융통성이 부족하고 강박적인 행동을 할 때가 있다.
④ 정리정돈을 잘하지 않아 필요한 물건을 쉽게 찾지 못할 때가 많다.

| ㉠ | ① | ② | ③ | ④ |
| ㉡ | ① | ② | ③ | ④ |

21

① 한숨을 크게 쉬며 넋두리를 하고 싶어질 때가 많다.
② 운동, 독서, 수다 등 스트레스를 해소하는 활동을 즐긴다.
③ 곤란한 상황에서도 묵묵히 주어진 일을 잘할 수 있다.
④ 매우 급한 상황을 만나면 마음이 졸여서 행동이 몹시 부자연스러워진다.

| ㉠ | ① | ② | ③ | ④ |
| ㉡ | ① | ② | ③ | ④ |

22

① 혼자서 식사를 하거나 술을 마시는 것이 편안하다.
② 리더의 강력한 영향력은 조직 발전의 근간일 것이다.
③ 인간관계의 범위를 확대하는 것에 상당히 소극적이다.
④ 효율성을 극대화하려면 권력의 분산보다는 집중이 중요하다.

| ㉠ | ① | ② | ③ | ④ |
| ㉡ | ① | ② | ③ | ④ |

23

① 호기심은 나의 관심을 거의 끌지 못한다.
② 나의 내면세계와 예술에 대한 관심이 많다.
③ 비현실적·비실용적인 것은 나의 관심을 전혀 끌지 못한다.
④ 개방적인 태도로 익숙지 않은 과제를 마무리하려고 애쓴다.

| ㉠ | ① | ② | ③ | ④ |
| ㉡ | ① | ② | ③ | ④ |

24

① 남이 실수하면 그를 몰아세울 때가 많다.
② 배려는 내가 할 수 있는 최선의 미덕이라고 생각한다.
③ 가는 말이 고와도 오는 말은 곱지 않을 수 있다고 생각한다.
④ 달려오는 타인을 위해 엘리베이터 열림 버튼을 누를 때가 많다.

ㄱ ①   ②   ③   ④
ㄴ ①   ②   ③   ④

25

① 자신이 능력 있으며 부지런하다고 자평할 수 있다.
② 사회적 규범을 엄수하며 주어진 임무를 기필코 완수하려 한다.
③ 미래에는 우직함보다는 융통적 변통성이 우선이라고 생각한다.
④ 불철주야(不撤晝夜)로 노력하자는 말은 상당히 피곤하게 느껴진다.

ㄱ ①   ②   ③   ④
ㄴ ①   ②   ③   ④

26

① 자신이 처한 환경을 원망하지 않으려 노력한다.
② 감정이 나의 판단에 큰 악영향을 끼칠 때가 많았다.
③ 때로는 자신에게 결벽증은 있는 것이 아닌지 걱정되곤 한다.
④ 걱정이나 근심할 만한 일이 있어도 사기가 저하되지 않는다.

ㄱ ①   ②   ③   ④
ㄴ ①   ②   ③   ④

27

① 적절한 보상과 제재를 통해 팀을 잘 이끌 수 있다.
② 남을 지휘하거나 통솔해 따르게 하는 힘을 갖고 싶다.
③ 자신의 의사를 분명하게 표현하는 것을 잘하지 못한다.
④ 내가 타인들에게 어떤 인상을 주고 있는지 거의 무관심하다.

ㄱ ①   ②   ③   ④
ㄴ ①   ②   ③   ④

28

① 감정을 남들보다 강렬하게 느낀다.
② 새로운 변화를 적극적으로 추구한다.
③ 기존 스타일의 변화를 달가워하지 않는다.
④ 여러 색이 섞인 자유분방함보다는 단색이 주는 무게감을 선호한다.

ㄱ ①   ②   ③   ④
ㄴ ①   ②   ③   ④

29

① 이해와 격려, 칭찬 등은 고래도 춤추게 할 수 있다.
② 이익을 위해 고압적인 태도로 상대를 압박할 때가 많다.
③ 사람은 누구나 자신을 보호하기 위해 거짓말을 할 수 있다.
④ 기업의 입장보다는 고객의 입장에서 고객을 배려할 수 있다.

ㄱ ①   ②   ③   ④
ㄴ ①   ②   ③   ④

30

① 공든 탑도 얼마든지 무너질 수 있다고 생각한다.
② 일정을 세우고 중간중간 점검하는 일에 능숙하다.
③ 시작하기에 앞서 비전과 지향점을 반드시 설정한다.
④ 공과 사를 분명히 구분하지 못해 믿음을 잃곤 한다.

ㄱ ①   ②   ③   ④
ㄴ ①   ②   ③   ④

31

① 스트레스 때문에 속이 쓰릴 때가 많다.
② 자질구레한 일로도 불평을 늘어놓곤 한다.
③ 매우 위급한 상황에서도 판단력이 흐려지지 않는다.
④ 좌절하지만 않으면 나를 둘러싼 환경을 개척할 수 있다고 믿는다.

ㄱ ①   ②   ③   ④
ㄴ ①   ②   ③   ④

32

① 권력을 잡는 일은 나의 주요 관심사이다.
② 대인관계의 폭을 넓히는 일에 매우 적극적이다.
③ 토의나 토론 등의 경우에 자신의 의사를 잘 표현하지 못한다.
④ 투자할 때는 고위험·고수익보다는 저위험·저수익을 선택한다.

ⓐ ①   ②   ③   ④
ⓑ ①   ②   ③   ④

33

① 철학, 신학, 종교학 등에 관심이 많다.
② 미래의 변화를 예상하는 일에 거의 무관심하다.
③ 남들로부터 아이디어 뱅크라는 칭찬을 받을 때가 많다.
④ 창안, 입안 등의 연구 작업은 나의 적성에 맞지 않는 것 같다.

ⓐ ①   ②   ③   ④
ⓑ ①   ②   ③   ④

34

① 인간은 승리를 위해 공정성을 무시할 수 있다.
② 진상 고객에 대한 친절이 항상 정답인 것은 아니라고 생각한다.
③ 대인관계에서 진심보다는 처세술 같은 방법과 기교가 더욱 중요하다.
④ 민원을 제기하는 고객을 이해하고 해결책을 제시하는 일을 잘할 수 있다.

ⓐ ①   ②   ③   ④
ⓑ ①   ②   ③   ④

35

① 부주의하게 책임질 수 없는 말을 할 때가 많다.
② 마스터 플랜의 달성을 위해 세부 일과표를 작성할 수 있다.
③ 보다 능숙한 전문가가 되기 위해 자격증 취득에 도전하고 싶다.
④ 목표 수행에 있어 시간은 중요한 자원이 아니므로 느긋하게 처리하는 편이다.

ⓐ ①   ②   ③   ④
ⓑ ①   ②   ③   ④

36

① 불만 때문에 쉽게 투덜대지 않는다.
② 마인드 컨트롤을 통해 스트레스를 관리하는 데 능숙하다.
③ 곤란한 환경에 처하면 남의 탓을 하며 불만을 드러내곤 한다.
④ 자신이 놓인 환경과 자신의 감정은 일하는 효율에 큰 영향을 끼친다.

㉠ ①   ②   ③   ④
㉡ ①   ②   ③   ④

37

① 혼자 술을 마시거나 식사를 하는 일은 되도록 피하고 싶다.
② 나에 대한 남들의 평판이 어떤지 지속적으로 관심을 갖는다.
③ 선후배나 또래에게 속마음을 허심탄회하게 털어놓지 못한다.
④ 리더의 지시에 의문이 생겨도 쉽게 이의를 제기하지 않는다.

㉠ ①   ②   ③   ④
㉡ ①   ②   ③   ④

38

① 변화는 나의 행동을 일으키는 에너지이다.
② 선택할 수 있다면 안정적인 직장을 갖고 싶다.
③ '새 술은 새 부대에 담으라'는 격언을 신뢰한다.
④ 감각을 통해 독창적으로 꾸미는 일은 내 적성에 맞지 않는 것 같다.

㉠ ①   ②   ③   ④
㉡ ①   ②   ③   ④

39

① 타인을 냉소적·부정적으로 대할 때가 많다.
② 자신에게 이익이 되지 않는 일을 하는 것을 꺼린다.
③ 고객의 입장에서 우호적인 분위기를 만드는 일을 잘할 수 있다.
④ 상대가 이해하기 쉬운 언어로 커뮤니케이션하는 일에 능숙하다.

㉠ ①   ②   ③   ④
㉡ ①   ②   ③   ④

40

① 장기적인 청사진을 갖고 행동한다.
② 능력 개발에 방해가 되는 것을 멀리한다.
③ 절차보다 결과를 더욱 중시할 때가 많다.
④ 자신의 분야에서 정상 수준의 전문가가 되려는 노력에 거의 무관심하다.

ㄱ ①   ②   ③   ④
ㄴ ①   ②   ③   ④

41

① 급박한 상황에서 스트레스를 크게 느끼곤 한다.
② 지나치게 격앙되지 않도록 자신의 감정을 잘 추스르는 편이다.
③ 절박한 상황에 처하면 극도의 긴장감으로 판단력이 흐려질 때가 많다.
④ 충동성, 심약함, 불안감 등은 내 성격을 설명하는 키워드가 될 수 없다.

ㄱ ①   ②   ③   ④
ㄴ ①   ②   ③   ④

42

① 인간관계에 소극적이라는 평가를 받곤 한다.
② 인간관계의 범위를 늘리는 일에 매우 관심이 많다.
③ 주어진 일을 차분하게 수행하지만 앞장서지 않으려 한다.
④ 타인을 자극해 그의 성취 의지와 자신감을 고취하는 일에 능숙하다.

ㄱ ①   ②   ③   ④
ㄴ ①   ②   ③   ④

43

① 신조어 사용에 흥미를 느낀다.
② 급변하는 사회에 기민하게 대처할 수 있다.
③ 기존 스타일의 변모를 잘 알아차리지 못한다.
④ 혁신적 조직보다는 전통적 조직 체계에 적응을 잘한다.

ㄱ ①   ②   ③   ④
ㄴ ①   ②   ③   ④

44

① 칭찬보다는 질책을 해야 발전한다고 생각한다.
② 불만을 제기하는 고객의 상한 감정을 잘 다독일 수 있다.
③ 하모니를 이루려면 소통과 정직이 최우선이라고 생각한다.
④ 자신의 승진에 도움이 되지 않는 일은 대충한다.

ㄱ ①　　　　②　　　　③　　　　④
ㄴ ①　　　　②　　　　③　　　　④

45

① '제약, 한계' 등은 나의 성취욕을 자극한다.
② 계획을 세울 때 실천 가능성을 가장 중시한다.
③ 부주의한 언행으로 비밀을 누설할 때가 종종 있다.
④ 원칙을 고지식하게 적용·집행하는 것은 악법만큼이나 나쁘다고 생각한다.

ㄱ ①　　　　②　　　　③　　　　④
ㄴ ①　　　　②　　　　③　　　　④

46

① 나만의 효율적인 스트레스 해소 방법이 있다.
② 치명적인 병균이 묻은 것 같아 자주 손을 씻는다.
③ 감정은 자신의 판단에 별다른 악영향을 주지 못한다고 생각한다.
④ 스트레스를 냉정하게 잘 관리하지만 다소 둔감하다는 소리를 들을 때가 많다.

ㄱ ①　　　　②　　　　③　　　　④
ㄴ ①　　　　②　　　　③　　　　④

47

① 남들을 가르치고 지도하는 일에 적극적이다.
② 리더의 지시나 판단에 지나치게 의존하는 성향이 있다.
③ 선도하거나 주도하기보다는 따르고 뒷받침하기를 선호한다.
④ 하급자도 상급자의 생각에 영향을 끼쳐 행동을 변화시킬 수 있을 것이다.

ㄱ ①　　　　②　　　　③　　　　④
ㄴ ①　　　　②　　　　③　　　　④

48

① 새로운 사회 용어를 배우는 것이 흥미롭다.
② 상상이나 심미(審美)는 모호하기 때문에 불쾌하다.
③ 실생활과 괴리된 학문은 전혀 존립할 수 없을 것이다.
④ 시대상과 동떨어진 전통은 완고한 오기에 불과할 뿐이다.

㉠ ① ② ③ ④
㉡ ① ② ③ ④

49
친화성

① 나의 이익을 최대화하는 흥정에 능하다.
② 타인의 사소한 일에도 관심을 갖는 편이다.
③ 다른 사람의 실수를 너그럽게 대하는 편이다.
④ 사과할 때는 변명하듯이 겉으로만 사과할 때가 많다.

㉠ ① ② ③ ④
㉡ ① ② ③ ④

50
성실성

① 태어나면서부터 근면한 사람은 없다고 생각한다.
② 식견과 노하우를 쌓기 위해 부단히 노력하는 편이다.
③ 개인 일기나 업무 일지 등을 꾸준히 작성하는 편이다.
④ 사실 관계를 확인하지 않고 별다른 주의 없이 소문을 옮기곤 한다.

㉠ ① ② ③ ④
㉡ ① ② ③ ④

51
민감성

① 욕구를 만족시키려고 즉흥적으로 행동하지 않는다.
② 스트레스 때문에 병에 걸릴까 봐 고민을 할 때가 많다.
③ 실수는 빨리 잊고 새로운 희망을 찾아 극복하려고 한다.
④ 환경에 몹시 민감해 처한 형편에 많이 휘둘리곤 한다.

㉠ ① ② ③ ④
㉡ ① ② ③ ④

52

① 남들과 시선을 마주치는 것이 매우 부담스럽다.
② 지휘력, 통솔력이 있다는 평가를 받은 적이 없다.
③ 타인의 행동과 생각을 변화시키는 일에 적극적이다.
④ 타인의 호감을 얻는 것을 매우 중요하게 여긴다.

ㄱ ①   ②   ③   ④
ㄴ ①   ②   ③   ④

53

① 변화에서 흥미와 재미를 크게 느낀다.
② 호기심의 영향을 거의 받지 않는다.
③ 주어진 여건을 고려해 현실적인 실효성을 검토하는 일을 선호한다.
④ 과제를 완수하려면 최대한 다양한 의견을 모으는 것이 가장 중요하다.

ㄱ ①   ②   ③   ④
ㄴ ①   ②   ③   ④

54

① 조직의 운영 방침에 적극 협조하는 편이다.
② 타인의 조언이나 충고에 반발심이 들 때가 많다.
③ 비겁한 승리보다는 공정한 패배가 항상 중요하다.
④ 물이 너무 맑으면 고기가 모이지 않는다고 생각한다.

ㄱ ①   ②   ③   ④
ㄴ ①   ②   ③   ④

55

① 나의 생활신조는 '꾸준히'이다.
② 수행 중인 일을 중간에 포기할 때가 많다.
③ 각 단계마다 피드백을 통해 개선점을 찾는다.
④ 내가 하는 일이 사회에서 그다지 필요한 일은 아니라고 생각할 때가 많다.

ㄱ ①   ②   ③   ④
ㄴ ①   ②   ③   ④

56

① 치욕스러운 기억은 빨리 잊고 새 출발을 잘하는 편이다.
② 자신에게 불행한 일이 생길 것 같은 불안감이 들 때가 많다.
③ 평온, 침착, 희망, 대담성, 절제력 등은 내 성격의 주요 장점이다.
④ 나의 기분이나 내가 처한 환경은 나의 일 처리에 큰 영향을 끼친다.

ㄱ ①   ②   ③   ④
ㄴ ①   ②   ③   ④

57

① 자신의 의견을 명확하게 밝히지 못할 때가 많다.
② 여럿이보다는 혼자서 하는 여행을 훨씬 선호한다.
③ 대인관계에 적극적이라는 평가를 받을 때가 많다.
④ 구성원들에게 맞게 권한을 적절히 분배하고 위임하는 일에 능숙하다.

ㄱ ①   ②   ③   ④
ㄴ ①   ②   ③   ④

58

① 개방성은 진화의 근본 에너지라고 생각한다.
② 급진적인 것보다는 점진적인 것을 선호한다.
③ 젊은이가 진보적이지 않으면 사회의식이 없는 것이다.
④ 기술의 개발보다는 개발된 기술을 검증하는 일이 나의 적성에 맞는 것 같다.

ㄱ ①   ②   ③   ④
ㄴ ①   ②   ③   ④

59

① 타인을 칭찬하고 격려할 때가 많다.
② 참여와 토론 등 민주적인 과정을 중시한다.
③ 자존심이 몹시 강해 타인과 갈등을 겪곤 한다.
④ 비난을 받더라도 자신의 영리를 확대하는 것이 중요하다.

ㄱ ①   ②   ③   ④
ㄴ ①   ②   ③   ④

60

① 책임을 저버리지 않으려고 애쓴다.
② 계획의 생명은 꾸준한 실천에 있다.
③ 생계를 위해 어쩔 수 없이 기계적인 노동을 할 때가 많다.
④ 근면하지 않아도 일을 마무리하는 데는 별다른 지장이 없다고 생각한다.

ⓐ ①　　　　　②　　　　　③　　　　　④
ⓑ ①　　　　　②　　　　　③　　　　　④

61

① 스트레스 때문에 건강을 잃을까 봐 걱정이 되곤 한다.
② 곤경에 빠져도 불안감이나 무기력감을 느끼지 않는다.
③ 자신감 부족, 우울성, 열등감 등은 나의 주요 단점이다.
④ 사물을 희망적으로 보아 좌절과 분노를 거의 느끼지 않는다.

ⓐ ①　　　　　②　　　　　③　　　　　④
ⓑ ①　　　　　②　　　　　③　　　　　④

62

① 타인의 지시를 따르는 일이 익숙하고 편안하다.
② 남들의 인정을 받는 것을 매우 중요하게 생각한다.
③ 타인의 호감을 얻는 것을 매우 가치 있게 여긴다.
④ 자신이 단체나 조직에서 리더가 되는 경우는 거의 없다.

ⓐ ①　　　　　②　　　　　③　　　　　④
ⓑ ①　　　　　②　　　　　③　　　　　④

63

① 발상과 사고의 전환을 반기지 않는 편이다.
② 레트로(복고풍)에서 안정적인 편안함을 느낀다.
③ 현실주의 계열보다는 탐미주의 계열의 작품에 관심이 많다.
④ 노회한 연로자보다는 차라리 몽상적인 연소자가 되고 싶다.

ⓐ ①　　　　　②　　　　　③　　　　　④
ⓑ ①　　　　　②　　　　　③　　　　　④

64

① 귀찮아질까 봐 모른 체를 할 때가 많다.
② 타인이나 조직을 신뢰해 헌신하는 편이다.
③ 사과할 때는 진심을 담아 정중하게 사죄하려고 애쓴다.
④ 타인을 위해 자신의 이익을 양보하지 못하는 것은 인간의 본성이라고 생각한다.

ㄱ ①　　　②　　　③　　　④
ㄴ ①　　　②　　　③　　　④

65

① 직업에는 귀천이 없다는 말에 동의하지 않는다.
② 즉흥적인 것은 게으른 것만큼이나 나쁘다고 생각한다.
③ 일에 대한 자긍심과 성취감은 나에게 별다른 영향을 주지 못한다.
④ 신분이 높을수록 요구되는 노블레스 오블리주도 반드시 커질 것이다.

ㄱ ①　　　②　　　③　　　④
ㄴ ①　　　②　　　③　　　④

66

① 좀처럼 상처받거나 흥분하지 않는다.
② 욕구 충족을 위해 충동적으로 행동할 때가 많다.
③ 적당한 스트레스는 능률을 높일 수 있다고 긍정하는 편이다.
④ 감염 우려 때문에 깨끗하지 않은 것을 몹시 꺼려할 때가 많다.

ㄱ ①　　　②　　　③　　　④
ㄴ ①　　　②　　　③　　　④

67

① 리더십이 있다는 소리를 들은 적이 거의 없다.
② 남들에게 내가 어떤 이미지로 보일지 크게 신경 쓰는 편이다.
③ 리더의 판단을 믿고 따르지만 스스로 의견을 말하는 경우가 드물다.
④ 단체의 행동을 효과적으로 통제하는 능력이 있다는 평가를 받는 편이다.

ㄱ ①　　　②　　　③　　　④
ㄴ ①　　　②　　　③　　　④

68

| ① '업계의 관례'를 존중해야 한다고 여긴다. |
| ② 확실한 것보다는 불확실한 것에서 흥미를 느낀다. |
| ③ 변화가 많은 직업일수록 내 적성에 맞지 않는 것 같다. |
| ④ 진정한 무지는 지식의 부재가 아니라 지식을 얻는 것을 거부하는 태도이다. |

ㄱ ①　　　　②　　　　③　　　　④
ㄴ ①　　　　②　　　　③　　　　④

69

| ① 타인을 신뢰해 믿고 기다리는 편이다. |
| ② 남들의 자상한 행동이 허위적으로 느껴지곤 한다. |
| ③ 다른 구성원들과 비전을 공유하는 일에 관심이 많다. |
| ④ 이기심은 인간의 자연스러운 본성이므로 타인의 행동을 의심하는 것은 당연하다. |

ㄱ ①　　　　②　　　　③　　　　④
ㄴ ①　　　　②　　　　③　　　　④

70

| ① 말보다는 실천력으로 평가받고 싶다. |
| ② 최악의 상황에 대비한 계획도 꼼꼼하게 세워두는 편이다. |
| ③ 어떤 일을 할 때 충실도보다는 속도를 더욱 중요하게 여긴다. |
| ④ 성공을 위해 수단·방법을 가리지 않고 노력하는 것도 '성실'이 될 수 있을 것이다. |

ㄱ ①　　　　②　　　　③　　　　④
ㄴ ①　　　　②　　　　③　　　　④

71

| ① 격정적인 충동을 느끼는 적이 거의 없다. |
| ② 스트레스에 민감한 것도 나에게는 스트레스가 된다. |
| ③ 환경에 휩쓸리는 사람이 아니라고 자신한다. |
| ④ 먼 과거의 실수를 잊지 못해 불쾌함을 느낄 때가 많다. |

ㄱ ①　　　　②　　　　③　　　　④
ㄴ ①　　　　②　　　　③　　　　④

① 교제의 범위를 넓히는 일은 나의 관심사가 아니다.
② 자신의 의견을 고집하다가 불필요한 소란을 일으키곤 했다.
③ 보다 큰 흥분을 느낄 수 있는 강렬한 자극을 추구한다.
④ 타인들을 교육하고 감독하는 일이 자신의 적성에 맞지 않다고 생각한다.

ㄱ ①　　②　　③　　④
ㄴ ①　　②　　③　　④

지적개방성

① 허황된 꿈도 반드시 의미가 있다고 생각한다.
② 변화에 대한 정보를 수용하는 일에 거의 관심이 없다.
③ 자신의 지성을 갈고닦는 최고의 도구는 개방성일 것이다.
④ 다변화·다양화보다는 단일화·통일화 하는 일에 관심이 많다.

ㄱ ①　　②　　③　　④
ㄴ ①　　②　　③　　④

74
친화성

① 타인에게 일부러 쩨쩨하게 굴곤 한다.
② 오로지 상대를 위해 손해를 감수할 수 있다.
③ 남들의 생각과 가치관을 잘 헤아리는 편이다.
④ 사람은 누구나 가면을 쓰고 타인을 대한다고 생각한다.

ㄱ ①　　②　　③　　④
ㄴ ①　　②　　③　　④

75
성실성

① 규정을 준수하다가 융통성을 잃기도 한다.
② 시간의 누수 없이 일정을 잡는 데 능숙하다.
③ 품성과 행실이 단정하지 못하며 부주의하다는 소리를 듣곤 한다.
④ 스스로가 융통성이 높다고 생각하지만, 남들은 원칙에 소홀하다고 나를 비판한다.

ㄱ ①　　②　　③　　④
ㄴ ①　　②　　③　　④

76

① 패배감 때문에 급격하게 무기력해지곤 한다.
② 마음이 불안할 때마다 하는 좋지 않은 버릇이 있다.
③ 곤란한 일을 만나도 그저 운수가 나쁠 뿐이라고 생각해 극복할 수 있다.
④ 스스로의 감정과 처한 조건은 자신의 능률에 영향을 거의 끼치지 못한다.

ⓐ ①   ②   ③   ④
ⓑ ①   ②   ③   ④

77

① 혈기가 왕성하며 낙천적인 성향이 강하다.
② 타인으로부터 인정을 얻는 것을 중요하게 여기지 않는다.
③ 다수의 사람들을 이끌며 명령을 하는 사람이 되고 싶지 않다.
④ 구성원에게 해야 할 일과 해서는 안 되는 행동을 지시하는 일에 능숙하다.

ⓐ ①   ②   ③   ④
ⓑ ①   ②   ③   ④

78

① 유일무이한 사람이 되려면 변화에 주력해야 한다.
② 사고와 발상의 전환을 상당히 껄끄럽게 여긴다.
③ 진정한 정체성은 개방성으로써 확실해진다고 생각한다.
④ 영화감독처럼 감수성과 독창성이 필요한 일은 하고 싶지 않다.

ⓐ ①   ②   ③   ④
ⓑ ①   ②   ③   ④

79

① 대인관계에서 좀스럽고 인색하다는 핀잔을 듣곤 한다.
② 매우 절박한 상황에서 남을 구하기 위해 내 목숨을 걸 수 있다.
③ 차등적인 인센티브 지급은 나의 의욕을 높이는 최고의 정책이다.
④ 남들의 칭찬을 받으면 과찬으로 들려 몸 둘 바를 모를 때가 많다.

ⓐ ①   ②   ③   ④
ⓑ ①   ②   ③   ④

80

> ① 스스로에게 동기부여를 하는 것을 중시한다.
> ② 말과 행동이 같지 않아 핀잔을 받을 때가 많았다.
> ③ 자잘한 사무도 내 일이라고 여겨 충실하게 할 수 있다.
> ④ 같은 실수와 사과를 거듭해 신뢰를 잃는 경우가 많았다.

ⓙ ①　　　　② 　　　　③ 　　　　④
ⓛ ①　　　　② 　　　　③ 　　　　④

81

> ① 좋지 않은 일이 발생해도 평상심을 잃지 않는다.
> ② 남의 언행 때문에 마음이 아프거나 괴로움을 겪지 않는다.
> ③ 내 주변에는 나에게 스트레스를 주는 사람들이 너무 많은 것 같다.
> ④ 사물을 부정적으로 보아 분노와 좌절을 느끼는 경우가 자주 있다.

ⓙ ①　　　　② 　　　　③ 　　　　④
ⓛ ①　　　　② 　　　　③ 　　　　④

82

> ① 리더십이 있다는 평가를 자주 받는 편이다.
> ② 타인들이 받아들이는 나의 이미지에 관심이 많다.
> ③ 조직에서 의사결정을 할 때 수동적·미온적일 때가 많다.
> ④ 사람을 사귀는 폭을 확장하는 것은 나에게 상당히 피곤한 일이다.

ⓙ ①　　　　② 　　　　③ 　　　　④
ⓛ ①　　　　② 　　　　③ 　　　　④

83

> ① 삶이란 무엇인지 궁리할 때가 많다.
> ② 대체로 평범한 것은 악덕에 가깝다고 생각한다.
> ③ 업무 매뉴얼에 없는 사안은 잘 대응하지 못할 것 같다.
> ④ 급변하는 최신의 국제 동향을 파악하는 일에 무관심하다.

ⓙ ①　　　　② 　　　　③ 　　　　④
ⓛ ①　　　　② 　　　　③ 　　　　④

84

① 공평한 분배는 조직의 최고의 활력소일 것이다.
② 구호단체의 일원이 되어 박애 활동을 하고 싶을 때가 있다.
③ 미래에는 국가나 단체 사이의 이익 쟁탈전이 더욱 가속화될 것이다.
④ 인간은 이기적인 심성이 강하므로 사람을 전적으로는 신뢰할 수 없다.

ㄱ ①   ②   ③   ④
ㄴ ①   ②   ③   ④

85

① 꼼꼼히 하느라 너무 늦어질 때가 많다.
② 말보다는 실천력으로 타인을 평가하는 편이다.
③ 성실한 사람도 성공하지 못할 때가 많다고 생각한다.
④ 관성에 따라 또는 윗사람들의 지시 때문에 일을 하곤 한다.

ㄱ ①   ②   ③   ④
ㄴ ①   ②   ③   ④

86

① 스트레스를 받아도 집중력이 떨어지지 않는다.
② 하던 일이 좌절되면 극도의 무기력과 분노를 느낀다.
③ 내가 처한 여러 환경에 대해 불만이 별로 없다.
④ 정서적 불안정성이 높아서 행동거지에 악영향을 받을 때가 자주 있다.

ㄱ ①   ②   ③   ④
ㄴ ①   ②   ③   ④

87

① 타인의 생각에 관심이 별로 없다는 핀잔을 듣곤 한다.
② 사교적이지 않아서 낯선 사람들과 쉽게 친해지지 못한다.
③ 유쾌함, 즐거움 등 긍정적 정서를 느끼는 경향이 남들보다 강하다.
④ 주인 의식이 부족해 리더가 이끄는 대로 따라갈 뿐일 때가 많다.

ㄱ ①   ②   ③   ④
ㄴ ①   ②   ③   ④

88

① 사물의 이치를 깊이 궁리하기를 즐긴다.
② 독특한 것보다는 일반적이고 무난한 것을 선호한다.
③ 시스템 개선을 위해 새 아이디어를 내는 일은 잘하지 못할 것 같다.
④ 강대국이 되려면 군사력이나 경제력보다는 포용성과 다양성이 중요하다.

ㄱ ①   ②   ③   ④
ㄴ ①   ②   ③   ④

89

① 남을 위해 자신의 손해를 감내하는 것이 몹시 싫다.
② 거절할 때도 상대가 상심하지 않도록 예의를 갖추는 편이다.
③ 조직체 사이에서 연락·조정·중재하는 업무에 잘 어울린다.
④ 남보다 자신의 이익을 우선하는 것은 사람의 자연스러운 심성이라고 생각한다.

ㄱ ①   ②   ③   ④
ㄴ ①   ②   ③   ④

90

① 나의 책임을 절대 남에게 전가하지 않는다.
② 자기 확신이 높고 동기부여를 강하게 느낀다.
③ 노력해봐야 소용없다는 생각이 들 때가 많다.
④ 나는 자신이 여유롭다고 생각하지만, 남들은 내가 나태하다고 비판할 때가 많다.

ㄱ ①   ②   ③   ④
ㄴ ①   ②   ③   ④

91

① 곤경에 빠지면 아무것도 할 수 없고 불안하다.
② 적당한 위기의식은 성취에 도움이 된다고 긍정한다.
③ 열등감에 거의 휘둘리지 않는다.
④ 주어진 상황에 강제당하거나 억압을 느껴 스트레스를 받을 때가 많다.

ㄱ ①   ②   ③   ④
ㄴ ①   ②   ③   ④

92

① 나에 대한 타인의 관심이 부담스럽게 느껴질 때가 많다.
② 몸가짐이 활기차고 신속하며 열정적인 성향이 강하다.
③ 타인이 내 사적인 공간으로 들어오는 것이 매우 부담스럽다.
④ 주장이 강하며 타인에게 영향을 끼치고 싶은 마음이 강하다.

ㄱ ①   ②   ③   ④
ㄴ ①   ②   ③   ④

93

① 자유분방하고 개방적인 편이다.
② 철학적 주제를 깊이 생각하곤 한다.
③ 현실성, 실용성이 낮은 아이디어를 몹시 비판할 때가 많다.
④ 즉흥적인 감성은 과제를 수행하는 데 결코 도움이 되지 않을 것이다.

ㄱ ①   ②   ③   ④
ㄴ ①   ②   ③   ④

94

① 인간관계에서 가면 뒤로 숨을 때가 많다.
② 빼앗기지 않으려면 반드시 먼저 빼앗아야 한다고 생각한다.
③ 체계, 체제, 조직 등 어떤 시스템에 잘 동화되며 적극 협조한다.
④ 공정성 향상과 이익 확대 중에 하나를 선택하라면 전자를 택할 것이다.

ㄱ ①   ②   ③   ④
ㄴ ①   ②   ③   ④

95

① 남들이 꺼려하는 궂은일도 성실하게 잘할 자신이 있다.
② 권한을 위임할 때는 반드시 책임도 함께 위임해야 한다.
③ 삶에 대한 확고한 비전이나 목적의식이 남들보다 약한 편이다.
④ 학창 시절에 도서 반납 기일이나 과제 제출 기일을 지키지 못할 때가 많았다.

ㄱ ①   ②   ③   ④
ㄴ ①   ②   ③   ④

96

① 몸이 떨리고 불쾌해져 공포 영화를 보는 일이 거의 없다.
② 닥치지도 않은 일을 두고 미리 걱정부터 할 때가 자주 있다.
③ 다른 사람의 말과 행동으로 인해 심적인 고통을 느끼지 않는다.
④ 열악한 환경에서도 상황을 낙관적으로 보아 자신감을 유지할 수 있다.

ㄱ ①   ②   ③   ④
ㄴ ①   ②   ③   ④

97

① 보다 많은 사람들의 존경을 받는 사람이 되고 싶다.
② 조직이나 단체에서 리더가 되는 경우가 많았다.
③ 거친 육체노동보다는 차분한 정신노동을 선호한다.
④ 수줍음을 많이 타는 편이라 발표 업무를 최대한 피하려 한다.

ㄱ ①   ②   ③   ④
ㄴ ①   ②   ③   ④

98

① 명언집, 금언집 등을 즐겨 읽는다.
② 남들의 새로운 업무 방식을 존중해야 한다고 생각한다.
③ 창의적인 생각으로 변화를 주도하는 일은 나의 적성과 거리가 멀다.
④ 신상품 기획에 필요한 독창적인 기획안을 작성하는 일은 잘하지 못할 것 같다.

ㄱ ①   ②   ③   ④
ㄴ ①   ②   ③   ④

99

① 동료의 부족한 점을 내가 대신 채워주는 것은 당연한 일이다.
② 박애주의는 허영심과 정신적 사치의 그럴듯한 포장일 뿐이다.
③ 타인의 권리나 이익을 침해하지 않으려고 세심히 주의하는 편이다.
④ 물리적인 힘, 경제적인 능력을 갖추지 못하면 경쟁에서 쉽게 도태된다.

ㄱ ①   ②   ③   ④
ㄴ ①   ②   ③   ④

100

① 장래에 하고 싶은 것들, 되고 싶은 것들이 별로 없다.
② 섣불리 판단하지 않기 위해 꼼꼼하게 주의하는 편이다.
③ 계획에 대한 강박 때문에 계획에 없는 즉흥적 행동을 꺼린다.
④ 계획에 없는 것이라도 생각난 것은 바로 행동으로 옮기는 경우가 많다.

ㄱ ①　　　　②　　　　③　　　　④
ㄴ ①　　　　②　　　　③　　　　④

101

① 어떠한 경우에도 감정을 잘 다스리는 편이다.
② 어떠한 위안도 나에게는 힘이 되지 못할 때가 많다.
③ 다소 비관적인 상황에서도 평정심을 지켜 열심히 한다.
④ 고민에 빠지면 일을 처리하는 속도가 급감할 때가 많다.

ㄱ ①　　　　②　　　　③　　　　④
ㄴ ①　　　　②　　　　③　　　　④

102

① 친구를 오래간만에 만나면 거리감을 느껴 불편하다.
② 명령을 내리는 사람과 받는 사람 중에 전자가 되고 싶다.
③ 많은 사람들 앞에 나서서 지시를 하는 사람이 되고 싶다.
④ 혼자서는 살 수 없기 때문에 불가피하게 어울려 산다고 생각한다.

ㄱ ①　　　　②　　　　③　　　　④
ㄴ ①　　　　②　　　　③　　　　④

103

① 새로운 것을 보면 항상 흥미를 느낀다.
② 통일성보다는 차별성을 선호하는 편이다.
③ 독자적 창조보다는 실용적 모방에 능숙하다.
④ 상식적이고 무난한 것과 특이하고 색다른 것 중에 전자를 선택할 것이다.

ㄱ ①　　　　②　　　　③　　　　④
ㄴ ①　　　　②　　　　③　　　　④

PART 1

104

① 집단의 목표를 따르고 순응하는 것은 구성원의 당연한 일이다.
② 인간이 자신만의 이익을 추구하는 것은 지극히 자연스러운 행동이다.
③ 비슷한 처지에 있는 타인에게서 동료 의식, 연대 의식을 느낄 때가 많다.
④ 나는 목적이 수단을 정당화할 수 있다는 마키아벨리즘을 긍정한다.

ㄱ ①   ②   ③   ④
ㄴ ①   ②   ③   ④

105

① 포기는 빠를수록 좋다고 생각하곤 한다.
② 계획을 세우고 그것에 따라 행동하는 것을 좋아하지 않는다.
③ 시간은 목표 완수에 있어서 가장 중요한 자원이라고 생각한다.
④ 필요한 물건을 쉽게 찾을 수 있게 항상 정리정돈에 신경 쓴다.

ㄱ ①   ②   ③   ④
ㄴ ①   ②   ③   ④

106

① 무리 속에 있을 때 공연한 소외감을 느끼곤 한다.
② 감정을 조절하는 능력이 높다고 생각한다.
③ 장래에 대한 걱정으로 많은 스트레스를 겪곤 한다.
④ 대부분의 시간 동안 정서적으로 평온함을 유지할 수 있다.

ㄱ ①   ②   ③   ④
ㄴ ①   ②   ③   ④

107

① 뒤를 따르기보다는 선도하기를 훨씬 좋아한다.
② 조직의 의사를 결정할 때 매우 적극적으로 참여한다.
③ 어쩔 수 없이 따라하면서도 소심해서 불만을 표현하지 못한다.
④ 스스로 나서기보다는 리더의 뒤를 따라 행동하는 경우가 많다.

ㄱ ①   ②   ③   ④
ㄴ ①   ②   ③   ④

108

① 변화의 흐름을 꿰뚫는 것에 관심이 많다.
② 정책 입안자는 무엇보다 창의성이 높아야 한다고 생각한다.
③ 지나치게 선입견이 강하다는 비난을 받을 때가 많다.
④ 예리한 관찰력으로 창의적인 해결안을 도출하는 일에 능숙하지 못하다.

ㄱ ①　　　　　②　　　　　③　　　　　④
ㄴ ①　　　　　②　　　　　③　　　　　④

109

① 세심한 격려로 남들을 북돋우는 일에 능숙하다.
② 경쟁에서 패배할 경우에는 심각한 위협감을 느낀다.
③ 대인관계에서 맺고 끊는 게 불분명해 오해와 갈등에 연루될 때가 종종 있다.
④ 이익을 위해서라면 남에게 해를 끼칠 수 있는 방법도 충분히 고려할 수 있다.

ㄱ ①　　　　　②　　　　　③　　　　　④
ㄴ ①　　　　　②　　　　　③　　　　　④

110

① 나의 책임을 절대 남에게 전가하지 않는다.
② 내 능력의 경쟁력을 높이기 위해 부단히 노력한다.
③ 쉽게 관심을 잃어 한 가지 활동을 꾸준히 하지 못할 때가 많다.
④ 열심히 해도 안 될 것 같을 때는 적당한 선에서 발을 빼곤 한다.

ㄱ ①　　　　　②　　　　　③　　　　　④
ㄴ ①　　　　　②　　　　　③　　　　　④

111

① 쉽게 흥분하고 쉽게 상처받을 때가 많다.
② 환경은 결코 나를 억압하거나 강제하지 못한다.
③ 심리적 안정성이 남들보다 높아서 마음이 쉽게 요동하지 않는다.
④ 난관에 처하면 자폭하는 심정으로 '될 대로 돼라'라고 생각할 때가 많다.

ㄱ ①　　　　　②　　　　　③　　　　　④
ㄴ ①　　　　　②　　　　　③　　　　　④

112

① 여유롭고 그다지 서두르지 않는 편이다.
② 대인관계가 폐쇄적이라는 평가를 자주 받는다.
③ 높은 주인 의식을 갖고 조직 활동에 큰 영향을 끼치고 싶다.
④ 자신의 의견 주장이 지나쳐 소모적인 논쟁을 일으킬 때가 많다.

ㄱ ①   ②   ③   ④
ㄴ ①   ②   ③   ④

113

① 대개의 경우 변화는 발전의 원동력이 된다.
② 기존의 틀을 깨는 일에 깊은 흥미를 느낀다.
③ 선입견이 언제나 나쁜 것만은 아니라고 긍정할 때가 많다.
④ 창안하기보다는 모방해 실용성을 높이는 일을 선호한다.

ㄱ ①   ②   ③   ④
ㄴ ①   ②   ③   ④

114

① 권력은 주도권 대결과 투쟁의 결과라고 생각한다.
② 타인의 편익을 위해 자신이 더욱 수고할 수 있다고 생각한다.
③ 박탈감이나 소외감을 겪는 구성원은 없는지 세심하게 살피곤 한다.
④ 친화적인 대중화·보편화보다는 비친화적이더라도 차별화·고급화 전략을 선호한다.

ㄱ ①   ②   ③   ④
ㄴ ①   ②   ③   ④

115

① 노력보다는 운이 중요하다고 생각한다.
② 지나치게 여유롭고 느긋해 비판을 받는 경우가 많다.
③ 물건을 준비할 때는 만약에 대비해 항상 여유 있게 확보한다.
④ 관리일지 등에 오류·누락이 없도록 꼼꼼하고 꾸준하게 작성할 수 있다.

ㄱ ①   ②   ③   ④
ㄴ ①   ②   ③   ④

민감성

① 곤란한 환경에 굴복해 크게 위축될 때가 많다.
② 자신이 지나치게 격정적인 사람이라고 생각한다.
③ 남들보다 열등하다고 느낀 적이 없다.
④ 근심과 걱정으로부터 건강을 지키는 나만의 효과적인 방법이 있다.

ㄱ ① ② ③ ④
ㄴ ① ② ③ ④

117 외향성

① 남들과 친해지려면 적지 않은 용기가 필요하다.
② 종종 육체적으로 몹시 고된 활동을 하고 싶어진다.
③ 앞에 나서서 다른 구성원의 동참을 이끌어내려 노력한다.
④ 남들이 자신의 개인 공간으로 들어오는 것이 침입처럼 느껴질 때가 많다.

ㄱ ① ② ③ ④
ㄴ ① ② ③ ④

118 지적개방성

① 새로운 각도에서 관찰하기를 즐긴다.
② 변화가 적은 직업일수록 나의 적성에 맞는 것 같다.
③ 인간의 내면 세계를 분석하고 통찰하는 일에 관심이 많다.
④ 경험의 폭과 종류보다는 현재 나에게 어떤 쓸모가 있는지가 더 중요하다.

ㄱ ① ② ③ ④
ㄴ ① ② ③ ④

119 친화성

① 손익을 따지며 경쟁하는 일에 매우 능숙한 편이다.
② 처지가 나와 비슷한 타인에게서 깊은 동질감을 느끼곤 한다.
③ 인간관계에서 이득과 손해를 따지는 것은 지극히 몰인정한 행동이다.
④ 가식적인 아부도 인간관계의 윤활유가 될 수 있다고 긍정하는 편이다.

ㄱ ① ② ③ ④
ㄴ ① ② ③ ④

120

① 스스로에게 불철주야(不撤晝夜)로 노력하자는 말을 자주 한다.
② 주어진 분야에서 최고가 되기 위해 실력을 함양하는 일에 애쓴다.
③ 장기간의 프로젝트보다는 단기간에 끝낼 수 있는 프로젝트가 좋다.
④ '어떤 회사'에서 '무슨 일'을 해야 할지 깊게 생각해 본 적이 별로 없다.

ㄱ ①   ②   ③   ④
ㄴ ①   ②   ③   ④

121

① 낙담하거나 위축되는 모습을 보이는 일이 거의 없다.
② 상황이나 스트레스에 휩쓸려 잘못된 의사결정을 하곤 한다.
③ 좌절감과 패배감으로 절대 허송세월하려 하지 않는다.
④ '지금의 곤경을 과연 벗어날 수 있을까?' 생각하며 희망을 잃을 때가 있다.

ㄱ ①   ②   ③   ④
ㄴ ①   ②   ③   ④

122

① 체육 활동에 참여하는 게 별로 즐겁지 않다.
② 자신의 의견을 남들 앞에서 잘 개진하지 못하는 편이다.
③ 기다리며 살피기보다는 적극적으로 대드는 때가 많다.
④ 내 주장을 하기 위해 남들 앞에서 목소리를 크게 높이는 편이다.

ㄱ ①   ②   ③   ④
ㄴ ①   ②   ③   ④

123

① 현실에 둔감한 이상주의자라는 평가를 받곤 한다.
② 철학처럼 인간의 삶과 지성을 통찰하는 것에 흥미를 느낀다.
③ 불확실해 장담할 수 없는 아이디어는 결국 '속 빈 강정'에 불과할 것이다.
④ 기획안을 직접 작성하는 것과 남의 기획안의 현실성을 따지는 일 중에 후자를 선호한다.

ㄱ ①   ②   ③   ④
ㄴ ①   ②   ③   ④

124

① '황금 보기를 돌같이'하고 싶지 않다.
② 이타심은 인간의 보편적인 본성이라고 믿는다.
③ 남들을 이해하고 독려해 그들에게 힘을 주는 말을 자주 한다.
④ '달면 삼키고 쓰면 뱉는 것'은 인간의 타고난 마음씨일 것이다.

ⓐ ①   ②   ③   ④
ⓑ ①   ②   ③   ④

125

① 목표 달성을 위해 공과 사를 분명히 구분할 수 있다.
② '형설지공(螢雪之功)'은 나를 움직이게 하는 격언이다.
③ 자신의 단점, 부족한 점을 꾸준히 개선하는 데 열성적이지 않다.
④ 기존 계획에 철저하기보다는 즉흥적으로 일정을 수정하는 편이다.

ⓐ ①   ②   ③   ④
ⓑ ①   ②   ③   ④

126

① 대개의 경우 침착하게 자신을 제어할 수 있다.
② 곤란한 상황에서는 망설이면서 결단하지 못하곤 한다.
③ 내가 지금까지 살아온 힘의 대부분은 강한 인내심 덕택이다.
④ 과도한 위기의식 때문에 좌불안석(坐不安席)하는 경우가 자주 있다.

ⓐ ①   ②   ③   ④
ⓑ ①   ②   ③   ④

127

① 유명한 연예인처럼 주목받고 싶을 때가 많다.
② 남들과 공유하지 않는 나만의 사무실을 갖고 싶다.
③ 신속하거나 활동적이지는 않지만 여유를 잃지 않는 편이다.
④ 시장조사를 하고 판매하는 일처럼 많은 사람들을 직접 만나는 일을 선호한다.

ⓐ ①   ②   ③   ④
ⓑ ①   ②   ③   ④

128

① '민주성'의 유의어는 '개방성'일 것이다.
② 고정관념을 깨는 일을 즐기지 않는다.
③ 학문은 진리 탐구 자체만으로도 충분히 존속할 수 있을 것이다.
④ 자신이 전통적인 남성 중심의 가부장적 사고에 익숙하다고 생각한다.

ㄱ ① ② ③ ④
ㄴ ① ② ③ ④

129

① 가까운 이웃들의 고난을 외면할 때가 많다.
② 따뜻한 말로 타인을 위로하는 일에 능숙하다.
③ 인간은 자신의 이익을 위해 공허한 감언이설을 충분히 할 수 있다.
④ 타인을 대할 때 선입견과 편견으로 상처를 입히지 않도록 조심할 때가 많다.

ㄱ ① ② ③ ④
ㄴ ① ② ③ ④

130

① 나의 임무를 절대 남에게 미루고 싶지 않다.
② 불필요한 일로 시간을 낭비하다가 낭패를 겪는 경우가 많다.
③ '이번에 안 되면 다음번에'라고 생각하며 빨리 단념할 때가 많다.
④ 장래에 '무엇이' 되기 위해 '어떻게' 할지에 대한 비전과 계획이 확실하다.

ㄱ ① ② ③ ④
ㄴ ① ② ③ ④

131

① 장래에 대한 뚜렷하지 않은 불안이 많다.
② 감정이나 심리적 충격으로 미숙한 판단을 하지 않는다.
③ 화가 나도 침착성을 유지하며 목소리를 높이거나 중언부언하지 않는다.
④ 다시는 떠올리고 싶지 않은 기억 때문에 머릿속이 복잡할 때가 자주 있다.

ㄱ ① ② ③ ④
ㄴ ① ② ③ ④

132

① 규모가 큰 회동에 참석하는 것을 좋아한다.
② 용기를 내지 않으면 낯선 사람과 가까워지지 못한다.
③ 많은 사람들의 관심을 끄는 행동을 기꺼이 하는 편이다.
④ 여러 사람들 앞에서 프레젠테이션을 하는 일은 내 적성에 맞지 않는다.

ㄱ ①　　　　　②　　　　　③　　　　　④
ㄴ ①　　　　　②　　　　　③　　　　　④

133

① 어떤 일을 할 때 익숙함보다는 흥미를 중시한다.
② '업계의 관행'은 혁파할 필요가 없다고 생각한다.
③ 대개의 경우 의견의 불일치는 긍정적일 수 있다고 생각한다.
④ 자유롭게 새로운 요소들을 변용해 조합하는 사고에 전혀 익숙하지 않다.

ㄱ ①　　　　　②　　　　　③　　　　　④
ㄴ ①　　　　　②　　　　　③　　　　　④

134

① 타인과의 상호작용에 지대한 관심이 있다.
② 나를 향한 타인의 갈채가 사탕발림처럼 느껴지곤 한다.
③ 경제적 이득은 전리품과 같아서 상대와 공유할 수 없다고 생각한다.
④ 타인들을 존중하며 그들과 조화롭고 편안한 관계를 유지하려는 성향이 강하다.

ㄱ ①　　　　　②　　　　　③　　　　　④
ㄴ ①　　　　　②　　　　　③　　　　　④

135

① 일을 할 때 책임감이나 보람을 잘 느끼지 못한다.
② 빈말이라도 호언장담(豪言壯談)으로 허세를 부리지 않는다.
③ 자신의 실수를 용납하며 반드시 바로잡으려는 노력이 적은 편이다.
④ 의문이 들면 남들에게 맡기지 않고 자신이 직접 꼼꼼히 확인해야 한다.

ㄱ ①　　　　　②　　　　　③　　　　　④
ㄴ ①　　　　　②　　　　　③　　　　　④

136

① 현실에 대한 패배감으로 시간을 낭비하는 것을 질색한다.
② 곤경을 감당하지 못해 충동적으로 행동할 때가 종종 있다.
③ 낙담에 빠져 마음이 늘어지거나 기운이 빠지지 않는다.
④ 내가 처한 환경에 큰 압박감을 느껴 자신감을 잃고 무기력해지곤 한다.

ⓐ ①   ②   ③   ④
ⓑ ①   ②   ③   ④

137

① 친구들과 어울리는 일은 언제나 즐겁고 설렌다.
② 모임에서 뒤로 물러나 조용히 있는 것을 선호한다.
③ 주변 사람들은 내가 말을 재밌게 하는 이야기꾼이라고 평가한다.
④ 자신보다는 지도자의 위치에 있는 사람들을 더 믿고 따르는 편이다.

ⓐ ①   ②   ③   ④
ⓑ ①   ②   ③   ④

138

① 일반적인 고정관념을 허무는 일에 별로 관심이 없다.
② 타인의 아이디어가 엉뚱하더라도 비판하지 않을 것이다.
③ 음악회나 미술 전람회 등은 나의 흥미를 전혀 끌지 못한다.
④ 대개의 경우에는 변화를 적극적으로 수용하는 것이 바람직하다고 본다.

ⓐ ①   ②   ③   ④
ⓑ ①   ②   ③   ④

139

① 경쟁의 가장 중요한 근간은 공정성이라고 확신한다.
② '진실'과 '신용'은 내가 따르는 가장 기본적인 수칙이다.
③ 구성체, 시스템, 체제 등 어떤 체계에 잘 동화되지 못하는 편이다.
④ 조직체 사이에서 적절히 알선·연결·조율하는 업무는 내 적성에 맞지 않는다.

ⓐ ①   ②   ③   ④
ⓑ ①   ②   ③   ④

140

① 일의 성공에 대한 강박을 느껴본 적이 드물다.
② 성실하지 못하다는 이유로 견책을 당할 때가 종종 있었다.
③ 자기 발전을 위해 꾸준히 배워 실력을 강화하고 있다.
④ 어떠한 경우에도 자신이 한 말을 책임지는 사람이 되고 싶다.

ㄱ ①　　　　② ③ ④
ㄴ ①　　　　② ③ ④

141

① 인내심과 대담성이 높다고 자평할 수 있다.
② 스트레스는 나의 의사결정에 영향을 끼치지 못한다.
③ 늘 마음에 평온을 유지하며 차분함을 잃지 않을 수 있다.
④ 자신이 생각해도 바보 같은 걱정으로 시간을 허비하곤 한다.

ㄱ ①　　　　② ③ ④
ㄴ ①　　　　② ③ ④

142

① 다소 모험적인 일을 할 때 집중력이 높아진다.
② 누구와도 절대 만나고 싶지 않을 때가 자주 있다.
③ 다른 구성원들이 규율을 따르도록 충분히 강요할 수 있다.
④ 사람들을 만나 물건을 팔기보다는 혼자서 물건을 만드는 일이 나에게 어울린다.

ㄱ ①　　　　② ③ ④
ㄴ ①　　　　② ③ ④

143

① 기성 스타일의 변화를 잘 알아차리는 편이다.
② 일반적인 것에서도 재미있는 점을 잘 찾아낸다.
③ 혁신성이 높을수록 위험성 또한 증가한다고 생각해 변화에 대해 비타협적이다.
④ 변화의 흐름을 일으키는 본질적 규칙성을 찾아내는 것은 내 적성에 맞지 않는다.

ㄱ ①　　　　② ③ ④
ㄴ ①　　　　② ③ ④

144

① 소속감과 일체감 등을 매우 중요하게 여긴다.
② 인간이라면 누구나 측은지심(惻隱之心)을 느낄 것이다.
③ 협업, 소통, 조율, 조화 등은 나의 관심을 끌지 못한다.
④ 수익성과 공평성 중에 하나를 택해야 한다면 전자를 선택할 것이다.

㉠ ①　　　　②　　　　③　　　　④
㉡ ①　　　　②　　　　③　　　　④

145

① 계획 실천에 방해가 되는 요소를 충실히 차단할 수 있다.
② 높은 임기응변 능력과 적응력으로 어려운 상황을 모면하는 것을 잘한다.
③ 맡은 분야에서 최고 수준의 전문가가 되기 위한 자기 개발에 매진할 수 있다.
④ 원칙과 계획을 충실히 따르는 사람은 융통성이 전혀 없어 고리타분할 것 같다.

㉠ ①　　　　②　　　　③　　　　④
㉡ ①　　　　②　　　　③　　　　④

146

① 불안한 상황에 처해도 심각하게 애태우지 않는다.
② 고민거리로 애를 쓰며 속을 태우지 않는 편이다.
③ 바늘방석에 앉은 것처럼 좌불안석(坐不安席)할 때가 많다.
④ 고립감, 소외감 때문에 스스로의 처지를 부정적으로 여길 때가 많다.

㉠ ①　　　　②　　　　③　　　　④
㉡ ①　　　　②　　　　③　　　　④

147

① 자처해서 앞장서는 경우가 많다.
② 조용한 사무실에서 일하는 것을 선호한다.
③ 특별한 약속이 없으면 구태여 집을 나서지 않는다.
④ 반드시 높은 지위에 올라 널리 알려지고 싶다.

㉠ ①　　　　②　　　　③　　　　④
㉡ ①　　　　②　　　　③　　　　④

148

> ① 호기심의 자극에 민감하게 반응한다.
> ② 정보가 유용한 궁극적 이유는 개방성 때문일 것이다.
> ③ 변화에서 일정한 패턴, 규칙적 경향을 발견하는 직관적 사고에 익숙하지 않다.
> ④ 사람은 누구나 고정관념을 지니고 살기 마련이라고 긍정한다.

ㄱ ①　　　　② 　　　　③　　　　④
ㄴ ①　　　　② 　　　　③　　　　④

149

> ① 손익과 타산성은 나의 최대 관심사이다.
> ② 어떤 경우에도 자신만의 이익보다는 공동의 이익을 우선시한다.
> ③ 부정직한 관행은 반드시 발본색원(拔本塞源)해야 한다고 생각한다.
> ④ 경제적 보수는 내가 직장과 직업을 선택하는 가장 중요한 기준이다.

ㄱ ①　　　　② 　　　　③　　　　④
ㄴ ①　　　　② 　　　　③　　　　④

150

> ① 계획과 관련한 사안들의 우선순위를 정하는 일에 능숙하다.
> ② 스스로에게 높은 수준의 윤리 기준과 원칙을 적용해 실천하려 한다.
> ③ 스스로 매우 유능하지는 않지만 중간 정도의 실력은 된다고 생각한다.
> ④ 다소 불성실하더라도 일을 완료하는 데는 큰 방해가 되지 않을 것이다.

ㄱ ①　　　　② 　　　　③　　　　④
ㄴ ①　　　　② 　　　　③　　　　④

151

> ① 과중한 스트레스 때문에 지장을 받을 때가 많다.
> ② 굴욕감과 패배감으로 자신에게 불만을 느낀 적이 없다.
> ③ 분노가 일어도 빨리 진정되어 평온해지는 편이다.
> ④ 감정에 휘둘려 섣불리 잘못된 판단을 할 때가 종종 있다.

ㄱ ①　　　　② 　　　　③　　　　④
ㄴ ①　　　　② 　　　　③　　　　④

152

① 쉽게 열정을 느껴 활동적일 때가 많다.
② 초등학교 선생님보다는 등대지기가 더 재미있을 것 같다.
③ 매끄러운 말솜씨나 사교적인 친절은 나에게 중요하지 않다.
④ 다른 직원들의 업무를 조율하고 그들을 통제하는 일을 맡고 싶다.

ㄱ ① ② ③ ④
ㄴ ① ② ③ ④

153

① 재미만 찾다가 현실성이 떨어지곤 한다.
② 익숙한 '기존의 틀'에서 편안함을 추구할 때가 많다.
③ 변화가 많고 빠른 조직보다는 적고 느린 조직에서 일하고 싶다.
④ 나를 둘러싼 환경의 변화를 감지하고 분석하는 일에 관심이 많다.

ㄱ ① ② ③ ④
ㄴ ① ② ③ ④

154

① 허세나 허위의식은 모든 인간에게 있는 특징이다.
② '믿음'과 '협력'은 자신이 따르는 최우선의 기본 가치이다.
③ 타인의 친절에는 계산적인 의도가 숨어 있다고 느끼곤 한다.
④ 이익을 제고하는 것보다는 정직성을 지키는 것에 더욱 노력한다.

ㄱ ① ② ③ ④
ㄴ ① ② ③ ④

155

① 일을 할 때 성취감과 보람을 가장 중시한다.
② 유능한 사람도 운이 따르지 않으면 결국 실패할 것이다.
③ 주어진 역할에 대한 책임감으로 마음이 별로 무거워지지 않는다.
④ 체크리스트 항목을 작성하고 주기적으로 빠짐없이 확인하는 일에 자신이 있다.

ㄱ ① ② ③ ④
ㄴ ① ② ③ ④

156

> ① 주어진 환경은 나를 거의 압박하지 못한다.
> ② 사소한 일로 안절부절못할 때가 자주 있다.
> ③ 거울 속의 나를 보면 평온감과 안정감을 느낄 때가 많다.
> ④ 당혹스런 상황을 만나면 우왕좌왕하며 어찌할 바를 모를 때가 많다.

ㄱ ①   ②   ③   ④
ㄴ ①   ②   ③   ④

157

> ① 모든 사람들이 권세를 누리기를 바란다고 생각한다.
> ② 통제권이나 실권 등 주동적인 힘을 갖는 일에 관심이 없다.
> ③ 관망하기보다는 정열적으로 신속하게 덤벼드는 편이다.
> ④ 모임에서 지도력, 지배력, 리더십 등이 있다는 평가를 받은 적이 없다.

ㄱ ①   ②   ③   ④
ㄴ ①   ②   ③   ④

158

> ① 학문의 궁극적 목적은 참된 이치를 탐구하는 것에 있다.
> ② 변화를 촉진하는 것보다는 안정을 유지하는 것에 관심이 많다.
> ③ 흥미, 적성, 신념 등 자아 인식을 위해 자신을 분석하는 일은 매우 번거롭다.
> ④ 의견의 다양성을 인정하고 보다 다수의 의견을 수용하는 제도에 관심이 많다.

ㄱ ①   ②   ③   ④
ㄴ ①   ②   ③   ④

159

> ① 자신의 기분에 상관없이 남에게 밝게 인사할 수 있다.
> ② 타인에게 호감을 주는 것 또한 에티켓이라고 생각한다.
> ③ 남들과 상호작용하는 것은 피곤하고 번거로운 일이라고 생각한다.
> ④ 처지가 자신과 비슷한 타인에게서 연대감, 동료 의식을 느끼지 못한다.

ㄱ ①   ②   ③   ④
ㄴ ①   ②   ③   ④

160

① 약속이나 비밀을 지키는 일에 매우 엄격한 편이다.
② 책임감에 대한 부담 때문에 중책을 맡은 경험이 별로 없다.
③ 최고보다는 최선을 다하는 태도가 더욱 중요하다고 믿는다.
④ '어떻게든 되겠지' 하는 생각으로 손을 놓을 때가 종종 있다.

ㄱ ①   ②   ③   ④
ㄴ ①   ②   ③   ④

161

① 비관보다는 낙관이 힘이 더욱 세다고 생각한다.
② 감정을 다스리지 못해 곤란을 자초할 때가 많다.
③ 스트레스 때문에 서툰 판단을 할 때가 종종 있다.
④ 스스로에게 희망과 용기를 불어넣는 말을 자주 한다.

ㄱ ①   ②   ③   ④
ㄴ ①   ②   ③   ④

162

① 처음 만난 사람과 대화하는 것에 큰 부담감을 느낀다.
② 타인에게 영향력을 행사할 수 있는 위치에 서는 것을 꺼린다.
③ 남들 앞에서 내 생각을 당당하고 자신 있게 밝힐 수 있다.
④ 세일즈맨이 된다면 출장을 다니며 가능한 한 많은 사람을 만나고 싶다.

ㄱ ①   ②   ③   ④
ㄴ ①   ②   ③   ④

163

① 때로는 비실용적·비현실적인 것도 수용하곤 한다.
② 변화에 적응하려면 남들보다 오랜 시간이 필요하다.
③ 깊은 감성과 폭넓은 경험은 나의 삶을 풍요롭게 만든다.
④ 변화의 긍정적인 측면보다는 부정적인 측면을 강조할 때가 더욱 많다.

ㄱ ①   ②   ③   ④
ㄴ ①   ②   ③   ④

164

① 타인에게서 동질감을 느끼는 일이 극히 드물다.
② 타인의 행동을 깐깐하게 따져 윽박을 지르곤 한다.
③ 상대의 말에 집중하기 위해 경청하고 세심하게 들으려 한다.
④ 나의 잘못이 남에게 피해를 끼치지 않는다고 해도 그 잘못을 남에게 알릴 수 있다.

ㄱ ①   ②   ③   ④
ㄴ ①   ②   ③   ④

165

① 매일 일정 시간을 할애해 외국어 공부를 할 수 있다.
② 사명감이나 성취욕은 나를 움직이게 하는 동기가 되지 못한다.
③ 스스로를 규율하는 자기 나름의 윤리 기준과 원칙을 충실히 지키려 한다.
④ 일을 할 때 동기부여를 받지 못하고, 일을 끝내도 성취감을 느끼는 경우가 적다.

ㄱ ①   ②   ③   ④
ㄴ ①   ②   ③   ④

166

① 당혹스러운 일을 당해도 대범하게 행동할 수 있다.
② 감정을 조절하는 능력이 남들보다 낮은 것 같다.
③ 심리적인 평온을 잃고 마음이 심하게 흔들릴 때가 많다.
④ 뒤늦게 한탄해봐야 소용없다고 여겨 평상심을 빨리 회복하는 편이다.

ㄱ ①   ②   ③   ④
ㄴ ①   ②   ③   ④

167

① 남들을 대할 때 온정적이거나 명랑하지 않다.
② 나는 기꺼이 전면에 나서서 모임을 이끌 때가 많다.
③ 내성적이고 조용한 편이라 남들의 주목을 받는 것이 꺼려진다.
④ 초면인 사람과도 쉽게 가까워져 친구처럼 허물없이 지낼 수 있다.

ㄱ ①   ②   ③   ④
ㄴ ①   ②   ③   ④

168

① 장래의 변화를 예측하는 일에 큰 흥미를 느낀다.
② 새롭고 신기한 것보다는 흔하고 익숙한 것을 선호한다.
③ 새로운 틀을 짜기보다는 이전의 틀을 존중하는 것을 훨씬 선호한다.
④ 단색이 주는 무게감보다는 여러 색이 알록달록하게 섞인 것을 선호한다.

ㄱ ①   ②   ③   ④
ㄴ ①   ②   ③   ④

169

① 갈등을 회피하기 위해 후퇴하는 경우가 많다.
② 정다운 말로 남들의 마음을 어루만지는 일에 서툴다.
③ 남들에게 해를 끼칠 수 있는 행동을 하지 않도록 항상 조심한다.
④ 인간관계에서 맺고 끊는 게 지나치게 분명해 야박하다는 비난을 받곤 한다.

ㄱ ①   ②   ③   ④
ㄴ ①   ②   ③   ④

170

① 소명의식이 강하다.
② 자율성이나 책임 의식이 높지 않다는 평가를 받곤 한다.
③ 장기적으로 볼 때는 성실한 사람이 결국 성공하게 된다고 생각한다.
④ 신중하지 못해 무리하게 일을 진행하다가 기대하던 결과에 이르지 못하곤 한다.

ㄱ ①   ②   ③   ④
ㄴ ①   ②   ③   ④

171

① 스스로 열등의식에 빠져 괴로워할 때가 많은 편이다.
② 평소에 울적함이나 불안을 별로 느끼지 않으며 냉정한 경향이 있다.
③ 내 성격은 온순하면서도 극기심과 담력이 높다고 말할 수 있다.
④ 처한 형편이나 긴장감 때문에 일손이 좀체 잡히지 않을 때가 많다.

ㄱ ①   ②   ③   ④
ㄴ ①   ②   ③   ④

172

① 남들 앞에서 노래 부르고 장기를 선보이는 일에 거리낌이 없다.
② 공개 석상에서 발언·연설하는 일에 부담을 느끼지 않는다.
③ 사교적인 성격이 아니어서 인간관계의 범위가 제한적이다.
④ 주위 사람들로부터 인정받고 싶은 욕구가 남들보다 훨씬 작은 편이다.

ㄱ ①   ②   ③   ④
ㄴ ①   ②   ③   ④

173

① 이야기나 음악에 빠르고 깊게 몰입하는 편이다.
② 흥미를 느끼는 것의 범위가 상당히 제한적이다.
③ 아름다움에만 탐닉해 별로 필요 없는 물건을 사기도 한다.
④ 주관적 감성과 정서보다는 객관적 사실성과 검증성을 훨씬 선호한다.

ㄱ ①   ②   ③   ④
ㄴ ①   ②   ③   ④

174

① 타인의 언행을 색안경을 끼고 볼 때가 많다.
② 대인관계에서 자신 중심으로 편익을 따지곤 한다.
③ 정직하기 위해 자신의 잘못을 가감 없이 밝힐 수 있다.
④ 가벼운 농담으로라도 남의 기분을 상하게 하지 않도록 항상 주의를 기울인다.

ㄱ ①   ②   ③   ④
ㄴ ①   ②   ③   ④

175

① 계획과 준비가 부족해도 충분히 성공할 수 있다고 생각한다.
② 승리는 반드시 끈기 있는 자가 차지한다고는 생각하지 않는다.
③ 자신이 하는 일이 사회를 위해 꼭 필요한 역할을 한다고 믿는다.
④ 직업인은 누구나 자기 분야에서 최고가 되기 위해 노력해야 할 것이다.

ㄱ ①   ②   ③   ④
ㄴ ①   ②   ③   ④

176

① 자책하며 스스로를 다그치려 하지 않는다.
② 중요한 일을 앞두고 노심초사(勞心焦思)할 때가 많다.
③ '환경이 나를'이 아니라 '내가 환경을' 통제할 수 있다고 믿는다.
④ 대수롭지 않은 것에도 심하게 화가 나고 감정을 조절하기 힘들 때가 많다.

㉠ ①   ②   ③   ④
㉡ ①   ②   ③   ④

177

① 여럿이 어울려 여행할 기회가 있다면 즐겁게 참가한다.
② 자극이 많은 것을 좋아하며 주위의 평판에 신경을 쓰는 편이다.
③ 지도력을 발휘해야 하는 일은 나의 적성과 어울리지 않는 것 같다.
④ 얼큰하거나 짠 것보다는 느끼하지 않고 담백한 음식을 훨씬 선호한다.

㉠ ①   ②   ③   ④
㉡ ①   ②   ③   ④

178

① 사소한 것에서는 거의 흥미를 느끼지 못한다.
② 자신의 내면과 감성에 외곬으로 몰두하곤 한다.
③ 창안, 입안 등의 연구 작업에 깊이 몰두할 수 있다.
④ 흥미나 감수성 등은 나의 행동이나 판단에 영향을 거의 끼치지 못한다.

㉠ ①   ②   ③   ④
㉡ ①   ②   ③   ④

179

① 남과 자신 사이에서 잘잘못을 따지는 일에 밝은 편이다.
② 나보다 아랫사람에게도 공손하려고 언행에 신경을 쓴다.
③ 인간관계는 결코 상품처럼 돈으로 환산해 가치를 매길 수 없다고 생각한다.
④ 자신의 이익이 가장 큰 관심사이므로 이재(理財)와 치부술(致富術)에 밝은 편이다.

㉠ ①   ②   ③   ④
㉡ ①   ②   ③   ④

180

① 자신의 주변을 정돈하는 일을 미룰 때가 많다.
② 어떤 일에 대한 성취감과 자긍심을 매우 중요하게 생각한다.
③ 성공하려면 먼저 반드시 성실한 사람이 되어야 한다고 믿는다.
④ 옷매무새나 행동거지나 단정하지 못해 부산스럽다는 핀잔을 듣곤 한다.

㉠ ①   ②   ③   ④
㉡ ①   ②   ③   ④

181

① 치욕스러운 기억에서 빨리 헤어나지 못한다.
② 사람이 헤어나지 못할 슬픔은 없다고 확신한다.
③ 마음이 불안해지면 쉽사리 가라앉지 않을 때가 많다.
④ 스트레스의 영향을 받아 미숙한 결정을 하는 경우는 거의 없다.

㉠ ①   ②   ③   ④
㉡ ①   ②   ③   ④

182

① 실외에서 마음껏 몸을 움직이는 일을 좋아한다.
② 내향적인 기질 때문에 혼자 있어도 쓸쓸하지 않다.
③ 외국어를 모르는 상황에서도 외국인과 즐겁게 지낼 자신이 있다.
④ 대인관계에서 서로 마음을 트고 지내려면 매우 긴 시간이 필요하다.

㉠ ①   ②   ③   ④
㉡ ①   ②   ③   ④

183

① 선택할 수 있다면 디자이너가 되고 싶다.
② 변화가 많은 직업일수록 나에게 어울리는 것 같다.
③ 남들과의 사고방식의 차이를 이해하거나 용납하지 못할 때가 많다.
④ 일정한 양식과 격식에 따라 공문을 작성하는 일을 그 반대의 경우보다 선호한다.

㉠ ①   ②   ③   ④
㉡ ①   ②   ③   ④

184

> ① 갈등 상황을 회피하거나 의존적으로 대처할 때가 많다.
> ② 이익을 얻기 위해서 다소의 부정직도 불가피하다고 생각한다.
> ③ 일체감이나 소속감은 나의 행동에 영향을 주는 요인이 아니다.
> ④ '정직'과 '신뢰'는 나의 행동을 다스리는 가장 기본적·필수적인 규범이다.

ㄱ ①　　　　　②　　　　　③　　　　　④
ㄴ ①　　　　　②　　　　　③　　　　　④

185

> ① 자아실현을 위해 자발적·능동적으로 임하는 편이다.
> ② 내 방은 옷가지들이 이리저리 널려 있어서 무척 어수선한 편이다.
> ③ 신중함이 부족해 섣불리 대응하다가 기대에 어긋날 때가 자주 있다.
> ④ 책임감은 삶에 대한 나의 자기 통제력을 크게 높일 수 있을 것이다.

ㄱ ①　　　　　②　　　　　③　　　　　④
ㄴ ①　　　　　②　　　　　③　　　　　④

186

> ① 울어도 목 놓아 우는 일이 없다.
> ② 부정적 자극에 민감하게 반응해 불안감을 크게 느낄 때가 많다.
> ③ 때로는 희망을 잃지 않으려는 노력도 소용이 없다는 생각이 들곤 한다.
> ④ 감정에 치우쳐 성급하게 결정하거나 참을성이 모자란 언행을 하지 않는다.

ㄱ ①　　　　　②　　　　　③　　　　　④
ㄴ ①　　　　　②　　　　　③　　　　　④

187

> ① 타인을 만날 때 거리감을 갖고 대할 때가 많다.
> ② 하루 종일 움직여도 피곤을 별로 느끼지 않는다.
> ③ 자신이 남에게 보이기 좋아하고 낙천적이라고 생각한다.
> ④ 빠르고 강렬한 것보다는 느리더라도 담담한 것을 훨씬 선호한다.

ㄱ ①　　　　　②　　　　　③　　　　　④
ㄴ ①　　　　　②　　　　　③　　　　　④

188

① 참신한 기획안을 작성하는 일은 내 적성에 맞지 않는다.
② 개방성을 결여한 학문은 왜곡되어 오히려 해를 끼칠 수 있다.
③ 감각을 활용해 공간을 창의적으로 꾸미는 작업을 잘할 수 있다.
④ 익숙하지 않은 과제를 수행할 경우에는 곤란을 겪을 때가 많다.

ㄱ ①　　　　　② 　　　　③ 　　　　④
ㄴ ①　　　　　② 　　　　③ 　　　　④

189

① 지나치게 정직하면 손해를 보기 쉽다고 생각한다.
② 타인의 감정을 이해하고 어려운 사람을 돕는 것을 적극 선호한다.
③ 타인의 고민을 들을 때는 진지하게 들으면서 조언, 위로 등을 해주려고 노력한다.
④ 인간은 본능적으로 자신의 욕구 충족에 방해가 되는 남의 행동에 거부감을 갖는다.

ㄱ ①　　　　　② 　　　　③ 　　　　④
ㄴ ①　　　　　② 　　　　③ 　　　　④

190

① 각 단계마다 점검을 하느라고 일의 진행이 지연될 때가 많다.
② 당초의 목표를 잊어버리고 충동적으로 대응하다가 실패를 자초하기도 한다.
③ 신속성을 높이려 하다가 깊이 생각하지 않고 경솔하게 행동할 때가 종종 있다.
④ 원하지 않은 일이 주어져도 책임감을 갖고 배우는 자세로 성실하게 일할 수 있다.

ㄱ ①　　　　　② 　　　　③ 　　　　④
ㄴ ①　　　　　② 　　　　③ 　　　　④

191

① 자질구레한 시름에 잠겨 우두커니 멍해질 때가 자주 있다.
② 미래의 내 모습을 생각하면 몹시 근심스럽게 느껴지곤 한다.
③ 긴장감이나 처한 형편의 악영향으로 능률이 떨어지지 않는다.
④ 대다수의 경우에 나는 크게 분노하거나 감정을 조절하지 못하는 적이 없다.

ㄱ ①　　　　　② 　　　　③ 　　　　④
ㄴ ①　　　　　② 　　　　③ 　　　　④

192

① 어디서든 새로운 친구를 빨리 사귈 수 있다.
② 모임에서 자연스럽게 돌아다니며 인사하기를 좋아한다.
③ 다른 사람과의 교제에서 친숙함을 느끼는 경우가 매우 적다.
④ 사람들 앞에 나서지 않으며 타인의 의견을 전적으로 받아들이곤 한다.

ㄱ ①   ②   ③   ④
ㄴ ①   ②   ③   ④

193

① 개성을 강조해 표현하는 일을 선호한다.
② 미적 감성이 둔하며 감정의 폭이 넓지 않은 편이다.
③ 물건을 살 때 아름다움보다는 실용성이 훨씬 중요하다.
④ 현실적·가시적 실현성보다는 잠재적·비가시적 가능성에 주목한다.

ㄱ ①   ②   ③   ④
ㄴ ①   ②   ③   ④

194

① 대인관계에서 득실을 계산할 때가 많다.
② 상대를 속이기 위해 일부러 침묵할 때가 많다.
③ 항상 남들과 편안하고 조화로운 관계를 유지하려고 노력한다.
④ 남들을 칭찬하는 것에 인색하지 않으며, 남들에게 사과하기를 꺼리지 않는다.

ㄱ ①   ②   ③   ④
ㄴ ①   ②   ③   ④

195

① 인생에 대한 원대한 미래상과 방향성을 몹시 중시한다.
② 부주의해서 피할 수 있었던 사건·사고에 휘말리곤 한다.
③ 책임량을 채우지 않아 과업을 완료하지 못할 때가 남들보다 많다.
④ 어떤 일을 마친 후에 목표 성취율, 개선 사항 등을 반드시 확인해 피드백한다.

ㄱ ①   ②   ③   ④
ㄴ ①   ②   ③   ④

196

① 걱정과 근심으로 건강을 해칠까 봐 우려될 때가 많다.
② 곤란한 환경이 나를 억누를 수 없다고 생각한다.
③ 슬픔이 닥쳐도 꿋꿋하게 빨리 이겨낼 수 있다고 믿는다.
④ 남들이 나를 걱정할 정도로 시름이 얼굴에 드러나곤 한다.

ㄱ ①   ②   ③   ④
ㄴ ①   ②   ③   ④

197

① 자동차나 모터보트 등의 운전에 흥미가 많다.
② 타인을 가르치거나 지도하는 일을 하는 것을 꺼린다.
③ 매사에 차분하고 내향적인 성향이 강하다.
④ 타인으로부터의 지지와 타인과의 친밀감을 추구하는 성향이 강하다.

ㄱ ①   ②   ③   ④
ㄴ ①   ②   ③   ④

198

① 복고주의를 매우 긍정적으로 생각한다.
② 추상적일수록 자유롭다고 생각해 관심이 끌린다.
③ 인테리어 작업처럼 창의적 미적감각이 필요한 일을 잘할 수 있다.
④ '업계의 관례'는 판례처럼 기준이 된다는 점에서 유용하다고 긍정한다.

ㄱ ①   ②   ③   ④
ㄴ ①   ②   ③   ④

199

① 나의 행동이 남들에게 미치는 영향에 무관심하다.
② 사람이 지나치게 정직하면 남이 따르지 않는다고 생각한다.
③ 타인과의 공감 능력과 공감을 적절히 표현하는 능력을 갖고 싶다.
④ 대체로 다른 사람들을 신뢰하며, 그러한 신뢰 관계를 지속하려고 노력한다.

ㄱ ①   ②   ③   ④
ㄴ ①   ②   ③   ④

200

① 품행이 단정하고 꾸준하다는 평가를 받곤 한다.
② 일의 진행 도중에 중요한 일을 놓치고 있지 않은지 수시로 점검한다.
③ 책무를 완수하려는 의지가 부족하다는 비판을 받는 경우가 적지 않았다.
④ 자기 행위의 목적에 대한 뚜렷한 자각이 부족해 과제 달성에 난항을 겪곤 한다.

ㄱ ①   ②   ③   ④
ㄴ ①   ②   ③   ④

201

① 근심거리 때문에 밤을 새우며 괴로워하곤 한다.
② 무기력에 빠져 나태해지거나 겁을 먹는 것을 싫어한다.
③ 스트레스의 영향으로 나쁜 결정을 내리는 경우가 많았다.
④ 바라던 일이 뜻대로 되지 않아도 마음이 별로 상하지 않는다.

ㄱ ①   ②   ③   ④
ㄴ ①   ②   ③   ④

202

① 남들 앞에서 장기자랑을 하는 일을 매우 싫어한다.
② 남들보다 몸놀림이 느리고 여유를 추구하는 성향이 강하다.
③ 공동의 삶의 방식이 있으므로 타인의 시선에 부단히 신경을 쓴다.
④ 자신의 삶을 지배하는 것은 물론 주변인들의 삶에 영향을 끼치려는 성향이 강하다.

ㄱ ①   ②   ③   ④
ㄴ ①   ②   ③   ④

203

① 비약적인 것보다는 단계적인 것을 선호한다.
② 소설 등의 글에 몰입되어 감흥을 느낄 때가 많다.
③ 비현실적·비실용적인 것도 가치가 있다고 생각한다.
④ 변화가 많은 것보다는 변화가 적은 직업을 갖고 싶다.

ㄱ ①   ②   ③   ④
ㄴ ①   ②   ③   ④

204

① 벌을 줄 때 엄정해야 하듯이 상을 줄 때도 반드시 공평해야 한다.
② 구성원 개개인의 능력보다는 협동에 기초한 팀워크를 더욱 중시한다.
③ 내 주위의 동료는 나의 승진을 방해하는 경쟁자라고 생각할 때가 많다.
④ 공동의 이익보다는 나 자신의 이익이 더 중요하다고 생각할 때가 많다.

ㄱ ①   ②   ③   ④
ㄴ ①   ②   ③   ④

205

① 남들보다 삶의 비전과 목적이 확고한 편이다.
② 언제나 사회적 규범을 준수하고 주어진 책임에 충실하려고 노력한다.
③ 소임이나 책무를 성공적으로 마쳐야 한다는 강박을 결코 느끼지 않는다.
④ 준비가 충분하지 못해 단념하고 손을 떼는 경우가 다른 사람들보다 많다.

ㄱ ①   ②   ③   ④
ㄴ ①   ②   ③   ④

206

① 까다로운 사람과 만나도 별로 예민해지지 않는다.
② 마음이 나약해서 일을 온전히 감당하지 못할 것 같은 느낌이 들곤 한다.
③ 내가 해결하지 못한 문제를 남이 해결해도 열등감을 느끼지 않는다.
④ 흔히 남들이 잘하는 일도 나는 자신감 부족으로 잘하지 못하곤 한다.

ㄱ ①   ②   ③   ④
ㄴ ①   ②   ③   ④

207

① 과격한 운동을 할 때 몸은 힘들어도 마음은 즐겁다.
② 사람들 사이에서 침묵을 지키며 여유롭게 관망하는 편이다.
③ 무리 앞에서 나 자신을 드러내는 것을 꺼리는 편이다.
④ 혈기 왕성하고 몸을 쓰는 일은 언제나 즐거운 편이다.

ㄱ ①   ②   ③   ④
ㄴ ①   ②   ③   ④

208

① 직업을 선택할 경우에 단조롭더라도 안정적·보수적인 것을 선호한다.
② 익숙한 길이 주는 안정감과 편안함보다는 낯선 길이 주는 설렘과 흥분을 더 선호하는 편이다.
③ 유행어의 사용은 언어의 권위를 해친다고 생각해 유행어는 언제나 거슬리게 들린다.
④ 풀기 어려운 문제를 만나면 답안지를 보지 않고 스스로 풀려고 도전하는 편이다.

ㄱ ①   ②   ③   ④
ㄴ ①   ②   ③   ④

209

① 대다수의 경우에 타인의 의견을 존중해 반영하려고 하는 편이다.
② 타인의 비판은 아무리 정중하더라도 도움이 되기보다는 나를 귀찮게 만들 뿐이다.
③ 남과 이야기를 할 때 그의 생각을 귀 기울여 듣는 편이다.
④ 나의 좋은 의도와 달리 사람들이 나를 부당하게 대우하는 것 같다는 의심을 풀곤 한다.

ㄱ ①   ②   ③   ④
ㄴ ①   ②   ③   ④

210

① 지나치게 열심인 것보다는 적당히 하는 것을 선호한다.
② 생활 주변에서 정리정돈을 잘하며 늑장을 부리는 것을 싫어한다.
③ 주변으로부터 무모한 사람이라는 평가를 들을 때가 많다.
④ 나는 책임을 완수하려면 지킬 것은 꼭 따라야 한다는 원칙주의자에 가깝다.

ㄱ ①   ②   ③   ④
ㄴ ①   ②   ③   ④

211

① 시험을 치를 때 문제를 잘 풀지 못해 낮은 점수를 받을까 염려하지 않는다.
② 남으로부터 까다로운 요구를 받으면 몹시 당혹스러워져 평온함을 잃곤 한다.
③ 지나치게 충동적으로 행동해서 예상치 못한 괴로움을 겪곤 한다.
④ 매우 다급한 상황에서도 어떻게 대응해야 할지 몰라 무기력해지지 않는다.

ㄱ ①   ②   ③   ④
ㄴ ①   ②   ③   ④

212

① 왁자지껄한 시장 소리보다는 고즈넉한 사찰의 풍경 소리가 더 좋다.
② 스포츠 중계방송을 시청하기보다는 경기장을 직접 찾아가 관중의 함성 소리를 듣는 것이 더 좋다.
③ 아침에 깨어나도 바로 활동에 나서지 않고 한참 동안 누워 있다.
④ 조직 내에서 선도자로서 인정을 받고 싶다.

ㄱ ①   ②   ③   ④
ㄴ ①   ②   ③   ④

213

① 다른 사람과 차별화된 삶에서 흥미와 만족을 느낀다.
② 이익을 확대하려면 새 시장에 대한 도전보다 검증된 시장에서 내실을 다지는 일이 우선이라고 생각한다.
③ 전통적인 클래식만큼이나 크로스오버 음악 또한 의미가 있다고 생각한다.
④ 때로는 비속어가 감정을 보다 생생하게 전달한다는 생각에 동의하지 않는다.

ㄱ ①   ②   ③   ④
ㄴ ①   ②   ③   ④

214

① 조직에서 불화가 발생하면 남들의 견해에 의존한다.
② 하기 싫은 일은 동료가 함께 하자고 요청해도 응하고 싶지 않다.
③ 자신의 잘못을 솔직하게 인정하고 남들의 비난을 수용하지 않는 편이다.
④ 불법 외국인 노동자들도 평등하게 대우받을 권리가 있다고 생각한다.

ㄱ ①   ②   ③   ④
ㄴ ①   ②   ③   ④

215

① 타인들이 힘겨워 하는 일에 동기부여를 느낀다.
② 불성실하지만 성과가 높은 사람과 성실하지만 성과가 낮은 사람 중에 전자를 선호한다.
③ 동료가 될 사람을 1명만 뽑는다면 목표 의식이 강한 사람을 택하겠다.
④ 원칙을 고수하는 것보다는 융통성 있게 상황에 맞춰 변통하는 것이 더 중요하다고 생각한다.

ㄱ ①   ②   ③   ④
ㄴ ①   ②   ③   ④

216

① 짜증나는 상황에서도 감정적 균형을 유지할 수 있다.
② 공허감, 허전감, 막연한 불안감 등으로 인해 삶이 비관적으로 느껴지곤 한다.
③ 새로 산 물건을 잃어버려도 금방 잊는다.
④ 오랫동안 공들여 하던 일이 좌절되면 빨리 극복하고 그 원인을 찾아 미래를 준비한다.

ㄱ ① ② ③ ④
ㄴ ① ② ③ ④

217

① 나는 매우 정열적인 사람이다.
② 조직 내에서 다른 구성원의 주관(主管)에 의지하는 경우가 많다.
③ 경쟁사의 미비점을 파고들 수 있는 업무와 공격을 효과적으로 방어할 수 있는 업무 중 전자를 선호한다.
④ 남들에게 물어가면 중간을 갈 수 있는 길과 남들보다 앞장서면 다소 번거로운 일을 겪을 수도 있는 길 중에서 전자를 선호한다.

ㄱ ① ② ③ ④
ㄴ ① ② ③ ④

218

① 다소 엉뚱한 안건도 검토할 가치가 충분히 있다고 생각한다.
② 직업을 선택할 경우, 새로운 일에 도전할 수 있는 것보다는 안정적인 것을 선호한다.
③ 독창성·감수성이 중요한 업무와 현실성·실용성이 중요한 업무 중 전자를 선호한다.
④ 내가 공연 기획자라면 유명 뮤지컬보다 새롭게 기획하는 뮤지컬을 공연에 올릴 것이다.

ㄱ ① ② ③ ④
ㄴ ① ② ③ ④

219

① 협상을 할 때는 '우리 측'의 이익을 관철하기 위해 상대측을 압박해야 한다고 생각한다.
② 빈곤층 학생들에게 지급할 장학금 재원 마련을 위해서라면 자신의 등록금이 인상되는 것에 동의할 수 있다.
③ 처음 만나는 여러 사람들과 하나의 구성체를 이루게 되면 다른 구성원들과 빨리 친해지는 편이다.
④ 일을 추진하는 도중에 난관을 만나 돌파구를 찾아야 한다면 상급자에게 의존하기보다는 스스로 타개책을 찾아내기 위해 고심하는 편이다.

ㄱ ① ② ③ ④
ㄴ ① ② ③ ④

220

① 일처리를 깔끔하게 하는 것에 대해 강박관념을 별로 느끼지 않는다.
② 아이디어가 진취적이더라도 그것을 추진하기 전에 더 숙려하는 편이다.
③ 해야 할 일을 깜빡 잊고 하지 못하면 계속 신경이 쓰인다.
④ 성과가 높지 않지만 안정적인 방법보다 위험성을 감수하고서라도 높은 성과를 거둘 수 있는 방법을 선호한다.

ㄱ ①   ②   ③   ④
ㄴ ①   ②   ③   ④

221

① 거래처 사람이 계속해서 불쾌한 태도를 보인다면 중요한 거래처일지라도 상관에게 보고한다.
② 매번 신선하고 좋은 기획을 내놓는 것이 주변에 피해를 끼치지 않는 것보다 더 중요하다.
③ 봉사활동과 같이 취지가 좋은 일이어도 개인의 의지에 의해 이루어지는 것이 아니라면 의미가 없다.
④ 주변 상황의 제약으로 어려움을 겪더라도 적성에 맞는 일이라면 그만두지 않는 편이다.

ㄱ ①   ②   ③   ④
ㄴ ①   ②   ③   ④

222

① 같은 말을 두 번 이상 거듭하는 것을 싫어하는 사람에게도 필요하다면 일전에 들었던 설명을 다시 한 번 요구할 수 있다.
② 다수의 임원들이 참석하는 프레젠테이션에서 부서를 대표해 발표를 하게 된다면 발표를 더 잘할 수 있는 다른 직원을 발표자로 추천한다.
③ 회사 동료와 퇴근 후 개인적인 저녁 약속에 관해 대화하는 중에 다른 사원이 다가오면 회사 업무에 관한 이야기로 화제를 돌린다.
④ 회사에서 업무와 직접적인 관련이 없는 주제를 다루는 세미나에 참석할 것을 강요한다면 직접 세미나 폐지를 요구할 것이다.

ㄱ ①   ②   ③   ④
ㄴ ①   ②   ③   ④

223

① '업계의 관행'이라는 방해물과 맞닥뜨린다면 그 부조리함을 주장하며 오래 걸리더라도 혁신적인 개선안을 찾는다.
② 회사 업무에 익숙해지고 업무에 별다른 문제가 없다면 부서 이동을 적극적으로 요청할 것이다.
③ 현실성·실용성이 중요한 업무와 독창성·감수성이 중요한 업무 중 전자를 선호한다.
④ 퇴근 이후 자기 계발이 가능한 업무와 보람은 크지만 야근이 많은 업무 중 전자를 선호한다.

ㄱ ①   ②   ③   ④
ㄴ ①   ②   ③   ④

224

① 팀 전체의 업무 효율성을 낮추는 팀원의 업무를 지원하기보다는 장기적인 관점에 따라 해당 팀원에게 합당한 징계를 내린다.
② 거래처가 실수를 거듭한다면 당장에 큰 곤란을 겪는 것은 아닐지라도 신뢰감이 떨어졌다고 판단하여 거래처를 변경한다.
③ 거래처에서 상품권을 받았을 때 재고가 넉넉할지라도 언젠가 주문할 물량이니 미리 주문한다.
④ 자금 부족 때문에 특근수당 등 일부 명목의 수당을 줄이는 회사의 방안을 긍정적으로 받아들일 수 있다.

ㄱ ①   ②   ③   ④
ㄴ ①   ②   ③   ④

225

① 보고서 작성을 완료한 후에 오류를 발견했지만 기한을 맞추는 것이 더 중요하므로 우선 제출한다.
② 안정된 위치에서 꾸준한 성과를 내는 것이 신속하게 작업하여 눈에 띠는 성과를 내는 것보다 중요하다.
③ 성과가 높지 않지만 근무 태도가 좋은 직원보다 성과는 훌륭하지만 근무 태도가 좋지 않은 직원에게 높은 점수를 준다.
④ 작업 중 실수를 발견한다면 일의 완성도를 중시해 시간이 들더라도 다시 첫 단계로 돌아간다.

ㄱ ①   ②   ③   ④
ㄴ ①   ②   ③   ④

226

① 자주 보상을 요구하는 블랙 컨슈머의 지속되는 연락을 받는다면 요구하는 대로 보상을 다 해준다.
② 업무 효율을 위해 내 성격을 바꾸라는 충고를 쉽게 받아들인다.
③ 이직 준비를 하는 중 자격 취득 시험에 수차례 불합격하다 보면 새로운 곳에 적응할 엄두가 나지 않는다.
④ 상급자가 나에 대한 감정이 좋지 않다고 느껴지면 부서 이동을 진지하게 고민한다.

ㄱ ①   ②   ③   ④
ㄴ ①   ②   ③   ④

227

① 나를 잘 따르는 후배에게 밥을 사주는 것이 싫지는 않지만 매번 당연하게 돈을 내지 않으려 하는 후배에게 불만을 표현할 수 있다.
② 활기찬 체육대회보다는 여유롭게 즐길 수 있는 전시에 가는 것을 선호한다.
③ 오래 전에 가입한 동아리에 새로 들어온 신입회원을 자주 마주치는 게 어색하다면 동호회를 탈퇴한다.
④ 고민을 해결하는 방법으로 타인에게 털어놓는 것보다 혼자서 곱씹는 것을 선호한다.

ㄱ ①   ②   ③   ④
ㄴ ①   ②   ③   ④

228

① 새로운 관점은 물론 도움이 되지만 너무 많을 경우에는 오히려 방향성을 잃을 수 있다고 생각한다.
② 틀렸다는 지적을 받아도 사람마다 가치관이 다르다고 생각하기 때문에 크게 개의치 않는다.
③ 책을 읽을 때 그 상황에 몰입하기보다는 작가가 논리적 오류를 범하고 있는 것은 아닐지에 더 집중한다.
④ 충동적인 선택으로도 좋은 결과를 가져올 수 있다고 믿는다.

ㄱ ①   ②   ③   ④
ㄴ ①   ②   ③   ④

229

① 상사가 형식적으로 생산성 없는 회의를 지속한다면 이에 대해 건의하여 인사고과에 불이익을 받게 할 것이다.
② 사내에서 금지되는 하청업체로부터의 식사 접대를 받은 동기를 회사에 보고하기 전에 주의를 준다.
③ 아이디어를 도용한 직원이라면 해명을 요구하지 않고 곧바로 감사팀에 보고하는 것이 옳다고 생각한다.
④ 동료가 집에 급한 일이 생겼다며 업무 지원을 요청한다면 야근을 해서라도 도와준다.

ㄱ ①   ②   ③   ④
ㄴ ①   ②   ③   ④

230

① 업무 효율에 지장이 생긴다는 이유로 내려온 사내 SNS 이용 제한 방침이 인사고과에 적용되는 것에 적극적으로 동의한다.
② 전통적인 강자로 군림하는 대기업과 위험성과 수익성이 함께 높은 신생기업 중 신생기업에 투자하는 것이 합리적이라고 생각한다.
③ 찬찬히 계획을 세우는 것보다 빠르게 일을 시작하는 것이 더 중요하다.
④ 주도력보다 중요한 것은 책임감이다.

ⓐ ①   ②   ③   ④
ⓑ ①   ②   ③   ④

231

① 상사에 의해 임의로 업무 분장이 변경된다면 그에 쉽게 수긍하는 편이다.
② 필요 이상으로 고민하는 것이 시간을 버리는 일이라고 생각한다.
③ 이성적이기보다는 감정적이라는 평가를 많이 받는다.
④ 남들의 감정을 기민하게 알아차리는 편이다.

ⓐ ①   ②   ③   ④
ⓑ ①   ②   ③   ④

232

① 불이익을 받는다고 판단되면 상사에게 해당 사항을 건의할 수 있다.
② 책을 읽거나 영화를 보고 타인과 이야기를 나누는 것보다 혼자서 기록하는 것이 더 즐거운 일이다.
③ 휴일에 집에서 쉬는 것이 시간이 버리는 일 같아 자괴감이 들 때가 자주 있다.
④ 넓고 얇은 관계보다 좁고 깊은 관계가 더 소중하다.

ⓐ ①   ②   ③   ④
ⓑ ①   ②   ③   ④

233

① 발전에 있어서 혁신은 중요한 가치이지만 그보다 전통에 따르는 것이 우선이라고 생각한다.
② 현대미술관보다 역사박물관에 가는 것을 더 선호한다.
③ 여행을 간다면 유명한 휴양지보다 정보가 많지 않은 오지에 가고 싶다.
④ 소비자들이 원하는 것은 실용성보다 독창성이라고 생각한다.

ㄱ ①　　　②　　　③　　　④
ㄴ ①　　　②　　　③　　　④

234

① 거래처의 실수가 있었다면 회사에 미치는 타격과 관계없이 상부에 보고하는 것이 옳다.
② 거래처와 신뢰 관계를 지키는 것이 비용 절감보다 우선이라는 말에 동의하지 않는다.
③ 외국인들에 대한 비자 발급 심사 기준을 강화함으로써 입국을 규제하려는 정부를 수용하기 어렵다.
④ 신입이 가장 먼저 해야 할 일은 업무 숙지가 아닌 팀원과의 친밀감 형성이다.

ㄱ ①　　　②　　　③　　　④
ㄴ ①　　　②　　　③　　　④

235

① 급하게 보고할 문서가 생겼다면 최대한 빨리 작성하기 위해 도표를 최소화하고 중요 사항은 구두로 보고한다.
② 가까운 동료라도 친근감을 표현하기 위해 반말을 섞어 말하는 것은 예의에 어긋난다고 생각한다.
③ 노력해도 안 되는 것은 빠르게 포기하고 잘 해낼 수 있는 일에 집중한다.
④ 때와 상관없이 정해둔 목표량을 학습하기 때문에 시험기간에 밤을 샐 필요가 없는 편이다.

ㄱ ①　　　②　　　③　　　④
ㄴ ①　　　②　　　③　　　④

236

① 매사에 느긋하고 차분하게 행동한다.
② 자신이 지나치게 내성적이라고 생각한다.
③ 실패 상황을 반면교사(反面教師) 삼아 희망을 잃지 않는 편이다.
④ 못할 것 같아도 침착하고 담대하게 대처하면 해낼 수 있다고 생각한다.

ㄱ ①　　　②　　　③　　　④
ㄴ ①　　　②　　　③　　　④

237

① 지금도 충분히 바쁘게 살고 있는데 머릿속으로는 또 하고 싶은 것을 찾는다.
② 누구나 권력자를 동경하는 것은 아니라고 생각한다.
③ 잠을 깨면 바로 일어나 외출할 준비를 한다.
④ 누군가의 의견에 따라가는 경우가 많다.

㉠ ①　　　②　　　③　　　④
㉡ ①　　　②　　　③　　　④

238

① 새로운 관점에서 사건의 뒤에 숨은 본질을 분석하기를 좋아한다.
② 새로운 물건을 만들거나 새로운 도구 사용법을 익히는 일에 관심이 없다.
③ 감정의 변화가 적고, 새로운 지식을 아는 데 적극적이지 않다.
④ 익숙하지 않아 자신 없는 일도 도전적인 자세로 적극적으로 하는 편이다.

㉠ ①　　　②　　　③　　　④
㉡ ①　　　②　　　③　　　④

239

① 타인에게 지적 받은 것은 최대한 개선하려고 노력하는 편이다.
② 내가 다른 사람에게 정성을 보인 만큼 그도 나를 존중할 것이라고 생각한다.
③ 타인과 마찰을 빚을 때 상대방을 주저 없이 비난하는 편이다.
④ 상관의 지시를 따라야 할 때 속으로는 거부감을 느낄 때가 많다.

㉠ ①　　　②　　　③　　　④
㉡ ①　　　②　　　③　　　④

240

① 준비가 부족하다고 생각해 행동으로 옮기기까지 시간이 걸린다.
② 근무 태도는 모범적이지만 성과가 저조한 사람과 성과는 높지만 근무 태도가 불량한 사람 중에 전자를 선호한다.
③ 주변 사람들로부터 융통성이 없다는 말을 들을 때가 많다.
④ 좋은 생각이 떠올라도 실행하기 전에 여러 번 검토한다.

㉠ ①　　　②　　　③　　　④
㉡ ①　　　②　　　③　　　④

① 상황을 낙관할 수 없는 경우에는 당황해 자신감이 사라진다.
② 쓸데없는 걱정을 할 때가 많다.
③ 좀처럼 화를 내지 않으며, 화를 내더라도 빨리 진정되는 편이다.
④ 당혹감을 자주 느끼지 않고, 감정의 기복이 심하지 않은 편이다.

ㄱ ①   ②   ③   ④
ㄴ ①   ②   ③   ④

① 대중의 주목을 끄는 스포츠 선수가 되고 싶다고 생각할 때가 있다.
② 다른 사람에게 자신이 소개되는 것을 좋아한다.
③ 처음 만난 사람과의 대화를 길게 이끌지 못한다.
④ 남들과의 교제에 소극적인 편이라고 생각한다.

ㄱ ①   ②   ③   ④
ㄴ ①   ②   ③   ④

① 권위자가 권위를 인정받는 것에는 다 그럴만한 이유가 있다고 생각한다.
② 사회에서 가장 필요한 사람은 새로운 가치와 방향을 제시하는 이상주의자이다.
③ 사문화된 법률은 최대한 빨리 개정하거나 신속히 폐지해야 한다.
④ 학창 시절에 상상력을 표현해 무언가를 만드는 공작 시간에 흥미가 없었다.

ㄱ ①   ②   ③   ④
ㄴ ①   ②   ③   ④

① 처음 만난 사람과 신뢰를 쌓는 데 회의적인 편이다.
② 반대하는 견해가 내 생각보다 더 합리적이어도 쉽게 따르지 않는 편이다.
③ 자신의 의견에 맞서는 사람들이 많을 때는 타인이 결정해주기를 바랄 때가 있다.
④ 완벽한 사람은 없다고 생각하므로 타인의 실수를 용납하는 편이다.

ㄱ ①   ②   ③   ④
ㄴ ①   ②   ③   ④

245

① 일을 할 때는 원하는 성과를 거두는 것이 중요하다.
② 난관에 봉착해도 포기하지 않고 열심히 한다.
③ 어려움이 있어도 의욕을 잃지 않고 열심히 하는 편이다.
④ 휴일에는 계획을 세우지 않고 온전한 휴식에 집중한다.

ㄱ ①   ②   ③   ④
ㄴ ①   ②   ③   ④

246

① 좌절감을 자주 느끼며, 그럴 때는 참기 힘들 정도로 언짢아진다.
② 어떤 일이든 필요 이상으로 염려하지 않는 편이다.
③ 근심하는 것처럼 보여도 속으로는 거의 신경 쓰지 않는 편이다.
④ 사전에 세운 예산에 맞추기 위해 구매욕을 자제하는 편이다.

ㄱ ①   ②   ③   ④
ㄴ ①   ②   ③   ④

247

① 농구나 축구 등의 스포츠를 즐긴다.
② 활기차진 않지만 여유롭고 얌전한 사람이라는 말을 들을 때가 많다.
③ 공격보다 수비하는 것에 자신이 있다.
④ 결심하면 그 즉시 착수해 열정적으로 임한다.

ㄱ ①   ②   ③   ④
ㄴ ①   ②   ③   ④

248

① 어떤 전통이 오늘날의 삶과 다소 괴리되었더라도 그것을 따라야 한다고 생각한다.
② 허무맹랑해도 상상력을 자극하는 일보다는 현실적·실용적인 것에 흥미를 느낀다.
③ 다소 반항적이더라도 개성이 넘치는 사람을 선호한다.
④ 자신이 휴대전화 같은 모바일 기기를 자주 바꾸는 얼리어답터라고 생각한다.

ㄱ ①   ②   ③   ④
ㄴ ①   ②   ③   ④

① 시련을 겪는 이들을 보면 '스스로 극복하겠지'하는 생각이 든다.
② 자연재해를 당한 사람들을 보아도 내 일이 아니라는 생각에 안도감이 든다.
③ 중요한 사안을 결정할 때 가장 중요한 것은 당사자 간의 이해와 협조라고 생각한다.
④ 상대방이 나를 속이려고 하는 것은 아닌지 의심이 들 때가 거의 없다.

ㄱ ①　　　　　　　　②　　　　　　　　③　　　　　　　　④
ㄴ ①　　　　　　　　②　　　　　　　　③　　　　　　　　④

① 굳이 말하자면 단거리 주자에 어울린다고 생각한다.
② 실행하기 전에 재고하는 경우가 많다.
③ 인생에서 중요한 것은 높은 목표를 갖는 것이라고 생각한다.
④ 한 번 더 생각하기 전에 빠르게 실행에 옮기는 편이다.

ㄱ ①　　　　　　　　②　　　　　　　　③　　　　　　　　④
ㄴ ①　　　　　　　　②　　　　　　　　③　　　　　　　　④

① 어찌 할 바를 모르는 상황에서도 불안을 느끼지 않는다.
② 예상치 못한 상황에서 아무것도 할 수 없다는 생각으로 걱정을 많이 하는 편이다.
③ 곤란한 상황이 발생해도 대범하게 대처할 수 있다.
④ 예상치 못한 상황에 이르렀을 때는 불안을 많이 느끼는 편이다.

ㄱ ①　　　　　　　　②　　　　　　　　③　　　　　　　　④
ㄴ ①　　　　　　　　②　　　　　　　　③　　　　　　　　④

① 다른 사람들의 이목과 관심을 끄는 것이 아무렇지 않다.
② 회의에서 사회나 서기의 역할이 있다면 서기 쪽이 맞을 것 같다.
③ 주도적인 입장에 서거나 남들의 주목을 받는 것을 꺼리는 편이다.
④ 조직이 의사 결정을 할 때 가장 중요한 것은 리더의 능력과 의지라고 생각한다.

ㄱ ①　　　　　　　　②　　　　　　　　③　　　　　　　　④
ㄴ ①　　　　　　　　②　　　　　　　　③　　　　　　　　④

253

① 변화는 퇴보보다 발전을 이끌 가능성이 높다고 생각한다.
② 세상에서 변하지 않는 가치는 없다고 생각한다.
③ 예술과 미(美)는 부차적인 것이라고 생각한다.
④ 새로운 생각들을 잘 받아들이지 못하는 편이다.

ㄱ ①   ②   ③   ④
ㄴ ①   ②   ③   ④

254

① 비판은 발전의 원동력이 된다는 생각으로 타인의 비판을 기꺼이 받아들인다.
② 축하하기 위해 타인에게 문자 메시지를 보내는 것은 매우 상투적이라고 생각한다.
③ 상대방과의 언쟁은 나의 이익을 관철할 수 있는 좋은 기회가 된다고 생각한다.
④ 남의 문제에 참견하는 것을 좋아하지 않는다.

ㄱ ①   ②   ③   ④
ㄴ ①   ②   ③   ④

255

① 호텔에 묵으면 반드시 비상구를 신중하게 확인한다.
② 목표를 명확히 세우지 않아도 일을 시작할 수 있다고 생각한다.
③ 목표를 구체적으로 세워야 동기부여가 되어 의욕을 높일 수 있다고 생각한다.
④ 불가능해 보이는 일은 빠르게 포기한다.

ㄱ ①   ②   ③   ④
ㄴ ①   ②   ③   ④

256

① 우산이 없어 비를 맞아야 할 때도 개의치 않는다.
② 나는 성격이 매우 강인하며 두려움에 당당히 맞서는 사람이라고 자부한다.
③ 이해할 수 없는 막연한 위협감, 갑작스러운 두려움 등을 종종 느끼곤 한다.
④ 자녀가 본인의 욕구를 통제하도록 훈육하는 부모의 교육 방식은 옳지 않다고 생각한다.

ㄱ ①   ②   ③   ④
ㄴ ①   ②   ③   ④

① 휴일에 친구들이 나를 찾지 않으면 굳이 외출하지 않는다.
② 인간은 혼자서는 결코 생존할 수 없으므로 무리를 지어야 살 수 있다고 생각한다.
③ 일요일에는 주로 친구들을 만나며 밖에서 활동하는 편이다.
④ 초면인 사람과 가까워지는데 시간이 걸리는 편이다.

ㄱ ①　　　　　②　　　　　③　　　　　④
ㄴ ①　　　　　②　　　　　③　　　　　④

① 새로운 일보다는 익숙한 일을 하는 것을 선호한다.
② 예술 작품 이면의 숨은 의미를 찾는 일에 흥미를 느낀다.
③ 역사가 깊은 미술 작품에 관심이 많은 편이다.
④ 때로는 음식의 맛을 깊이 이해하는 미식가가 되고 싶다.

ㄱ ①　　　　　②　　　　　③　　　　　④
ㄴ ①　　　　　②　　　　　③　　　　　④

① 연말마다 등장하는 자선냄비를 보면 성금을 넣는 편이다.
② 우월감 때문에 남몰래 웃은 적이 있다.
③ 정부가 다문화 가정을 위해 새로운 제도를 마련해야 한다고 생각한다.
④ 주변 사람들로부터 속을 알 수 없는 사람이라는 평가를 종종 받는다.

ㄱ ①　　　　　②　　　　　③　　　　　④
ㄴ ①　　　　　②　　　　　③　　　　　④

① 그때그때 처한 상황에 맞춰 빠르게 결정하고 처리하는 일에 강하다.
② 나는 타고난 재능보다는 꾸준한 노력으로 일을 이루려는 사람이라고 생각한다.
③ 계획을 세울 때 오류를 찾으면 작업을 진행하면서 해결 방법을 찾는다.
④ 마스터 플랜을 수행할 수 있는 세부 실행안은 항상 두 가지 이상을 마련해 둔다.

ㄱ ①　　　　　②　　　　　③　　　　　④
ㄴ ①　　　　　②　　　　　③　　　　　④

261

① 분노를 자제하지 못해 일을 그르치는 경우가 자주 있다.
② 걱정거리가 많을 때도 잠자리에 들면 금방 잠이 드는 편이다.
③ 상관이 나를 호출했을 때 나는 내가 실수한 것은 없는지 불안해진다.
④ 비관적인 상황에서도 희망을 찾아 자신감을 유지하려고 노력한다.

㉠ ①　　　　②　　　　③　　　　④
㉡ ①　　　　②　　　　③　　　　④

262

① 상급자의 지휘에 따라 일하기보다는 주로 스스로의 판단을 따르는 편이다.
② 타인이 선망하는 일을 하고 싶다는 욕구가 강한 편이다.
③ 일요일에는 주로 집에만 머무르며 조용히 휴식을 취하는 편이다.
④ 처음 만난 사람과 친하게 어울리는 데 시간이 많이 걸리지 않는다.

㉠ ①　　　　②　　　　③　　　　④
㉡ ①　　　　②　　　　③　　　　④

263

① 항아리나 조선 시대의 민화에서 아름다움과 흥취를 느낀다.
② 소설의 도입부를 읽고 다양한 결말을 상상하는 것을 즐긴다.
③ 새로운 과제가 주어졌을 때 다양한 대안들을 적극적으로 시행하는 편이다.
④ 하나의 문제를 해결하는 방법에는 가장 합리적인 방법 한 가지가 있다고 생각한다.

㉠ ①　　　　②　　　　③　　　　④
㉡ ①　　　　②　　　　③　　　　④

264

① 타인의 충고를 귀담아 듣는 체하지만 큰 도움이 되지 않는다고 생각한다.
② 대화에 앞서 상대방이 솔직하게 말할 수 있도록 먼저 편안한 분위기를 조성한다.
③ 이웃 또는 선후배의 고민을 적극적으로 도와서 해결하려고 한다.
④ 타인에게 결점을 보이는 것이 치명적인 실수라고 여긴다.

㉠ ①　　　　②　　　　③　　　　④
㉡ ①　　　　②　　　　③　　　　④

265

① 의욕적으로 일을 시작하지만 포기하는 경우가 많은 편이다.
② 효율적인 실천을 위해 이론 학습 등 사전 준비가 가장 중요하다고 생각한다.
③ 결과가 나쁠 때는 자책감에서 쉽게 헤어나오지 못한다.
④ 이야기를 할 때 머릿속에서 떠오르는 대로 두서없이 말하는 편이다.

ⓐ ①   ②   ③   ④
ⓑ ①   ②   ③   ④

266

① 스트레스 상황에 놓여도 흥분하지 않고 냉정함을 유지한다.
② 윗사람이 나에게 화를 내도 마음의 평정을 잃지 않는다.
③ 우수 사원 옆에 있으면 동기부여가 되어 작업 능력이 올라간다.
④ 아무리 사전 준비를 철저하게 하더라도 발표 당일에는 긴장이 된다.

ⓐ ①   ②   ③   ④
ⓑ ①   ②   ③   ④

267

① 타인은 타인일 뿐이므로 객관적인 관계로 거리를 두어야 한다고 생각한다.
② 군중 앞에서 자신의 견해를 밝히는 일에 자신이 있다.
③ 하고 싶은 것이 생기면 그것을 해야 직성이 풀린다.
④ 가끔은 무인도에 혼자 사는 것도 좋겠다는 생각을 한다.

ⓐ ①   ②   ③   ④
ⓑ ①   ②   ③   ④

268

① SNS나 인터넷 개인방송 등 새로운 수단을 적극 활용해 정보를 얻는다.
② 남들이 당연하다고 받아들이는 것도 때로는 의심해야 한다고 생각한다.
③ 반골 기질이 사회질서를 어지럽힌다고 생각한다.
④ 이미 사회에 자리잡은 통념과 가치는 그 자체로 의미 있다고 생각한다.

ⓐ ①   ②   ③   ④
ⓑ ①   ②   ③   ④

269

> ① 되도록 사회적 기업의 상품이나 서비스를 선택하는 편이다.
> ② 속내를 온전히 드러내고 싶지 않아 적당히 숨기는 편이다.
> ③ 회사 동료와 하는 쓸데없는 잡담이 시간 낭비라고 생각한다.
> ④ 수다를 떨기 위한 전화 통화로 스트레스를 푼다.

ⓐ ①   ②   ③   ④
ⓑ ①   ②   ③   ④

270

> ① 일을 추진할 때 가장 중요한 것은 자신의 능력을 믿는 것이다.
> ② 단체의 목표를 이루려면 업무 수칙을 지키도록 규율하는 것이 중요하다고 생각한다.
> ③ 계획한 대로 일이 진행될 때 희열을 느낀다.
> ④ 계획을 짜는 것보다 즉흥적으로 행동하는 것을 좋아한다.

ⓐ ①   ②   ③   ④
ⓑ ①   ②   ③   ④

271

> ① 불쾌함을 느낄 때 표정 관리가 쉽게 되지 않는다.
> ② 감정에도 에너지가 필요하다고 생각한다.
> ③ 낙관적으로 생각하다가 실망한 경험이 꽤 있다.
> ④ 타인 앞에서 수치스러운 일을 당하는 것이 무엇보다도 싫다.

ⓐ ①   ②   ③   ④
ⓑ ①   ②   ③   ④

272

> ① 여러 일을 해야 효율적으로 잘 사는 삶인 것 같다고 느낀다.
> ② 사람들과 깊게 친해지려면 오랜 시간이 걸린다.
> ③ 일이 내 의견과 다르게 진행되어도 표현하지 않고 넘어가는 경우가 종종 있다.
> ④ 상대방을 대화에 잘 끌어들이고 말을 하게끔 만든다.

ⓐ ①   ②   ③   ④
ⓑ ①   ②   ③   ④

273

① 갑자기 어떤 단어에 꽂히면 그 자리에서 그 단어의 유래까지 찾아보곤 한다.
② 영화에서 중요한 것은 감정을 이끌어내는 서사가 아닌 완벽한 논리의 전개이다.
③ 실용주의보다는 이상주의에 가깝다.
④ 낯선 것에 대한 두려움이 없으며, 익숙한 것은 지루하다.

㉠ ①　　　　　　② 　　　　　　③　　　　　　④
㉡ ①　　　　　　② 　　　　　　③　　　　　　④

274

① 항상 밝은 표정을 유지한다.
② 다른 사람들의 성격이나 심리에 관심이 있다.
③ 주변 사람들로부터 로봇 같다는 말을 자주 듣는다.
④ 타인이 내 일에 간섭하는 것은 달갑지 않다.

㉠ ①　　　　　　② 　　　　　　③　　　　　　④
㉡ ①　　　　　　② 　　　　　　③　　　　　　④

275

① 갑자기 의욕이 생겨 어떤 일을 벌여도 금방 포기할 때가 있다.
② 관례보다 중요한 것은 원칙이다.
③ 필요하다면 임무 완수를 위해 철야 근무도 당연히 해야 한다고 생각한다.
④ 계획대로 일이 흘러가지 않아도 크게 개의치 않는다.

㉠ ①　　　　　　② 　　　　　　③　　　　　　④
㉡ ①　　　　　　② 　　　　　　③　　　　　　④

276

① 자격지심을 거의 느끼지 않는다.
② 예측 가능한 일을 좋아한다.
③ 돌발 상황에 대처하는 능력이 부족한 편이다.
④ 스스로의 행동을 자주 돌아본다.

㉠ ①　　　　　　② 　　　　　　③　　　　　　④
㉡ ①　　　　　　② 　　　　　　③　　　　　　④

277

① 상대방이 그냥 하는 이야기에도 질문을 건네서 대화를 이어나간다.
② 집에서 쉬는 것이 에너지를 충전하는 일이다.
③ 공감 능력과 리액션이 풍부하다는 말을 자주 듣는다.
④ 너무 싫지만 않다면 타인의 의견에 따르는 편이다.

ㄱ ①　　　　②　　　　③　　　　④
ㄴ ①　　　　②　　　　③　　　　④

278

① 끊임없이 좋아하는 관심사를 공부하고 싶다.
② 변화를 싫어하고 안정을 추구한다.
③ 잘 쓰던 제품이 있어도 신제품이 나오면 곧바로 구매한다.
④ 의심이나 호기심이 없는 편이다.

ㄱ ①　　　　②　　　　③　　　　④
ㄴ ①　　　　②　　　　③　　　　④

279

① 평판이 좋지 않은 사람에게도 친절을 베푼다.
② 모든 사람이 행복했으면 좋겠다.
③ 에둘러 표현하는 것은 에너지 낭비라고 생각한다.
④ 모든 사람이 나를 좋아할 필요는 없다고 생각한다.

ㄱ ①　　　　②　　　　③　　　　④
ㄴ ①　　　　②　　　　③　　　　④

280

① 큰 책임감이 수반되는 일은 부담스럽다.
② 마감 기한이 임박해야 일을 시작한다.
③ 내가 맡은 임무는 무슨 일이 있어도 완벽하게 처리한다.
④ 계획의 수립과 이행에 탁월하다.

ㄱ ①　　　　②　　　　③　　　　④
ㄴ ①　　　　②　　　　③　　　　④

281

① 쓸데없는 질투를 하지 않는다.
② 스스로 생각하기에 자존감이 높다.
③ 대담한 척하지만 노력하지만 속으로는 불안해하는 경우가 많다.
④ 감정 상태가 날씨에 영향을 많이 받는 편이다.

ⓖ ①   ②   ③   ④
ⓛ ①   ②   ③   ④

282

① 집단을 이끌어가는 리더 성향이 크다.
② 차분하고 조용하다는 말을 자주 듣는다.
③ 회사 분위기를 위해서라면 사내 동아리 가입이 필수적일 수도 있다고 생각한다.
④ 나의 의견을 피력하는 것은 어려운 일이 아니다.

ⓖ ①   ②   ③   ④
ⓛ ①   ②   ③   ④

283

① 낯선 상황이나 색다른 시도를 싫어한다.
② 부조리한 사회의 관습을 타파하고 싶다는 생각을 자주 한다.
③ 뜬구름 잡는다는 평가를 종종 듣는다.
④ 감정의 폭이 좁은 편이다.

ⓖ ①   ②   ③   ④
ⓛ ①   ②   ③   ④

284

① 내 일도 내팽개치고 타인을 도울 때가 종종 있다.
② 공과 사를 철저하게 구분하는 것은 현실적으로 불가능하다고 생각한다.
③ 개인의 득보다 중요한 것은 집단 구성원 전체의 공평이다.
④ 친구가 좋아하는 것들을 잘 기억하지 못해 서운함을 느끼게 하곤 한다.

ⓖ ①   ②   ③   ④
ⓛ ①   ②   ③   ④

285

① 스스로에게 관대한 편이다.
② 효율보다 중요한 것은 정직이다.
③ 포기하지 않는 것이 모든 일의 정답은 아니라고 생각한다.
④ 미련하다는 평가를 종종 듣는다.

㉠ ①　　　　②　　　　③　　　　④
㉡ ①　　　　②　　　　③　　　　④

286

① 상대가 약속 시간에 늦더라도 그럴 사정이 있으리라 생각한다.
② 둔한 성격으로 타인에게 상처를 주기도 한다.
③ 객관성을 유지하는 것이 어렵다.
④ 나에 대한 타인의 평가를 우려한다.

㉠ ①　　　　②　　　　③　　　　④
㉡ ①　　　　②　　　　③　　　　④

287

① 열정 넘치는 사람이라는 말을 자주 듣는다.
② 나와 다른 의견을 가진 사람을 설득하기 위해 공격적으로 되는 건 어쩔 수 없다고 생각한다.
③ 자극적인 활동은 피곤하다.
④ 너무 감정적인 사람을 상대하는 일은 어렵다.

㉠ ①　　　　②　　　　③　　　　④
㉡ ①　　　　②　　　　③　　　　④

288

① 진보는 부차적인 것이라고 생각한다.
② 인간의 삶에 있어서 예술을 대체할 수 있는 것은 없다.
③ 무(無)에서 유(有)를 창조하는 것보다 훌륭한 것은 없다고 생각한다.
④ 수익성보다 중요한 것은 안정성이다.

㉠ ①　　　　②　　　　③　　　　④
㉡ ①　　　　②　　　　③　　　　④

289

친화성

① 간담상조(肝膽相照)라는 말을 이해할 수 없다.
② 외로움을 느끼기는 하지만, 그것이 꼭 싫지만은 않다.
③ 아무리 급한 일이 있어도 곤경에 처한 사람을 돕는 것이 먼저다.
④ 주변인의 갈등 상황에 엮이고 싶지 않다.

ㄱ ①   ②   ③   ④
ㄴ ①   ②   ③   ④

290

성실성

① 도전하는 것보다 인내하는 것이 훨씬 쉽다.
② 무능력한 사람보다 책임감 없는 사람을 더 싫어한다.
③ 주의력이 부족하여 같은 실수를 반복하기도 한다.
④ 경솔한 언행을 고쳐야겠다는 생각을 자주 한다.

ㄱ ①   ②   ③   ④
ㄴ ①   ②   ③   ④

291

민감성

① 절대적인 운명 앞에 좌절하기도 한다.
② 터무니없는 걱정 때문에 친구들에게 핀잔을 듣기도 한다.
③ 당황스러운 상황에서도 차분함을 잃지 않고 해결방법을 모색하는 데 능숙하다.
④ 나만의 스트레스 해소법을 잘 알고 있다.

ㄱ ①   ②   ③   ④
ㄴ ①   ②   ③   ④

292

외향성

① 혼자라고 느껴질 때 가장 힘들다.
② 상사의 지시에 따르는 것이 편하다.
③ 회식을 통해 팀워크를 돈독하게 만들 수 있다고 생각한다.
④ 하급자일 때보다 상급자일 때 나의 역량을 완전히 보일 수 있다.

ㄱ ①   ②   ③   ④
ㄴ ①   ②   ③   ④

293

① 예술 작품을 보는 것은 좋아하지만 내면의 큰 울림을 자주 느끼지는 못한다.
② 간혹 새로운 요리를 시도하기도 한다.
③ 변화를 시도할 때에는 모든 가능성을 염두에 두고 신중히 고려한다.
④ 이미 종료된 것보다 현재 진행 중인 업무에 더 관심이 간다.

ㄱ ①   ②   ③   ④
ㄴ ①   ②   ③   ④

294

① 사회 구성원이 가장 우선적으로 여겨야 할 가치는 공정성이라고 생각한다.
② 사람의 장점만을 생각하고 관계를 맺는 것은 위험하다고 생각한다.
③ 내 의견을 상대방에게 주장하는 편은 아니다.
④ 소통보다 원칙과 체계를 우선시되어야 한다고 생각한다.

ㄱ ①   ②   ③   ④
ㄴ ①   ②   ③   ④

295

① 한 달 동안의 생활비가 얼마인지 파악하고 있다.
② 내가 맡은 일이 집단에서 얼마나 큰 비중을 차지하고 있는지는 중요하지 않다.
③ 주변에서 들려오는 소문을 안다고 해서 나쁠 것은 없다고 생각한다.
④ 과한 열정은 오히려 팀 분위기를 해칠 수 있다고 생각한다.

ㄱ ①   ②   ③   ④
ㄴ ①   ②   ③   ④

296

① 감정을 그대로 드러내는 편이다.
② 회피도 일종의 해결법이라고 생각한다.
③ 업무 스트레스가 개인적인 공간에서까지 이어지지는 않는다.
④ 감정을 갈무리하지 못하는 것을 이해하기 어렵다.

ㄱ ①   ②   ③   ④
ㄴ ①   ②   ③   ④

297

① 나는 상사의 부당한 지시에 대해 정중하게 거부할 수 있다.
② 모든 사람과의 관계를 끊고 싶다고 생각할 때가 종종 있다.
③ 규모가 큰 모임에 가면 이야기를 주도하는 편이다.
④ 처음 보는 사람과는 미래의 친밀한 관계를 그리기가 어렵다.

ㄱ ①　　　　②　　　　③　　　　④
ㄴ ①　　　　②　　　　③　　　　④

298

① 모호한 것을 좋아한다.
② 새로운 것을 만들어내는 것보다 기존의 것을 분석하는 데 더 큰 관심이 간다.
③ 때로는 미완성된 미술 작품이 완성된 것보다 더 큰 울림을 준다고 생각한다.
④ 전자기기를 자주 바꾸지 않는 편이다.

ㄱ ①　　　　②　　　　③　　　　④
ㄴ ①　　　　②　　　　③　　　　④

299

① 친한 동료의 일이라면 개인적인 손해가 있더라도 최선을 다해 돕고 싶다.
② 가장 큰 동기부여는 승진과 같은 보상이다.
③ 지나치게 의존적이라는 핀잔을 종종 듣곤 한다.
④ 우스운 사람 앞에서는 그냥 웃어버린다.

ㄱ ①　　　　②　　　　③　　　　④
ㄴ ①　　　　②　　　　③　　　　④

300

① 나는 마부작침(磨斧作針)이라는 말과 잘 어울리는 사람이다.
② 계획 없이 일을 시작하더라도 불안감을 크게 느끼지 않는다.
③ 효율이 떨어지더라도 규범을 지켜야 한다고 생각한다.
④ 계획이 참신한 아이디어를 방해할 수 있다고 생각한다.

ㄱ ①　　　　②　　　　③　　　　④
ㄴ ①　　　　②　　　　③　　　　④

CHAPTER

05 상황판단

※ 인성검사는 정답이 따로 없는 유형이므로 결과지를 제공하지 않습니다.

※ 다음 제시된 상황을 읽고 과거 자신의 경험에 비추어 볼 때 해당 상황에서 자신의 행동에 가장 가까운 것을 ① ~ ⑤ 중에서 고르시오. [1~88]

01

취업준비생인 귀하는 입사 희망 1순위 기업의 최종 면접에 참석하라는 연락을 받았다. 그러나 최종 면접 날짜가 하필이면 아버지께서 수술하시는 날이다. 최종 면접과 수술 역시 오전부터 오후까지 긴 시간 진행될 예정이며, 둘 다 참석할 수는 없다. 귀하는 혹시나 하는 마음에 인사 담당자에게 면접 일자나 혹은 시간이라도 바꿀 수 없는지 물었지만, 정해진 일정상 바꿀 수 없다는 대답을 들었다.

① 가족의 건강이 먼저이므로 아쉽지만 면접을 과감히 포기한다.
② 수술은 내가 없어도 잘 진행될 것이므로 부모님을 설득하여 면접에 참여한다.
③ 수술 일정을 하루라도 늦추거나 당길 수 있는지 수술 집도 의사에게 물어본다.
④ 부모님이 서운해할 것이므로 부모님께 중요한 일이 있다고 핑계를 대고 면접에 간다.
⑤ 인사팀에 전화를 걸어 피치 못할 사정이 있음을 설명하고, 특별히 면접 시간을 변경해줄 것을 요구한다.

02

A대학교에 재학 중인 귀하는 기말고사를 치르기 위해 시험 시간보다 조금 일찍 강의실에 도착했는데, 다른 학생들이 단체로 커닝페이퍼를 만드는 것을 보았다. 그들 가운데 안면이 있는 친구가 다가오더니 이 시험은 감독이 허술하기로 유명해서 커닝을 안 하는 사람이 손해라며 함께 커닝페이퍼를 만들자고 한다. 그러고 보니 들어오는 학생들마다 하나같이 커닝페이퍼를 준비해서 필통 밑이나 책상 아래에 숨기고 있다.

① 학교 커뮤니티 사이트에 단체 커닝 행위에 대한 글을 올려서 공론화한다.
② 커닝페이퍼를 준비하고 있는 학생들에게 부정행위를 하지 말라고 요구한다.
③ 지금이라도 담당 교수에게 알려 시험 전에 커닝페이퍼를 모두 적발하게 한다.
④ 대다수가 참여하든 그렇지 않든 커닝은 부정행위이므로 커닝페이퍼를 만들지 않고 공부해 온 실력대로 시험을 치른다.
⑤ 커닝을 하지 않으면 공부를 하지 않은 다른 학생들이 나보다 좋은 점수를 받을 것이고 그만큼 내가 손해를 입으므로 커닝페이퍼를 만들어서 시험을 치른다.

03

A대학교에 재학 중인 귀하는 어느 수업에서 팀별 과제를 수행하게 되었다. 과제를 수행하기 위해 팀원별로 역할을 분담했다. 그런데 역할 분배 과정에서 팀장과 친한 몇몇 팀원들이 돋보이도록 역할이 편중되었다는 불만이 제기되었고, 급기야는 팀원들 사이에서 언쟁이 생겼다.

① 내게 주어진 역할만 감당하면 내 학점에는 타격이 없을 것 같으므로 할 일만 열심히 수행한다.
② 팀장에게 건의하여 불만을 제기하는 팀원들이 다른 부분을 주도할 수 있도록 하는 절충안을 제안한다.
③ 담당 교수님께 말씀드려서 팀 내에 불미스러운 일이 있었음을 이야기하고, 팀을 다시 짤 것을 건의한다.
④ 어떻게 나누더라도 어차피 편차는 생길 수밖에 없으므로, 주어진 역할에 충실하자고 불만을 제기하는 팀원들을 설득한다.
⑤ 공평하지 못한 역할 분배가 사실인 데다가, 이는 학점과도 직결되므로 불만을 제기하는 팀원들의 편을 들며 팀장에게 역할을 재분배할 것을 요구한다.

04

새로운 프로젝트를 위해 팀에 들어가게 된 A사원은 B팀장으로부터 업무를 받았다. 그러나 모두에게 나눠진 업무량이 공평하지 않고, 몇몇 사람에게만 지나치게 편중되어 있다는 것을 알게 되었다. 개인의 입장에서 A사원은 어떻게 행동해야 할지 고민하고 있다.

① 일이 적은 사람과 업무를 나눠서 처리한다.
② 자신이 불공정하다고 느끼는 점을 인사팀에 알린다.
③ B팀장에게 찾아가 업무가 많다는 것을 말하고 시정을 요청한다.
④ 인사고과에 불리할 수도 있으므로 어떻게든 일을 끝마친다.
⑤ 처음부터 너무 많은 양을 준 B팀장의 잘못이므로 할 수 있는 만큼만 하고 퇴근한다.

05

A가 근무하는 K회사에는 그동안 노조가 없었으나, 최근에 노조가 생기자 K회사에서는 노조에 가입하지 않을 것을 서약하라고 한다. 노조 가입 여부를 두고 A는 어떻게 하는 것이 적절한지 숙고하고 있다.

① 회사의 지시를 따라야겠다고 생각한다.
② 더 이상 발전이 없는 회사라고 생각한다.
③ 동료들과 노조 가입 여부를 상의해야겠다고 생각한다.
④ 헌법에서 보장하는 국민의 권리를 침해했다고 생각한다.
⑤ 서약은 하되, 노조에 가입할지 여부는 좀 더 지켜본 다음에 판단해야겠다고 생각한다.

06

K팀장은 업무를 수행할 때 기존의 시스템이 아니라 새로운 시스템을 활용하라고 하급자들에게 지시했다. 그런데 A사원의 생각에는 새로운 시스템은 다루기가 너무 어려울 뿐만 아니라 기존의 시스템이 더 좋은 것 같아 보인다. 조직 구성원의 입장에서 A사원은 어떻게 행동해야 할지 생각하고 있다.

① K팀장에게 자기 생각을 말한 후 기존의 시스템을 활용한다.
② 어려운 부분에 대해서는 K팀장에게 질문하고, 새로운 시스템에 익숙해지도록 노력한다.
③ 새로운 시스템이 비효율적이라는 생각이 들더라도 K팀장이 상급자이므로 지시에 순응한다.
④ K팀장 앞에서는 새로운 시스템을 활용하고, K팀장이 보지 않는 곳에서는 기존의 시스템을 계속 활용한다.
⑤ 새로운 시스템으로 바꿀 필요가 없다고 생각하기 때문에 K팀장의 지시와 상관없이 기존의 시스템을 활용한다.

07

새로 부임한 A팀장의 절차를 지나치게 강조하는 업무 방식에 B사원과 팀원들은 불만이 많다. 이때까지 해왔던 기존의 업무 방식이 누가 보더라도 훨씬 더 효율적이라고 생각하기 때문이다. 이 때문에 B사원은 어떻게 처신해야 할지 생각하고 있다.

① 팀원들과 함께 A팀장의 업무 방식을 비난한다.
② 비효율적이라는 생각이 들지만, A팀장이 상급자이므로 방식을 존중하며 불만을 참는다.
③ 업무 수행에서 효율성이 가장 중요하기 때문에 A팀장의 방식을 무시하고 기존의 방식을 고수한다.
④ 기존 업무 방식의 효율성에 대해 정리한 후, A팀장에게 새로운 업무 방식과의 차이점을 강조해 설명한다.
⑤ 팀 회의와 같은 공식적인 자리에서 A팀장에게 자신뿐만 아니라 팀원들도 새로운 업무 방식에 불만을 느끼고 있음을 말한다.

08

C사원은 새벽부터 몸이 좋지 않았다. 그러나 C사원은 오늘 진행되는 중요한 프로젝트 회의의 발표 담당이다. 자신이 빠지면 팀에 피해가 된다는 것을 알지만 몸 상태가 너무 좋지 않다. 이런 상황에서 C사원은 어떻게 해야 할지 생각하고 있다.

① 일단 오전의 프로젝트 회의는 참여해서 마친 후 오후에 휴가를 낸다.
② 결근하면 다른 팀원에게 피해를 줄 수 있으므로 아프더라도 참고 일을 한다.
③ 같은 팀의 팀원에게 전화로 상황을 설명한 후 자신의 발표를 대신 부탁한다.
④ 그래도 자신의 건강이 우선이기 때문에 상사에게 상황을 설명하고 결근을 한다.
⑤ 팀장에게 전화로 자신의 상황을 설명한 후, 회의를 다른 날로 바꿀 수 없는지 물어본다.

09

E사원은 K팀장이 매번 개인 물품을 회사로 보내 택배로 받는 것을 발견했다. E사원은 한두 번도 아니고 매번 공용 물품이 아닌 개인 물품을 회사로 보내는 것은 옳지 않다고 생각한다. 이런 상황에서 E사원은 어떻게 해야 할지 생각하고 있다.

① 대수롭지 않게 여기고 모른 척한다.
② K팀장의 상사를 찾아가 K팀장의 잘못된 행동을 말한다.
③ K팀장에게 자신이 생각하는 문제점을 공손하게 이야기한다.
④ K팀장에게 찾아가 팀장으로서 행동에 모범을 보일 것을 조목조목 따진다.
⑤ 개인 택배를 회사에서 받지 않았으면 좋겠다는 자신의 의견을 팀 안건으로 제안한다.

10

C사원은 최근 다른 부서로 이동하게 되었다. 그런데 인수인계를 하는 과정에서 몇 가지 업무를 제대로 전달받지 못했지만 상급자는 C사원이 당연히 모든 업무를 다 알고 있으리라 생각하고 업무를 지시했다. 상사가 지시한 업무를 하겠다고 대답은 했지만 막상 하려니 어떻게 해야 할지 당황스러운 상황이다.

① 팀 공유 폴더의 지난 업무 파일들을 참고하여 업무를 수행한다.
② 옆에 앉은 다른 팀원에게 자신의 업무를 대신 해달라고 부탁한다.
③ 자신이 할 수 있는 데까지 방법을 찾다가 그래도 안 되겠으면 다시 설명을 듣는다.
④ 상사에게 현재 상황을 솔직하게 이야기하고 모르는 부분에 대해 다시 설명을 듣는다.
⑤ 어차피 신입은 실수가 잦아도 상관없다 생각하고 자신이 아는 지식을 총동원하여 일을 수행한다.

11

D사원은 최근 업무를 수행하는 데 있어 스트레스를 받고 있다. E팀장이 업무를 제대로 설명해 주지 않은 채 업무를 지시하기 때문이다. 개인의 입장에서 D사원은 어떻게 행동해야 할지 고민하고 있다.

① E팀장에게 자신이 어려움을 겪고 있는 부분을 솔직하게 이야기한다.
② 같은 팀의 사원에게 자신의 불만을 이야기하고 어려움을 상담한다.
③ 업무를 배분받을 때마다 자신의 불만을 표정으로 여과 없이 드러낸다.
④ 업무를 배분받을 때 알겠다고 말한 뒤, 팀 공유 폴더의 기준을 따라 업무를 수행한다.
⑤ 자신이 알고 있는 지식을 동원해 우선 일을 하고, 막히는 부분이 생기면 도움을 요청한다.

12

최근 A대리의 팀은 원활한 업무 수행을 위해 메신저를 설치했다. 하지만 A대리는 E사원이 자신 몰래 메신저를 개인 용도로 사용하는 것을 발견했다. 몇 번 주의를 주었지만 E사원의 행동이 쉽게 고쳐지지 않는 상황이다.

① E사원을 개인적으로 불러 마지막으로 한 번 더 주의를 준다.
② 팀원들이 다 같이 있는 공개적인 자리에서 E사원의 행동을 지적한다.
③ 계속 신경 쓰면 자신만 화가 나기 때문에 E사원의 행동에 대해 신경을 쓰지 않는다.
④ 팀 회의를 할 때 개인적인 용도로 메신저를 사용하는 것에 대한 옳고 그름을 회의 안건으로 상정한다.
⑤ 어차피 말을 하더라도 듣지 않으리라 판단하고 자신의 말을 듣지 않았으니 다른 방법으로 E사원을 당황하게 한다.

13

A사원과 같은 팀인 C주임과 D팀장은 유독 업무 수행에 있어 마찰이 심한 편이다. 신입사원인 A사원은 C주임과 D팀장 모두와 불편한 관계가 되고 싶지 않은데 업무를 할 때마다 괜히 양쪽의 눈치가 보이는 상황이다.

① 다른 부서로 옮겨달라고 인사과에 요청한다.
② 두 사람의 의견이 부딪힐 때는 모른 척한다.
③ 같은 팀의 팀원과 이 문제를 해결하기 위해 방안을 마련한다.
④ 다른 부서의 선배에게 현재 팀의 상황을 말하고 조언을 구한다.
⑤ 중간에서 두 사람의 이견을 조율하기 위해 자신이 할 수 있는 방법을 생각해본다.

14

D대리는 평소 깔끔하기로 회사에서 유명하다. 하지만 자신의 물품이나 책상 정리는 누구보다 깔끔하게 하면서, 공동구역을 엉망으로 사용하는 모습에 E대리는 화가 난 상황이다. 이런 상황에서 E대리는 어떻게 하는 것이 적절할지 생각하고 있다.

① D대리가 자리를 비운 사이 D대리의 자리를 어질러 놓는다.
② D대리가 스스로 청소를 할 때까지 노골적으로 눈치를 준다.
③ D대리의 행동에 화가 나더라도 참고 그냥 자신이 청소한다.
④ 공개적인 자리에서 D대리에게 공동구역 청소를 제대로 할 것을 요구한다.
⑤ D대리에게 개인구역처럼 공동구역도 깔끔하게 사용하라고 딱 잘라 말한다.

15

평소에 B사원은 남들보다 업무를 빨리 끝내는 편이다. 그런데 은근슬쩍 야근을 압박하는 팀 분위기 때문에 B사원은 매번 정시에 퇴근하는 것이 눈치가 보인다. 하지만 B사원은 주어진 업무가 다 끝났는데 눈치를 보며 회사에 남아 있는 것은 시간을 허비하는 것이라고 생각하는 상황이다.

① 어차피 야근해야 하니 업무를 느긋하게 수행한다.
② 인사과에 찾아가서 상황을 설명한 후 부서 이동을 요구한다.
③ 상사에게 현재 상황의 비효율성을 이야기하며 불만을 호소한다.
④ 회사 익명 게시판에 야근을 강요하는 분위기에 대한 불만의 글을 올린다.
⑤ 사원인 자신이 할 수 있는 일이 없으니 비효율적이지만 참고 야근을 한다.

16

G사원은 평소 직장 동료들에게 인사를 잘한다. 그런데 옆 팀의 H사원은 인사를 잘하지 않을 뿐만 아니라 자신의 기분에 따라 상대를 대하는 태도가 사뭇 다르다. G사원은 인사는 직장 생활에서의 기본예절이라고 생각하기 때문에 H사원의 행동이 잘못됐다고 생각하고 있는 상황이다.

① 공개적인 자리에서 H사원을 겨냥한 말을 은근슬쩍 한다.
② H사원을 개인적으로 불러, 인사의 중요성에 관해 이야기한다.
③ H사원의 잘못된 행동에 대해 다른 동료들과 함께 비난한다.
④ H사원의 행동이 잘못됐다고 생각하지만, 본인이 직접 깨달을 때까지 티를 내지 않는다.
⑤ H사원을 제외한 다른 사람들에게만 인사를 함으로써 예절을 지키지 않을 때의 불쾌감을 H가 직접 느끼게 한다.

17

A대리는 최근 들어 회사 생활에 회의감을 느끼고 있다. 업무도 예전만큼 재미가 없고, 동료들과의 관계도 서먹하게 느껴진다. 그러던 중에 평소 가고 싶던 회사의 경력직 공고가 났다. 마침 지금의 회사에 불만이 많았던 A사원은 이직을 준비하려고 하는 상황이다.

① 적어도 한 달 전에 퇴사 의사를 밝힌 후, 이직을 준비한다.
② 자신이 곧 퇴사할 것을 같은 팀 사원에게만 넌지시 언급한다.
③ 다른 회사로의 이직 준비가 끝남과 동시에 현재 회사에 사직서를 제출한다.
④ 이직이 분명하게 정해진 것이 아니기 때문에 상황이 확정될 때까지는 아무에게도 알리지 않는다.
⑤ 우선 사직서를 제출한 후에 시간을 가지고 여유롭게 새로운 회사에 들어가기 위한 준비를 본격적으로 시작한다.

18

B대리는 자신보다 나이는 어리지만 직급이 높은 A팀장과의 호칭 문제로 많은 스트레스를 받고 있다. 공적인 자리에서도 A팀장이 B사원에게 반말을 하는 경우가 많아 B사원은 속이 크게 상하곤 하는 상황이다.

① 자신과 똑같은 불만을 느낀 다른 팀원들을 찾아가 A팀장을 비난한다.
② 상급자인 C부장을 찾아가 현재 상황을 설명하고 조언을 구한다.
③ 직급이 높다 하더라도 자신보다 나이가 어리기 때문에 똑같이 반말한다.
④ A팀장의 행동이 못마땅하지만, 똑같이 대응하지 않고 자신은 예의를 갖춘다.
⑤ A팀장에게 개인적으로 찾아가 회사는 공적인 장소이므로 예의를 갖춰줄 것을 요구한다.

19

K팀장은 휴가를 가기 전 H사원에게 자신이 자리를 비우는 일주일 동안 해야 할 일을 전달했다. H사원은 다 할 수 있겠다고 말은 했지만, 막상 보니 주어진 시간에 비해 일의 양이 많아 일주일 동안 해야 할 할당량을 끝내지 못한 상황이다.

① K팀장이 업무 진행 상황을 묻기 전까지는 모른 척하고 계속 일을 한다.
② K팀장에게 일주일 동안 왜 일을 다 하지 못했는지에 대한 변명을 한다.
③ K팀장에게 상황을 설명한 후, 업무의 마감 일자를 미뤄 달라고 요구한다.
④ K팀장이 물어보기 전에 남은 업무를 옆 팀원에게 부탁하여 빨리 마무리한다.
⑤ 일단은 업무가 완전히 진행되지 않았더라도 중간 상황까지 K팀장에게 보고한다.

20

L사원은 점심시간마다 자신과 점심을 먹으며 상사의 험담을 하는 E사원 때문에 많은 스트레스를 받고 있다. 입사 때부터 E사원과 항상 함께 점심을 먹고 있기 때문에 점심 식사도 거절하기 어려운 상황이다.

① E사원이 험담을 하려고 하면 다른 이야기로 화제를 돌린다.
② 스트레스를 받지만 괜한 불화를 만들기 싫으므로 참는다.
③ E사원이 험담하는 당사자에게 찾아가 E사원이 험담했다고 밝힌다.
④ 회식 자리와 같은 공개적인 자리에서 E사원에게 험담하지 않을 것을 부탁한다.
⑤ E사원에게 계속해서 험담하면 같이 식사를 하지 않을 것이라고 딱 잘라 말한다.

21

입사한 지 얼마 되지 않은 J사원은 최근 회사 생활에 어려움을 겪고 있다. H팀장의 과도한 친절이 부담스럽기 때문이다. 처음에는 친해지기 위해서일 것이라고 생각했는데, 최근 들어 친해지려는 것 이상으로 자신의 사생활에 너무 많은 관심을 가지는 것 같은 느낌을 강하게 받는 상황이다.

① H팀장에게 자신의 감정과 상황에 대한 생각을 공손하게 이야기한다.
② H팀장보다 높은 상사를 찾아가 상황을 설명하고 불편함을 호소한다.
③ 같은 팀의 K사원에게 자신의 고민을 상담하고 함께 해결 방안을 찾아본다.
④ 공개적인 자리에서 H팀장에게 자신의 사생활에 관심을 두지 말아 달라고 딱 잘라 말한다.
⑤ 괜히 이야기를 꺼냈다가 회사 생활이 어려울 수 있다는 걱정에 싫더라도 그냥 참는다.

22

B사원이 근무하는 회사는 근무 중에 자유 복장을 인정하고 있다. 하지만 같은 팀의 A사원은 눈살이 찌푸려질 정도로 노출이 심한 옷을 입고 출근할 때가 많다. 함께 회의를 할 때는 물론이고 대화를 할 때도 시선을 어디에 두어야 할지 불편을 느끼는 경우가 다반사인 상황이다.

① 어떤 옷을 입든 개인의 자유이기 때문에 신경 쓰지 않는다.
② 상사인 C팀장에게 상황에 관해 설명하고 조치를 요구한다.
③ A사원을 개인적으로 찾아가 과한 노출의 옷은 자제해 달라고 부탁한다.
④ A사원에게 노출이 심하지 않은 옷을 선물하여 스스로 직접 깨달을 수 있도록 한다.
⑤ 공개적인 자리에서 회사에서 과한 노출의 옷을 입는 것에 대한 비판적인 여론을 형성한다.

23

최근 입사한 P사원은 회사 생활에 대해 고민이 있다. 업무를 잘 수행하고 있는지를 포함한 회사 생활 전반적인 부분에 대해 아무런 언급이 없는 K팀장의 행동에 마치 자신이 방치된 느낌을 받을 때가 많기 때문이다. 이러한 상황에서 P사원은 어떻게 해야 할지 고민하고 있다.

① K팀장이 따로 상담을 요청할 때까지 기다린다.
② K팀장에게 직접 찾아가 상담과 조언을 구한다.
③ 같이 입사한 다른 사원의 팀의 상황은 어떤지 살펴본다.
④ K팀장의 상사에게 자신의 상황에 대해 설명한 후 상담을 요청한다.
⑤ 아무런 언급이 없는 것은 잘하고 있다는 의미라고 생각하고 크게 신경 쓰지 않는다.

24

A대리는 중요한 계약 때문에 미팅이 있는데 B팀장은 개인적으로 볼일이 있다며 미팅에 참석하지 않았다. B팀장에게 전화를 걸어 미팅 진행에 대해 말하니 알아서 하라고 한다. A대리는 어떻게 해야 할지 고민하고 있는 상황이다.

① 팀장을 책임감이 없는 사람이라고 생각한다.
② 팀장이 자신을 많이 신뢰하고 있다고 생각한다.
③ 다른 직원들에게 팀장의 행동을 말해야겠다고 생각한다.
④ 미팅을 잘 끝내서 자신의 능력을 보여줘야겠다고 생각한다.
⑤ 알아서 하라고 하니 그동안 자신이 하고 싶었던 대로 해야겠다고 생각한다.

25

S기업의 K부장은 어느 날 사업을 하고 있는 절친한 고등학교 동창으로부터 S기업 협력 업체 입찰에 참여했다는 소식을 들었다. 동창은 S기업이 요구하는 요건에 자신의 회사가 한두 가지가 조금 미치지 못하는 것 같다며 K부장에게 도와달라고 요청하였다. K부장은 협력 업체 입찰평가표를 관리하는 직원에게 말 한마디만 하면 자신이 친구가 운영하는 기업의 점수를 올려놓을 수도 있다는 것을 알고 있다. 개인적인 입장에서 K부장은 어떻게 대답할지 고민하고 있다.

① 상급자에게 어떻게 해야 할지 물어본다.
② 회사 규정을 지켜야 하므로 동창의 부탁을 단호하게 거절한다.
③ 지금 나더러 비리를 저지르라는 거냐고 동창을 나무라고 연락을 끊는다.
④ 동창의 회사가 조건에 크게 못 미치는 것은 아니므로 직원에게 지시하여 동창의 회사 점수를 올린다.
⑤ 일단 그렇게 하겠다고 거짓말을 한 뒤, 나중에 더 윗선의 의견에 의해 다른 회사가 낙찰되었다고 둘러댄다.

26

A사원은 금요일에 예정된 팀 회식에 참석한다고 했다. 하지만 막상 회식 날인 금요일이 되니 이번 주 내내 한 야근으로 피로가 몰려와 회식을 다시 생각해보게 되었다. 주말인 내일도 부모님 가게 일을 도와드려야 한다는 사실이 생각나자 A사원은 팀장에게 이번 회식에 참석하지 못할 것 같다고 말하려 한다. 그런데 팀장님은 이번 회식에 참여하지 않는 사원들 때문에 화가 많이 나 보인다.

① 팀장에게 보고하지 않고 회식에 빠진다.
② 팀장에게 자신의 상황을 솔직하게 말한다.
③ 아픈 척을 하며 회식에 못갈 것 같다고 말한다.
④ 회식 날짜를 다음으로 미루자고 팀장에게 건의한다.
⑤ 팀장이 화가 많이 나 보이니 피곤해도 회식에 참석한다.

27

K사원은 입사 동기인 P사원과 친하게 지내고 있다. K사원과 P사원은 부서가 달라 다른 사무실에서 일하고 있는데, 어느 날 P사원이 K사원을 불러 얼마 전에 있었던 연봉 협상 결과에 대해 꼬치꼬치 물었다. K사원은 지극히 사적인 내용이니 밝히지 않겠다고 했는데, 그런 다음부터 P사원이 다른 사람들에게 K사원의 속이 좁다는 등 험담을 하고 다닌다는 것을 알게 되었다.

① P사원을 의도적으로 무시하고 연락을 끊는다.
② 괜한 일을 만들기 싫으니 그냥 무시하고 넘어간다.
③ P사원에게 증거와 증인을 제시하며 험담하지 말라고 요구한다.
④ P사원을 찾아가 왜 뒤에서 자신의 험담을 하고 다니느냐고 따진다.
⑤ P사원과 마찬가지로 다른 사람들에게 P사원의 험담을 하고 다닌다.

28

입사한 지 몇 달 되지 않은 T사원은 같은 부서에 근무하는 W대리와 대화하는 것이 불편하다. 평소 휴식시간에 대화를 할 때는 물론이고, 업무에 대해 이야기를 할 때에도 W대리가 자신의 신체 부위를 보고 있다는 느낌을 받을 때가 많기 때문이다. 자신의 착각일 것이라는 생각도 해보았지만, 시선이 느껴질 때마다 눈이 마주치는 것을 보면 착각은 아닌 것 같은 상황이다.

① W대리를 직접 찾아가 지켜보는 시선이 불편하니 삼가 달라고 말한다.
② 같은 부서의 상사에게 자신의 상황을 털어놓고 고민을 상담한다.
③ 의도적으로 W대리를 피하거나, W대리가 보이지 않는 곳으로 자리를 옮겨 달라고 한다.
④ 상사에게 W대리가 자신의 신체 부위를 보는 행동이 수치심을 유발한다고 고발한다.
⑤ 사내 게시판이나 회의 등 공개적인 장소를 통해 W대리의 실명과 행동을 익명으로 알린다.

29

S대리는 업무를 진행하면서 새로운 프로그램을 이용하여 작업을 하고 있는데, 처음 써보는 프로그램이라 혼자 작업하는 데 애를 먹고 있었다. 그러던 중에 다른 부서의 K사원이 프로그램에 능숙하다는 이야기를 듣고 그에게 도움을 요청하였다. 프로그램에 대해 도움을 받는데, 그럴 때마다 K사원은 이런 것도 모르냐는 식으로 은근히 무시하고 있다. 앞으로도 작업할 일이 많은데, 기분이 상해 K사원을 찾아가기가 매우 꺼려지는 상황이다.

① K사원에게 더욱 친절하게 굴며 친해지려고 노력한다.
② 새로운 프로그램에 대해 잘 아는 다른 사람을 찾는다.
③ 일부러 반말을 하는 등 고압적인 태도로 K사원을 대함으로써 맞받아친다.
④ K사원에게 도움을 받는 것을 그만두고 퇴근 후에 학원이나 인터넷 등을 통해 스스로 배운다.
⑤ K사원에게 프로그램을 알려주는 것은 고맙지만 말투나 행동이 자신을 무시하는 것 같아서 기분이 나쁘다고 말하며 훈계한다.

30

L사원은 전부터 보고 싶었던 뮤지컬 공연을 어렵게 예약하였다. 몇 주 전부터 공연을 볼 생각에 들떠서 여러 사람들에게 이야기를 하고 다녔고, 팀원들도 공연 날짜를 다 알고 있을 정도였다. 공연 당일 제 시간에 퇴근해 공연장으로 갈 생각으로 열심히 근무하고 있었는데, 갑자기 회사에 급한 일이 생겨서 팀 전체가 야근을 하게 되었고, 이로 인해 L사원은 답답한 마음이 들었다.

① 공연을 보고 다시 회사로 돌아와서 남은 일을 처리한다.
② 팀원들에게 양해를 구하고 공연을 보기 위해 정시에 퇴근한다.
③ 자신이 맡은 업무는 밤을 새워서라도 해올 테니 먼저 퇴근하겠다고 하고 간다.
④ 바로 퇴근하지 않고 남아서 상황을 지켜본 다음, 퇴근해도 될 것 같을 때 빠르게 퇴근하여 공연장으로 간다.
⑤ 팀원들이 모두 남아서 야근을 하는데 혼자 공연을 보러 간다고 퇴근할 수 없으므로 어쩔 수 없이 공연을 포기하고 야근을 한다.

31

A사원은 부서에서 오랫동안 준비해왔던 프로젝트의 발표를 맡게 되었다. A사원은 누구보다 열심히 발표를 준비했으나 발표를 앞둔 바로 전날에 컴퓨터 고장으로 인해 준비한 프레젠테이션 파일이 삭제되었다. 다른 자료를 활용하여 발표를 할 수 있겠지만 준비했던 프레젠테이션 파일을 사용하는 것에 비해 많이 엉성할 것 같은 상황이다.

① 발표 전에 컴퓨터 탓을 하며 양해를 구한다.
② 발표 날짜를 연기한 뒤에 다시 발표 준비를 시작한다.
③ 시간이 없으니 남아 있는 다른 자료로 발표를 진행한다.
④ 밤을 새워서라도 프레젠테이션 파일을 다시 만들어서 발표한다.
⑤ 그동안 발표를 자주 해본 선배에게 도움을 요청하여 대신 발표하게 한다.

32

A대리와 입사 동기로서 다른 부서에서 근무하던 B대리가 A대리가 근무하는 영업부로 이동했다. A대리의 하급자와 B대리가 함께 업무를 하는 중에 B대리가 업무를 덜 부담하려고 한다는 사실을 A대리가 알게 되었다. 조직의 구성원으로서 A대리는 자신이 어떻게 대처해야 할지 고민 중이다.

① 후임에게 참아야 한다고 말한다.
② B대리와 후임을 모두 불러 이야기한다.
③ 영업부장에게 사실을 있는 그대로 보고한다.
④ 후임에게 B대리 모르게 업무를 가져오면 도와주겠다고 말한다.
⑤ 이번에는 조용히 넘어가고 B대리에게 다음부터는 그렇게 하지 말라고 말한다.

33

A주임은 서울에서 태어나 평생을 서울에서 살아온 서울 토박이다. 그러던 어느 날 A주임은 갑작스럽게 서울에서 멀리 떨어진 지방으로 발령이 났다. A주임이 새롭게 발령을 받은 곳은 아무런 연고도 없는 시골이다. 또한 지방으로 발령을 받은 이상 언제 서울로 돌아올 수 있을지 모르는 상황이다.

① 회사의 지시이니 묵묵히 따라야겠다고 생각한다.
② 자신의 능력을 십분 발휘할 수 있는 기회라고 생각한다.
③ 서울에서 근무할 수 있는 다른 회사를 알아봐야겠다고 생각한다.
④ 부서장에게 자신의 사정을 이야기하고 지방 발령 취소를 요청한다.
⑤ 일단 회사의 지시를 따른 후 다시 서울로 돌아올 기회를 찾아야겠다고 생각한다.

34

퇴근 시간이 가까운데 A사원은 오늘까지 처리해야 할 업무가 아직 많이 남아 있다. 주어진 업무를 모두 마치려면 A사원은 야근을 해야 한다. 그러나 A사원의 상급자인 B과장이 퇴근을 앞두고 함께 회식을 하러 가자고 제안했다.

① 상급자의 제안이니 회식하러 간다.
② 업무 마감 기한을 연기해달라고 B과장에게 부탁한다.
③ 업무가 있다고 말하고 회식 자리에 참석하지 않는다.
④ 동료에게 업무를 처리해 달라고 부탁하고 회식에 참석한다.
⑤ 회식에 참석하되 회사로 돌아와 밤을 새워 업무를 수행한다.

35

입사한 지 얼마 되지 않은 A사원은 입맛이 까다롭다. A사원은 전반적으로 회사 분위기가 마음에 들지만, 문제가 있다면 자신과 입맛이 정반대인 상급자 B대리이다. B대리는 매일 점심 식사 때마다 A사원이 좋아하지 않는 음식을 선택하기 때문에 A사원은 고역을 치르고 있는 상황이다.

① B대리와 함께 점심 식사를 하지 않고 혼자 사 먹는다.
② B대리에게 자신의 심정을 있는 그대로 솔직하게 토로한다.
③ 점심 메뉴를 결정할 때 자신의 선호 메뉴를 적극적으로 주장한다.
④ 절약을 위해 점심을 사먹지 않기로 했다고 둘러대고 도시락을 싸온다.
⑤ 일상적인 일일지라도 상급자의 제안이므로 이를 존중해 아무 말도 하지 않는다.

36

A대리는 업무를 처리하고 중요한 거래도 성사시키려고 지방으로 출장을 왔다. A대리의 출장 기간은 오늘이 마지막 날이며 바이어와의 중요한 거래를 남겨두고 있는 상황이다. 그러나 만나기로 이미 약속했던 바이어가 갑작스럽게 일이 생겨서 만나지 못할 것 같다며 약속을 다음으로 연기하자고 하는 상황이다.

① 일단 회사로 복귀한 후 업무를 진행시킬 다른 방법을 찾는다.
② 자신의 잘못이 아니므로 상사에게 보고하고 회사로 복귀한다.
③ 기필코 오늘 거래를 성사시킬 수 있도록 바이어를 직접 만나러 간다.
④ 상사에게 상황의 불합리성을 설명하고 이 바이어와 거래하지 말자고 요청한다.
⑤ 어쩔 수 없으니 다음에 바이어를 만나서 일을 처리할 수 있도록 약속을 다시 잡는다.

37

A부서는 오랫동안 준비해 온 중요한 발표를 앞두고 있다. 그러나 발표일이 며칠 남지 않은 상황에서 발표를 맡은 B대리가 개인 사정으로 퇴사하고 싶다며 사직서를 제출했다. 그동안 A부서는 각자의 역할을 나누어 발표를 준비했기 때문에 발표 담당자인 B대리 외에는 완벽한 발표를 진행하기 어려운 상황이며, A부서의 과장인 귀하는 이 일을 어떻게 처리해야 할지 결정하려고 한다.

① 완벽하지는 않더라도 발표 담당자였던 B대리를 대신해 자신이 발표를 진행한다.
② 시간이 촉박하더라도 B대리가 아닌 다른 부서원에게 발표를 준비하라고 지시한다.
③ B대리의 사직서를 반려한 다음 준비해온 발표를 마치고 나서 퇴사하라고 설득한다.
④ 상사에게 당분간 발표가 불가능함을 알리고 다른 날로 연기할 수 있는지 확인한다.
⑤ 부서장에게 기한 내에는 완벽한 발표 준비가 불가능하며, 이는 전적으로 B대리의 개인 사정 때문임을 알린다.

38

A부장은 팀 운영에 있어 어려움을 겪고 있다. A부장은 평소에 부서의 성과를 높이고 맡은 업무를 효율적으로 진행하기 위해서 부서 회의를 강조하고 있다. 그러나 팀원들은 부서 회의에 그다지 집중하지 않는다. 이 때문에 A부장은 적절한 대응책 마련에 부심하고 있다.

① 부서원 전원과 상담하고 현상의 원인이 무엇인지 철저히 파악한다.
② 인사고과에 반영함으로써 근무태도가 태만한 직원들에게 불이익을 준다.
③ 자신의 의견을 전적으로 회의 결과에 반영함으로써 회의 시간을 단축한다.
④ 부서 회의를 시작하기에 앞서 팀 전체에게 회의에 집중할 것을 엄중하게 경고한다.
⑤ 부서원들에게 집중력 계발 방법을 알려주는 책을 선물함으로써 자신의 의도를 간접적으로 전달한다.

39

A사원은 최근 들어 평소보다 많은 양의 업무를 힘들게 수행하고 있다. 평소 절대로 요령을 부리거나 얕은꾀를 쓰지 않는 A사원은 자주 야근을 하며 상급자 B과장에게 제출할 보고서를 작성했는데, B과장은 A사원이 제출한 보고서가 형편없다며 혹평을 했다.

① 속상한 마음을 달래줄 동료와 만난다.
② 자신의 부족한 실력을 원망하며 술을 마시러 간다.
③ B과장에게 보고서를 다시 작성해 제출하겠다고 말한다.
④ 구체적으로 무엇이 문제인지 B과장에게 물어보고 시정하도록 노력한다.
⑤ 좋은 평가를 받고 있는 동료나 선배의 보고서와 자신의 보고서를 비교해보고 시정한다.

40

A사원은 최근에 새로 맡게 된 업무를 성공적으로 수행하려면 B부서의 협조가 필요하다. 그런데 부끄러움을 많이 타는 성격의 A사원은 평소에 B부서와의 접촉도 없었으며 B부서 내에 개인적으로 친한 직원도 없다. 그러나 B부서는 그다지 협조적이지 않으며, 업무를 진행하려면 B부서의 협조가 절대적으로 필요한 상황이다.

① 부서 내의 다른 동료에게 업무를 부탁한다.
② 업무 협조가 부족해 일을 하기 어렵다고 상관에게 보고한다.
③ B부서로 직접 찾아가서 상황을 설명하고 정중히 업무 협조를 구한다.
④ A사원이 속한 부서의 직원 중에 B부서의 직원과 잘 통하는 사람이 있는지 찾는다.
⑤ 주어진 업무를 일단 뒤로 미루고 B부서가 협조적으로 변할 때까지 상황을 관망한다.

41

A사원은 운동을 하기보다는 영화관에 가서 영화를 보거나 새로 나온 책을 읽으며 쉬는 것을 선호하는 편이다. 그러나 A사원이 속한 부서의 B부장은 A사원과 반대로 운동을 취미로 삼고 있다. 문제는 사원들과 친밀한 관계를 유지하고 싶어 하는 B부장이 A사원에게도 계속해서 같은 운동을 취미로 삼을 것을 강요한다는 점이다. A사원은 자신의 취향과 부서장의 요구 사이에서 갈등을 겪고 있는 상황이다.

① B부장에게 자신은 운동에 흥미가 없음을 밝히고 정중하게 거절한다.
② 자신과 함께 즐길 수 있는 새로운 취미를 찾자고 B부장을 설득한다.
③ 관계 유지 및 개선을 위해 B부장의 요구를 받아들여 운동을 취미로 삼는다.
④ 주말 등 별도의 시간을 투자하여 해당 운동을 잘할 수 있게 연습한다.
⑤ B부장에게 상대의 취향을 존중하지 않는 업무 외의 일방적인 요구는 옳지 않다고 단호하게 말한다.

42

A사원이 속한 B부서는 다른 부서에 비해 야근이 잦은 편이다. 그렇다고 해서 B부서의 업무량이 많은 것은 아니며, 오히려 B부서의 책임자인 C부장이 부서 운영에서 비효율적인 업무 처리 방식을 고수하고 있기 때문이다. A사원이 생각하기에는 C부장이 유지하고 있는 업무 처리 방식과 다른 업무 처리 방식을 도입한다면 효율성을 높이고 야근 횟수를 줄일 수 있을 것 같다.

① C부장의 방식을 존중하여 묵묵히 견딘다.
② C부장에게 현재의 방식이 비효율적임을 논리적으로 밝힌다.
③ C부장이 고수하는 업무 처리 방식을 유지하되 개선점을 찾아 제안한다.
④ C부장의 방식을 견디되 자신의 업무 내에서 최대한 효율성을 추구한다.
⑤ C부장에게 현재의 방식이 비효율적임을 공손하게 밝히고 대안을 제시한다.

43

A과장은 어느 날 B부장에게 좋지 않은 말을 들었다. 이유는 최근에 A과장이 속한 팀으로 발령받은 C사원 때문이다. C사원이 새로운 부서에 아직 적응하지 못한 것인지 또는 업무 처리에 필요한 능력이 부족한 것인지는 단정할 수 없지만, C사원의 미흡한 일 처리로 인해서 부서 업무가 혼선을 겪고 있고, 이 때문에 상급자인 B부장에게 쓴소리까지 들은 상황이다.

① C사원에게 상황을 간략하게 알리고 개선할 방안을 제시해준다.
② C사원에게 상황을 그대로 알리고 시정 조치를 하라고 지시한다.
③ 일 처리에 능숙한 D대리를 불러 C사원을 도와주라고 지시한다.
④ 부서 내에 상황을 그대로 알리고 C사원이 스스로 개선할 마음이 들도록 한다.
⑤ C사원에게 부서 이동 등의 문책성 인사 조치 가능성을 언급하며 경각심을 갖게 한다.

44

A과장이 속한 관리부는 높은 업무 성과를 자랑한다. 그러나 문제가 있다면 부서 내에서 B대리와 C대리가 지나치게 자주 다툰다는 것이다. A과장이 생각하기에는 업무를 처리할 때마다 B대리와 C대리 사이에 언쟁이 발생하기 때문에 부서 내 분위기가 자주 냉각되어 업무 효율이 떨어지는 것 같다.

① B대리와 C대리를 따로 불러 화해를 종용한다.
② B대리와 C대리 중 한 명을 다른 부서로 이동 조치한다.
③ 팀 내에 이와 같은 상황을 그대로 알리고 전체에게 경고한다.
④ B대리와 C대리를 불러 반복적인 갈등은 징계를 받을 수 있다고 경고한다.
⑤ 부서 내에 상황을 간략하게 알리고 자발적으로 화해할 수 있는 분위기를 조성한다.

45

A주임은 다른 업무에는 자신이 있지만 유독 컴퓨터를 사용하는 업무에는 자신이 없다. 그러나 A주임의 상급자인 B과장은 종종 자신의 능력 밖인 컴퓨터 사용 업무를 부탁하곤 한다. A주임은 B과장이 자신에게 업무를 부탁하는 것 자체는 상관없지만, 컴퓨터 사용 업무는 잘하지 못하기 때문에 곤란한 상황이다. 이 때문에 A주임은 적절한 대응책을 궁리하고 있다.

① B과장을 도와줄 수 있는 다른 동료나 선배를 찾는다.
② 컴퓨터 능력을 개선하기 위해 별도의 시간을 투자한다.
③ B과장에게 업무가 밀려 있다고 말하며 부탁을 정중히 거절한다.
④ B과장에게 부탁하는 일들이 자신의 능력 밖임을 밝히고 정중히 거절한다.
⑤ B과장에게 컴퓨터 능력을 계발하는 교재를 선물함으로써 A주임의 의중을 B과장이 스스로 깨닫게 한다.

46

A사원은 임시 팀장인 G의 지휘 아래 중요한 프로젝트를 진행하는 중이다. 그러던 가운데 정식 팀장으로 W가 부임했다. 임시 팀장이었던 G는 실무에 능숙하므로 여전히 팀원의 일원으로 프로젝트 업무에 참여하고 있던 어느 날 A사원은 진행 중인 프로젝트에 돌발 상황이 발생했음을 알아차렸다.

① 실무에 밝은 G에게 먼저 보고한다.
② 정식 책임자인 W에게 먼저 보고한다.
③ 빨리 연락할 수 있는 쪽에 먼저 보고한다.
④ 스스로 알아서 해결한 뒤 보고하지 않는다.
⑤ 현장 실무자와 상의하여 상황을 어느 정도 수습한 후에 G와 W 모두에게 보고한다.

47

인사부에서 근무하는 A과장은 최근 신입사원 공개 채용에서 면접관으로 참여했다. 면접에 응시한 지원자 S에 대해 채점을 하는 도중 A과장은 인사부 상급자인 P부장이 특정 지원자와 잘 아는 사이라며 부당하게 점수를 매기는 것을 목격했다. 그 결과 능력도 뛰어나고 업무에도 적합해 보이는 지원자 X 대신에 S가 근소한 차이로 최종 합격권에 들었다. 아직 합격자 발표 전이며, 위와 같은 사실을 A과장은 다른 사람들에게 알리지 않은 상황이다.

① 지원자 X의 점수를 조작해 X와 S가 동점으로 합격권에 들도록 만든다.
② P부장보다 상사인 T를 찾아가 P부장이 한 일들을 알리고 적절한 조치를 요구한다.
③ 지원자 S에게 이 사실을 알리고 스스로 입사 지원을 철회하라고 요구한다.
④ 상급자인 P부장을 찾아가 남들이 알기 전에 P부장 스스로가 일을 바로잡으라고 말한다.
⑤ 상급자인 P부장 몰래 지원자 S의 점수를 바꾸어 지원자 X가 합격하고 S는 탈락하도록 만든다.

48

A사원은 평소에 회사 내 노조의 존재를 부정적으로 여기지는 않지만, 딱히 노조에 대해 필요성을 느끼지도 않는다. 그러나 A사원의 입사 선배이자 같은 부서에서 일하는 B대리가 A사원에게 노조에 가입할 것을 계속해서 권유하고 있다. A사원은 B대리의 반복적인 노조 가입 권유로 인해 정말 노조에 가입해야 하는지 고민 중인 상황이다.

① 상급자에게 노조 가입을 강요받고 있다고 알린다.
② B대리의 권유에 따라 노조에 가입은 하되 별도의 활동은 하지 않는다.
③ B대리에게 노조에 가입할 생각이 없음을 밝히고 정중히 권유를 거절한다.
④ 회사 측에 노조 가입을 강요하는 사실이 있음을 밝히고 조정을 요청한다.
⑤ 노조의 필요성이 높지 않다며 오히려 B대리에게 노조 탈퇴를 권유함으로써 다시는 가입 권유를 하지 못하게 만든다.

49

귀하는 동료 직원 J대리와 공동으로 진행하는 프로젝트의 보고서를 내일 오전까지 P차장에게 제출해야 한다. 일정상 특이사항만 발생하지 않는다면 오늘 퇴근 전까지 보고서 작성을 완료할 수 있다. 그런데 귀하는 K과장으로부터 걸려온 전화를 받게 되었다. K과장은 갑자기 급한 일이 생겨서 오늘 오후 회의 참석이 어려울 것 같으며, 중요한 회의는 아니므로 귀하가 K과장을 대신해 참석하고 회의가 끝나면 관련 내용을 요약·정리해서 바로 이메일로 보내라고 지시한 후에 귀하의 답변을 듣지도 않고 바로 전화를 끊었다.

① J대리와 업무 진행 상황을 논의한 뒤 회의에 참석한다.
② 상급자의 부당한 업무 지시에 대해 부서장과 상담한다.
③ 일단 회의에 참석하고 프로젝트 보고서는 J대리와 분담해 작성한다.
④ 부서 내의 다른 직원에게 상황을 설명하고 회의 관련 업무에 대한 도움을 요청한다.
⑤ 다시 K과장에게 전화를 걸어 자신의 업무 상황을 설명하고, 다른 직원에게 부탁하라고 말한다.

50

생산부에서 근무하고 있는 귀하는 최근 제품 주문이 증가함에 따라 납품 기한을 맞추기 위해 매일 야근하고 있다. 오늘 오전 영업부 P부장으로부터 '다음 달까지 거래처 K회사에 납품하기로 한 제품의 수량이 기존 3,000개에서 15,000개로 늘었다.'는 연락을 받았다.

① 거래처 담당자에게 계약된 납품량을 한 번 더 확인한다.
② 영업부장에게 생산라인의 과도한 업무로 인한 고충을 토로한다.
③ 영업부장에게 일정상 제품을 추가 생산할 수 없다고 말한다.
④ 거래처에 직접 연락하여 일정상 생산할 수 있는 납품량을 조율한다.
⑤ 생산부와 상의하지 않은 일방적 통보이므로 적극적인 조치를 취하지 않는다.

51

귀하의 동료 직원인 A사원은 다른 동료들에 비해 항상 좋지 않은 평가를 받고 있다. 요청받은 업무를 진행하는 데 있어 마감일을 늦추는 일이 다반사이며, 쉬운 일도 제대로 처리하지 못해 늘 실수가 발생하기 때문이다. 게다가 항상 지각을 일삼으며, 업무 시간에 휴대폰 게임을 하는 등 근무 태도도 좋지 않다. A사원은 이번 업무 평가에서도 일정 관리, 근무 태도, 업무 성과 등에서 모두 최하점인 '하'를 받았다며 귀하에게 상담을 요청하였다.

① 잘못된 업무 방식과 근무 태도에 대해 충고한다.
② 회사에서 진행하고 있는 다양한 교육을 소개해 준다.
③ 부담을 덜어주기 위해 업무에 대한 일정 관리를 도와준다.
④ 동료 직원의 고민에 대하여 상사에게 보고하고 도움을 요청한다.
⑤ 업무 처리 방식에 대한 개선 의지만 있다면 극복 가능하다는 용기를 준다.

52

귀하는 이번 주 주말에 친구와 함께 국외 여행을 가기 위해 지난해부터 항공권과 숙소를 예약하는 등 준비를 완료했다. 그런데 금요일 저녁 귀하는 갑자기 P팀장으로부터 걸려온 전화를 받게 되었다. P팀장은 귀하에게 "내가 어제 깜빡하고 계약서를 사무실 자리에 두고 왔네. 자네도 이번 계약이 얼마짜리인 줄 잘 알고 있지? 우리 팀한테 정말 중요한 계약이잖아. 당장 내일 계약해야 하는데 아주 큰일이야. 그래서 말인데, 내일 아침에 회사에 가서 계약서 좀 찾아서 들고 와줘."라고 말했다.

① P팀장에게 몸이 아파서 못하겠다고 거짓말하고 여행을 떠난다.
② P팀장에게 자신의 상황을 솔직하게 말하고 부탁을 거절한다.
③ P팀장의 부탁을 들어주기 위해 친구에게 혼자 여행을 갈 것을 권유한다.
④ 다른 직원에게 전화하여 P팀장의 지시 사항을 대신 처리해 줄 것을 부탁한다.
⑤ 상급자의 지시이므로 수수료를 물고 오후에 출발하는 항공권을 다시 예매한다.

53

디자인팀에서 근무하고 있는 A사원은 '디자인팀의 고충'을 담아내 많은 사람들에게 알리자는 취지로 팀장인 귀하로부터 브이로그 촬영을 허락받았다. 그렇게 담아낸 영상들은 큰 호응을 얻었고, 디자인팀에 대한 사람들의 인식 역시 긍정적으로 바뀌었다. 그러던 어느 날 무심코 촬영했던 영상 안에 아직 발표 전인 신제품 디자인이 함께 찍혔고, 이를 알아차리지 못한 A사원은 영상을 그대로 유포하였다. 그리고 며칠 후 경쟁사인 H회사에서 해당 디자인을 모방한 디자인으로 저작권 등록을 하는 사태가 발생했다. 뒤늦게 상황을 파악한 A사원은 늦은 밤에 귀하에게 전화해 죄송하다며 책임지고 퇴사하겠다고 말했다.

① 알겠으니 내일 사표를 제출하라고 말한다.
② 퇴사는 물론 손해배상도 하게 될 수 있음을 분명하게 말한다.
③ 팀장인 자신이 브이로그 촬영을 허락했으므로 자신이 책임지겠다고 말한다.
④ 퇴사를 한 번 더 고려해 보고, 늦은 시간이니 내일 만나서 상의하자고 말한다.
⑤ 그동안 디자인 개발에 힘쓴 직원들 한 명 한 명에게 찾아가 사과하라고 말한다.

54

귀하는 새로운 사업 아이디어를 구상하여 B주임에게 제안하였다. 팀 회의 중 B주임은 해당 아이디어를 자신의 아이디어라며 발표하였고, C팀장은 B주임을 크게 칭찬하며 해당 사업을 추진하기로 결정하였다.

① 해당 프로젝트에 관련된 업무는 일체 거부한다.
② 회의를 마친 후 아이디어 출처를 왜곡한 B주임에게 항의한다.
③ 회의 중 사실 자신의 아이디어라는 점을 공개적으로 드러낸다.
④ 아이디어의 출처에 대한 별도의 언급 없이 맡은 업무를 계속한다.
⑤ 회의를 마친 후 C팀장에게 사실 자신의 아이디어라는 점을 따로 언급한다.

55

P회사는 창립기념일을 맞아 단합 목적의 사내 체육대회를 추진하고자 한다. 체육대회의 구체적 내용 선정을 담당한 운영팀 A대리는 체육대회의 종목을 정해야 한다. 운영팀장인 K팀장이 회식 자리에서 자신이 잘하는 테니스를 반드시 포함시키라고 지시했다.

① 다른 업체의 체육대회 관련 정보를 참고해 종목들을 결정한다.
② 지난 체육대회에서 시행하였던 종목을 확인하여 동일하게 실시한다.
③ 사내 모든 직원들을 대상으로 설문 조사를 실시하여 종목을 결정한다.
④ 떠오르는 모든 종목들의 목록을 작성한 다음 그중 무작위로 선택한다.
⑤ K팀장이 이야기한 테니스를 포함시키고, 나머지 종목은 팀원들의 의견을 취합하여 결정한다.

56

해외사업팀 A주임과 B사원은 팀에서 추진 중인 프로젝트의 임원 회의용 자료를 작성하였다. 해외사업팀장인 C팀장은 A주임에게 최종적으로 수정할 사항을 알려준 후, 수정이 완료되면 즉시 비서실에 제출하라고 지시하였다. A주임은 C팀장이 지시한 수정 사항을 반영하여 비서실에 제출하였다. 그런데 제출 후에 해당 자료에 오타가 있는 것을 발견하였다.

① 오타에 대해 C팀장에게 보고하도록 B사원에게 지시한다.
② 제출 자료에 오타가 있다는 사실을 C팀장에게 직접 보고한다.
③ C팀장에게는 보고하지 않고 파일을 수정하여 비서실에 제출한다.
④ 가만히 있다가 임원진이 오타를 지적하면 자료 작성에 참여한 B사원을 질책한다.
⑤ 이미 비서실로 넘어간 자료이므로 비서실에 알려 직접 수정하게 한다.

57

같은 팀에서 근무하고 있는 귀하와 A주임은 다른 부서와 진행하는 중요 프로젝트에 함께 참여하게 되었다. 프로젝트를 진행하는 과정에서 A주임이 정해진 일정을 제때 맞추지 못하자 일정에 차질을 겪게 된 다른 부서의 직원들은 A주임뿐만 아니라 귀하에게 불만을 제기했다. 귀하는 결국 A주임에게 A주임으로 인해 프로젝트 진행에 많은 어려움이 발생하는 것 같다고 말했고, 그 날 밤 "제가 말씀을 듣고 생각해 봤는데요. 저는 제 업무 방식이 잘못된 건지 도저히 모르겠어요."라는 문자를 받게 되었다.

① 다음 날 출근하여 A주임에게 개인적으로 충고한다.
② A주임의 문자를 무시하고, 앞으로 자신의 업무에만 집중한다.
③ A주임의 번호를 차단하고, 출근 후 업무용 메신저를 통해 이야기한다.
④ 늦은 시간에 업무와 관계없는 내용의 연락은 불편하다고 답변한다.
⑤ 바로 전화를 걸어 A주임의 잘못된 업무 방식에 대해 자세하게 설명한다.

58

해외사업팀 A대리는 1주일 전에 협력부서인 기획팀의 B주임에게 협력사업 관련 자료를 전달하였다. 이후 B주임은 A대리에게 자료에 대한 기획팀장의 의견서를 전달하였다. 그런데 A대리가 의견서를 받아 보니 A대리가 B주임에게 전달한 자료가 아니라 다른 자료에 대한 의견서였다. 의견서를 해외사업팀장에게 보고 하려던 A대리는 필요한 조치에 대해 고민 중이다.

① B주임에게 전달된 자료에 대한 의견서를 줄 것을 부탁한다.
② 기획팀장에게 공유 자료를 재송부하고 의견서를 요청한다.
③ 해외사업팀장에게 다른 내용에 대한 의견서를 전달받았음을 보고한다.
④ 협력부서인 만큼 유사한 유형의 문제가 발생하지 않도록 B주임을 질책한다.
⑤ 기획팀으로부터 전달받은 의견서이므로 해당 의견서를 해외사업팀장에게 보고한다.

59

G회사 영업부에서 근무하고 있는 A대리는 자사의 주요 거래처인 V회사와의 업무를 전담하고 있으며, 새로 입사한 B사원이 A대리를 보조하고 있다. G회사는 최근에 출시된 신제품 거래와 관련하여 V회사와 회의 일정을 잡았으며, V회사가 생산물량의 절반 이상을 거래할 것으로 예상되는 중요한 상황이다. 하지만 회의 담당자인 A대리가 회의 전 주말에 운동을 하다가 다리가 부러져 응급수술을 하게 되었고 A대리로부터 이러한 연락을 받은 영업부장 C는 이번 거래에 대해 주요한 내용은 모르는 상황이다. 이번 거래에 대해 A대리에 버금갈 만큼 잘 아는 사람은 입사한 지 1개월밖에 안 된 B사원뿐이다.

① B사원에게 A대리를 대신하여 참석할 것을 요청한다.
② 중대한 사항이므로 A대리에게 회의 참석을 요청한다.
③ A대리에게 최대한 내용을 전달받고 영업부장 C가 직접 참석한다.
④ V회사에 상황을 설명하고 회의 날짜를 변경하자고 말한다.
⑤ V회사에 상황을 알리고 병원에서 회의를 하자고 부탁한다.

60

해외영업팀에서 근무 중인 귀하는 A국 지사를 담당 관리하고 있다. 오늘 아침 A국에서 한국인을 대상으로 한 범죄가 증가하고 있다는 아래의 기사를 읽은 귀하는 A국 지사에 파견되어 근무하고 있는 자사 직원들의 안전을 위한 대책을 마련하고자 한다.

> 최근 A국에서 한국인을 대상으로 삼는 범죄가 증가하고 있다. 외교부에서 발표한 통계 자료에 따르면 최근 5년 동안 국외에서 한국인 살인 사건이 가장 많이 일어난 나라가 A국인 것으로 드러났다.

① 최소한의 인원만 A국 지사에 남겨둔 채 파견된 직원들을 귀국시킨다.
② A국 지사에 파견된 한국인 직원들에게 이러한 사실을 알리고 주의시킨다.
③ 강력한 자국민 보호 정책을 추진하라고 A국 주재 한국대사관에 요청한다.
④ 자사 직원들이 너무 늦은 시간에는 거주지를 벗어나지 못하도록 지시한다.
⑤ 치안이 A국보다 안전한 인근 국가로 지사를 옮기는 것을 회사에 건의한다.

61

홍보팀에서 근무하고 있는 귀하는 광고 촬영을 위해 유명 모델 A와 함께 태국으로 출국하여야 한다. 현지 시각으로 12월 20일 오전 10시에 촬영이 예정되어 있으며, 귀하와 A는 촬영에 지장이 없도록 약속 장소에 도착해야 한다. 귀하는 항공권을 예매하기 위하여 일정에 맞춰 검색한 결과 현재 다음과 같은 항공권을 구매할 수 있음을 확인하였다. 150만 원의 예산 내에서 적합한 항공권을 구매하려 하는 순간 귀하는 A로부터 걸려온 전화를 받게 되었다. A는 12월 18일에 화보 촬영이 있어서 오후에나 출발이 가능할 것 같으며, 사람들의 시선이 부담스럽고 이코노미석은 불편하므로 비즈니스석을 예매해 달라고 요구했다.

출국 시각		도착 시각 (베트남 현지 시각)		좌석 등급	금액
12월 18일	09:10	12월 18일	15:05	이코노미	450,000원
				비즈니스	1,050,000원
12월 18일	21:30	12월 19일	04:05	이코노미	505,000원
				비즈니스	1,120,500원
12월 19일	09:10	12월 19일	15:05	이코노미	500,500원
				비즈니스	1,200,000원
12월 19일	16:35	12월 19일	22:05	이코노미	420,000원

① 상사에게 A의 요구 사항을 보고한 후 A의 담당 매니지먼트사와 이야기하도록 한다.
② 이코노미석의 항공권을 예매한 뒤 팀 내 예산이 매우 부족한 상황임을 설명하며 양해를 구한다.
③ 자사의 광고 촬영이 먼저 계약된 일정임을 이야기하며, 출국 당일의 일정을 변경하도록 요구한다.
④ A의 기분에 따라 촬영 결과가 달라질 수 있으므로 예산을 초과하는 금액은 자신의 사비로 충당한다.
⑤ 지원되는 예산 내에서 A가 원하는 항공권을 직접 예매할 수 있도록 항공권 예매 사이트를 알려준다.

62

P회사는 다음과 같은 임직원 여비 규정에 따라 항공마일리지를 관리하고 있다. P회사의 기획팀에서 근무 중인 귀하는 해외 출장이나 국외 여행 시 항상 D항공사를 이용한다. 귀하는 이번 달에 예정된 미국 출장과 국외 여행을 위해 해당 항공사의 항공권을 예매해 두었다. 귀하는 미국으로 출장을 가기 위해 공항에 도착하여 예매한 항공권을 발권하려 하는데, 항공사 직원은 "고객님의 항공권 같은 경우 기존에는 비즈니스석으로 업그레이드하면 왕복 80,000마일리지가 필요했지만, 현재는 그 절반인 40,000마일리지로 업그레이드가 가능합니다. 고객님께서는 현재 적립된 마일리지로 좌석 업그레이드가 충분히 가능하므로 이 점 안내해 드렸습니다."라고 귀하에게 안내했다.

제12조(항공 운임의 지급)

③ 임직원이 출장으로 적립한 항공마일리지(항공사가 항공기 이용 실적에 따라 적립하는 점수를 말하며, 이하 "공적 항공마일리지"라 한다)를 활용하여 항공권을 확보하거나, 항공기 좌석 등급을 상향 조정할 수 있는 경우에는 공적 항공마일리지를 우선적으로 사용하여야 한다. 다만, 공적 항공마일리지만으로 부족한 때에는 사적 항공마일리지(임직원이 사적으로 적립한 항공마일리지를 말한다. 이하 같다)를 합산하여 사용할 수 있다.

④ 제3항에 따라 공적 항공마일리지를 사용하는 경우에는 항공 운임의 전부 또는 일부를 감액하여 지급한다. 다만, 제3항 단서에 따라 사적 항공마일리지를 합산하여 사용하는 경우에는 해당 사적 항공마일리지에 상당하는 금액은 감액하지 아니하고 지급한다.

---

① 공적 항공마일리지를 사용하여 좌석 업그레이드를 요청한다.
② 국외 여행을 가기 위해 예매한 항공권과 함께 좌석 업그레이드를 요청한다.
③ 좌석 업그레이드를 요청하지 않고 기존에 예매한 좌석으로 출장을 다녀온다.
④ 공적 항공마일리지가 포함되어 있으므로 담당 부서와 통화한 후 지침을 따른다.
⑤ 사적 항공마일리지를 우선적으로 사용하고 출장을 다녀온 뒤 담당 부서에 보고한다.

63

P사의 영업부 직원은 다음 순환근무 규정에 따라 영업1팀, 영업2팀, 영업3팀을 순환하여 근무하고 있다. A대리가 영업2팀에서 근무한 지 1년 6개월이 되어갈 시기에 영업2팀의 팀장과 영업3팀의 팀장 사이에 심각한 불화가 생겨 팀원들은 눈치를 보며 생활하고 있다. 영업2팀과 영업3팀이 함께 참석한 회의에서 각 팀의 팀장들은 서로 다른 대안을 제시하였고, A대리는 두 가지 대안 중 하나의 의견에 따라야 한다.

제7조(순환근무)

① 순환근무 주기는 2년을 원칙으로 한다.

② 순환근무 해당자 간 서로 합의가 있을 경우 순환근무 기간을 팀장이 조정할 수 있다.

③ 제1항의 규정에도 불구하고 팀장은 업무의 연속성 등을 고려하여 계속 근무하게 할 수 있다.

제8조(순환근무 주기 및 순서)

① 순환근무 주기는 발령을 받은 날로부터 2년으로 하고, 과장은 4월, 대리 이하는 9월을 기준으로 실시한다.

② 순환근무지 순서는 특별한 사유가 없을 경우를 제외하고 다음 각호에 따라 시행한다.

    1. 과장은 영업1팀, 영업2팀, 영업3팀 순으로 한다.

    2. 대리는 영업3팀, 영업1팀, 영업2팀 순으로 한다.

    3. 주임 이하 직원은 영업2팀, 영업3팀, 영업1팀 순으로 한다.

③ 신규・전입 또는 승진 임용자로 인하여 변경 사유가 발생할 경우 결원 팀에서 근무한다.

---

① 현재 영업2팀 소속이므로 영업2팀 팀장의 의견에 동조한다.

② 의견을 제시한 팀장과 관계없이 보다 나은 대안을 선택한다.

③ 4개월 뒤 영업3팀에서 근무하게 되므로 영업3팀 팀장의 의견에 동조한다.

④ 모두의 의견에 동조하지 않으며, 영업1팀 팀장에게 부서 이동을 신청한다.

⑤ 영업3팀 팀장의 의견에 따른 후 영업3팀 직원과 협의하여 근무 기간을 조정한다.

64

인사혁신실의 A실장은 D사원의 부서 이동에 따라 인사혁신실의 업무를 다음과 같이 분담하였다. 그러나 D사원은 자신에게 부여된 업무량이 공평하지 않다고 생각하고 있다.

구분	담당 업무
B대리	신규 채용
C주임	부서/직무별 교육계획 수립
D사원	부서/직무별 교육계획 실행, 인사고과 정리, 사무실・사무기기・차량 등 업무지원

① B대리, C주임과 함께 불공평한 업무 분담에 대해 토론한다.

② 담당 업무가 상대적으로 적은 B에게 자신의 업무를 도와줄 것을 요청한다.

③ 중요하지 않은 업무는 뒤로 미루고, 자신이 할 수 있는 만큼의 업무만 처리한다.

④ A실장에게 자신의 업무가 지나치게 많다는 것을 이야기하고, 다시 분담할 것을 요청한다.

⑤ 자신에게 맡겨진 업무는 자신이 모두 처리해야 하므로 어떻게든 주어진 업무를 수행한다.

65

저녁 시간 이후의 업무 능률이 훨씬 높은 편인 귀하가 다음과 같은 기사를 보았다. 이 기사를 읽고 귀하는 취할 수 있는 대응책을 고민하고 있다.

스마트폰, 태블릿 등의 각종 스마트 기기가 우리 생활 속으로 깊게 들어옴에 따라 회사에 굳이 출근하지 않아도 업무 수행이 가능해졌다. 이에 따라 기업들은 일하는 시간과 공간에 제약이 없는 유연근무제를 통해 업무 생산성을 향상시켜 경쟁력을 높이고 있다. 유연근무제는 근로자와 사용자가 근로시간이나 근로 장소 등을 선택·조정하여 일과 생활을 조화롭게(Work-Life Balance) 하고, 인력 활용의 효율성을 높일 수 있는 제도를 말한다.

젊은 인재들은 승진이나 금전적 보상과 같은 전통적인 동기부여 요소보다 조직으로부터의 인정, 성장 기회, 업무에 대한 자기 주도성, 일과 삶의 균형 등에서 더 큰 몰입과 충성도를 느낀다. 결국 유연근무제는 그 자체만으로도 큰 유인 요소로 작용할 수 있다.

구분	설명
시차출퇴근제	주당 5일, 1일 8시간, 주당 40시간이라는 기존의 소정 근로시간을 준수하면서 출퇴근 시간을 조정하는 형태
선택근무제	출퇴근 시간을 근로자가 자유롭게 선택할 수 있으며, 1일 8시간이라는 근로시간에 구애받지 않고 주당 40시간의 범위 내에서 1일 근무시간을 자율적으로 조정하는 형태
재량근무제	근로시간 및 업무 수행 방식을 근로자 스스로 결정하여 근무하는 형태
원격근무제	주당 1일 이상 원격근무용 사무실이나 사무실이 아닌 장소에서 모바일 기기를 이용하여 근무하는 형태
재택근무제	근로자가 정보통신 기술을 활용하여 자택에 업무 공간을 마련하고, 업무와 필요한 시설과 장비를 구축한 환경에서 근무하는 형태

① 유연근무제를 실시하고 있는 회사로 이직한다.
② 부서장에게 시차출퇴근제를 도입해 달라고 요청한다.
③ 자신의 업무 능률이 높은 저녁 시간 이후에 추가 근무를 한다.
④ 사내 게시판을 활용하여 공개적으로 선택근무제 도입을 요청한다.
⑤ 전 직원을 대상으로 유연근무제 실시에 대한 설문 조사를 실시한다.

66

귀하는 거래처 사장으로부터 성의 표시로 작은 선물을 받았는데, 알고 보니 13만 원 상당의 제품이었다. 귀하가 근무하고 있는 회사의 윤리 규정이 다음과 같다.

제○○조(금품 등의 수수 금지)

① 직무 관련 여부 및 기부·후원·증여 등 그 명목에 관계없이 동일인으로부터 1회에 10만 원 또는 매 회계연도에 30만 원을 초과하는 금품 등을 받거나 요구 또는 약속해서는 아니 된다.

② 직무와 관련하여 대가성 여부를 불문하고 제1항에서 정한 금액 이하의 금품 등을 받거나 요구 또는 약속해서는 아니 된다.

제○○조(수수 금지 금품 등의 신고 및 처리)

① 다음 각호의 어느 하나에 해당하는 경우에는 소속부서장에게 지체 없이 서면으로 신고하여야 한다.
  1. 자신이 금품을 받거나 그 제공의 약속 또는 의사표시를 받은 경우
  2. 자신의 배우자가 금품을 받거나 그 제공의 약속 또는 의사표시를 받은 사실을 안 경우

② 자신이 금품을 받거나 그 제공의 약속이나 의사표시를 받은 경우 또는 자신의 배우자가 금품을 받거나 그 제공의 약속이나 의사표시를 받은 사실을 알게 된 경우에는 이를 제공자에게 지체 없이 반환하거나 반환하도록 하거나 그 거부의 의사를 밝히거나 밝히도록 하여야 한다.

③ 소속부서장은 신고를 받은 경우 반환 또는 인도하게 하거나 거부의 의사를 표시하도록 하여야 하며, 수사의 필요성이 있다고 인정하는 때에는 그 내용을 지체 없이 수사기관에 통보하여야 한다.

④ 소속부서장은 금품을 받거나 그 제공의 약속 또는 의사표시를 받은 사실을 알게 된 경우 수사의 필요성이 있다고 인정하는 때에는 그 내용을 지체 없이 수사기관에 통보하여야 한다.

⑤ 임직원은 제1항에 따른 신고를 감독기관·감사원·수사기관 또는 국민권익위원회에도 할 수 있다.

---

① 일단 선물은 반환하지 않고 소속부서장에게 서면으로 보고한다.
② 선물은 반환하지 않고, 3만 원의 초과 금액을 사비로 돌려준다.
③ 선물을 반환하고, 앞으로 그 어떤 선물도 주지 말 것을 당부한다.
④ 지체 없이 선물을 반환하고, 이와 관련된 회사의 윤리 규정을 설명한다.
⑤ 선물을 거절할 경우 거래처와의 관계가 불편해질 수 있으므로 반환하지 않는다.

67

제약사에서 근무하고 있는 귀하는 담당하는 거래처로부터 영업대행사를 통한 리베이트를 요구받아 난처한 상황에 처해 있다. 귀하가 얼마 전 다음과 같은 기사를 보았다.

정부와 국회가 제약업계 리베이트와의 본격적인 전쟁을 준비하고 있다. 최근 제약업계 리베이트의 주요 우회로로 지목된 영업대행사에 대한 규제를 비롯해 제약업계와 의료계의 리베이트 관련 처벌이 대폭 강화될 전망이다. 보건복지부는 국정감사에 대한 후속 조치로 영업대행사 관리 문제, 지출보고서 내실화를 위한 제도 개선을 추진할 계획이라고 밝혔다.

그동안 제약사들은 불법행위 적발 시 책임을 면피하기 위해 영업대행사와의 거래를 확대했다. 현행법으로도 제약사가 영업대행사를 통해 리베이트를 제공하다 적발될 경우 처벌이 가능하지만, 리베이트 사실을 숨기기 용이한 데다 영업대행사는 리베이트 제공 금지 주체에 포함되어 있지 않아 법망을 빠져나갈 수 있다는 허점이 있었다.

보건복지부는 "영업대행사도 의약품 공급자와 동일하게 리베이트 제공금지 주체에 포함될 수 있도록 약사법과 의료기기법 개정을 추진할 것"이라며 "영업대행사의 지출보고서 제출을 의무화하고, 의약품 제조사가 의무 제출하는 지출보고서를 대국민 공개하는 방안도 추진할 방침이다. 관련 법안 개정이 국회 입법으로 발의된 만큼 적극 협력할 것"이라고 밝혔다.

정부는 법 개정을 통해 의료계 리베이트 수수자에 대한 처벌을 강화하고 쌍벌제의 실효성을 강화할 계획이다. 현행법에 따르면 의사·약사가 리베이트 수수 이후 적발될 경우, 300만 원 미만 소액이고 1차 위반이면 경고 처분에 그친다. 이에 정부는 법 개정을 통해 소액 리베이트가 1차 적발될 경우에도 최소 자격정지 1개월을 부과할 수 있도록 할 방침이다.

① 소속 부서장에게 보고한 후 대처 방안에 대하여 상의한다.
② 자격정지 처분을 당할 수 있음을 이야기한 후 단호하게 거절한다.
③ 리베이트 요구를 들어주되, 다음부터는 해당 거래처와 거래하지 않는다.
④ 리베이트 요구를 거절하고, 처벌을 받지 않는 선에서의 대안을 제시한다.
⑤ 정부의 처벌 강화를 언급하며, 리베이트 요구에 대하여 정중하게 거절한다.

68

고객지원팀에서 근무하고 있는 귀하는 제품에서 이물질이 나왔다며 보상을 해주지 않으면 인터넷에 올리겠다는 블랙컨슈머의 전화를 받고 고민을 하고 있다. 귀하는 얼마 전 다음과 같은 기사를 읽었다.

부당한 이익을 얻기 위해 고의로 악성 민원을 제기하는 블랙컨슈머는 업무방해죄 등의 관련 규정에 따라 처벌할 수 있다. 업무방해죄는 허위 사실을 유포하거나 기타 위력으로 사람의 신용을 훼손하고 업무를 방해할 때 성립하는데, 혐의가 인정될 경우 5년 이하의 징역이나 1,500만 원 이하의 벌금에 처할 수 있다.

블로거 등 개인 SNS의 영향력이 커지면서 기업이나 자영업자에게 말도 안 되는 억지를 쓰는 사람들이 적지 않다. 이러한 행위는 영업방해죄뿐만 아니라 명예훼손, 공갈, 협박 등의 다양한 혐의가 성립할 수 있으며, 실제 피해가 발생했다면 그에 대한 손해배상청구도 가능하다.

과거에는 그래도 소비자라는 생각으로 기업이 선처하기도 했으나, 최근에는 직원들의 고충이 커지고 악성 후기 등으로 인한 사회적 폐해가 늘어나면서 법적 대응을 고수하는 사업장이 많아지고 있다. 실제로 한 유명 화장품 회사에 대해 허위 사실을 퍼트렸던 블랙컨슈머는 업무방해와 공갈 등의 혐의가 인정되어 징역 6개월의 실형을 살기도 했다.

① 상사에게 보고한 후 관련 내용을 정확하게 파악한다.
② 소비자보호원에 신고하라며 블랙컨슈머의 말을 무시한다.
③ 소문이 날 경우 회사가 입을 손해가 더 크므로 바로 보상해준다.
④ 블랙컨슈머는 업무방해죄로 처벌할 수 있으므로 경찰에 신고한다.
⑤ 허위 사실의 경우 징역이나 벌금형에 처해질 수 있음을 강력하게 전달한다.

69

C회사에 근무 중인 L부장은 얼마 전 다음과 같은 기사를 읽고 팀원들을 살펴보니 최근 들어 몇몇 직원들이 전보다 피로해하는 모습들이 보였다. 이에 직원 개개인 면담을 진행하였고, 그 결과 일부 직원들이 겸업을 하고 있는 것이 파악되었다. 하지만 C회사는 근로계약서상 겸업금지 조건이 명시되어 있는 상황이다.

본업 외에도 다른 여러 일을 부업으로 하는 'N잡러'를 원하는 회사원들이 많은 것으로 조사되었다. 국내의 한 헤드헌팅업체의 발표에 따르면 직장인 1,500명을 대상으로 '직장인 N잡러에 대한 인식'을 조사한 결과 전체 응답자 중 약 25%가 '부업을 하고 있다'고 답했고, 70%에 육박하는 이들이 '부업을 할 의향이 있다'고 말했다. 조사에 참여한 전체 직장인 중 95%에 가까운 이들이 'N잡러'를 꿈꾸고 있는 것이다.

① 다수의 의견을 고려하여 겸업금지 규정을 없앤다.
② 겸업을 하더라도 회사 업무에 지장이 없으면 묵인한다.
③ 겸업금지 규정으로 인한 처벌에 대한 내용을 더 강화하고 공지한다.
④ 겸업 중인 직원들은 근로계약서상 조건을 위반한 것이므로 회사에 징계를 건의한다.
⑤ 겸업 중인 직원들에게 빠른 시일 내에 겸업을 그만두고 회사일에 집중할 것을 지시한다.

70

귀하가 근무하는 부서의 H부장은 얼마 전 다음과 같은 기사를 읽은 후 동일한 시스템을 부서에 도입하겠다고 이야기하였다. 이러한 상황에서 귀하는 취할 수 있는 대응책을 고민하고 있다.

> 카페 창업 전문 브랜드 K회사는 사내에 소통 문화를 정착시키기 위해 적극 노력하고 있다. 먼저 직원들의 업무적 고충의 해결을 위해 사무실에 건의함을 설치해 놓았으며, 건의함의 열쇠는 대표이사만 가지고 있어 비밀을 유지할 수 있게 했다. 이를 통해 대표이사가 직접 직원들의 고충을 해소할 수 있도록 하였다. 이뿐만 아니라 남성과 여성 각 2명씩 고충 상담 담당자를 지정해 혹시라도 발생할 수 있는 고충을 허심탄회하게 털어놓을 수 있도록 힘쓰고 있다.

① 익명성이 확실하게 보장될 수 있는 건의함만 적극적으로 이용한다.
② 평소 H부장에게 직접 말할 수 없었던 불만 사항을 적어 건의함에 제출한다.
③ 고충 상담 담당자는 익명성이 보장되지 않으므로 되도록 이용하지 않는다.
④ H부장의 의도를 정확하게 파악할 수 없기 때문에 두 가지 모두 이용하지 않는다.
⑤ 다른 부서원을 비판하는 내용은 건의함에 제출하고, 고충은 상담 담당자에게 이야기한다.

71

A사원의 부서는 원활한 업무 수행을 위해 사내 메신저를 사용하는데, A사원은 얼마 전부터 동료 직원인 B사원이 업무 시간에 메신저를 하면서 자신을 몰래 흘겨보는 것을 발견하였다. 그러던 중 A사원은 B사원이 다른 팀의 C사원과 메신저를 통해 주고받은 내용을 보게 되었다.

> C사원 : 오늘따라 A사원 목소리가 왜 이렇게 커? 우리 팀까지 다 들리네.
> B사원 : 또 본인 의견 내세우는 중이지 뭐. 도대체 남의 이야기는 들을 생각도 안 해. 정말 같이 일하기 싫어 죽겠어.
> C사원 : 무시해. 너만 스트레스지 뭐.
> B사원 : 응, 안 그래도 회의할 때 A사원이 내는 의견은 무시하는 중이야. 점심도 같이 안 먹으려고.

① 자신도 다른 동료 직원에게 B사원에 대해 험담한다.
② 사내 인트라넷을 통해 B사원과 C사원의 메신저 내용을 공개한다.
③ B사원을 개인적으로 불러 자신을 험담한 것에 대한 사과를 요구한다.
④ 팀원들이 다 같이 있는 공개적인 자리에서 B사원의 메신저 내용을 공개한다.
⑤ 모두가 자신을 좋아할 수는 없으므로 B사원의 행동에 대해 신경을 쓰지 않는다.

72

제조회사 영업팀에서 근무하고 있는 K팀장, Y대리, L사원의 이번 주와 다음 주의 일정은 다음과 같으며, A회사와 B회사의 제품 회의에는 영업팀 전원 참석하여야 한다. 이때, A회사는 내부 일정 문제로 다음 주에 있을 회의 일정을 이번 주로 변경을 요청하였고, 이번 주에는 B회사와의 회의를 포함한 팀원 개인 일정과 회사 창립기념일로 자사 휴일이 있어 변경이 힘든 상황이다. 하지만 A회사는 자사의 주요 납품처로 B회사로 납품하는 물량의 5배 이상에 이르는 등 자사의 매출에 막대한 영향을 끼치고 있는 업체이다. 이러한 상황에서 Y대리는 자신이 취할 수 있는 대응책을 찾고 있다.

16(월)	17(화)	18(수)	19(목)	20(금)
K팀장 휴가	거래처 B회사와 제품 회의	L사원 휴가	회사 창립기념일	Y대리 휴가
23(월)	24(화)	25(수)	26(목)	27(금)
			거래처 A회사와 제품 회의	

① 자신의 휴가를 다른 일자로 미룬다.
② 회사 창립기념일에 영업팀 전 직원 출근하기로 한다.
③ K팀장 또는 L사원에게 휴가를 다른 일자로 미룰 것을 부탁한다.
④ A회사에게 이번 주는 불가피하다고 가장 빠른 23일을 안내한다.
⑤ 거래처 B회사에 양해를 구하고 다른 날로 회의 일정을 변경한다.

73

회사대표인 귀하는 얼마 전 다음과 같은 기사를 읽었다. 이에 귀하는 직원회의를 통해 다양한 해결안을 모색했고, 여러 좋은 방안이 나온 끝에 최종 결정은 귀하가 하기로 하였다.

한 조사 기관에 따르면 한국의 회사원들은 OECD 평균보다 훨씬 많은 시간을 일하고 있고, 전체 회사원의 4분의 3이 '회사우울증'을 겪고 있는 것으로 드러났다. 이러한 불안·우울·불면·중독(흡연·음주·도박), 자살과 같은 정신건강 문제를 유발하는 스트레스는 능률을 극심하게 떨어뜨리는 것은 물론 개인 문제를 넘어 기업의 생산성과 직결된다. 따라서 긴 근무시간, 과다한 업무 등으로 스트레스를 받는 직장인의 정신건강 증진, 그리고 직장인 정신건강을 체계적으로 관리할 수 있는 효율적인 해결책이 시급한 것으로 보인다.

① 사내에 상담심리 치료사를 채용한다.
② 신규 직원 채용을 늘려 업무 분담을 하도록 한다.
③ 정시에 출퇴근을 할 수 있도록 시스템을 도입한다.
④ 인근 심리 치료센터와 의료 업무협약을 체결하여 전 직원 심리검사·치료를 받을 수 있도록 지원한다.
⑤ 희망하는 직원에 한해 심리치료를 받을 수 있도록 인근 심리 치료센터와 의료 업무협약을 체결한다.

74

총무팀에서 근무하고 있는 A사원은 팀장인 귀하가 준 주문서에 따라 문구 회사에 전화하여 사무용품을 주문하였다. 1일 후에 배송을 받은 사무용품을 확인하던 A사원은 주문한 내용과 배송된 상품이 잘못되었음을 알게 되었고 이를 귀하에게 보고하였다. 이에 귀하는 사내 통화 녹음파일과 주문서를 대조해 확인해 보았고, A사원이 정확하게 주문했음을 알 수 있었다. 이에 귀하는 문구 회사에 전화해 배송이 잘못되었음을 말했으나, 오히려 문구 회사에서는 지금껏 한 번도 배송을 잘못한 적이 없다며, 원하면 교환이든 환불이든 해주겠다며 적반하장이었다. 한편 해당 문구 회사는 자사와 오랜 거래를 해온 거래처이자 회사 대표와 절친한 사이이다. 이러한 상황에서 귀하는 자신이 취할 수 있는 대응책을 찾고 있다.

사무용품 주문서				수령한 사무용품 내역		
No.	항목	수량		No.	항목	수량
1	A4 용지	10Box		1	A4 용지	10Box
2	A3 용지	5Box		2	B4 용지	5Box
3	종이테이프	10개		3	비닐테이프	10개
4	가위	10개		4	가위	10개
5	칼	5개		5	칼	10개
6	수성 매직	10개		6	유성 매직	10개
7	네임펜 0.3mm	10개		7	네임펜 0.5mm	10개

① 거래처 변경을 적극 건의한다.
② 잘못 배송된 상품의 교환을 요청한다.
③ 잘못 배송된 상품의 환불을 요청한다.
④ 사내 녹음파일을 문구 회사로 전송해서 사실 관계를 파악하게 한다.
⑤ 회사 대표 절친한 사이이므로 착오가 있었다고 사과한 뒤 좋게 끝낸다.

75

다음 주까지 생산팀이 업체별 납품해야 하는 물량은 다음과 같다. 기존 생산팀의 생산물량은 근무시간 기준 22,000개로 A회사를 비롯한 5개 업체에 모두 납품 가능했으나, 이번 주 생산 중 기계 고장으로 인해 생산이 지연되면서 1,000개의 부족분이 발생했다.

A회사	B회사	C회사	D회사	E회사	합계
5,000개	2,000개	4,000개	10,000개	1,000개	22,000개

① 기계업체에게 손해배상을 하도록 청구한다.
② A~E회사 등 모든 업체에게 연락하여 납품 일정을 연기한다.
③ 부족분에 따라 직원들이 야근 및 주말근무 하도록 양해를 구한다.
④ 가장 적은 납품업체인 E회사에게 양해를 구하고 납품 일정을 연기한다.
⑤ 가장 많은 납품업체인 D회사에게 양해를 구하고 납품 일정을 연기한다.

76

상반기 우수한 실적으로 영업팀 전 직원에게 3일간 포상 휴가가 제공되었으며, 7월 이 주임을 제외한 직원들의 휴가 일정과 영업팀 업무 일정은 다음과 같다. 포상 휴가는 7월 동안만 사용이 가능하며, 영업팀 특성상 금요일 업무가 많아 금요일 휴가 사용은 자제할 것이 권고되었고, 다른 직원과 휴가 일정이 겹쳐서는 안 된다. L주임은 출장으로 인해 이와 같은 사항을 늦게 전달받아 가장 마지막에 휴가 일정을 정하게 되었으며, A거래처는 L주임의 담당 거래처로 16일 잡힌 미팅 또한 L주임이 참석하기로 되어 있는 상황이다. 이러한 상황에서 L주임은 자신이 취할 수 있는 적절한 대응책을 고민하고 있다.

	1(화)	2(수)	3(목)	4(금)
		영업팀 회의		
7(월)	8(화)	9(수)	10(목)	11(금)
	K과장 휴가	K과장 휴가	K과장 휴가	
14(월)	15(화)	16(수)	17(목)	18(금)
		A거래처 미팅		
21(월)	22(화)	23(수)	24(목)	25(금)
G대리 휴가	G대리 휴가	G대리 휴가		
28(월)	29(화)	30(수)	31(목)	
C사원 휴가	C사원 휴가	C사원 휴가		

① 휴가를 나눠서 가거나 또는 가지 않는다.
② 다른 직원에게 휴가를 바꿔줄 것을 부탁한다.
③ 영업팀 회의에 불참하고 연속하여 3일간 휴가를 간다.
④ A거래처에 미팅 일정을 변경해줄 것을 요청한다.
⑤ 다른 직원에게 A거래처와의 미팅을 대신 해줄 것을 요청한다.

77

홍보팀에서 근무하고 있는 K대리의 2주간 일정은 다음과 같다. K대리는 디자인팀으로부터 3일 오전 중으로 홍보용 팸플릿 디자인을 수령해 4일에 W인쇄소에 인쇄를 요청하기로 하였다. W인쇄소에 문의한 결과 인쇄 수량이 많아 당일은 힘들고, 다음 날인 5일까지 작업을 완료해주기로 하였다. 하지만 디자인팀은 3일 오후가 되도록 팸플릿 디자인을 전달해 주지 않았고, K대리가 재촉하자 4일까지 주기로 하였다. 하지만 5일 오전까지 디자인팀으로부터 전달받지 못하였고, 5일 오후가 되어서야 디자인을 전달받았다. K대리는 디자인 수령 즉시 W인쇄소에 인쇄를 요청했지만, 타사 작업들이 먼저 의뢰되어 당일 작업은 힘들다고 하였다. 이러한 상황에서 K대리는 자신이 취할 수 있는 적절한 대응책을 고민하고 있다.

3(월)	4(화)	5(수)	6(목)	7(금)
디자인팀에게 홍보용 팸플릿 디자인 수령	W인쇄소에 홍보용 팸플릿 인쇄 요청	W인쇄소로 홍보용 팸플릿 수령	T병원 홍보차 방문	S대학교 홍보차 방문
10(월)	11(화)	12(수)	13(목)	14(금)
휴가	휴가	휴가		

① W인쇄소에 타사 작업에 우선해서 해줄 것을 부탁한다.
② 홍보용 팸플릿 없이 T병원과 S대학교에 홍보를 하러 간다.
③ 디자인팀의 잘못이므로 디자인팀이 책임지고 해결하도록 한다.
④ 휴가를 미루고 휴가일에 T병원과 S대학교에 홍보를 하러 간다.
⑤ 일정이 없는 13일 목요일과 14일 금요일로 홍보 일정을 변경한다.

78

구매팀에서 근무하고 있는 A주임은 12월 셋째 주 주간 일정 보고를 위하여 자신의 일정을 다음과 같이 정리하였다. 15일 오전에 구매팀은 팀 회의를 통해 거래처에서 구매할 내역을 함께 상의하였고, B팀장이 해당 내역을 정리하여 A주임에게 전달하기로 하였다. 17일 출장이 예정되어 있는 A주임는 B팀장에게 16일 오전 중으로 전달해 줄 것을 요청하였으나, 16일 퇴근 시간이 다가옴에도 불구하고 B팀장은 계속해서 기다리라고만 말하고 이렇다 할 지시가 없다. 이러한 상황에서 A주임은 자신이 취할 수 있는 적절한 대응책을 모색하고 있다.

12월 14일(월)	12월 15일(화)	12월 16일(수)	12월 17일(목)	12월 18일(금)
주간 일정 정리 및 보고	팀 회의	영업팀 회의	출장 (발주 예약)	거래처 구매 내역 발주일

① 친한 동료 직원에게 대신 발주를 부탁한다.
② B팀장에게 직접 구매 내역을 발주하도록 요청한다.
③ 거래처에 연락하여 발주가 미뤄질 수 있음을 미리 이야기한다.
④ 출장보다 발주가 더 중요하므로 출장 일정을 다음 주로 미룬다.
⑤ 상사가 자신의 업무 일정을 고려하지 않으므로 인사과에 보고한다.

79

귀하는 창고 관리 실태를 파악하고, 관리 방안을 개선하기 위해 관리 직원들과 함께 회의를 하였다. 이 회의에서 창고 관리 직원들은 다음과 같은 의견을 제시했다. 이러한 상황에서 귀하는 자신이 할 수 있는 대답이 선뜻 떠오르지 않았다.

A사원 : 우리 회사에서 구매한 물품은 창고에서 관리됩니다. 그런데 사전에 통보받지 못한 물품이 올 때가 있습니다. 그럴 경우 보관 장소를 확보하지 못해 임시 장소에 보관하게 되는데, 이 과정에서 일부 훼손되는 경우가 발생합니다.

B사원 : 구매한 물품의 사용 용도가 뚜렷하지 않은 것이 있습니다. 구매한 부서에 확인 요청을 해도 묵묵부답이거나 혹은 더 보관해달라고 하는데, 그렇게 장기간 보관되는 물품으로 인해 창고 관리에 어려움이 있습니다.

C사원 : 사용한 물품을 반납할 때에도 제자리에 두지 않는 경우가 많습니다. 또한 반납 시에 알려주지 않아 대장 관리에도 어려움이 많습니다. 언제까지나 항상 재고 위치 확인만을 하고 있을 수는 없기 때문입니다.

D사원 : 물품을 사용하면서 훼손했을 때 적절한 조치를 취하지 않고 반납하는 경우가 많습니다. 추후 정말 필요할 때 사용하지 못하게 되는 일이 있을 수 있는데 말이죠. 저희가 일일이 다 확인하기에는 어려움이 있습니다.

귀하 : _____

---

① 구매 예정인 물품에 대해서 미리 공유하도록 요청하겠다고 말할 것이다.
② 사용 용도가 뚜렷한 물품만 구매할 수 있도록 요청하겠다고 말할 것이다.
③ 대여한 물품이 훼손될 경우 수리 또는 재구매를 요청하겠다고 말할 것이다.
④ 보관 시 구매 물품의 사용 용도를 반드시 기재하도록 하는 시스템을 도입하겠다고 말할 것이다.
⑤ 물품을 사용한 후에는 제자리에 반납하고, 창고 관리자에게 보고하도록 매뉴얼을 만들겠다고 말할 것이다.

80

총무부에서 근무하고 있는 A사원은 사무용품을 주문하기 위해 주문서를 작성하여 문구 회사의 메일로 전달하였다. 총무부 부장인 귀하가 배송을 받은 사무용품을 확인하던 중 A4용지의 수량과 B4용지의 수량이 바뀌어서 배송된 것을 알게 되었다. 귀하는 A사원이 작성한 다음의 주문서를 보고 주문 수량을 한 번 더 확인하였다.

주문 내역				
No.	품명	수량	단가	금액
1	A4용지	20Box	15,000원	300,000원
2	B4용지	10Box	32,000원	320,000원
3	가위	20개	1,000원	20,000원
4	형광펜	20개	800원	16,000원

A사원이 작성한 주문서의 오류가 없음을 확인한 귀하는 바로 문구 회사에 전화하였고, 문구 회사의 직원은 처음 발주한 수량대로 제대로 배송하였다고 주장하며 A사원이 보낸 주문서를 다시 보내주었다. A사원에게 다시 확인한 결과 수정 전의 파일이 메일로 발송된 것을 알 수 있었다.

주문 내역				
No.	품명	수량	단가	금액
1	A4용지	10Box	15,000원	150,000원
2	B4용지	20Box	32,000원	640,000원
3	가위	20개	1,000원	20,000원
4	형광펜	20개	800원	16,000원

① A사원에게 주문서 작성 방법에 대해 알려준다.
② 문구 회사에 전화하여 A4용지를 추가 주문한다.
③ A사원에게 B4용지 일부를 환불 처리하라고 지시한다.
④ A사원에게 자료 첨부 시 꼼꼼하게 확인할 것을 당부한다.
⑤ 문구 회사에 전화하여 사과한 후 B4용지의 회수를 부탁한다.

81

영업팀 팀장인 귀하는 홍보팀, 기획팀과 함께 신제품 관련 회의에 참석하였다. 회의가 끝난 후 작성된 회의록은 다음과 같다. 이러한 상황에서 귀하는 자신이 취할 수 있는 적절한 대응책이 무엇인지 숙고하고 있다.

회의 일시	2024년 8월 25일	부서	홍보팀, 영업팀, 기획팀
참석자	홍보팀 팀장, 영업팀 팀장, 기획팀 팀장		
회의 안건	신제품 홍보 및 판매 방안		
회의 내용	1. 경쟁 업체와 차별화된 마케팅 전략 필요 2. 적극적인 홍보 및 판매 전략 필요 3. 대리점 실적 파악 및 소비자 반응 파악 필요 4. 홍보팀 업무 증가에 따라 팀원 보충 필요		
회의 결과	1. 홍보용 보도 자료 작성 및 홍보용 사은품 구매 요청 2. 대리점별 신제품 판매량 조사 실시 3. 마케팅 기획안 작성 및 공유 4. 홍보팀 경력직 채용 공고		

① 대리점을 방문하여 신제품에 관한 소비자 반응을 파악한다.
② 팀원들에게 대리점별 신제품 판매량을 조사할 것을 지시한다.
③ 홍보팀과 함께 홍보용 팸플릿을 작성하여 대리점에 배포한다.
④ 팀 회의를 통해 신제품 홍보 및 판매 방안에 관한 팀원들의 의견을 듣는다.
⑤ 여러 팀의 협업이 필요한 사안이므로 메신저를 통해 다른 팀의 팀장들과 의견을 교환한다.

82

현지사업부에서 근무하고 있는 귀하는 다음의 표와 같이 현지 부서에서 필요로 하는 역량과 업무 환경을 고려하여 파견 직원을 선발하고자 한다. 이러한 상황에서 귀하는 파견하기에 가장 적절한 직원을 선발하기 위해 고심하고 있다.

요구 역량	업무 환경
1. 소통 능력 2. 친화력 3. 책임감 4. 마케팅 전문성 5. 융통성 6. 창의성	1. 예측 불가능한 상황 빈번 2. 현지 사업가들과의 대면 업무 수행 3. 잦은 출장 4. 유연한 휴가 및 근무제

① 회계 분야 경력과 전문성을 갖춘 A대리
② 높은 준법의식을 토대로 규정을 준수하는 B주임
③ 일관되고 안정적인 일상 및 업무를 선호하는 C사원
④ 현지 언어에 능숙하고 고정적인 업무 분장을 선호하는 D주임
⑤ 외향적이고 사고가 유연해 아이디어를 다양하게 제시하는 E사원

83

영업팀 K사원은 L팀장이 오늘 오전까지 지시한 재고 관리 현황 문서를 작성하고 있었는데, L팀장이 자리를 비운 사이에 고객지원팀 S팀장이 찾아와 고객이 문의한 제품의 재고 수량을 지금 바로 파악해달라고 요청하였다. 참고로 영업팀과 고객지원팀의 업무 분장은 다음과 같다.

업무 분장표		
부서명		업무
영업팀	L팀장	• 전체적인 영업전략 기획
	G대리	• 판매전략 수립 및 운영
	K사원	• 매장 내 통신상품 판매 및 판매 지원 • 재고관리
고객지원팀	S팀장	• 고객센터 관련 업무 총괄
	H대리	• 고객 요금 청구 및 수납
	P대리	• 사업자 간 상호접속료 정산
	L사원	• 각종 고객 민원 대응 • VOC 수집 및 분류

① S팀장이 요청한 업무가 더 급한 일이므로 그 업무를 먼저 끝낸다.
② 자신의 팀과 관련이 없으므로 S팀장의 지원 요청을 정중하게 거절한다.
③ S팀장에게 자신은 영업팀 소속이므로 영업팀 팀장인 L과 상의하라고 말한다.
④ 영업팀 팀장 L에게 S팀장이 요청한 업무에 대해 보고한 후 업무 일정을 조정한다.
⑤ 먼저 영업팀 팀장 L에게 지시받은 업무를 끝낸 후 S팀장이 요청한 업무를 진행한다.

84

귀하는 최근 인사이동에 따라 회계부에서 근무하게 되었고, 다음과 같은 업무의 인수인계를 받게 되었다. 업무 인수인계가 끝나자마자 귀하의 상급자가 귀하에게 부가가치세 신고를 위한 자료를 작성하도록 지시하였다. 귀하는 일단 알겠다고 대답하였지만 막상 업무를 진행하려고 보니 상사가 지시한 업무는 자신이 인수한 업무와 관련이 없었다. 이러한 상황에서 귀하는 자신이 취할 수 있는 대응책을 찾고 있다.

업무 인수인계서			
인수인계 업무 사항	인계자	인수자	확인
법인카드 정산 및 내역서 작성			
매출세금계산서 발행			
전표 처리			
결산			

① 자신이 할 수 있는 데까지만 자료를 작성한다.
② 다른 부서원에게 대신 자료를 작성해 달라고 부탁한다.
③ 공유 폴더의 지난 업무 파일을 참고하여 자료를 작성한다.
④ 자신이 인수한 업무가 아니므로 자료를 작성할 수 없다고 이야기한다.
⑤ 상급자에게 사실대로 말한 후 부가가치세 신고 자료에 대하여 교육을 받는다.

85

물류회사의 영업팀 과장으로 근무하고 있는 귀하는 오늘 오후 지방의 영업점으로부터 급하게 해결해야 할 문제가 발생하였으니 내일 오전에 방문하여 물품을 확인해달라는 연락을 받았다. 귀하는 다음과 같은 출장신청서를 작성하였고, 직무 전결 규정상 전무이사가 전결인 결재 과정에 따라 금일 퇴근 전으로 결재를 받으려 한다. 귀하는 팀장과 부장의 결재를 받은 후 상무이사의 결재를 받기 위해 찾아갔으나, 상무이사는 해외 출장으로 인해 부재중이었다.

출장신청서			결재	팀장	부장	상무	전무
출장자	소속		직위		성명		
	영업팀		과장		김○○ (인)		
출장 기간	2024년 8월 1일 ~ 2024년 8월 1일 [1일간]						
출장지	○○시		출장 중 연락처		010-○○○○-××× ×		
출장 목적	○○시 영업점 방문 및 물품 확인						
출장경비							
출장 여비		금액		산출내역		비고	
교통비				…			

① 해외 출장 중인 상무이사에게 연락하여 구두 결재를 받는다.
② 지방의 영업점에 양해를 구한 후 추후 방문할 수 있도록 한다.
③ 상무이사의 직무대행자인 총무부 부장을 찾아가 대결 처리한다.
④ 상무이사의 결재란을 비워놓은 채 전무이사를 찾아가 결재를 받는다.
⑤ 상무이사의 결재 없이 출장을 다녀온 후 상무이사가 후결 처리할 수 있도록 한다.

86

마케팅팀, 영업팀, 홍보팀 등의 팀장과 실무자들이 참석한 가운데 회의가 열렸고, 다음은 회의 내용을 정리한 것이다. 회의를 마치고 나서 홍보팀의 A팀장은 B주임에 홍보 브로슈어를 제작하라고 지시했다. 그런데 A팀장은 업무 진행 방향도 제대로 설명해 주지 않은 채 계속 디자인 공모 기획안만 제출하라고 지시하고 있다.

회의 일시	2024.01.14	부서	마케팅팀, 영업팀, 홍보팀	작성자	마케팅팀 B대리
참석자	홍보팀 A팀장, B주임 / 마케팅팀 C팀장, D대리 / 영업팀 E팀장, F사원				
회의 안건	2023년 12월 15일 진행된 '국산 딸기 특판전' 행사 피드백 및 2월 데이 행사(밸런타인데이) 개선 방안				
회의 내용	[시식회 및 판매전 피드백 및 개정사항] 1. 소비 촉진을 위한 특판전이었지만 무료 시식회, 레시피 관련 행사의 참여가 높았음에도 정작 딸기 구매율은 높지 않았음. 시식의 연장을 통해 국산 딸기의 소비 확대로 연결할 필요가 있음 2. 레시피를 통해 제품을 직접 체험하는 방안은 좋았으나 레시피에만 국한된 점이 아쉬웠으며, 참여 연령대를 분석·파악하여 연령대별 다양한 체험 행사가 필요함 [행사 관련 홍보 피드백] 보도자료 이외의 추가 홍보 자료들 필요함 → 브로슈어 제작 방안 검토 필요				
결정 사항	[마케팅팀] 다양한 체험 행사 시장 조사 및 연령대별 체험 활동 선호도 조사 [홍보팀] ○○사의 시기별 '데이 행사'를 알릴 수 있는 브로슈어 제작 예정(관련 외주 업체 탐색과 동시에 외주 업체 대상 디자인 공모 예정) [영업팀] 2월 행사에 반영 가능한 제품 소비 촉진 방안 검토(체험 활동과 연계한 소비 촉진 방안 검토)				

① A팀장이 관련 업무를 지시할 때마다 불만을 제기한다.
② 회의에 참석한 마케팅팀이나 영업팀 팀장에게 상담을 요청한다.
③ A팀장에게 디자인 공모 진행 방향에 대해 설명해 줄 것을 요청한다.
④ 일단 A팀장에게 디자인 공모 기획안을 제출한 후 피드백을 요청한다.
⑤ 같은 팀의 팀원에게 A팀장의 업무 지시 방식에 대한 문제점을 제기한다.

87

디자인팀의 P주임은 주간회의에서 결정된 일정에 따라 브로슈어 표지 시안을 제출해야 했으나, 일주일 동안 신제품 SNS 홍보 이미지를 제작하느라 작업을 거의 하지 못했다. 업무 마감 시간을 앞둔 상황에서 P주임은 적절한 대응 방법을 궁리하고 있다.

주간회의록						
회의 일시	2024.01.04		부서	디자인팀	작성자	L사원
참석자	K과장, P주임, C사원, L사원					
회의 안건	1. 개인 주간 스케줄 및 업무 점검 2. 2024년 회사 홍보 브로슈어 기획					

회의 내용	1. 개인 스케줄 및 업무 점검
	 • K과장 : 브로슈어 기획 관련 홍보팀 미팅, 외부 디자이너 미팅
	 • P주임 : 신제품 SNS 홍보 이미지 작업, 회사 영문 서브페이지 2차 리뉴얼 작업 진행
	 • C사원 : 2024년도 홈페이지 개편 작업 진행
	 • L사원 : 1월 사보 편집 작업
	2. 2024년도 회사 홍보 브로슈어 기획
	 • 브로슈어 주제 : '신뢰'
	  − 창립 ○○주년을 맞아 고객의 신뢰로 회사가 성장했음을 강조
	  − 한결같은 모습으로 고객들의 지지를 받아왔음을 기업 이미지로 표현
	 • 20페이지 이내로 구성 예정
				비고		• 1월 9일 AM 10:00 디자인팀 전시회 관람
						• 1월 6일까지 홍보팀에서 2024년도 브로슈어 최종원고 전달 예정

결정 사항	내용			작업자		진행 일정
	브로슈어 표지 이미지 샘플 조사			C사원, L사원		2024.01.04 ~ 2024.01.05
	브로슈어 표지 시안 작업 및 제출			P주임		2024.01.04 ~ 2024.01.08(제출일)
특이 사항	다음 회의 일정 : 1월 11일 • 브로슈어 표지 결정, 내지 1차 시안 논의					

① K과장이 제출하라고 요구하기 전까지 모른 척한다.
② K과장에게 자신의 과도한 업무량에 대해 고충을 토로한다.
③ C사원에게 대신 브로슈어 표지 시안을 제작해달라고 부탁한다.
④ K과장에게 사실대로 말하고, 제출 마감 일자를 미뤄 달라고 요청한다.
⑤ 일단 마감일은 지켜야 하므로 자신이 작업한 데까지의 결과물을 제출한다.

88

총무부에서 근무하고 있는 귀하는 다음과 같이 사내 게시판에 작성된 직원 휴게실에 관한 직원들의 불만 사항을 확인하였다. 이러한 상황에서 귀하는 자신이 취할 수 있는 적절한 대응책이 무엇인지 고민하고 있다.

제목 : 총무부는 직원 휴게실 관리 좀 해주세요.		
글쓴이 : ***(익명)	날짜 : 2024.01.12	조회 : 108
저희 회사 총무부는 도대체 무슨 일을 하고 있나요? 사내 복지라고는 직원 휴게실 하나밖에 없으면서, 이마저도 제대로 관리가 안 되면 어떻하나요? 정말 답답합니다. 비품은 확인도 안 하는지 커피 한 잔 마시려고 보면 항상 비워져 있어서 못 먹은 적이 한두 번이 아닙니다. 일 좀 합시다! ―――――――――――――――――――――――――――――――――――― → Re : ***(익명) 맞아요. 비품 신청한 지가 언젠데…. 저는 결국 제 돈으로 샀어요. → Re : ***(익명) 연초라 총무부도 일이 많은 것 같습니다. 같은 직원들끼리 서로 싸우지 맙시다.		

① 상사에게 이와 같은 사안을 보고한 후에 해결 방안을 함께 모색한다.
② 글을 작성한 직원을 찾아 직접 만난 후 앞으로의 개선 방향에 대해 함께 논의한다.
③ 직원 휴게실을 이용하고 있는 직원들을 대상으로 현재 문제점에 대한 설문 조사를 한다.
④ 게시판에 글을 작성하여 예산 부족과 과도한 업무로 인해 어려움을 겪고 있는 현재 상황에 대해 설명한다.
⑤ 총무부에 대한 옹호의 댓글을 작성하고, 주변의 직원들에게도 댓글을 작성하라고 하여 분위기를 변화시키도록 한다.

PART 2
면접

AI면접

01 AI면접 소개

AI면접은 '공정성'과 '객관적 평가'를 면접 과정에 도입하기 위한 수단으로, 최근 채용 과정에 AI면접을 도입하는 기업들이 급속도로 증가하고 있다.

AI기반의 평가는 서류전형 또는 면접전형에서 활용된다. 서류전형에서는 AI가 모든 지원자의 자기소개서를 1차적으로 스크리닝한 후, 통과된 자기소개서를 인사담당자가 다시 평가하는 방식으로 활용되고 있다. 또한 면접전형에서는 서류전형과 함께 또는 면접 절차를 대신하여 AI면접의 활용을 통해 지원자의 전반적인 능력을 종합적으로 판단하여 채용에 도움을 준다.

AI면접은 다음과 같이 구성되어 있다.

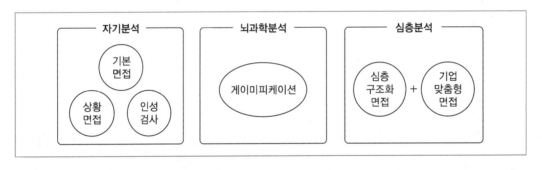

02 AI면접 프로세스

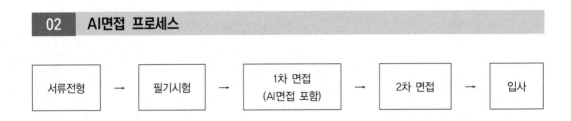

03   AI면접 진행 과정

1. AI면접 정의

뇌신경과학 기반의 인공지능 면접

2. 소요시간

60분 내외(1인)

3. 진행순서

① 웹캠 / 음성체크

② 안면 등록

③ 기본 질문

④ 탐색 질문

⑤ 상황 질문

⑥ 뇌과학 게임

⑦ 심층 / 구조화 질문

⑧ 종합평가

→ 뇌과학 게임 : 게임 형식의 AI면접을 통해 지원자의 성과 역량, 성장 가능성 분석

→ 기본 질문, 상황 질문, 탐색 질문을 통해 지원자의 강점, 약점을 분석하여 심층 / 구조화 질문 제시

| 기본적인 질문 및 상황 질문 | → | 지원자의 특성을 분석하기 위한 질문 | → | 지원자의 강점 / 약점 실시간 분석 | → | 심층 / 구조화 질문 |

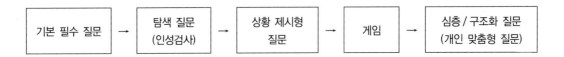

기본 필수 질문

모든 지원자가 공통으로 받게 되는 질문으로, 기본적인 자기소개, 지원동기, 성격의 장·단점 등을 질문하는 구성으로 되어 있다. 이는 대면 면접에서도 높은 확률로 받게 되는 질문 유형이므로, AI면접에서 답변한 내용을 대면면접에서도 다르지 않게 답변해야 한다.

탐색 질문(인성검사)

인적성 시험의 인성검사와 일치하는 유형으로, 정해진 시간 내에 해당 문장과 지원자의 가치관이 일치하는 정도를 빠르게 체크해야 하는 단계이다.

상황 제시형 질문

특정한 상황을 제시하여, 제시된 상황 속에서 어떻게 대응할지에 대한 답변을 묻는 유형이다. 기존의 대면면접에서는 이러한 질문에 대하여 지원자가 어떻게 행동할지에 대한 '설명'에 초점이 맞춰져 있었다면, AI면접에서는 실제로 '행동'하며, 상대방에게 이야기하듯 답변이 이루어져야 한다.

게임

약 5가지 유형의 게임이 출제되고, 정해진 시간 내에 해결해야 하는 유형이다. 인적성 시험의 새로운 유형으로, AI면접을 실시하는 기업의 경우, 인적성시험을 생략하는 기업도 증가하고 있다. AI면접 중에서도 비중이 상당한 게임 문제풀이 유형이다.

심층 / 구조화 질문(개인 맞춤형 질문)

인성검사 과정 중 지원자가 선택한 항목들에 기반한 질문에 답변을 해야 하는 유형이다. 때문에 인성검사 과정에서 인위적으로 접근하지 않는 것이 중요하고, 주로 가치관에 대하여 묻는 질문이 많이 출제되는 편이다.

종합 코멘트, 주요 및 세부 역량 점수, 응답신뢰 가능성 등을 분석하여 종합평가 점수를 도출한다.

① 성과능력지수	스스로 성과를 내고 지속적으로 성장하기 위해 갖춰야 하는 성과 지향적 태도 및 실행력
② 조직적합지수	조직에 적응하고 구성원들과 시너지를 내기 위해 갖춰야 하는 심리적 안정성
③ 관계역량지수	타인과의 관계를 좋게 유지하기 위해 갖춰야 하는 고객지향적 태도 및 감정 파악 능력
④ 호감지수	대면 상황에서 자신의 감정과 의사를 적절하게 전달할 수 있는 소통 능력

06 AI면접 준비

1. 면접 환경 점검

Windows 7 이상 OS에 최적화되어 있다. 웹카메라와 헤드셋(또는 이어폰과 마이크)은 필수 준비물이며, 크롬 브라우저도 미리 설치해 놓는 것이 좋다. 또한, 주변 정리정돈과 복장을 깔끔하게 해야 한다.

2. 이미지

AI면접은 동영상으로 녹화되므로 지원자의 표정이나 자세, 태도 등에서 나오는 전체적인 이미지가 상당히 중요하다. 특히, '상황 제시형 질문'에서는 실제로 대화하듯이 답변해야 하므로 표정과 제스처의 중요성은 더 더욱 커진다. 그러므로 자연스럽고 부드러운 표정과 정확한 발음은 기본이자 필수요소이다.

(1) 시선 처리

눈동자가 위나 아래로 향하는 것은 피해야 한다. 대면면접의 경우 아이컨택(Eye Contact)이 가능하기 때문에 대화의 흐름상 눈동자가 자연스럽게 움직일 수 있지만, AI면접에서는 카메라를 보고 답변하기 때문에 다른 곳을 응시하거나, 시선이 분산되는 경우에는 불안감으로 눈빛이 흔들린다고 평가될 수 있다. 따라서 카메라 렌즈 혹은 모니터를 바라보면서 대화를 하듯이 면접을 진행하는 것이 가장 좋다. 시선 처리는 연습하는 과정에서 동영상 촬영을 하며 확인하는 것이 좋다.

(2) 입 모양

좋은 인상을 주기 위해서는 입꼬리가 올라가도록 미소를 짓는 것이 좋으며, 이때 입꼬리는 양쪽 꼬리가 동일하게 올라가야 한다. 그러나 입만 움직이게 되면 거짓된 웃음으로 보일 수 있기에 눈과 함께 미소 짓는 연습을 해야 한다. 자연스러운 미소 짓기는 쉽지 않기 때문에 매일 재미있는 사진이나 동영상, 아니면 최근 재미있었던 일 등을 떠올리면서 자연스러운 미소를 지을 수 있는 연습을 해야 한다.

(3) 발성 · 발음

답변을 할 때, 말을 더듬는다거나 '음…', '아…' 하는 소리는 마이너스 요인이다. 질문마다 답변을 생각할 시간을 함께 주지만, 지원자의 의견을 체계적으로 정리하지 못한 채 답변을 시작한다면 발생할 수 있는 상황이다. 생각할 시간이 주어진다는 것은 답변에 대한 기대치가 올라간다는 것을 의미하므로 주어진 시간 동안에 빠르게 답변구조를 구성하는 연습을 진행해야 하고, 말끝을 흐리는 습관이나 조사를 흐리는 습관을 교정해야 한다. 이때, 연습 과정을 녹음하여 체크하는 것이 효과가 좋고, 답변에 관한 부분 또한 명료하고 체계적으로 답변할 수 있도록 연습해야 한다.

3. 답변방식

AI면접 후기를 보다 보면, 대부분 비슷한 유형의 질문패턴이 진행되는 것을 알 수 있다. 따라서 대면면접 준비방식과 동일하게 질문 리스트를 만들고 연습하는 과정이 필요하다. 특히, AI면접은 질문이 광범위하기 때문에 출제 유형 위주의 연습이 이루어져야 한다.

(1) 유형별 답변방식 습득

① 기본 필수 질문 : 지원자들에게 필수로 질문하는 유형으로, 지원자만의 답변이 확실하게 구성되어 있어야 한다.
② 상황 제시형 질문 : AI면접에서 주어지는 상황은 크게 8가지 유형으로 분류된다. 유형별로 효과적인 답변 구성 방식을 연습해야 한다.
③ 심층 / 구조화 질문(개인 맞춤형 질문) : 가치관에 따라 선택을 해야 하는 질문이 대다수를 이루는 유형으로, 여러 예시를 통해 유형을 익히고 그에 맞는 답변을 연습해야 한다.

(2) 유성(有聲) 답변 연습

AI면접을 연습할 때에는 같은 유형의 예시를 연습한다고 해도, 실제 면접에서의 세부 소재는 거의 다르다고 할 수 있다. 따라서 새로운 상황이 주어졌을 때 유형을 빠르게 파악하고 답변의 구조를 구성하는 반복연습이 필요하며, 항상 목소리를 내어 답변하는 연습을 하는 것이 좋다.

(3) 면접에 필요한 연기

면접은 연기가 반이라고 할 수 있다. 물론 가식적이고 거짓된 모습을 보이라는 것이 아닌, 상황에 맞는 적절한 행동과 답변의 인상을 극대화시킬 수 있는 연기를 해야 한다는 것이다. 면접이 무난하게 흘러가면 무난하게 탈락할 확률이 높다. 때문에 하나의 답변에도 깊은 인상을 전달해 주어야 하고, 이때 필요한 것이 연기이다. 특히 AI면접에서는 답변 내용에 따른 표정변화가 필요하고, 답변에 연기를 더할 수 있는 부분까지 연습이 되어있다면 면접 준비가 완벽히 되어있다고 말할 수 있다.

지원자의 외면적 요소 V4를 활용한 정서 및 성향, 거짓말 파악	
Vision Analysis	미세 표정(Micro Expression)
Voice Analysis	바디 랭귀지(Body Language)
Verbal Analysis ▶	진술 분석 기법(Scientific Contents Analysis)
Vital Analysis	자기 최면 기법(Auto Hypnosis)
AI면접의 V4를 대비하는 방법으로 미세 표정, 바디 랭귀지, 진술 분석 기법, 자기 최면 기법을 활용	

01	면접 주요사항

면접의 사전적 정의는 면접관이 지원자를 직접 만나보고 인품(人品)이나 언행(言行) 따위를 시험하는 일로, 흔히 필기시험 후에 최종적으로 심사하는 방법이다.

최근 주요 기업의 인사담당자들을 대상으로 채용 시 면접이 차지하는 비중을 설문조사했을 때, 50 ~ 80% 이상이라고 답한 사람이 전체 응답자의 80%를 넘었다. 이와 대조적으로 지원자들을 대상으로 취업시험에서 면접을 준비하는 기간을 물었을 때, 대부분의 응답자가 2 ~ 3일 정도라고 대답했다.

지원자가 일정 수준의 스펙을 갖추기 위해 자격증 시험과 토익을 치르고 이력서와 자기소개서까지 쓰다 보면 면접까지 챙길 여유가 없는 것이 사실이다. 그리고 서류전형과 인적성검사를 통과해야만 면접을 볼 수 있기 때문에 자연스럽게 면접은 취업시험 과정에서 그 비중이 작아질 수밖에 없다. 하지만 아이러니하게도 실제 채용 과정에서 면접이 차지하는 비중은 절대적이라고 해도 과언이 아니다.

기업들은 채용 과정에서 토론 면접, 인성 면접, 프레젠테이션 면접, 역량 면접 등의 다양한 면접을 실시한다. 1차 커트라인이라고 할 수 있는 서류전형을 통과한 지원자들의 스펙이나 능력은 서로 엇비슷하다고 판단되기 때문에 서류상 보이는 자격증이나 토익 성적보다는 지원자의 인성을 파악하기 위해 면접을 더욱 강화하는 것이다. 일부 기업은 의도적으로 압박 면접을 실시하기도 한다. 지원자가 당황할 수 있는 질문을 던져서 그것에 대한 지원자의 반응을 살펴보는 것이다.

면접은 다르게 생각한다면 '나는 누구인가?'에 대한 물음에 해답을 줄 수 있는 가장 현실적이고 미래적인 경험이 될 수 있다. 취업난 속에서 자격증을 취득하고 토익 성적을 올리기 위해 앞만 보고 달려온 지원자들은 자신에 대해서 고민하고 탐구할 수 있는 시간을 평소 쉽게 가질 수 없었을 것이다. 자신을 잘 알고 있어야 자신에 대해서 자신감 있게 말할 수 있다. 대체로 사람들은 자신에게 관대한 편이기 때문에 스스로에 대해서 어떤 기대와 환상을 가지고 있는 경우가 많다. 하지만 면접은 제삼자에 의해 개인의 능력을 객관적으로 평가 받는 시험이다. 어떤 지원자들은 다른 사람에게 자신을 표현하는 것을 어려워한다. 평소에 잘 사용하지 않는 용어를 내뱉으면서 거창하게 자신을 포장하는 지원자도 많다. 면접에서 가장 기본은 자기 자신을 면접관에게 알기 쉽게 표현하는 것이다.

이러한 표현을 바탕으로 자신이 앞으로 하고자 하는 것과 그에 대한 이유를 설명해야 한다. 최근에는 자신감을 향상시키거나 말하는 능력을 높이는 학원도 많기 때문에 얼마든지 자신의 단점을 극복할 수 있다.

1. 자기소개의 기술

자기소개를 시키는 이유는 면접자가 지원자의 자기소개서를 압축해서 듣고, 지원자의 첫인상을 평가할 시간을 가질 수 있기 때문이다. 면접을 위한 워밍업이라고 할 수 있으며, 첫인상을 결정하는 과정이므로 매우 중요한 순간이다.

(1) 정해진 시간에 자기소개를 마쳐야 한다.

쉬워 보이지만 의외로 지원자들이 정해진 시간을 넘기거나 혹은 빨리 끝내서 면접관에게 지적을 받는 경우가 많다. 본인이 면접을 받는 마지막 지원자가 아닌 이상, 정해진 시간을 지키지 않는 것은 수많은 지원자를 상대하기에 바쁜 면접관과 대기 시간에 지친 다른 지원자들에게 불쾌감을 줄 수 있다.
또한 회사에서 시간관념은 절대적인 것이므로 반드시 자기소개 시간을 지켜야 한다. 말하기는 1분에 200자 원고지 2장 분량의 글을 읽는 만큼의 속도가 가장 적당하다. 이를 A4 용지에 10point 글자 크기로 작성하면 반 장 분량이 된다.

(2) 간단하지만 신선한 문구로 자기소개를 시작하자.

요즘은 많은 지원자가 이 방법을 사용하고 있기 때문에 웬만한 소재의 문구가 아니면 면접관의 관심을 받을 수 없다. 이러한 문구는 시대적으로 유행하는 광고 카피를 패러디하는 경우와 격언 등을 인용하는 경우 그리고 지원한 회사의 IC나 경영이념, 인재상 등을 사용하는 경우 등이 있다. 지원자는 이러한 여러 문구 중에 자신의 첫인상을 북돋아 줄 수 있는 것을 선택해서 말해야 한다. 자신의 이름을 문구 속에 적절하게 넣어서 말한다면 좀 더 효과적인 자기소개가 될 것이다.

(3) 무엇을 먼저 말할 것인지 고민하자.

면접관이 많이 던지는 질문 중 하나가 지원동기이다. 그래서 성장기를 바로 건너뛰고, 지원한 회사에 들어오기 위해 대학에서 어떻게 준비했는지를 설명하는 자기소개가 대세이다.

(4) 면접관의 호기심을 자극해 관심을 불러일으킬 수 있게 말하라.

면접관에게 질문을 많이 받는 지원자의 합격률이 반드시 높은 것은 아니지만, 질문을 전혀 안 받는 것보다는 좋은 평가를 기대할 수 있다. 지원한 분야와 관련된 수상 경력이나 프로젝트 등을 말하는 것도 좋다. 이는 지원자의 업무 능력과 직접 연결되는 것이므로 효과적인 자기 홍보가 될 수 있다. 일부 지원자들은 자신만의 특별한 경험을 이야기하는데, 이때는 그 경험이 보편적으로 사람들의 공감대를 얻을 수 있는 것인지 다시 생각해봐야 한다.

(5) 마지막 고개를 넘기가 가장 힘들다.

첫 단추도 중요하지만, 마지막 단추도 중요하다. 하지만 왠지 격식을 따지는 인사말은 지나가는 인사말 같고, 다르게 하자니 예의에 어긋나는 것 같은 기분이 든다. 이때는 처음에 했던 자신만의 문구를 다시 한 번 말하는 것도 좋은 방법이다. 자연스러운 끝맺음이 될 수 있도록 적절한 연습이 필요하다.

2. 1분 자기소개 시 주의사항

(1) 자기소개서와 자기소개가 똑같다면 감점일까?

아무리 자기소개서를 외워서 말한다 해도 자기소개가 자기소개서와 완전히 똑같을 수는 없다. 자기소개서의 분량이 더 많고 회사마다 요구하는 필수 항목들이 있기 때문에 굳이 고민할 필요는 없다. 오히려자기소개서의 내용을 잘 정리한 자기소개가 더 좋은 결과를 만들 수 있다. 하지만 자기소개서와 상반된내용을 말하는 것은 적절하지 않다. 지원자의 신뢰성이 떨어진다는 것은 곧 불합격을 의미하기 때문이다.

(2) 말하는 자세를 바르게 익혀라.

지원자가 자기소개를 하는 동안 면접관은 지원자의 동작 하나하나를 관찰한다. 그렇기 때문에 바른 자세가 중요하다는 것은 우리가 익히 알고 있다. 하지만 문제는 무의식적으로 나오는 습관 때문에 자세가흐트러져 나쁜 인상을 줄 수 있다는 것이다. 이러한 습관을 고칠 수 있는 가장 좋은 방법은 캠코더 등으로 자신의 모습을 담는 것이다. 거울을 사용할 경우에는 시선이 자꾸 자기 눈과 마주치기 때문에 집중하기 힘들다. 하지만 촬영된 동영상은 제삼자의 입장에서 자신을 볼 수 있기 때문에 많은 도움이 된다.

(3) 정확한 발음과 억양으로 자신 있게 말하라.

지원자의 모양새가 아무리 뛰어나도, 목소리가 작고 발음이 부정확하면 큰 감점을 받는다. 이러한 모습은 지원자의 좋은 점에까지 악영향을 끼칠 수 있다. 직장을 흔히 사회생활의 시작이라고 말하는 시대적정서에서 사람들과 의사소통을 하는 데 문제가 있다고 판단되는 지원자는 부적절한 인재로 평가될 수밖에 없다.

3. 대화법

전문가들이 말하는 대화법의 핵심은 '상대방을 배려하면서 이야기하라.'는 것이다. 대화는 나와 다른 사람의 소통이다. 내용에 대한 공감이나 이해가 없다면 대화는 더 진전되지 않는다.

베스트셀러 『카네기 인간관계론』의 작가인 철학자 카네기가 말하는 최상의 대화법은 자신의 경험을 토대로 이야기하는 것이다. 즉, 살아오면서 직접 겪은 경험이 상대방의 관심을 끌 수 있는 가장 좋은 이야깃거리인 것이다. 특히, 어떤 일을 이루기 위해 노력하는 과정에서 겪은 실패나 희망에 대해 진솔하게이야기한다면 상대방은 어느새 당신의 편에 서서 그 이야기에 동조할 것이다.

독일의 사업가이자 동기부여 트레이너인 위르겐 힐러의 연설법 중 가장 유명한 것은 '시즐(Sizzle)'을잡는 것이다. 시즐이란 새우튀김이나 돈가스가 기름에서 지글지글 튀겨질 때 나는 소리이다. 즉, 자신의말을 듣고 시즐처럼 반응하는 상대방의 감정에 적절하게 대응하라는 것이다.

말을 시작한 지 10 ~ 15초 안에 상대방의 시즐을 알아차려야 한다. 자신의 이야기에 대한 상대방의 첫반응에 따라 말하기 전략도 달라져야 한다. 첫 이야기의 반응이 미지근하다면 가능한 한 그 이야기를빨리 마무리하고 새로운 이야깃거리를 생각해내야 한다. 길지 않은 면접 시간 내에 몇 번 오지 않는 대답의 기회를 살리기 위해서 보다 전략적이고 냉철해야 하는 것이다.

4. 차림새

(1) 구두

면접에 어떤 옷을 입어야 할지를 며칠 동안 고민하면서 정작 구두는 면접 보는 날 현관을 나서면서 즉흥적으로 신고 가는 지원자들이 많다. 구두를 보면 그 사람의 됨됨이를 알 수 있다고 한다. 면접관 역시 이러한 것을 놓치지 않기 때문에 지원자는 자신의 구두에 더욱 신경을 써야 한다. 스타일의 마무리는 발끝에서 이루어지는 것이다. 아무리 멋진 옷을 입고 있어도 구두가 어울리지 않는다면 전체 스타일이 흐트러지기 때문이다.

정장용 구두는 디자인이 깔끔하고, 에나멜 가공처리를 하여 광택이 도는 페이턴트 가죽 소재 제품이 무난하다. 검정 계열 구두는 회색과 감색 정장에, 브라운 계열의 구두는 베이지나 갈색 정장에 어울린다. 참고로 구두는 오전에 사는 것보다 발이 충분히 부은 상태인 저녁에 사는 것이 좋다. 마지막으로 당연한 일이지만 반드시 면접을 보는 전날 구두 뒤축이 닳지는 않았는지 확인하고 구두에 광을 내 둔다.

(2) 양말

양말은 정장과 구두의 색상을 비교해서 골라야 한다. 특히 검정이나 감색의 진한 색상의 바지에 흰 양말을 신는 것은 시대에 뒤처지는 일이다. 일반적으로 양말의 색깔은 바지의 색깔과 같아야 한다. 또한 양말의 길이도 신경 써야 한다. 바지를 입을 경우, 의자에 바르게 앉거나 다리를 꼬아서 앉을 때 다리털이 보여서는 안 된다. 반드시 긴 정장 양말을 신어야 한다.

(3) 정장

지원자는 평소에 정장을 입을 기회가 많지 않기 때문에 면접을 볼 때 본인 스스로도 옷을 어색하게 느끼는 경우가 많다. 옷을 불편하게 느끼기 때문에 자세마저 불안정한 지원자도 볼 수 있다. 그러므로 면접 전에 정장을 입고 생활해보는 것도 나쁘지는 않다.

일반적으로 면접을 볼 때는 상대방에게 신뢰감을 줄 수 있는 남색 계열의 옷이나 어떤 계절이든 무난하고 깔끔해보이는 회색 계열의 정장을 많이 입는다. 정장은 유행에 따라서 재킷의 디자인이나 버튼의 개수가 바뀌기 때문에 너무 오래된 옷을 입어서 다른 사람의 옷을 빌려 입고 나온 듯한 인상을 주어서는 안 된다.

(4) 헤어스타일과 메이크업

헤어스타일에 자신이 없다면 미용실에 다녀오는 것도 좋은 방법이다. 또한 자신에게 어울리는 메이크업을 하는 것도 괜찮다. 메이크업은 상대에 대한 예의를 갖추는 것이므로 지나치게 화려한 메이크업이 아니라면 보다 준비된 지원자처럼 보일 수 있다.

5. 첫인상

취업을 위해 성형수술을 받는 사람들에 대한 이야기는 더이상 뉴스거리가 되지 않는다. 그만큼 많은 사람이 좁은 취업문을 뚫기 위해 이미지 향상에 신경을 쓰고 있다. 이는 면접관에게 좋은 첫인상을 주기 위한 것으로, 지원서에 올리는 증명사진을 이미지 프로그램을 통해 수정하는 이른바 '사이버 성형'이 유행하는 것과 같은 맥락이다. 실제로 외모가 채용 과정에서 영향을 끼치는가에 대한 설문조사에서도 60% 이상의 인사담당자들이 그렇다고 답변했다.

하지만 외모와 첫인상을 절대적인 관계로 이해하는 것은 잘못된 판단이다. 외모가 첫인상에서 많은 부분을 차지하지만, 외모 외에 다른 결점이 발견된다면 그로 인해 장점들이 가려질 수도 있다. 이러한 현상은 아래에서 다시 논하겠다.

첫인상은 말 그대로 한 번밖에 기회가 주어지지 않으며 몇 초 안에 결정된다. 첫인상을 결정짓는 요소 중 시각적인 요소가 80% 이상을 차지한다. 첫눈에 들어오는 생김새나 복장, 표정 등에 의해서 결정되는 것이다. 면접을 시작할 때 자기소개를 시키는 것도 지원자별로 첫인상을 평가하기 위해서이다. 첫인상이 중요한 이유는 만약 첫인상이 부정적으로 인지될 경우, 지원자의 다른 좋은 면까지 거부당하기 때문이다. 이러한 현상을 심리학에서는 초두효과(Primacy Effect)라고 한다.

그래서 한 번 형성된 첫인상은 여간해서 바꾸기 힘들다. 이는 첫인상이 나중에 들어오는 정보까지 영향을 주기 때문이다. 첫인상의 정보가 나중에 들어오는 정보 처리의 지침이 되는 것을 심리학에서는 맥락효과(Context Effect)라고 한다. 따라서 평소에 첫인상을 좋게 만들기 위한 노력을 꾸준히 해야만 하는 것이다. 좋은 첫인상이 반드시 외모에만 집중되는 것은 아니다. 오히려 깔끔한 옷차림과 부드러운 표정 그리고 말과 행동 등에 의해 전반적인 이미지가 만들어진다. 누구나 이러한 것 중에 한두 가지 단점을 가지고 있다. 요즘은 이미지 컨설팅을 통해서 자신의 단점들을 보완하는 지원자도 있다. 특히, 표정이 밝지 않은 지원자는 평소 웃는 연습을 의식적으로 하여 면접을 받는 동안 계속해서 여유 있는 표정을 짓는 것이 중요하다. 성공한 사람들은 인상이 좋다는 것을 명심하자.

1. 면접의 유형

과거 천편일률적인 일대일 면접과 달리 면접에는 다양한 유형이 도입되어 현재는 "면접은 이렇게 보는 것이다."라고 말할 수 있는 정해진 유형이 없어졌다. 그러나 대기업 면접에서는 현재까지는 집단 면접과 다대일 면접이 진행되고 있으므로 어느 정도 유형을 파악하여 사전에 대비가 가능하다. 면접의 기본인 단독 면접부터 다대일 면접, 집단 면접 등의 유형과 그 대책에 대해 알아보자.

(1) 단독 면접

단독 면접이란 응시자와 면접관이 1대1로 마주하는 형식을 말한다. 면접위원 한 사람과 응시자 한 사람이 마주 앉아 자유로운 화제를 가지고 질의응답을 되풀이하는 방식이다. 이 방식은 면접의 가장 기본적인 방법으로 소요시간은 10 ~ 20분 정도가 일반적이다.

① 장점

필기시험 등으로 판단할 수 없는 성품이나 능력을 알아내는 데 가장 적합하다고 평가받아 온 면접 방법으로 응시자 한 사람 한 사람에 대해 여러 면에서 비교적 폭넓게 파악할 수 있다. 응시자의 입장에서는 한 사람의 면접관만을 대하는 것이므로 상대방에게 집중할 수 있으며, 긴장감도 다른 면접 방법에 비해서는 적은 편이다.

② 단점

면접관의 주관이 강하게 작용해 객관성을 저해할 소지가 있으며, 면접 평가표를 활용한다 하더라도 일면적인 평가에 그칠 가능성을 배제할 수 없다. 또한 시간이 많이 소요되는 것도 단점이다.

> **단독 면접 준비 Point**
>
> 단독 면접에 대비하기 위해서는 평소 1대1로 논리 정연하게 대화를 나눌 수 있는 능력을 기르는 것이 중요하다. 그리고 면접장에서는 면접관을 선배나 선생님 혹은 아버지를 대하는 기분으로 면접에 임하는 것이 부담도 훨씬 적고 실력을 발휘할 수 있는 방법이 될 것이다.

(2) 다대일 면접

다대일 면접은 일반적으로 가장 많이 사용되는 면접 방법으로 보통 2 ~ 5명의 면접관이 1명의 응시자에게 질문하는 형태의 면접 방법이다. 면접관이 여러 명이므로 다각도에서 질문을 하여 응시자에 대한 정보를 많이 알아낼 수 있다는 점 때문에 선호하는 면접 방법이다.

하지만 응시자의 입장에서는 질문도 면접관에 따라 각양각색이고 동료 응시자가 없으므로 숨 돌릴 틈도 없게 느껴진다. 또한 관찰하는 눈도 많아서 조그만 실수라도 지나치는 법이 없기 때문에 정신적 압박과 긴장감이 높은 면접 방법이다. 따라서 응시자는 긴장을 풀고 한 시험관이 묻더라도 면접관 전원을 향해 대답한다는 기분으로 또박또박 대답하는 자세가 필요하다.

① 장점

면접관이 집중적인 질문과 다양한 관찰을 통해 응시자가 과연 조직에 필요한 인물인가를 완벽히 검증할 수 있다.

② 단점

면접 시간이 보통 10 ~ 30분 정도로 좀 긴 편이고 응시자에게 지나친 긴장감을 조성하는 면접 방법이다.

> **다대일 면접 준비 Point**
>
> 질문을 들을 때 시선은 면접위원을 향하고 다른 데로 돌리지 말아야 하며, 대답할 때에도 고개를 숙이거나 입속에서 우물거리는 소극적인 태도는 피하도록 한다. 면접위원과 대등하다는 마음가짐으로 편안한 태도를 유지하면 대답도 자연스러운 상태에서 좀 더 충실히 할 수 있고, 이에 따라 면접위원이 받는 인상도 달라진다.

(3) 집단 면접

집단 면접은 다수의 면접관이 여러 명의 응시자를 한꺼번에 평가하는 방식으로 짧은 시간에 능률적으로 면접을 진행할 수 있다. 각 응시자에 대한 질문 내용, 질문 횟수, 시간 배분이 똑같지는 않으며, 모두에게 같은 질문이 주어지기도 하고 각각 다른 질문을 받기도 한다.

또한 어떤 응시자가 한 대답에 대한 의견을 묻는 등 그때그때의 분위기나 면접관의 의향에 따라 변수가 많다. 집단 면접은 응시자의 입장에서는 개별 면접에 비해 긴장감은 다소 덜한 반면에 다른 응시자들과의 비교가 확실하게 나타나므로 응시자는 몸가짐이나 표현력·논리성 등이 결여되지 않도록 자신의 생각이나 의견을 솔직하게 발표하여 집단 속에 묻히거나 밀려나지 않도록 주의해야 한다.

① 장점

집단 면접의 장점은 면접관이 응시자 한 사람에 대한 관찰시간이 상대적으로 길고, 비교 평가가 가능하기 때문에 결과적으로 평가의 객관성과 신뢰성을 높일 수 있다는 점이며, 응시자는 동료들과 함께 면접을 받기 때문에 긴장감이 다소 덜하다는 것을 들 수 있다. 또한 동료가 답변하는 것을 들으며, 자신의 답변 방식이나 자세를 조정할 수 있다는 것도 큰 이점이다.

② 단점

응답하는 순서에 따라 응시자마다 유리하고 불리한 점이 있고, 면접위원의 입장에서는 각각의 개인적인 문제를 깊게 다루기가 곤란하다는 것이 단점이다.

> **집단 면접 준비 Point**
>
> 너무 자기과시를 하지 않는 것이 좋다. 대답은 자신이 말하고 싶은 내용을 간단명료하게 말해야 한다. 내용이 없는 발언을 한다거나 대답을 질질 끄는 태도는 좋지 않다. 또 말하는 중에 내용이 주제에서 벗어나거나 자기중심적으로만 말하는 것도 피해야 한다. 집단 면접에 대비하기 위해서는 평소에 설득력을 지닌 자신의 논리력을 계발하는 데 힘써야 하며, 다른 사람 앞에서 자신의 의견을 조리 있게 개진할 수 있는 발표력을 갖추는 데에도 많은 노력을 기울여야 한다.
> • 실력에는 큰 차이가 없다는 것을 기억하라.
> • 동료 응시자들과 서로 협조하라.
> • 답변하지 않을 때의 자세가 중요하다.
> • 개성 표현은 좋지만 튀는 것은 위험하다.

(4) 집단 토론식 면접

집단 토론식 면접은 집단 면접과 형태는 유사하지만 질의응답이 아니라 응시자들끼리의 토론이 중심이 되는 면접 방법으로 최근 들어 급증세를 보이고 있다. 이는 공통의 주제에 대해 다양한 견해들이 개진되고 결론을 도출하는 과정, 즉 토론을 통해 응시자의 다양한 면에 대한 평가가 가능하다는 집단 토론식 면접의 장점이 널리 확산된 데 따른 것으로 보인다. 사실 집단 토론식 면접을 활용하면 주제와 관련된 지식 정도와 이해력, 판단력, 설득력, 협동성은 물론 리더십, 조직 적응력, 적극성과 대인관계 능력 등을 쉽게 파악할 수 있다.

토론식 면접에서는 자신의 의견을 명확히 제시하면서도 상대방의 의견을 경청하는 토론의 기본자세가 필수적이며, 지나친 경쟁심이나 자기 과시욕은 접어두는 것이 좋다. 또한 집단 토론의 목적이 결론을 도출해 나가는 과정에 있다는 것을 감안하여 무리하게 자신의 주장을 관철시키기보다 오히려 토론의 질을 높이는 데 기여하는 것이 좋은 인상을 줄 수 있다는 점을 알아야 한다. 취업 희망자들은 토론식 면접이 급속도로 확산되는 추세임을 감안해 특히 철저한 준비를 해야 한다. 평소에 신문의 사설이나 매스컴 등의 토론 프로그램을 주의 깊게 보면서 논리 전개방식을 비롯한 토론 과정을 익히도록 하고, 친구들과 함께 간단한 주제를 놓고 토론을 진행해 볼 필요가 있다. 또한 사회·시사문제에 대해 자기 나름대로의 관점을 정립해두는 것도 꼭 필요하다.

(5) PT 면접

PT 면접, 즉 프레젠테이션 면접은 최근 들어 집단 토론 면접과 더불어 그 활용도가 점차 커지고 있다. PT 면접은 기업마다 특성이 다르고 인재상이 다른 만큼 인성 면접만으로는 알 수 없는 지원자의 문제해결 능력, 전문성, 창의성, 기본 실무능력, 논리성 등을 관찰하는 데 중점을 두는 면접으로, 지원자 간의 변별력이 높아 대부분의 기업에서 적용하고 있으며, 확산되는 추세이다.

면접 시간은 기업별로 차이가 있지만 전문지식, 시사성 관련 주제를 제시한 다음, 보통 20 ~ 50분 정도 준비하여 5분가량 발표할 시간을 준다. 면접관과 지원자의 단순한 질의응답식이 아닌, 주제에 대해 일정 시간 동안 지원자의 발언과 발표하는 모습 등을 관찰하게 된다. 정확한 답이나 지식보다는 논리적 사고와 의사표현력이 더 중시되기 때문에 자신의 생각을 어떻게 설명하느냐가 매우 중요하다.

PT 면접에서 같은 주제라도 직무별로 평가요소가 달리 나타난다. 예를 들어, 영업직은 설득력과 의사소통 능력에 중점을 둘 수 있겠고 관리직은 신뢰성과 창의성 등을 더 중요하게 평가한다.

PT 면접 준비 Point

- 면접관의 관심과 주의를 집중시키고, 발표 태도에 유의한다.
- 모의 면접이나 거울 면접을 통해 미리 점검한다.
- PT 내용은 세 가지 정도로 정리해서 말한다.
- PT 내용에는 자신의 생각이 담겨 있어야 한다.
- 중간에 자문자답 방식을 활용한다.
- 평소 지원하는 업계의 동향이나 직무에 대한 전문지식을 쌓아둔다.
- 부적절한 용어 사용이나 무리한 주장 등은 하지 않는다.

(6) 합숙 면접

합숙 면접은 대체로 1박 2일이나 2박 3일 동안 해당 기업의 연수원이나 수련원 등에서 이루어지는 면접이다. 평가 항목으로 PT 면접, 토론 면접, 인성 면접 등을 기본으로 하고, 새벽등산, 레크리에이션, 게임 등 다양한 형태로 진행된다. 경쟁자들과 함께 생활하고 협동해야 하는 만큼 스트레스를 받는 경우가 허다하다.

모든 지원자를 하루 동안 평가하게 되므로 지원자 1명을 평가하는 데 걸리는 시간은 짧게는 5분에서 길게는 1시간 이상 정도인데, 이 시간으로는 지원자를 제대로 평가하기에는 한계가 있다. 합숙 면접은 24시간 이상을 지원자와 면접관이 함께 생활하면서 다양한 프로그램을 통해 지원자의 역량을 폭넓게 평가할 수 있기 때문에 기업에서는 합숙 면접을 선호한다. 대체로 은행, 증권 등 금융권에서 합숙 면접을 통해 지원자의 의도되고 꾸며진 모습 외에 창의력, 의사소통 능력, 협동심, 책임감, 리더십 등 다양한 모습을 평가하였지만, 최근에는 기업에서도 많이 실시되고 있다.

합숙 면접에서 좋은 점수를 얻기 위해서는 무엇보다 팀워크를 중시하는 모습을 보여야 한다. 합숙 면접은 일반 면접과는 달리 개인보다는 그룹별로 과제가 주어지고 해결해야 하므로 조원 또는 동료와 얼마나 잘 어울리느냐가 중요한 평가 기준이 된다. 장시간에 걸쳐 평가하기 때문에 힘든 부분도 있지만, 지원자들이 지쳐 있거나 당황하고 있는 사이에도 면접관들은 지원자들의 조직 적응력, 적극성, 사회성, 친화력 등을 꼼꼼하게 체크하기 때문에 잠시도 긴장을 늦춰서는 안 된다.

2. 면접의 실전 대책

(1) 면접 대비사항

① 지원 회사에 대한 사전지식을 충분히 준비한다.

필기시험에서 합격 또는 서류전형에서의 합격통지가 온 후 면접시험 날짜가 정해지는 것이 보통이다. 이때 수험자는 면접시험을 대비해 사전에 자기가 지원한 계열사 또는 부서에 대해 폭넓은 지식을 준비할 필요가 있다.

지원 회사에 대해 알아두어야 할 사항

- 회사의 연혁
- 회장 또는 사장의 이름, 이력
- 회장 또는 사장이 요구하는 신입사원의 인재상
- 회사의 사훈, 사시, 경영이념, 창업정신
- 회사의 대표적 상품, 특색
- 업종별 계열회사의 수
- 해외지사의 수와 그 위치
- 신 개발품에 대한 기획 여부
- 자기가 생각하는 회사의 장단점
- 회사의 잠재적 능력개발에 대한 제언

---

② 충분한 수면을 취한다.

충분한 수면으로 안정감을 유지하고 첫 출발의 상쾌한 마음가짐을 갖는다.

③ 얼굴을 생기 있게 한다.

첫인상은 면접에 있어서 가장 결정적인 당락요인이다. 면접관에게 좋은 인상을 줄 수 있도록 화장하는 것도 필요하다. 면접관들이 가장 좋아하는 인상은 얼굴에 생기가 있고 눈동자가 살아 있는 사람, 즉 기가 살아 있는 사람이다.

④ 아침에 인터넷 뉴스를 읽고 간다.

그날의 뉴스가 질문 대상에 오를 수가 있다. 특히 경제면, 정치면, 문화면 등을 유의해서 볼 필요가 있다.

출발 전 확인할 사항

이력서, 자기소개서, 성적증명서, 졸업(예정)증명서, 지갑, 신분증(주민등록증), 손수건, 휴지, 볼펜, 메모지, 예비스타킹 등을 준비하자.

(2) 면접 시 옷차림

면접에서 옷차림은 간결하고 단정한 느낌을 주는 것이 가장 중요하다. 색상과 디자인 면에서 지나치게 화려한 색상이나, 노출이 심한 디자인은 자칫 면접관의 눈살을 찌푸리게 할 수 있다. 단정한 차림을 유지하면서 자신만의 독특한 멋을 연출하는 것, 지원하는 회사의 분위기를 파악했다는 센스를 보여주는 것 또한 코디네이션의 포인트이다.

복장 점검

• 구두는 잘 닦여 있는가?
• 옷은 깨끗이 다려져 있으며 스커트 길이는 적당한가?
• 손톱은 길지 않고 깨끗한가?
• 머리는 흐트러짐 없이 단정한가?

(3) 면접요령

① 첫인상을 중요시한다.

상대에게 인상을 좋게 주지 않으면 어떠한 얘기를 해도 이쪽의 기분이 충분히 전달되지 않을 수 있다. 예를 들어, '저 친구는 표정이 없고 무엇을 생각하고 있는지 전혀 알 길이 없다.'처럼 생각되면 최악의 상태이다. 우선 청결한 복장, 바른 자세로 침착하게 들어가야 한다. 건강하고 신선한 이미지를 주어야 하기 때문이다.

② 좋은 표정을 짓는다.

얘기를 할 때의 표정은 중요한 사항의 하나다. 거울 앞에서 웃는 연습을 해본다. 웃는 얼굴은 상대를 편안하게 하고, 특히 면접 등 긴박한 분위기에서는 천금의 값이 있다 할 것이다. 그렇다고 하여 항상 웃고만 있어서는 안 된다. 자기의 할 얘기를 진정으로 전하고 싶을 때는 진지한 얼굴로 상대의 눈을 바라보며 얘기한다. 면접을 볼 때 눈을 감고 있으면 마이너스 이미지를 주게 된다.

③ 결론부터 이야기한다.

자기의 의사나 생각을 상대에게 정확하게 전달하기 위해서 먼저 무엇을 말하고자 하는가를 명확히 결정해 두어야 한다. 대답을 할 경우에는 결론을 먼저 이야기하고 나서 그에 따른 설명과 이유를 덧붙이면 논지(論旨)가 명확해지고 이야기가 깔끔하게 정리된다.

한 가지 사실을 이야기하거나 설명하는 데는 3분이면 충분하다. 복잡한 이야기라도 어느 정도의 길이로 요약해서 이야기하면 상대도 이해하기 쉽고 자기도 정리할 수 있다. 긴 이야기는 오히려 상대를 불쾌하게 할 수가 있다.

④ 질문의 요지를 파악한다.

면접 때의 이야기는 간결성만으로는 부족하다. 상대의 질문이나 이야기에 대해 적절하고 필요한 대답을 하지 않으면 대화는 끊어지고 자기의 생각도 제대로 표현하지 못하여 면접자로 하여금 수험생의 인품이나 사고방식 등을 명확히 파악할 수 없게 한다. 무엇을 묻고 있는지, 무슨 이야기를 하고 있는지 그 요점을 정확히 알아내야 한다.

면접에서 고득점을 받을 수 있는 성공요령

1. 자기 자신을 겸허하게 판단하라.
2. 지원한 회사에 대해 100% 이해하라.
3. 실전과 같은 연습으로 감각을 익혀라.
4. 단답형 답변보다는 구체적으로 이야기를 풀어나가라.
5. 거짓말을 하지 마라.
6. 면접하는 동안 대화의 흐름을 유지하라.
7. 친밀감과 신뢰를 구축하라.
8. 상대방의 말을 성실하게 들어라.
9. 근로조건에 대한 이야기를 풀어나갈 준비를 하라.
10. 끝까지 긴장을 풀지 마라.

CHAPTER 03 주요기업 실제 면접 기출

01 삼성

삼성그룹은 '창의·열정·소통의 가치창조인(열정과 몰입으로 미래에 도전하는 인재, 학습과 창의로 세상을 변화시키는 인재, 열린 마음으로 소통하고 협업하는 인재)'을 인재상으로 내세우며, 이에 적합한 인재를 채용하기 위하여 면접전형을 시행하고 있다.

2019년 이전에는 '인성검사 – 직무 면접 – 창의성 면접 – 임원 면접' 순서로 시행되었으나, 2020년부터 코로나로 인해 화상 면접으로 진행되었으며, 현재 다시 대면 면접을 시행하고 있다. 직무역량 면접은 프레젠테이션(PT)을 하던 방식에서 질의응답 형식으로 대체되었다. 또한 창의성 면접을 시행하지 않으며 대신 수리와 추리 영역을 평가하는 약식 GSAT를 30분간 실시하였다.

1. 약식 GSAT

구분	문항 수	제한시간
수리	10문항	30분
추리	15문항	

2. 직무 면접

구분	인원수	면접 시간
면접관	3명	30분 내외
지원자	1명	

- 1분 자기소개
- 해당 직무 지원동기
- 직무와 관련한 자신의 역량
- 전공 관련 용어
- 마지막으로 하고 싶은 말

3. PT 면접

- TV 두께를 얇게 하는 방안
- SSD와 HDD의 차이점
- 고체역학
- 진동
- 열전달
- 열역학
- 기어 토크 각속도
- 통신기밀보호법
- 시각장애인에 한하여 안마사 자격을 인정받을 수 있도록 하는 법이 법원의 위헌 판결에 따라 폐지되었다. 이에 시각장애인들은 이를 강력히 규탄하여 자살 시위까지 하고 있다. 과연 일반인의 직업 선택권이 우선인가? 장애인들의 배려가 우선인가?
- 정부와 기업은 신재생 에너지의 비중을 확대하고자 한다. 환경적으로 혜택이 있다는 선입견에도 불구하고 수반되는 부수적인 환경 문제가 발생하는 상황이다. 태양 전지판 압축 기술이 새롭게 자사 R&D 부서를 통해 발명되었다. 이러한 상황에서 환경 문제를 최소화하고 신재생 에너지의 효율을 극대화할 수 있는 방안을 제시해 보시오.
- (전 세계 스마트폰 교체 주기 증가 양상 자료 제시 후) 스마트폰 교체 주기는 늘어나고 신제품 출시는 앞당겨지고 있다. 이에 대해 상하반기 신제품 출시에 대한 매출 증대 방안을 제시해 보시오.
- (실패한 기존 S사와 L사의 매출 증대 방안 제시 후) 중국 시장에서의 시장 점유율 확대 방안을 제시해 보시오.
- S펜의 사용률을 증가시킬 방안을 제시해 보시오.
- (삼성물산의 브랜드 사업을 담당하는 A, B 사업부의 지역, 제품 단가, 종류 등을 도표로 제시한 후) A와 B 사업부를 통합하는 것이 좋은지, 아니면 지금처럼 별도 운영하는 것이 좋은지 영어로 발표하시오.
    → (앞 문제 연장선상에서) 그렇다면 어떤 제품을 추가하여 판매하면 좋겠는지를 한국어로 4분 동안 발표하시오.
- 반도체의 개념과 원리
- 다이오드
- MOSFET
- 알고리즘
- NAND FLASH 메모리와 관련된 이슈
- 공정에 대한 기본적인 지식, 공정과 연관된 factor, 현재 공정 수준으로 문제점을 해결할 수 있는 방안
- 현재 반도체 기술의 방향, 문제점 및 해결방안
- 실리콘
- 포토고정
- 집적도
- 자율주행차의 경쟁력에 대해 말해 보시오.
- 공진주파수와 임피던스의 개념에 대해 설명하시오.
- 보의 처짐을 고려했을 때 유리한 단면형상을 설계하시오.
- Object Orientation Programming에 대해 설명하시오.
- DRAM과 NAND의 구조원리와 미세공정한계에 대해 설명하시오.
- 공정(8대공정 및 관심 있는 공정)에 대해 설명하시오.
- LCD, 광학소재, 광학필름의 활용 방법을 다양하게 제시하시오.
- 특정 제품의 마케팅 방안에 대해 설명하시오.

4. 창의성 면접

- 트렌드 기술에 대해 설명
- 공유 경제 서비스에 대한 문제와 솔루션 제시(제시어 : 책임, 공유, 스마트폰 등)
- 기업의 사회적 책임
- 본인이 작성한 글과 주제에 대한 질문 및 응용 그리고 발전 방향에 대한 질문
- 본인의 경험 중 가장 창의적이었던 것
- 창의적인 생각을 평소에 하고 사는가?
- 창의성을 발휘해 본 작품이 있는가?
- 감성마케팅
- 폐수 재이용에 대한 자신의 견해를 말하시오.

5. 임원 면접

구분	인원수	면접 시간
면접관	3명	30분 내외
지원자	1명	

- 졸업은 언제 하였는가?
- 졸업하고 취업 준비는 어떻게 하고 있는지 말해 보시오.
- 경쟁력을 쌓기 위해 어떤 것들을 준비했는지 말해 보시오.
- 학점이 낮은데 이유가 무엇인가?
- 면접 준비는 어떻게 했는지 말해 보시오.
- 다른 지원자와 차별되는 자신만의 강점이 무엇인가?
- 살면서 가장 치열하게, 미친 듯이 몰두하거나 노력했던 경험을 말해 보시오.
- 자신이 리더이고, 모든 것을 책임지는 자리에 있다. 본인은 A프로젝트가 맞다 생각하고 다른 모든 팀원은 B프로젝트가 맞다 생각할 때 어떻게 할 것인가?
- 마지막으로 하고 싶은 말은 무엇인가?
- 회사에 대한 가치관
- 과외 경험이 없는데 잘할 수 있는가?
- 전역을 아직 못 했는데 이후 일정에 다 참여할 수 있겠는가?
- 자동차 회사를 가도 될 것 같은데 왜 삼성SDI 면접에 오게 되었나?
- Backlash를 줄이는 방법에 대해 설명해 보시오.
- 전공에 대해서 말해 보시오.
- 취미가 노래 부르기인데 정말 노래를 잘하는가?
- 가족 구성원이 어떻게 되는가?
- 동생과 싸우지는 않는가?
- 학교를 8년 다녔는데 왜 이렇게 오래 다녔는가?
- 영어 점수가 토익은 괜찮은데 오픽이 낮다. 우리 회사는 영어를 많이 쓰는데 어떻게 할 것인가?
- 입사 희망 동기를 말해 보시오.
- 우리 회사에 대해 아는 것을 말해 보시오.

- 우리 회사에서 하고 싶은 일은 무엇인가?
- 프로젝트를 진행 중 의견충돌 시 어떻게 대처할 것인가?
- 지원한 직무와 관련해서 준비해온 것을 말해 보시오.
- 지원자가 현재 부족한 점은 무엇이고 어떻게 채워나갈 것인가?
- 회사와 관련하여 관심 있는 기술이 있으면 설명해 보시오.
- 우리 회사가 지원자를 뽑아야 하는 이유를 말해 보시오.
- 간단히 1분간 자기소개를 해 보시오.
- 성격의 장·단점을 말해 보시오.
- 자격증 등 취업을 위해 준비한 사항이 있다면 말해 보시오.
- 여행하면서 가장 인상 깊었던 곳은?
- 교환학생으로 다른 학교를 가서 어떤 수업을 들었는지 말해 보시오.
- 본인이 최근에 이룬 버킷리스트는 무엇이고 가장 하고 싶은 버킷리스트는 무엇인가?
- 좋아하는 삼성 브랜드는 무엇인가?
- 스트레스는 어떻게 푸는가?
- 회사에서 나이 많은 어른들과 함께 일해야 하는데 잘할 수 있겠는가?
- 다른 회사에 지원하였다면 어떤 직무로 지원하였는가?
- 일탈을 해본 적이 있는가?
- 인생에서 실패한 경험이 있는가?
- 회사에서는 실패의 연속일 텐데 잘할 수 있겠는가?
- 이름이 유명한 사람과 동일해서 좋은 점과 나쁜 점이 있었을 것 같은데 무엇이 있었는지 말해 보시오.
- 봉사활동은 어떻게 시작하게 된 건지 말해 보시오.
- 스마트폰에 관심이 많은데 어떻게 관심을 가지게 된 건지 말해 보시오.
- 대외활동 경험
- 직무 수행에 있어서 자신의 강점은 무엇인가?
- 출신 학교 및 학과를 지원한 이유는 무엇인가?
- (대학 재학 중 이수한 비전공 과목을 보고) 해당 과목을 이수한 이유는 무엇인가?
- (인턴 경험이 있는 지원자에게) 인턴 기간 동안 무엇을 배웠는가?
- 회사에 어떤 식으로 기여할 수 있는가?
- 목 놓아 울어본 적이 있는가?
- 선의의 거짓말을 해본 적이 있는가?
- 자신의 성격에 대해 말해 보시오.
- 지원한 부서와 다른 부서로 배치될 경우 어떻게 하겠는가?
- 상사가 본인이 싫어하는 업무를 지속적으로 지시한다면 어떻게 하겠는가?
- (해병대 출신 지원자에게) 해병대에 지원한 이유는 무엇인가?
- 친구들은 본인에 대해 어떻게 이야기하는가?
- 좌우명이 있는가? 있다면 그것이 좌우명인 이유는 무엇인가?
- 대학생활을 열심히 한 것 같은데 그 이유가 무엇인가?
- 자신의 약점은 무엇이며, 그것을 극복하기 위해 어떤 노력을 했는가?
- 무노조 경영에 대한 자신의 생각을 말해 보시오.
- 삼성을 제외하고 좋은 회사와 나쁜 회사의 예를 들어 말해 보시오.
- 우리 사회가 정의롭다고 생각하는가?
- 존경하는 인물은 누구인가?
- 삼성전자의 사회공헌활동에 대해 알고 있는가?
- 삼성전자의 경제적 이슈에 대해 말해 보시오.

- 삼성화재 지점 관리자에게 가장 필요한 역량은 무엇이라 생각하는가?
- 가장 열심히 했던 학교 활동은 무엇인가?
- 다른 직무로 배정된다면 어떻게 하겠는가?
- 기업의 사회적 역할에 대해 말해 보시오.
- 삼성전자가 고쳐야 할 점은?
- 자기소개, 성격의 장·단점, 가족소개를 합쳐서 간단히 말해 보시오.
- 지원을 한 이유는 무엇인가?
- 자기소개서에 썼던 프로젝트에 대해서 설명해 보시오.
- 삼성에 입사 후, 이루고 싶은 개인의 꿈은?
- 어학연수에 돈을 펑펑 쓰는 친구들이 부럽지 않았나?
- 메모리사업부에 지원한 동기는 무엇인가?
- 자신의 특기와 그 이유에 대해 말해 보시오.
- 입사 후 포부를 영어로 말해 보시오.
- 학점이 좋은데 대학원에 진학할 생각은 없었나?
- 대학원 진학을 하지 않고 취업을 하는 이유는 무엇인가?
- 기업에 사회적 책임이 있다고 보는가? 그렇다면 그 이유는 무엇인가?
- 상사가 부당한 일을 시킬 때 어떻게 할 것인가?
- 인생의 가치관이 무엇인가?
- IQ가 몇인가?
- 자신의 장점과 단점은 무엇인가?
- 봉사활동을 한 적이 있는가?
- 왜 직장을 다닌다고 생각하는가?

LG그룹은 면접을 통해 지원자가 갖추고 있는 기본 역량 및 자질을 확인하고자 한다. LG Way 기반의 인성 면접과 더불어 계열사별로 토론 면접, PT 면접, 인턴십 등 다양한 방식으로 각 계열사 및 지원 분야에 맞는 인재를 찾고자 한다. 따라서 자신이 지원하고자 하는 계열사 정보 및 면접 방법을 확인한 후 미리미리 대비하여야 한다.

1. LG전자

LG Way에 대한 신념과 실행력을 겸비한 사람을 인재상으로 하는 LG전자는 업무 분야에 적합한 최고의 인재를 선발하기 위하여 다양한 방법의 면접을 활용하고 있다. 면접은 AI면접, 1차 면접, 2차 면접으로 진행되며, 직무지식 및 적합도를 검증할 수 있는 직무 면접과 LG Way형 인재를 검증할 수 있는 인성 면접으로 지원자의 직무 및 인성 역량을 평가한다.

(1) AI면접

❶ 면접 시간 : 약 1시간

❷ 면접 형태 : 문제당 약 1분 30초의 시간제한이 있으며, 답변을 준비하는 시간과 답변을 하는 시간이 각각 차례대로 주어진다.

❸ 면접 내용 : 자기소개를 바탕으로 자신의 경험 및 인성에 관한 질문이 주어진다. 돌발적인 상황에도 당황하지 않고 제한된 시간 안에 대답하는 연습을 하는 것이 중요하다.

(2) 1차 면접

❶ 면접 시간 : 약 20 ~ 30분

❷ 면접 형태 : 다대일 면접

❸ 면접 내용 : 전공 필기, PT 면접, 외국어 면접, 실무 면접으로 구성되어 있으며, 전공과 외국어 면접의 유무는 지원 직무에 따라 다르다.

① 전공 필기

직무에 따라 전문적인 지식이 필요한 경우 전공 필기시험을 치르는 경우가 있다. 전공 4개의 문제 중 자신 있는 2문제를 풀어야 하며, 이에 관해 질문하는 내용과 그 외의 직무에 대한 지식 및 인성에 관한 질문이 출제된다.

- 열역학 법칙
- 물리의 기본 이론
- 회로 이론

② PT 면접

전공과 프로젝트에 관한 기본 지식뿐만 아니라, 관련 지식을 어떻게 직무에 활용하여 적용할 것인지에 대한 지원자의 생각을 묻는다. 사전에 과제가 제시되는 경우도 있고, 현장에서 풀이해야 하는 경우도 있으므로 상황에 맞게 준비한다. 단순히 지식을 나열하는 발표가 아니기 때문에 제한 시간동안 깔끔하고 창의적인 발표를 할 수 있도록 준비한다.

- 열전달에서 전도・대류・방사가 있는데 실생활에서 쓰이는 예를 발표해 보시오.
- TV에 팬을 달려고 하는데, 위・아래 중 어디에 설치하는 것이 좋은지 설명하고, 팬의 크기는 어느 것이 더 효율적인지 발표해 보시오.
- 자신이 제시한 아이디어 외의 다른 아이디어를 생각해 보았는가?
- 자신의 PT 자료에 있는 프로젝트에 관해 설명해 보시오(예 공조냉동, 최적설계).
- 소성변형과 탄성변형 및 항복점과의 관계에 관해 설명해 보시오.
- TV 발열 문제의 해결법에 대해 자신의 아이디어를 제시해 보시오.
- 혼매 판매(마트나 백화점 내 LG전자 부스)와 전매 판매(LG전자 전문 매장 베스트샵) 중 앞으로 어느 부분에 역량을 집중해야 하는지 선택하고 그 이유를 발표해 보시오.
- LG의 베스트샵과 경쟁사의 대리점을 방문하여 해당 과제(조별로 다른 과제)에 대한 개선 점에 대해 발표해 보시오.
- B2B 시장 공략 전략에 대해 발표해 보시오.
- 4P의 의미와 LG전자의 마케팅 전략을 4P 측면에서 이야기해 보시오.
- 자신이 생각하는 내장 소프트웨어란 무엇이며, 사용해본 내장 OS에 관해 이야기해 보시오.
- 3D TV가 이슈인데 기술적인 부분에서 중요하다고 생각하는 점을 말하고, 또한 소비자의 관점에서 자기 생각을 말해 보시오.
- 매출채권과 환율에 대해 설명하고, 환율 변동으로 인한 매출채권의 가치 변동에 대해 말해 보시오.
- 자본적 지출과 수익적 지출의 개념에 대해 설명해 보시오.
- 재고자산 저가법에서 NRV란 무엇인가?
- 최근 3∼4년 이내에 바뀐 IFRS 기준에 대해 설명해 보시오.
- 퇴직급여 충당부채 회계처리에 대해 설명해 보시오.
- 재무제표에서 가장 중요한 항목 네 가지를 말해 보시오.
- LG전자의 최근 재무관련 이슈에 대해 설명해 보시오.

③ 영어 면접

ㄱ 면접 위원 : 2명

ㄴ 면접 시간 : 약 40분

ㄷ 면접 형태 : 다대일 면접

ㄹ 면접 내용 : 주로 간단한 생활 영어를 통해 평가를 받게 되며, 실제 외국인과 영어 면접을 치른다. 짧게 대답하더라도 자신감 있게 완벽한 문장을 구사하도록 한다.

- 취미가 무엇인지 말해 보시오.
- 자신의 장점은 무엇인지 말해 보시오.
- LG전자의 역사에 대해 영어로 간단하게 설명해 보시오.
- LG의 상징 마크에 대해 설명해 보시오.
- 한국의 여러 장소 중 외국인 친구에게 가장 소개해주고 싶은 곳은 어딘지 말해 보시오.

- 여행을 간다면 어디를 갈 것인가?
- 가장 존경하는 인물은 누구인지 말해 보시오.
- LG전자가 다른 경쟁회사를 이기기 위해서는 어떻게 해야 하는가?
- LG전자에 입사하게 된다면, 만들고 싶은 제품은 무엇인가?
- 옆에 있는 그림을 설명해 보시오(예 LG전자 프로젝터 시연 사진, 등산 사진, 오디션 프로그램 사진, 쇼 프로그램 오프닝 사진 등).
- 면접관이 신혼부부라고 생각하고, 점원으로서 상품을 추천해 보시오.
- 면접장에 어떻게 왔는지 영어로 말해 보시오.

④ 실무 면접

- 자신이 잘 알고 있는 전공지식을 설명해 보시오.
- 자신이 생각하는 LG전자에서의 역할은?
- 근무지가 지방이어도 괜찮은가?
- 본인은 경쟁자를 이기기 위해서 어떻게 노력하였는가?
- LG전자의 제품 중 앞으로 사장될 것이라고 생각하는 제품은?
- 매장의 불친절에 대해 불만을 토로하는 고객의 클레임에 어떻게 응대할 것인가?
- 매장 직원이 고객의 휴대폰에 있는 애플리케이션 앱을 실수로 삭제해서 고객이 화가 난 상태이다. 고객의 화를 어떻게 풀어드릴 것인가?

(3) 2차 면접

❶ 면접 위원 : 3명
❷ 면접 시간 : 약 40분
❸ 면접 형태 : 다대다 면접
❹ 면접 내용 : 실무와 자기소개를 기반으로 한 질의응답이 이루어진다. 무엇보다 솔직하면서도 자신감 있고, 여유 있는 모습으로 면접에 임해야 한다. 또한 자신의 발전 가능성과 가치관, 인생관을 솔직하게 어필할 수 있어야 한다.

- 가장 힘들었던 순간을 말해 보시오.
- 대학원 진학을 하지 않은 이유는 무엇인가?
- LG전자를 지원한 이유에 대해 말해 보시오.
- 자신이 좋아하는 것에 대해 말해 보시오.
- 스트레스의 주요 원인과 해소법은 무엇인가?
- LG전자에서 구체적으로 하고 싶은 일이 무엇인지 말해 보시오.
- 졸업 후 공백 동안 어떤 일을 했는가?
- 다룰 수 있는 설계 프로그램에 대해 말해 보시오.
- 지방 근무(창원)가 가능한가?
- 회사 입사해서 어디까지 성장해 보고 싶은지 말해 보시오.
- 자신이 만들고 싶은 전자제품에 대해 말해 보시오.
- LG전자 광고 중에 기억나는 것이 있다면 무엇인가? 그 광고에 대한 자기 생각은 무엇인지 말해 보시오.

- 자신이 싫어하는 직장 상사와의 관계를 어떻게 해결할 것인지 말해 보시오.
- 서울시의 지하철역 개수는 몇 개쯤 될 것으로 생각하는가? 그 이유는 무엇인가?
- 한국사의 위인 혹은 현 인물 중 가장 독하다고 생각되는 사람을 말해 보시오.
- 자신의 단점은 무엇이고, 그것을 개선하기 위해 어떤 노력을 했는지 말해 보시오.
- 자신이 의사라면 환자를 수술할 때 시스템적으로 어떤 점을 개선할 것인지 말해 보시오.
- 학교에서 진행했던 프로젝트나 논문의 내용을 실무에서 어떻게 적용할 수 있는가?

2. LG디스플레이

LG디스플레이는 '열정, 전문성, 팀워크'를 가진 사람을 인재상으로 한다. 일과 사람에 대한 애정과 자신 감을 바탕으로 1등 LG디스플레이 달성을 위한 공동의 목표를 지향하며, 상호존중과 신뢰할 수 있는 조화로운 인재를 추구한다. 면접은 두 차례로 진행되며, 면접을 통하여 자사 인재상과의 적합 여부, 기본 역량 및 인성, 전공 지식 등을 종합적으로 평가한다.

(1) 1차 면접
- ❶ 면접 위원 : 3명
- ❷ 면접 시간 : 약 40분
- ❸ 면접 형태 : 다대다 면접
- ❹ 면접 내용 : PT 면접과 조별 면접, 실무자 면접으로 진행되며, 직무와 관련한 전공, 특히 LG디스플레이 전공 관련 지식이 필요한 직무의 경우 시험과 함께 질문이 주어지므로 LG디스플레이의 대표 기술과 같이 기본적인 관련 지식을 미리 알아가는 것도 중요하다. 요즘엔 주로 화상면접으로 면접이 진행되므로 적절한 장소를 선정하고, 정확한 발음으로 대답하는 연습을 하는 것이 중요하다.

① PT 면접

미리 주어진 과제에 대해 5분 정도 발표를 한 후 질의 응답시간을 가진다. 이후에 똑같은 방식으로 포트폴리오에 대해 5분 정도 발표 후 질의 응답시간을 가지는 형태로 진행된다.

- 신제품의 장·단점을 보여준 후, 분석해서 발표하시오.
- 3가지 제품 중 본인이 그 제품을 선택한 이유를 설명하시오.
- 준비한 자료가 회로에 관한 내용인데, 이와 관련한 수업을 들은 적이 있는가?

② 조별 면접

창의성이 필요한 2가지 과제 중 1가지를 선택하여 1시간 동안 관찰 및 자료를 만들고, 이 자료를 기반으로 한 면접이 진행된다.

③ 실무 면접

- LCD 동작 원리를 슈뢰딩거방정식과 연관 지어 설명해 보시오.
- 연구, 기획, 공장 간 회의를 진행하는데 회의 진행이 되지 않고 있다. 어떻게 회의를 진행할 것인지 설명해 보시오.
- 엔지니어가 중요한 이유에 대해 말해 보시오.
- LG디스플레이의 대표적인 기술 하나를 설명해 보시오.
- OLED 공정에 관해 설명해 보시오.
- OLED와 LCD의 차이점에 관해 설명해 보시오.
- 자신이 배운 것과 공정직무와의 연관성 및 공정에 대해 아는 것을 말해 보시오.
- 자신의 연구가 LG디스플레이에 어떻게 적용될 것 같은지 말해 보시오.
- VA와 IPS의 차이점에 관해 설명해 보시오.
- 자신의 휴대전화 기종과 휴대전화에 들어가는 디스플레이 규격에 관해 설명해 보시오.
- LG디스플레이의 기술과 삼성디스플레이의 기술을 비교해 보시오.
- OLED에 적용할 수 있는 유리소자에 대해 말해 보시오.
- LCD의 단점에 관해 설명하고, 자신의 전공지식을 이용해 해결방안을 제시해 보시오.
- OLED가 갖는 장점에 대해 말해 보시오.
- OLED는 무엇의 약자인지 설명해 보시오.
- 열역학의 제1법칙과 제2법칙에 대해 아는 대로 말해 보시오.
- 디스플레이 산업과 타 산업 간의 융합에 대한 아이디어를 제시해 보시오.
- 아이패드와 같이 시장에서 관심을 받는 제품들의 특징을 설명해 보시오.

(2) 2차 면접

❶ 면접 위원 : 3명
❷ 면접 시간 : 약 20 ~ 25분
❸ 면접 형태 : 다대일 면접
❹ 면접 내용 : 자기소개를 바탕으로 한 인성 관련 질문과 직무 관련 질문이 주어지며, LG디스플레이의 인재상에 부합되는 대답을 자신의 경험과 연결시켜 대답하는 것이 중요하다.

- LG Way가 무엇인지 설명해 보시오.
- LG그룹 홈페이지는 얼마나 자주 접속하는지 이야기해 보시오.
- 자신의 장·단점에 대해 설명해 보시오.
- 자신과 닮은 동물에 대해 이야기해 보시오.
- 휴학한 이유는 무엇인가?
- 직무를 지원한 이유를 말해 보시오.
- 자기소개에 고집이 센 성격이라고 기술하고 있는데, 구체적으로 어떠한 성격인지 말해 보시오.
- 학점이 낮은 이유는 무엇인지 설명해 보시오.
- 지금까지 살아오면서 가장 힘들었던 경험에 대해 말해 보시오.
- 힐러리와 트럼프에 대한 자신의 생각을 말해 보시오.
- 자신의 도덕적 점수를 측정해 보시오.
- 자신만의 스트레스 풀이법은 무엇인가?
- 학부 시절 가장 잘했던 과목은 무엇인가?

- 회사에 입사하게 된다면 이루고 싶은 것에 대해 말해 보시오.
- 팀플레이에서 자신이 맡았던 역할에 대해 설명해 보시오.
- 꿈이 무엇인가?
- 오늘 면접을 준비하면서 가장 중요하게 생각한 것이 무엇인지 말해 보시오.
- 야근이 잦은 편인데 가능한가?
- 야근하면 여가 생활을 전혀 못 하게 된다. 괜찮은가?
- 해외 공장에 파견될 경우 어떻게 할 것인가?
- 자신이 아는 공정에 대해 설명해 보시오.
- 1차 면접에서 자신이 부족하다고 생각하는 답변을 보완해 왔는가?

3. LG생활건강

치열한 무한경쟁하의 Global 경쟁에서 이기기 위한 세계적 수준의 경쟁력을 갖춘 인재를 채용하기 위해, LG생활건강은 이론에 강한 사람보다는 주어진 기회를 포착하여 결과를 창출해나갈 인재를 추구한다. 이에 적합한 인재를 선발하기 위해 총 두 차례의 면접을 시행하고 있다.

(1) 1차 면접

❶ 면접 위원 : 3명
❷ 면접 시간 : 각 면접 위원마다 30분씩 총 1시간 30분
❸ 면접 형태 : 일대일 면접
❹ 면접 내용 : 인성 면접과 직무 면접으로 진행되며, 요즘엔 비대면 면접으로 이루어지는 경우가 많으니 이에 익숙해지는 연습을 하는 것이 중요하다.

① 직무 면접

- 방문판매 매출 증진을 위해 인터넷 채널을 활용하는 방안에 관한 문제에 대해 말해 보시오.
- 주어진 자료 속 더페이스샵의 매출을 분석한 후 향후 전략을 말해 보시오.
- 인터넷 채널에 적합한 제품과 자신이 생각하는 전략에 대해 설명해 보시오.
- 중국인 관광객의 자유 관광객 비율이 점점 늘고 있는데 이에 대한 LG생활건강의 대처 방안에 대해 이야기해 보시오.
- 고령화 사회에서 자신이 생각하는 회사 차원의 해결책에 대해 말해 보시오.
- 중국의 특정 도시(예) 상해) 진출 방안에 대해 이야기해 보시오.
- LG생활건강의 제품 중 관심 있게 보고 사용한 제품은 무엇인가?
- 앞으로의 업계 동향은 어떻게 변화할 것이라고 예상하는가?
- 본인이 설명한 내용이 변수가 생겨서 실패하게 되었을 때의 대안은?
- LG생활건강 브랜드와 타 브랜드가 콜라보를 하는 것에 대해 어떻게 생각하는가?
- LG생활건강 브랜드 중 맡아보고 싶은 브랜드와 그 이유에 대해 설명해 보시오.

② 인성 면접

- 자기소개를 해 보시오.
- LG생활건강에 지원한 이유는 무엇인가?
- 왜 영업 직무에 지원하였는가?
- 영업 관리 직무를 지원하기 위해 전공을 선택한 것인가, 아니면 자신의 전공을 선택한 이유는 무엇인가?
- 지원 직무가 전공과 관련이 없는 것 같다. 왜 영업 관리를 지원하였는가?
- 우리 회사의 입사를 위해 어떠한 노력을 했는지 말해 보시오.
- 자신의 성격에 관해 설명해 보시오.
- 마지막으로 하고 싶은 말을 해 보시오.
- 불가능한 일에 도전해 본 경험이 있는가?
- 어려운 상황을 극복했던 경험에 대해 말해 보시오.
- 다른 사람과 함께 협력해서 일을 했던 경험과 어떤 어려움이 있었는지에 대해 말해 보시오.
- 일을 하면서 받은 스트레스는 어떻게 푸는가?

4. LG화학

LG화학은 LG Way에 대한 신념과 실행력을 겸비한 사람을 인재상으로 '꿈과 열정을 가지고 세계 최고에 도전하는 사람', '고객을 최우선으로 생각하고 끊임없이 혁신하는 사람', '팀웍을 이루며 자율적이고 창의적으로 일하는 사람' 그리고 '꾸준히 실력을 배양하여 정정당당하게 경쟁하는 사람'을 인재상으로 추구한다. 이에 적합한 인재를 선발하기 위해 영어 면접, PT 면접, 직무역량 면접, 인성 면접 등의 다양한 방식을 활용한다.

(1) AI면접

(2) 1차 면접

영어 면접, PT 면접, 직무역량 면접으로 총 3가지의 면접을 보게 되며, 자신이 속한 조에 따라 먼저 영어 면접을 볼 수도 있고, PT 면접이나 직무역량 면접을 먼저 볼 수도 있다.

① 영어 면접
  ❶ 면접 위원 : 1명
  ❷ 면접 시간 : 약 60분
  ❸ 면접 형태 : 일대다 면접
  ❹ 면접 내용 : 원어민과 진행되는 면접으로 일상회화 수준이기 때문에 난도가 높은 편은 아니지만, 질문에 대해 짧더라도 명확하게 문장을 완성하여 답하는 것이 좋다. A, B, C, D등급의 평가가 매겨지며, 꼬리잡기 질문이나 한국어로도 생각을 하고 대답해야 하는 추상적인 질문이 주어지므로 평소 다양한 질문의 답변을 준비해야 한다.

- 고향을 설명해 보시오.
- 요리를 잘하는가?
- 학교는 어디인가?

CHAPTER 03 주요기업 실제 면접 기출 · 321

- 다른 사람과 갈등을 해결하는 자신만의 방법을 이야기해 보시오.
- 시골 생활이 좋은 이유를 설명해 보시오.
- 여행을 좋아한다고 했는데, 다시 가고 싶은 도시나 가보고 싶은 도시가 있는가?
- 해외에서 비행기를 놓쳤으면 어떻게 할 것인가?
- 본인을 5가지 물건에 빗대서 표현한다면?
- 갑자기 천만 원이 생기면 무엇을 하고 싶은가?

② PT 면접

❶ 면접 위원 : 3명
❷ 면접 시간 : 준비시간 포함 약 40분
❸ 면접 형태 : 다대일 면접
❹ 면접 내용 : 30분 동안 주어진 자료를 해석한 후에 한 장 분량으로 요약해서 3분가량 발표를 진행한다. 주어진 3가지의 대안에 대한 최종 결과를 발표해야 하는데, 30분 동안 1장의 슬라이드에 모든 자료를 축약하는 것이 쉽지 않으므로 평소에 자료를 해석하고 요약하는 연습을 충분히 해둔다.

- 생산설비 교체, 신규공장 증설, 제휴를 통해 중국 시장을 공략하고자 한다. 다음 3가지의 대안 중 어떤 대안이 최적인지 설명해 보시오.

③ 직무역량 면접

❶ 면접 위원 : 3명
❷ 면접 시간 : 약 40분
❸ 면접 형태 : 다대다 면접
❹ 면접 내용 : 실무와 관련된 역량을 평가하기 위한 질문이나 자기소개서와 관련된 질문이 주를 이룬다.

- 지원한 직무를 수행하면서 가장 중요한 자질은 무엇인지 말해 보시오.
- 부서에서 직무수행에 가장 효과적인 방법이 무엇인지 말해 보시오.
- 실제로 회사가 무슨 일을 하는지 알고 있는가? 알고 있다면 말해 보시오.
- 학점이 높은데 연구를 해보겠다거나 석·박사까지 생각해보지 않았는가?
- 각자가 두려워하는 것에 대해 말해 보시오.
- 서울과 오창에서 근무할 수 있는데 오창 근무를 지원한 이유는?
- 오창 근무를 하게 되면 생산라인에 물품이 들어가는 것을 돕는 역할을 하는데, 이 일이 재무제표에 어떤 영향을 끼치게 될 것인지 설명하시오.
- 우리 회사의 재무제표를 읽고 왔는가? 읽었다면 자신의 직무와 관련하여 우리 회사의 전략의 장·단점이 무엇이라고 생각하는가?
- 대차대조표에 관해 설명하시오.
- 업무에서 전략이 굉장히 중요한데, 본인이 전략적으로 계획해서 성과를 낸 경험을 설명하시오.
- 학교생활을 하면서 가장 중시한 것은 무엇인가?
- (구매 직무) 구매에서 현직으로 일하다보면 어떠한가?
- 구매 업무에 관심을 갖게 된 계기는 무엇이고, 그 관심을 실현하기 위해 무엇을 준비했는가?

- 회사의 어느 부분에서 일하고 싶은가?
- 설비 중에서 가장 중요하게 생각해야 할 것은 무엇인가?
- 현재 다니고 있는 회사가 있는데 왜 LG화학에 지원했는가?
- 현재 직무와 자신의 전공이 잘 맞지 않는데 어떻게 생각하는가?
- 각자 성격의 장·단점을 설명하시오.
- 20년 후의 목표를 설명하시오.

(3) 2차 면접

❶ 면접 위원 : 3명
❷ 면접 시간 : 약 30분
❸ 면접 형태 : 다대다 면접
❹ 면접 내용 : 20분 정도 진행되는 임원 면접으로 지원자의 가치관 및 인성은 물론, 판단력, 순발력, 대응력 등을 평가하는 면접이다. 주어진 질문에 대해 꾸밈없이 솔직하게 대답을 하는 것이 좋다.

- 최종 꿈이나 목표에 대해 말해 보시오.
- 친구들에게 자주 듣는 말은 무엇인가?
- 자신의 솔직함은 어느 정도인지 말해 보시오.
- 왜 화학공학에 지원했는가?
- 자신이 생각하는 자신의 장점은 무엇인지 말해 보시오.
- (구매 직무) 구매 직무가 무엇이라고 생각하는가?
- 토요일 아침 9시에 1,000만 원으로 장사를 해서 오후 5시까지 1,200만 원을 만들어야 한다. 어떤 것을 하겠는가?
- (위의 질문과 관련하여) 이 질문을 한 이유가 무엇이라고 생각하는가?
- 내가 판매하는 제품이 A고객과 함께 살고 있는 가족들도 다 하나씩 갖고 있는 제품이라면 어떻게 할 것인가?

5. LG서브원

LG서브원은 열정을 갖고 자기 혁신을 통해 고객 신뢰와 고객 감동의 자부심을 가진 인재를 추구한다. 이러한 인재상에 적합한 인재를 선발하기 위해 1차, 2차 면접을 시행하고 있다.

(1) 1차 면접

❶ 면접 위원 : 3명
❷ 면접 시간 : 약 30분
❸ 면접 형태 : 다대다 면접
❹ 면접 내용 : 자신의 전공과 자기소개서에 대한 질문을 주로 한다. 경우에 따라 꼬리 질문과 약간의 압박 질문 등의 돌발질문을 하는 경우가 있으니 지원자는 자기소개서를 바탕으로 철저한 준비가 필요하다.

- 1분 자기소개를 해 보시오.
- 학부시절 좋아했던 과목에 대해 말해 보시오.
- 신입지원을 하기엔 나이가 많은 편이다. 공백기 동안 무엇을 했는지 말해 보시오.
- 군 면제 사유에 대해 말해 보시오.
- 직무, 회사와 관련 없이 자신의 인생에서의 최종 목표를 말해 보시오.
- 지원동기를 말해 보시오.
- 본인이 상사와 갈등이 생긴다면 어떻게 해결할 것인가?
- 마지막으로 하고 싶은 말을 해 보시오.
- (영업직무) 내가 생각하는 영업인의 자세는?
- 현재 채용 과정에 있는 다른 회사가 몇 개 있는가? 주로 어떤 직무를 지원했는가?
- 고객의 니즈를 파악하겠다고 적었는데, 실제 고객의 니즈가 무엇이라고 생각하는가?
- LG서브원의 고객사가 어디라고 생각하는가?
- 경험은 다른 분야에 더 있는 것 같은데, 왜 영업에 지원했는가?
- 지방현장에 장기간 근무가 가능한가?
- 연봉에 대한 자신의 기준이 있는가?
- 자신이 생각하는 영업인의 자세란 무엇이라고 생각하는지 말해 보시오.

(2) 2차 면접

❶ 면접 위원 : 3명
❷ 면접 시간 : 약 30분
❸ 면접 형태 : 다대다 면접
❹ 면접 내용 : 인성 위주의 면접이다. 3명의 면접 위원과 지원자 3명이 한 조가 되어 진행되며 경우에 따라 회사와 관련된 질문을 하기도 한다.

- LG서브원에 관해 자신이 아는 모든 지식을 말해 보시오.
- 지방근무가 가능한가?
- LG서브원의 연혁에 대해 말해 보시오.
- 자신의 직무에서 가장 중요한 것이 무엇이라고 생각하는가?
- 품질을 올리기 위해서 가장 중요한 일이 무엇이라고 생각하는가?
- 처음 예산과 다른 비용이 필요한 경우가 있는데 어떻게 행동할 것인가?

6. LG하우시스

LG하우시스는 LG Way에 대한 신념과 실행력을 겸비한 인재를 채용하기 위해 두 차례의 면접을 시행하고 있다.

(1) 1차 면접

❶ 면접 위원 : 3명
❷ 면접 형태 : 다대일 면접
❸ 면접 내용 : PT 면접과 일반 면접으로 진행되며 질문을 주고 해당 과제에 대한 답을 작성하는 데 90분의 시간이 주어진다. 그 후에 일반 면접이 추가로 진행된다.

- QCD의 최적점을 찾으시오.
- 환율 및 금리에 관한 주제
- 사이클론에 대한 지식과 시뮬레이션에 관한 주제
- 내년 상반기를 대비한 신제품을 기획해 보시오.
- 스트레스를 심하게 받았던 경험은?
- 인생에서 가장 힘들었던 경험은?
- 하우시스와 관련한 경험이 있는가?
- 면접 준비는 어떻게 했는가?
- 입사 후 어떤 일을 하고 싶은가?

(2) 2차 면접

❶ 면접 위원 : 2명
❷ 면접 시간 : 약 40분
❸ 면접 형태 : 다대다 면접
❹ 면접 내용 : 자기소개서 내용 위주의 질문이 주로 나오며 지원자의 가치관 및 인성에 대해 평가한다.

- 생산기술에서 가장 중요한 것은 무엇이라고 생각하는지 말해 보시오.
- 왜 국내영업에 지원했는가?
- 지방근무를 해도 괜찮은가?
- 영업 외 다른 직무를 하게 된다면 어떻게 할 것인가?
- 중요한 업무가 있는데 시간 내에 마치지 못할 것 같은 경우 어떻게 할 것인지 말해 보시오.
- 사내 연애에 대해서 어떻게 생각하는가? 만약 헤어졌을 때 업무상 차질이 있지 않겠는가?
- 자기소개 및 지원동기를 말해 보시오.
- 졸업 후 공백기간이 길다. 공백기간 동안 무엇을 했는지 말해 보시오.
- 입사를 하게 된다면 어떤 부서에 들어가고 싶은지 구체적인 이유와 함께 말해 보시오.
- 지원한 다른 회사가 있는가?
- 혼자 살아본 경험이 있는가?
- 구매와 소비의 차이가 무엇인가?
- AI면접에 대해 어떻게 생각하는가?
- 밀레니얼 세대와 Z세대의 차이에 대해 말해 보시오.

7. LG CNS

LG CNS는 최고의 IT서비스 기술역량을 갖춘 정예 전문가 양성을 위해 다양한 우수 인재 확보 전략 및 IT 기술 전문가 육성 프로그램 운영 등 사업 환경 변화에 따른 인재육성을 체계적으로 실시하고 있다. 이를 위해 직무 면접 진행 후, SW Boot Camp를 진행하여 잠재력 있는 인재를 채용하고 있다.

(1) 1차 면접

❶ 면접 시간 : 약 40분

❷ 면접 내용 : 기술 면접으로 2대2로 진행된다. 자소서를 기반으로 역량이나 수행했던 프로젝트 등에 대한 질문을 한다. 전공 관련 전문 지식에 대해 물어보기도 하므로 다양한 질문에 대한 답변을 준비하는 것이 중요하다.

> • 영어 성적과 중국어 성적이 좋은데 특별한 이유는 무엇인가?
> • 야근이 많은 편인데 잘할 수 있는가?
> • 지방 근무가 가능한가?
> • 처음 입사 후 몇 달은 자신이 생각한 업무와 다른 사소한 업무를 할 것이다. 이에 대해 어떻게 생각하는지 말해 보시오.
> • 창업 동아리에서 무엇을 했으며, 자신의 역할은 무엇이었는지 말해 보시오.
> • 10년 후 회사에서 자신의 직위는 무엇일 것이라고 예측하는가?
> • 자신이 지원한 분야를 사촌 동생에게 설명을 한다면 어떻게 할 것인지 말해 보시오.
> • LG CNS가 바라는 인재상에 대해 본인의 생각을 말해 보시오.
> • 남들이 평가하는 성격과 자신 스스로 평가하는 성격에 대해 말해 보시오.
> • 신입사원 교육 프로그램이 없다면 어떻게 업무를 시작할 것인가?
> • (IT 직무) 어떤 프로그램을 잘 사용하는가? 그 프로그램에 대한 설명을 해 보시오.
> • 스마트팩토리란 무엇이라고 생각하는가?
> • 외운 자기소개 말고, 다른 자기소개를 해 보시오.
> • 지금 당장 개발 환경을 스스로 만들어서 적용시킬 수 있겠는가?
> • 클라우드 직무를 하는 데에 있어 본인이 가장 자신 있게 배운 것에 대해 설명해 보시오.
> • 멀티 클라우드로 시스템을 구축할 때 어떤 점을 주의해야 하는지 설명해 보시오.

(2) 2차 면접

❶ 면접 시간 : 약 40분

❷ 면접 내용 : 임원 면접으로 주로 지원자의 가치관 및 인성에 대해 평가한다.

> • 본인의 장·단점 및 극복 방법에 대해 말해 보시오.
> • LG CNS를 어떻게 알게 되었고, IT서비스가 무엇이라고 생각하며, 그걸 IT서비스에 어떻게 적용할 것인가?
> • LG CNS의 단점과 보완하기 위한 노력에 대해 말해 보시오.
> • 가치관과 연봉 중 어떤 것이 더 중요한가?
> • 본인은 컨설턴트인가, IT 전문가인가?
> • 품질과 납기일 중 어떤 것이 더 중요한가?
> • 어떤 분야에 관심이 있는지 말해 보시오.

SK그룹은 기업경영의 주체는 사람이며, 사람의 능력을 어떻게 개발하고 활용하느냐에 따라 기업의 성패가 좌우된다는 경영철학에 따라 인재를 채용하고 있다. 이러한 경영철학을 바탕으로 SK의 구성원이 자발적·의욕적으로 자신의 능력을 최대한으로 발휘할 수 있도록 인사관리의 모든 제도와 정책을 수립하고 있다. SK그룹의 면접전형은 지원자의 가치관, 성격 특성, 보유 역량의 수준 등을 종합적으로 검증하기 위하여 다양한 면접 방식을 활용하고 있다. 대상자별·계열사별 차이는 있으나 PT 면접, 그룹 토의 면접, 심층 면접 등 최대 3회 정도의 심도 있는 면접 과정을 거쳐 지원자의 역량을 철저히 검증하고 있다. 또한 직무에 따라 지원자의 외국어 능력을 검증하기 위한 외국어 구술 면접을 실시하기도 한다.

1. SK가스

(1) 실무진 면접

질의응답을 중심으로 한 실무 면접으로 진행된다.

- 본인을 두 가지 단어로 설명해 보시오.
- 트레이딩에는 어떤 능력이 필요하다고 생각하는가?
- 최근 원유 가격 변동 추이에 대해 말해 보시오.
- 회사 일과 가족행사의 시간분배에 있어서 충돌할 경우가 생긴다면 어떻게 할 것인가?
- 10년 뒤에 자신의 모습을 예상해서 말해 보시오.
- 한 마디로 말하면 자신은 어떤 사람인가?
- 63빌딩에 사람이 총 몇 명이 있을 것 같은가?(돌발질문 / 순발력 Test)
- 살면서 가장 잘했다고 생각되는 일은 무엇인가?
- 인턴으로 있었던 회사의 자랑을 해 보시오.
- 마케팅 학회 경험이 있는데 어떻게 진행한 것인가?
- 만약 기업에 입사하게 된다면 본사랑 지사 중 어디에 먼저 가야 한다고 생각하며, 왜 그렇게 생각하는가?
- 옆 지원자에게 궁금한 것을 한번 질문해 보시오.
- LPG 산업의 성장성에 대해 말해 보시오.

(2) 임원 면접

면접관 5명과 지원자 1명으로 구성되어 진행되는 인성 면접이다.

- 상사가 불합리한 지시를 내린다면 어떻게 하겠는가?
- 언제 스트레스를 받고, 어떻게 해소하는가?
- SK가스를 어떻게 지원하게 되었는가?
- 학창시절 성적이 좋지 않은데 그 이유가 무엇이라고 생각하는가?
- 본인이 떨어진다면 왜 떨어졌다고 생각하겠는가?
- 업무적인 분야에서 본인의 역량은 무엇인가?
- 전공이 업종과 맞지 않는데 지원한 이유는 무엇인가?

- 동아리 활동을 했다면 어떤 동아리였으며 왜 그 동아리를 하게 되었는가?
- 입사한다면 어떤 부서에서 일하고 싶은가?
- 회사에 대해 아는 대로 말해 보시오.

2. SK실트론

SK실트론의 경우 1차 면접에 직무와 인성 면접을 모두 실시한다.

(1) 인성 면접(일대다 면접)

캐주얼한 복장으로 진행되며 1 ~ 2명의 면접관이 3명 이상의 지원자를 평가한다.

- 자기소개를 2분 동안 해 보시오.
- 리더로서 활동한 경험을 말해 보시오.
- 높은 성과를 낸 경험을 말해 보시오.
- 입사했을 때 나와 성향이 맞지 않는 팀원과 일을 한다면 어떻게 할 것인가?
- 상사가 부당한 지시를 한다면 어떻게 할 것인가?
- 너무 어려운 업무가 주어져서 해결할 능력이 부족하다면 어떻게 할 것인가?

(2) 액티비티

4명이 한 조를 이루어서 협동하여 하나의 과제를 해결하는 면접이다.

- (4인 1조로 팀을 이루어) 주어진 재료로 굴러가는 자동차를 만드시오.

(3) PT 면접(다대일 면접)

주어진 과제에 대한 자료를 보고 15분간 정리하여 발표하는 방식이다.

- 열역학 법칙들에 대해 설명해 보시오.
- 초전도체에 대해 열역학 제2법칙으로 설명해 보시오.
- 물체가 차가운 것에서 뜨거운 것으로 변화하지 않는 이유를 말해 보시오.
- 휴대용 손난로는 왜 갑자기 뜨거워지는가?

3. SK케미칼

SK케미칼의 경우 실무진 면접 – 임원 면접 – PT 면접으로 구성되어 진행된다.

(1) 실무진 면접

- 백신과 바이오 시밀러의 차이점에 대해 말해 보시오.
- 우리 회사가 본인을 뽑아야 하는 이유는 무엇인가?
- 전공이 다른데 왜 이 분야에 지원했는가?
- 자신의 장·단점에 대해 말해 보시오.
- 자신이 생각한 영업 기술이 있다면 말해 보시오.
- 체력은 좋은가?
- 운동을 하고 있는가?
- 컬쳐해본 셀 경험이 있다면 말해 보시오.
- MR이 하는 일은 무엇인가?
- 가장 기억에 남는 마케팅 이론은 무엇인가?
- 오랜 시간 꾸준한 판매량을 유지해온 의약품이 있는데 이 의약품을 어떻게 마케팅할 것인가?
- 회사 내에 맞지 않는 사람이 있을 텐데 일할 수 있겠는가?
- 연구직이 아니라 QA를 선택하게 된 이유는 무엇인가?

(2) 임원 면접

- SK케미칼에 지원하게 된 동기를 말해 보시오.
- 왜 영업을 하려고 하는가?
- SK케미칼의 사업분야에 대해 말해 보시오.
- 해외지사 파견에 대해 어떻게 생각하는가?
- 영업에 대한 자신의 생각을 말해 보시오.
- 우리 회사가 본인을 뽑아야 하는 이유를 말해 보시오.
- 직무에 대해 아는 대로 말해 보시오.
- 토익 점수가 높은데, 토익스피킹 점수는 왜 낮은가?
- 우리 회사 외에 다른 회사에도 지원하였는가? 그 결과는 어떻게 되었는가?
- SK케미칼의 매출에 대해 말해 보시오.
- 제2외국어 자격증을 가지고 있는가? 대화도 가능한가?
- 여행 간 지역은 어디이고, 그곳에 왜 갔는지, 무엇이 감명 깊었는지 말해 보시오.
- 인적성 검사 결과 좋지 않았던 부분(융통성, 사회성, 인내력 등)이 있는데 그에 대해 설명해 보시오.
- 대학교를 서울권으로 가지 않고 지방으로 간 이유는 무엇인가?
- 기독교인이라고 했는데, 일요일에 출근이 가능한가? 교리상 불가능하지 않는가?

(3) PT 면접

- 중국 시장에서 자사의 주력제품 PPS의 판촉 계획을 세워 보시오.

4. SK텔레콤

(1) 실무진 면접(2 VS 3)

- 요즘 뉴스에서 제일 이슈가 되고 있는 미투 운동에 대해 어떻게 생각하는가?
- 새로운 지식을 습득하고 적용했던 사례에 대해 말해 보시오.
- 가장 최근에 마무리한 공부는 무엇인가?
- 포화된 이동통신 시장에서 신사업을 제안해 보시오.
- 자사의 배당 성향에 대해 어떻게 생각하는가?
- 모바일헬스 사업 방향에 대해 말해 보시오.
- 통신 관련 프로젝트를 수행해본 적 있는가? 있다면 어떤 주제에 관련해 진행했는가?
- CCNA가 있는가?
- 네트워크에서 가장 중요하다고 생각하는 것은?
- 경쟁사 대비 SK텔레콤의 장·단점은 무엇인가?
- 쇼루밍족이 많은 상황에서 제시할 수 있는 솔루션은 무엇인가?
- NFV와 SDN에 대해 설명해 보시오.
- 빅데이터의 정의와 데이터 거버넌스에 대해 설명해 보시오.
- SAP를 사용할 수 있는가?
- B2B 사례에 대해 소개해 보시오.
- 사물인터넷(IoT)에 대해 설명해 보시오.
- 플랫폼에 대해 설명해 보시오.

(2) 임원 면접(2 VS 1)

- 가장 힘들었던 경험에 대해 말해 보시오.
- 왜 B2B 마케팅에 지원했는가?
- 우리 회사가 본인을 뽑아야 하는 이유를 말해 보시오.
- 고객사에서 제품 구매를 꺼릴 때, 어떻게 할 것인가?
- SK텔레콤의 매출액은 얼마인지 말해 보시오.
- 지각이나 무단결근을 했을 경우 어떻게 대처할 것인가?
- 왜 광고회사에 들어가지 않고 마케팅을 하려고 하는가?
- 지원자가 했던 도전과 SK 업무와의 연결점은 무엇이라고 생각하는가?
- 인생에서 혁신을 이루기 위해 했던 경험이 있는가?

5. SK커뮤니케이션즈

(1) 실무진 면접

- 서비스 기획자로서 필요한 자질은 무엇이라고 생각하는가?
- SK컴즈의 경쟁력은 무엇이고 어떻게 발전시키고 싶은가?
- 자주 사용하는 어플리케이션은 무엇인가?
- String과 StringBuilder의 차이점은 무엇인가?
- 서비스 중 개선이 필요하다고 생각하는 부분은 어디인가?
- 프로젝트를 해본 경험이 있는가? 어떤 역할을 하였는가? 문제가 있었다면 어떻게 해결하였는가?

(2) 임원 면접

- 재무부서에서 일하다 보면 상사가 비자금을 만들라고 지시할 수 있는데, 어떻게 하겠는가?
- 가장 의미 있었던 경험과 어려웠던 일은 무엇이었는가?

(3) PT 면접

- 해외 투자자본이 우리나라에 미치는 장·단점에 대해 말해 보시오.
- 서울에 미용실이 몇 개나 있겠는가?(돌발질문)
- 보잉 747기에 테니스공이 얼마나 들어가겠는가?

6. SK하이닉스

(1) 1차 면접(PT 면접)

실무진이 진행하는 면접으로 직무에 대한 질문과 인성 면접을 합하여 3대1로 약 30분 동안 면접을 진행한다.

30분간 3개의 꼬리 문제가 있는 3개의 문제 중 한 문제를 선택해서 풀고, 30분 동안 답지를 작성한다. 지원자가 면접관에게 답지를 제공한 후 이에 대해 10분 미만의 발표를 하고 면접관의 추가질문을 받는 형식으로 진행된다.

- 본인이 제출한 답안을 각각 3줄로 요약해서 말해 보시오.
- 자신의 강점이 무엇이라고 생각하는가?
- 제일 기억에 남는 책을 소개해 보시오.
- 가장 관심있는 공정은 무엇이고, 이에 대한 최신이슈는 무엇인가?
- 반도체 8대공정 중 가장 자신 있게 아는 공정은 무엇이고, 그 공정에 대해 설명해 보시오.
- 반도체 공정을 말해 보시오.
- 본인의 별명은 무엇인가?

- 엔트로피에 대해 설명하시오.
- 웨이퍼를 만들 때 실리콘을 사용하는 이유는 무엇인가?
- 소프트웨어 코딩에서 Volatile이란 무엇인가?
- 전공과 다른데 반도체 회사에 지원한 이유는?
- 좋아하는 과목과 이유는?
- 주말에는 주로 무엇을 하면서 여가시간을 보내는가?
- 과정과 결과 중 무엇이 중요하다고 생각하는가?
- HF에 따른 CV Curve에 대해 설명해 보시오.
- 홀 전자 이동에 대해 설명해 보시오.
- C언어가 컴파일되어 실행되는 과정을 설명해 보시오.
- 플라즈마에 대해 설명해 보시오.
- Data Mart와 Data Mining의 차이는 무엇인가?
- 반도체 장비를 다뤄본 경험이 있는가?
- Energy Barrier를 극복하는 방법은 무엇인가?
- P형 반도체가 N형 반도체보다 느린 이유는 무엇인가?

(2) 2차 면접(임원 면접)

그룹장이 면접 위원으로 참석하는 인성 면접으로 지원자의 SK Values 및 공통역량을 평가하여 SK하이닉스의 핵심가치 및 인재상과 부합하는 인재를 선발한다.

- 반도체는 매우 어려운 분야인데 왜 반도체를 공부하게 되었는가?
- 석사과정으로 입사하면 2년의 경력을 인정해 주는데, 현재 2년의 경력이 있는 사원들과 비교해 보았을 때 본인의 경쟁력은 무엇이라 생각하는가?
- 최근 옥시 사태에 대한 본인의 생각을 말해 보시오.
- 전공과 무관한 직무에 지원했는데, 그 이유는 무엇인가?
- 구체적으로 본인이 잘하는 것은 무엇인가?
- 상사와 트러블이 생긴다면 어떻게 해결할 것인가?
- 현재 준비하고 있는 자격증 시험이 있는가?
- 부모님 중 어느 쪽의 영향을 더 받았는가? 왜 그렇게 생각하는가?
- 상사가 부적절한 요구를 해 온다면 어떻게 대응하겠는가?

7. SK브로드밴드

(1) 시뮬레이션 면접

- SK브로드밴드 가입자를 증대시킬 방법에 대해 말해 보시오.
- 新사업에 어떤 것이 있을지 말해 보시오.
- SK브로드밴드를 활성화할 수 있는 마케팅 방안에 대해 말해 보시오.

(2) 인성 면접(2 VS 1)

- 시뮬레이션 면접을 함께 진행하고 있는 팀의 분위기는 어떠한가?
- 살면서 실패한 경험이 있는가? 있다면 말해 보시오.
- 또 다른 실패한 경험이 있는가?
- 만약 실패한 그 순간으로 되돌아간다면 어떻게 하겠는가?
- 리더로서의 경험이 있는가? 있다면 말해 보시오.
- 또 다른 리더 경험에 대해 말해 보시오.
- 타인과 갈등을 겪었던 경험이 있는가?
- 타인과 갈등이 생겼을 때 어떤 방법으로 극복하는가?
- 지원자의 단점은 무엇인가?
- 하고 싶은 말이 있는가?
- 궁금한 사항이 있으면 물어보시오.
- 물건을 팔아 보시오.

(3) PT 면접

- 빅데이터가 관건이 되고 있는데, 여기에 대한 SK브로드밴드의 대응 방안에 대해 말해 보시오.
- AI기술 미래 방향과 이를 어떻게 회사 상품에 이용할 것인지 설명해 보시오.

1. CJ그룹 면접 유형

(1) 1차 면접

CJ그룹의 1차 면접은 크게 심층 면접과 직무 면접으로 진행된다. CJ제일제당, CJ오쇼핑, CJ올리브네트웍스 등의 경우 자기소개서와 역량 관련 질문이 주를 이루는 다대다 직무 면접, 토론을 통해 보고서를 작성하고 발표하는 PT 면접으로 구성되어 있다. CJ CGV, CJ프레시웨이와 같은 서비스 업종과 영업직무의 경우 직무 면접과 PT 면접은 물론 실제 업무에서 일어날 수 있는 상황에 대한 Role – play 면접을 보게 된다. 또한, 사전과제가 주어지는 직무나 계열사도 있다.

① 직무 면접

㉠ 다대다 면접

3명이 한 조를 이뤄 3명의 면접관과 함께 면접을 보게 되는데, 주로 자기소개서와 직무 관련, 산업에 대한 이해도에 관한 질문이 주어진다. 자기소개서의 내용을 바탕으로 지원자가 가지고 있는 역량이 과거의 경험을 통해 어떻게 발휘되었으며, 이를 미래 역량으로 예측하고 평가하는 방식으로 진행된다. 또한 CJ푸드빌과 CJ제일제당 영업 직무는 1차 면접 전 주어진 사전과제를 직무 면접 때 요약·발표하며 이후 면접관의 피드백 질문이 이어지게 된다.

직무 면접의 경우 지원자의 단체 활동, 창의적인 경험, 힘든 상황의 극복 경험과 같은 주제에 대해 질문을 하여 지원자의 가치관, 행동을 구체적으로 알아보기 위한 면접 방식으로, 지원자의 다양한 경험에 대해 요약하여 말하고, 이 경험이 직무에 어떻게 연결되어 기여를 할 수 있는지 논리적이면서 솔직하게 설명하는 것이 중요하다. 단순히 경험만을 전달한다면 충분히 어필할 수 없으므로, 경험을 통해 얻은 자신의 역량을 위주로 답변하는 것이 면접관에게 좋은 인상을 남길 수 있다. 질문은 꼬리에 꼬리를 물고 계속되므로 다음 질문을 충분히 예상한 후 답변하는 것 또한 중요하다.

㉡ Role – play 면접

다음으로는 실제 업무 현장에서 일어날 수 있는 몇 가지의 사건들을 제시해주고 해결해나가는 상황극을 진행하게 된다. 면접장에 배치된 컴퓨터, 휴대폰과 같은 기기 사용이 가능한 경우도 있으니, 각 상황에 맞게 효과음을 넣는 등 좀 더 창의적인 상황극을 할 수 있다. 개인별로 면접관을 설득해야 하는 상황일수도 있고, 한 조가 되어 면접관을 설득해야 하는 경우가 있을 수도 있다. 상황극 면접에서 가장 중요한 것은 자신의 의견을 논리적으로 나타낼 수 있는 능력이다. 지원자들에게 미리 상황과 규정 및 이와 관련된 자료를 나눠주고 10분 간 숙지할 수 있는 시간을 준다. 이와 관련하여 지원들의 설득에 면접관들은 일부러 회사규정에 맞지 않는 무리한 요구를 할 수도 있고, 지원자의 제안에 논리적으로 반박하기도 한다. 이때 당황하지 않고 자신이 혹은 조별로 상의한 대로 회사의 규정에 어긋나지 않게 해결점을 찾는 것이 중요하다.

② 심층 면접 '보고합시다'

PT 면접이고 팀 프로젝트 형식으로 진행되며 CJ인으로서의 자질, 팀워크, 인성 등 응시자들의 종합 역량을 평가한다. 한 방에 6명의 응시자가 팀을 이뤄 제시한 과제(해당사업과 관련된 내용으로 문제 해결력을 측정할 수 있는 과제)를 해결하는 형식으로 진행되며, 2명의 면접관이 동석해서 해결 과정 과 팀원들의 성향, 문제해결 방식 등을 지켜본다.

심층 면접은 대략 2시간 정도가 소요되며, CJ의 기획업무와 유사하게 진행한다. 먼저 CJ의 각 계열 사와 관련된 주제와 이와 관련된 자료를 기획한 후 과제를 제시한다. 그 후에 5－10분간 자신의 생각을 A4용지에 정리한다. 그 후 각자 돌아가면서 정리한 다음 자유롭게 토의하며 한 가지 주제로 정리하여 발표준비를 한다. 이때, 두 명의 면접관은 과정들을 지켜보며 지원자들에게 발표내용에 관 해 '본인이라면 이 기획에 얼마나 투자하겠는가?', '기대효과가 무엇인가?' 등과 같은 질문을 한다. 그 후에 기획에 관해 피드백을 주면 그 내용을 반영하고 다시 회의하기 전에 돌발 상황을 제시한다. 그럼 지원자들은 이에 맞춰 기획서를 수정하고 팀원들과 토의하여 결론을 다시 발표하는 형식으로 진행된다. 실제 CJ의 업무 진행과 비슷한 방식을 차용한 면접이기 때문에 자신의 생각을 무조건적으 로 앞세우거나 튀려고 노력하기보다 함께 협력하여 좋은 아이디어를 도출해내는 것이 중요하다.

(2) 2차 면접(임원 면접)

CJ그룹의 2차 면접은 보통 임원면접으로 진행된다. CJ대한통운의 경우 피어 면접이 추가된다.

① 피어 면접

피어 면접은 토론 및 토의 면접으로 하나의 주제를 가지고 서로 다른 직무의 4명의 지원자들이 의견 을 종합하여 발표하는 형식의 면접이다. 1차 면접의 심층 면접과 유사하다. 면접관으로는 주니어급 (2～5년차) 직원들이 참가하여 지원자들의 토론 및 토의를 지켜본다. 지원자들의 의견이 통일될 경 우, 면접관이 반대 측 의견을 제시하면 그에 맞는 대응을 같이 준비한다. 토론 후 면접관이 한 명씩 지목하며 '오늘 토론은 어땠는지?', '아쉬운 부분은 무엇이었는지?', '누가 제일 잘한 것 같은지?' 등 과 같은 질문을 한다.

② 임원 면접

임원 면접은 해당 직무의 임원 3명, 지원자 3명이 조를 이뤄 계열사별로 30분에서 1시간 정도 진행 한다. 2012년 이전의 경우에는 2차 임원 면접에서 PT 면접을 진행했고, 2012년부터는 1차 심층 면접에서 PT 면접을 진행하게 되면서 2차 임원 면접은 자기소개 위주의 인성 면접과 직무 관련 면접 으로 진행되었다. 보통 질문에 맞춘 1분 자기소개를 사전과제로 제시한다. 자기소개와 직무 관련 면 접은 1차 역량 면접에서도 진행되었던 면접이지만 2차 임원 면접에서 진행되는 면접의 경우 좀 더 심층적인 CJ그룹 관련 질문과 인성 관련 질문이 주어진다.

2차 임원 면접에서는 면접관들과 좀 더 활발한 피드백을 할 수 있도록 답변을 해 나가는 것이 중요하 다. 앞선 1차 역량 면접과 마찬가지로 질문이 꼬리에 꼬리를 물고 진행되기 때문에 1차 역량 면접에 서 보여주지 못했던 자신의 모습을 좀 더 적극적이고 솔직하게 어필함으로써 자신이 CJ그룹에 맞는 인재 상임을 충분히 보여줄 수 있어야 한다.

CJ그룹 관계자는 "임원들의 질문에 긴장하거나 당황하지 말고 본인이 하고 싶은 일과 미래 비전 등 을 명확히 설명하며 본인의 역량을 최대한 발휘하는 것이 중요하다."라고 말했다.

2. 면접 기출 질문

(1) CJ제일제당

- (사전과제) 당신이 CJ제일제당의 Food Sales 직무를 수행 중인 신입사원이라고 가정하고 식품 유통 매장 중 한 곳을 방문하여 영원사원이 할 수 있는 역할이 무엇인지 고민하시오.
- (심층 면접) 한뿌리와 관련하여 2030 프로모션을 기획하시오.
- (심층 면접) 회사에 복지 제도를 만들려고 한다. 어떤 복지 제도를 만들어 보면 좋겠는가?
- (심층 면접) 방문한 유통업체에서 CJ제일제당 제품의 매출이 낮을 때 어떤 방법으로 활성화할 것인가?
- 데이터 분석에 있어서 가장 중요하다고 생각하는 점이 무엇인가?
- 진취적 리더와 맞춤형 서포터 중 본인은 어떤 성향인가?
- 제일제당에서 스마트팩토리를 어떻게 쓰는지 아는가?
- 30초 동안 자기소개를 해 보시오.
- CJ제일제당을 선택한 이유는 무엇인가?
- CJ제일제당이 어떤 회사인지 아는가?
- CJ제일제당에서 몇 년 동안 근무를 할 것인지 구체적인 숫자와 이유를 말해 보시오.
- 품질이란 무엇이라고 생각하는가?
- 일을 하면서 가장 중요하다고 생각하는 것은 무엇인가?
- 남성 소비의 대두로 인한 경제 변화를 어떻게 활용할 수 있는가?
- 이유 없이 동료직원이 자신을 싫어하고 대화조차 하지 않으려고 한다면 어떻게 할 것인가?
- 안전재고에 대해 설명해 보시오. 그리고 재고를 왜 없애야 하는지 설명해 보시오.
- 스트레스가 있을 때 해소방법이 있는가?
- 마케팅이 무엇이라 생각하는가?
- 지금 부르면 달려올 수 있는 친구가 몇 명 정도인가?
- 수요 예측과 수요 계획의 차이에 대해 설명해 보시오.
- 언제부터 식품 산업에 관심이 있었는가?
- 갈등이 발생했을 때 해결하는 방법은 무엇인가?
- 지원한 직무에서 중요한 자질은 무엇이라고 생각하는가?
- CJ의 가장 큰 경쟁사는 어디인가?
- CJ제일제당의 공장은 어디에 위치하는가?
- CJ제일제당의 창립기념일은?
- CJ제일제당의 제품 중 애용하는 것은? 그 제품의 가격과 가격에 비해서 품질이 어떠한가?
- 거주하는 지역의 맛집을 추천한다면?
- 해외 매출을 늘리기 위해 제품 한 가지를 선택하고 이유를 설명해 보시오.
- 제품이 잘 안 팔릴 때 어떻게 할 것인가?
- 상사가 불합리한 일을 지시한다면 어떻게 할 것인가?
- 아쉽다고 생각했던 CJ의 서비스나 제품은?
- 공장 견학 경험이 있는가?
- 자신을 한 단어로 표현해 보시오.
- 가장 싫어하는 유형의 사람은 누구인가?
- 지원동기 및 직무 선택 이유는 무엇인가?

- 지원한 직무에서 무슨 일을 하는지 아는가?
- 유통채널은 어디어디 가봤는가?(면접과제와 관련하여)
- 국내 및 해외 경쟁사에는 어떤 기업이 있는가?
- 해외 경쟁사의 주요 품목은 무엇인가?
- 엔지니어링 직무에 대해 아는 점과 어떤 일을 하고 싶은지 설명해 보시오.
- CJ 홈페이지에는 많이 들어가 보았는가? CJ의 인재상이 무엇인지 알고 있는가?
- 다른 회사에서 인턴을 했는데 왜 우리 회사에 지원했는가?
- CJ 상품으로 캠핑용 상품 패키지를 만들어 면접관들에게 판매해 보시오.
- 합격 후 생활과 불합격 후 생활이 어떠할 것 같은가?
- 전공 지식을 많이 잊어버렸을 텐데 어떤 노력을 했는가?
- 평소 CJ 직원에 대한 생각을 말해 보시오.
- 당신이 제안한 아이디어로 인해 일을 성공적으로 이끈 경험과 그 아이디어를 제공한 이유에 대해 말해 보시오.
- 목표를 설정해서 실행한 경험에 대해 말해 보시오.
- 자신의 강점 및 약점에 대해 말해 보시오.
- 자기소개서에 적힌 프로젝트에 대해 자세히 말해 보시오.
- 본인을 채용해야 하는 이유는 무엇인가?
- 오늘 우리 회사의 주가가 얼마나 되는지 알고 있는가?
- 역량이 다른 직무하고 더 잘 맞는 것 같은데 다른 부서로 발령 나면 어떻게 할 것인가?
- 당신이 회사 CEO라면 향후 어떻게 성장시킬 것인가?

(2) CJ오쇼핑

- 본인이 생각하는 CJ오쇼핑만의 차별성은?
- 왜 일반 패션기업이 아닌 홈쇼핑 업계에 지원했는가?
- 생산관리와 품질관리의 차이는?
- 당일배송을 어떻게 효율적으로 실행할 것인가?
- 타인이 보는 본인의 이미지는 어떠한가?
- 영업 아르바이트를 한 적이 있는데, 어려움은 없었는가?
- CJ오쇼핑에 대해 알고 있는 것을 말해 보시오.
- 갈등을 중재한 경험에 대해 말해 보시오.
- 팀원으로 활동한 경험들에 대해 말해 보시오.
- 리더 역할을 하면서 거두었던 성과가 있다면 말해 보시오.
- 창의적인 아이디어를 통해 실행 가능했던 산출물은 무엇이 있는지 말해 보시오.
- 대박 아이디어가 있다면 말해 보시오.
- 본인 성격의 장·단점은 무엇인가?
- 왜 굳이 이 직무여야 하는가?
- 직무 관련해서 읽은 도서 중 가장 최근에 읽은 것은?
- 홈쇼핑 업무 때 발생할 수 있는 상황을 가정하고, 본인이라면 어떻게 대처할 것인가?

(3) CJ프레시웨이

- 일반 프랜차이즈와 단체급식이 다른 점은 무엇이라고 생각하는가?
- 요즘 외식업계의 트렌드는 무엇이라고 생각하는가?
- 가능한 제2외국어로 본인을 소개해 보시오.
- 본인이 생각하는 영업이란?
- 경쟁사와 자사를 비교·설명해 보시오.
- 창조적인 일을 한 경험에 대해 말해 보시오.
- 리더십을 발휘한 경험에 대해 말해 보시오.
- 계획을 세워 일을 한 경험에 대해 말해 보시오.
- 난관을 극복한 경험에 대해 말해 보시오.
- 가장 크게 성취감을 느낀 경험에 대해 말해 보시오.
- 에버랜드보다 더 좋은 단체급식을 하기 위한 방안에는 무엇이 있는가?
- 다른 기업에도 지원했는가?
- 본인이 지원한 업무가 아닌 다른 업무로 배정받을 경우 어떻게 하겠는가?
- 학교를 다니면서 성취감이 컸던 경험이 있다면 말해 보시오.
- 입사 후 어떠한 자기계발을 할 것인가?
- CJ계열사에서 일한 경험(아르바이트 등)이 있다면 어떠한 일을 했는가?
- 싫어하는 음식은 무엇인가?
- 궁극적으로 이루고자 하는 목표는 무엇인가?

(4) CJ올리브네트웍스 올리브영 부문

- (심층 면접) CJ올리브영에서 서브스크립션 서비스를 진행하려고 한다. 기획해 보시오.
- (심층 면접) CJ올리브영 매장 안에 뷰티, 헤어 등 여러 카테고리가 있는데 어떻게 배치할 것인가?
- (심층 면접) CJ올리브영에서 판매되는 카테고리 중 하나를 선택해 매장을 기획하시오.
- CJ올리브영에서 새로운 사업을 추진해야 할 때 타깃을 어떻게 잡아야 하는가?
- 평소 다른 사람들은 본인을 어떻게 보는 것 같은가?
- MD로서 단기적·장기적으로 이루고 싶은 것은 무엇인가?
- CJ올리브영과 경쟁사를 비교해 보시오.
- CJ올리브영에서 일하면서 앞으로의 비전을 말해 보시오.
- 마감까지 얼마 안 남았으나 매출이 모자라다면 어떻게 할 것인가?
- 마케팅 분야도 광범위한데 어떤 것을 하고 싶은가?
- CJ올리브영 최근 방문 시기는 언제인가?
- 주로 쓰는 화장품 종류는 무엇인가?
- 외국인을 겨냥할 만한 전략이 있는가?
- 남성 고객을 잡을 수 있는 마케팅 전략으로 무엇이 있는가?
- 잘 안 팔리는 물건에 대한 매출을 상승시키는 방안은 어떤 것이 있겠는가?
- 인도와 중국에 CJ가 진출해야 한다고 했는데, 구체적인 이유가 무엇인가?
- 세일즈 경험이 있는가?
- 야근에 대해 어떻게 생각하는가?

- 업무를 수행하는 데 필요한 역량은 무엇인가?
- IoT를 CJ에 도입한다면?
- 상사가 본인보다 나이가 어리다면 어떻게 할 것인가?
- 자신의 강점은 무엇인가?
- CJ올리브네트웍스에서 본인이 이루고 싶은 것이 무엇인가?
- CJ올리브네트웍스를 지원한 이유에 대해 말해 보시오.
- 어떻게 우리 회사의 경쟁력에 기여할 것인가?
- 올리브네트웍스 홈페이지에 올라와 있는 기억나는 뉴스를 말해 보시오.
- 고객관점으로 '만든다'라는 것이 무슨 의미인가?

(5) CJ CGV

- CJ CGV와 롯데시네마와의 차별점은 무엇인가?
- 영화관 각 사이트에 대한 본인의 생각을 말해 보시오.
- 부르면 달려올 수 있는 친구는 몇 명인가?
- 자신이 왜 이 직무에 적합한지 3가지를 말해 보시오.
- 상사가 불합리한 일을 요구했을 때 어떻게 할 것인가?
- 친구들이 본인을 뭐라고 말하는가?
- CGV가 글로벌 전략을 추구하는 이유는?
- 최근 CGV가 진출한 국가와 그곳으로 진출한 이유는 무엇인가?
- CGV의 가격차등제에 대해 어떻게 생각하는가?
- 리더십을 발휘한 경험에 대해 말해 보시오.
- 지방으로 발령이 난다면?
- CGV 외에 어떤 영화관에 방문해 보았는가?
- 영화 이외에 좋아하는 콘텐츠는 무엇인가?
- 생애 최악의 영화는 무엇인가?
- 본인이 겪었던 최고의 서비스는?
- 현재 매점 팝콘의 가격에 대한 본인의 생각을 말해 보시오.
- 클레임 처리 시 가장 중점적으로 해결해야 할 것은?
- 준비한 자기소개 말고 지금 본인이 왜 와있는지 본인의 포부와 욕심을 말해 보시오.
- 전공이 건축인데 서비스직에 지원하게 된 계기를 말해 보시오.
- 매니저 업무에 대해 설명해 보시오.
- 존경하는 매니저가 있으면 말해 보시오.
- 인상적인 경험을 한 적이 있다면 말해 보시오.
- 영화관 티켓 가격을 어떻게 생각하는가?
- 취업 준비가 어렵지 않은가?
- 현장에서 가장 필요한 것이 무엇인 것 같은가?
- 전국 사이트 수는?
- 입사 후 포부에 대해 말해 보시오.
- CGV에서 불편함을 느꼈던 적이 있는가?
- CGV 진출 국가와 진출 예정 국가는 어디인가?

(6) CJ푸드빌

- (사전과제) 신상품의 특징을 알려주고 영업점 한 곳을 지정한 후 컨설팅 제안서를 만들어 보시오.
- (심층 면접) CJ푸드빌의 브랜드 중 하나를 정해서 매출을 올릴 수 있는 아이디어를 제시하시오.
- (심층 면접) CJ푸드빌의 운영 방향에 대해 토론하시오.
- (심층 면접) 매장 내에서 마찰이 생겼는데 어떻게 해결할 것인가?
- (Role - play 면접) 사전과제로 받은 내용을 바탕으로 면접관에게 판매해 보시오.
- 새로운 브랜드를 제시해 보시오.
- 자신이 왜 CJ푸드빌에 적합한지 설득해 보시오.
- 현재 본인이 아르바이트하고 있는 지점의 담당 SC가 된다면?
- 비비고 브랜드 제품을 이용해 보았는가?
- 해외에서 유명한 푸드 브랜드가 무엇이고 해외에서 CJ푸드빌이 성공할 것 같은가?
- 신제품이 필요한 이유는 무엇인가?
- 뚜레쥬르의 해외매장 개수는 몇 개인가?
- 본인을 색깔로 표현하자면 무슨 색인가?
- 본인은 친한 친구들 사이에서 어떤 역할을 맡고 있는가?
- 마케터로서 본인의 강점과 역량은 무엇이라고 생각하는가?
- 최근에 읽은 책은 무엇인가?
- 푸드빌에 입사한다면 본인의 비전이 무엇인가?
- 사업 추진금으로 거금이 있다면 그 돈을 어떻게 활용하고 싶은가?
- 손익계산서에서 가장 중요한 항목이 무엇인가?
- 브랜드 중에 바꾸고 싶은 디자인은 무엇인가?
- 담당해보고 싶은 브랜드는 무엇인가?
- 직접 방문해 본 CJ푸드빌의 매장은 어디인가?
- 한식 식재료가 무엇을 뜻하는가?
- 외국인에게 한식을 어떻게 알릴 것인가?
- 투썸플레이스의 경쟁사는?
- 일주일에 외식을 하는 빈도는?
- CJ푸드빌 브랜드 외에 방문했던 음식점에 대해 이야기해 보시오.
- 외식업 마케팅과 제조업 마케팅의 차이는?
- 해외 진출을 위한 새로운 브랜드를 만들어 보시오.
- 당신의 별명은?
- 당신의 단점은?
- 지원한 직무를 자신만의 표현법으로 설명해 보시오.
- 좋아하는 셰프가 있는가?
- 지원한 직무와 관련된 일을 하면서 무엇을 배웠는가?

(7) CJ ENM

- (심층 면접) ENM 콘텐츠로 해외(국가 중 택1) 진출에 관하여 계획을 세워보시오.
- (심층 면접) 페스티벌을 기획한다면 어떤 페스티벌을 기획할 것인가?
- (심층 면접) 마이너리티 문화를 대중화할 수 있는 프로그램을 기획하시오.
- 한국 음원차트와 빌보드의 차이는 무엇이라고 생각하는가?
- 앞으로 어떤 음악 트렌드에 탑승해야 성공할 수 있을 것이라 생각하는가?
- 자신의 인생에서 영화화하고 싶은 부분이 있다면 무엇인지 중국어와 영어로 설명해 보시오.
- 한국에서는 실패했는데 중국에서는 성공할 것 같은 영화는 무엇이 있는가?
- 최근에 즐겨 보는 프로그램이 있는가? 그 이유는 무엇인가?
- 이 업무를 꼭 해야 하는 이유가 있는가?
- 예능 프로그램의 최근 동향이 어떤지 설명하고 그에 따른 자신의 생각을 설명해 보시오.
- 좋아하는 애니메이션은 무엇인가? 본인이 만들고 싶은 애니메이션은? 현재 애니메이션 산업계에 대해 평가해 보시오.
- 입사한다면 어떤 일을 하고 싶은가? 현재 이 산업의 문제점이 무엇인가?
- CJ ENM 방송 프로그램 중 가장 잘됐다고 생각하는 프로그램이 있는가?
- 다른 계열사보다 업무강도가 높은데 괜찮은가?
- 동종 업계 중 으뜸인 국내 기업 3곳을 말해 보시오.
- 동아리 활동에서 무엇을 했는가? 왜 그 동아리를 선택하였는가?
- 내가 이 일에 잘 맞는 이유를 세 가지만 말해 보시오.
- 다른 지원자에 비해 어떤 강점이 있는가?
- 가장 열정적으로 살았던 경험이 있는가?
- 본인의 핵심역량은 무엇인가?
- CJ ENM의 기업 이미지는?
- 왜 MCN사업부에 지원했는가?
- 해외에 판매하면 좋을 방송 콘텐츠는?
- 존경하는 감독님은?
- 한국 영화시장의 규모를 추정해 보시오.
- 왜 이 직무를 하고 싶은가?
- 10년 후 계획과 경력 목표에 대해 말해 보시오.
- 인턴 생활 중 힘들었던 상사가 있었는가?
- 직무와 연관된 경험을 말해 보시오.
- 본인의 단점은 무엇인가?
- 향후 회사를 어떻게 전망하는지에 대해 말해 보시오.
- 10년 후 회사와 산업이 어떻게 변했을 것 같은가?
- 1분 동안 자기 PR을 해 보시오.
- 아직 개척하지 않은 시장을 선정하고 진출 가능성을 분석해 보시오.
- MAMA에 투자하는 금액은 얼마라고 생각하는가?
- 기획하고 싶은 프로그램과 구상하게 된 계기에 대해 말해 보시오.
- 좋아하는 아티스트와 그 이유는?
- (먼저 개성 있는 복장을 입고 면접에 오라는 안내가 있었음) 자기소개 및 개성 있는 복장에 대한 자기 PT를 해 보시오.

- 모두의 마블이 1,500만 다운로드를 돌파하였는데 3,000만 다운로드가 되기 위한 방안에 대해 말해 보시오.
- (상자를 준 후) 상자 안에 무엇이 들어 있을지 메모장에 1분간 정리한 후 스토리텔링을 하시오.
- 유저의 입장에서 1 ~ 3개월 내에 현금결제한 게임과 그 게임의 장·단점에 대해 설명하시오.
- 자신의 핸드폰에 설치한 게임의 종류에 대해 말하고, 가장 즐겨하는 게임에 대해 그 이유와 특징을 말해 보시오.

(8) CJ대한통운

- CJ대한통운의 부두가 없는 곳은?
- CJ대한통운의 서비스를 더욱더 향상시키는 방법이 있다면 말해 보시오.
- 현재까지 대한통운이 4차 산업과 관련하여 개발 및 적용 중인 기술에 대하여 말해 보시오.
- 최근 대한통운과 관련이 있는 이슈에 대하여 아는 것이 있다면 말해 보시오.
- CL직군에서 꼭 필요한 능력은 무엇이라고 생각하는가?
- 본인의 인생에서 가장 창의적으로 해냈던 일은 무엇인가?
- 회사 또는 상사가 부당한 일을 시켰을 때 어떻게 할 것인가?
- 어떤 부류의 사람을 좋아하는가?
- 왜 CJ대한통운에 입사하려고 하는가?
- 전공과 전혀 관련 없는데 괜찮은가?
- 당사의 경쟁사는 어디인가? 그에 따른 개선 방안은 무엇인가? 왜 그곳에 지원하지 않았는가?
- 본인이 생각하는 이슈 중 최근 가장 중요하다고 생각하는 것은 무엇인가?
- 맡고 싶은 업무는 무엇인가?
- 아마존이 국내에 진출했지만 이렇다 할 성과는 못 내고 있는 것으로 안다. 왜 그렇다고 생각하는가?
- 2PL과 3PL의 차이는 무엇인가?
- 인코텀스의 개요와 특히 FOB와 CIF 조건의 차이점에 대해 설명해 보시오.
- 현재 직구와 역직구가 늘어나는 추세에서 CJ대한통운이 어떤 사업을 기획할 수 있겠는가?
- 대한통운의 20년 후의 모습은 어떠할 것 같은가?
- 직무와 관련하여 본인의 강점은 무엇이라고 생각하는가?
- 대한통운의 사업 중에 자신 있는 것을 하나만 말해 보시오.
- 우리 회사에 지원한 동기에 대해 말해 보시오.
- 10년 후 본인의 모습은 어떨 것 같은가?
- 해외진출에 있어 앞으로 대한통운이 나아가야 할 방안에 대해 말해 보시오.
- 본인이 하고 싶은 직무 또는 물류직무와 관련하여 어떤 경험을 하였는가?
- 인코텀스가 무엇인지 아는가? 안다면 설명해 보시오.
- 물류란 무엇인지 사전적 의미가 아닌, 실무와 관련된 이야기를 해 보시오.
- 대한통운이 가지고 있는 약점은 무엇이라고 생각하는가?
- 물류산업의 종류는 다양한데 그중 CJ대한통운의 가장 자신 있는 물류산업은 어느 분야인가?
- 물류산업 최고가 되면 무엇을 하고 싶은가?
- 물류업계의 현 위치와 대우, 개선방안에 대해 이야기해 보시오.
- 한국의 물류가 세계적으로 강국이 되려면 어떻게 해야 한다고 생각하는가?
- 실버택배, 미즈택배 등 배송 환경을 변화할 수 있는 방안을 말해 보시오.
- CJ대한통운의 이미지 개선 방안으로 무엇이 있겠는가?

- 신사업에 대한 아이디어를 제시하시오.
- 물류산업에 지원한 이유는?
- 단가를 낮추라는 회사와 높이려는 거래처 사이에서 해결 방안은?
- CJ대한통운의 장점은?
- E-커머스와 SCM의 관계에 대해 어떻게 생각하는가?
- 랙을 설치할 때 기준에 대해서 말해 보시오.
- 자신을 판매해 보시오.
- 문화란 무엇인가?

(9) CJ헬로비전

- 우리 회사에 지원한 동기는 무엇인가?
- (회사 상황을 제시한 후) 동료와의 갈등이 생겼을 때 갈등을 해결하기 위한 본인만의 방안에 대해 설명해 보시오.
- 본인은 어떤 사람을 싫어하는가?
- 마지막으로 하고 싶은 말은?
- 티빙을 이용해 본 적이 있는가?
- 앞으로 IT업계에서 발전하게 될 분야는 무엇이 될 것 같은가?
- 자신 있게 구사할 수 있는 외국어는 무엇인가?
- 티빙을 이용해 본적이 있는가?
- 티빙의 장·단점은?
- 앞으로 IT업계에서 발전하게 될 분야가 무엇인 것 같은가?

(10) CJ올리브네트웍스 IT사업 부문

- 여러 가지 긴급한 업무가 동시에 발생했을 때 어떻게 처리할 것인가?
- 다른 SI업체가 아닌 우리 회사에 지원한 이유가 무엇인가?
- 반대로 면접관에게 질문하고 싶은 것은 무엇이 있는가?

(11) CJ파워캐스트

- (심층 면접) 파워캐스트가 가지고 있는 매체를 토대로 상품을 기획해 보시오.
- CJ파워캐스트에 기여할 수 있는 점이 무엇인가?
- 왜 CJ파워캐스트에 입사하고 싶은가?
- 본인의 글로벌 역량은 무엇인가?
- 워라벨에 관해 어떻게 생각하는가?
- 당신은 말을 듣는 사람입니까? 하는 사람입니까?
- 1등이 먼저인가? 최고가 먼저인가?(이견이 있는 사람이 있다면 왜인가?)

롯데그룹은 지원자의 역량, 가치관 발전 및 가능성, 보유 역량의 수준 등을 종합적이고 심도 있게 평가하기 위해 다양한 면접 방식을 도입하여 실시하고 있다. 2017년 상반기까지 조직·직무적합검사와 면접전형이 1일 통합 시행했던 것과 달리 2017년 하반기부터 조직·직무적합검사를 통과한 지원자만 후에 실시되는 면접전형에 응시할 수 있게 되었다.

계열사별 차이는 있으나 PT 면접, 그룹 토의 면접(GD 면접), 역량 면접 등 최대 1 ~ 3회 이상의 과정을 거쳐 지원자의 역량을 철저히 검증하고 있다. 여기에 최근에는 지원자의 Global Communication 능력을 검증하기 위한 외국어 면접도 점차 확대하고 있으며, 코로나 19 기간 동안에는 비대면 화상면접을 실시하였다.

1. 역량기반 구조화 면접

역량기반 구조화 면접은 해당 직무의 실무자 2명과 지원자 1명으로 약 30분에서 1시간 정도 진행된다. 회사의 기본가치 및 직무에 필요한 역량을 도출하여 만든 상황별 심층 질문을 통해, 지원자의 잠재역량을 측정하여 조직 적합도 및 직무역량이 뛰어난 인재를 선별하고자 한다. 답변 내용에 따라 상황에 맞는 심층 질문 및 꼬리 질문이 이루어지므로 지나치게 자신을 포장하려는 태도는 좋지 않다. 따라서 긍정적인 모습만으로 미화하려는 것 보다는 자신의 본 모습을 솔직하게 보여줄 수 있도록 생각을 정리하고 조리 있게 답변하는 것이 중요하다.

(1) 식품부문

[롯데제과]
• 롯데제과에서 만드는 제품 중 좋아하는 것 다섯 가지를 말해 보시오.
• 제과업계 특성상 미투(Me-too) 마케팅이 유행하고 있는데 어떻게 생각하는가? 또 미투(Me-too) 마케팅의 단점을 어떻게 극복할 것인가?
• 지원한 직무에 맞는 남들과 차별되는 본인만의 역량이 있다면 말해 보시오.
• 롯데제과 제품을 말해 보시오.
• 롯데제과의 제품 중 하나를 택하여 판매해야 한다면, 어떤 방법으로 판매할 것인가?
• 롯데제과의 안 좋은 이미지는 무엇이고, 그 이미지를 극복하기 위해 어떻게 해야 하는가?
• 육체적인 힘듦과 정신적인 힘듦 중 어떤 것이 더 힘들다고 생각하는가?

[롯데칠성음료]
• 롯데칠성음료의 공장이 어디에 있는가?
• 육아 휴직에 대한 본인의 생각을 타당한 근거를 들어 말해 보시오.
• 루트 영업에 대해 말해 보시오.
• 롯데칠성음료가 생산하는 제품에 대해 말해 보시오.

[롯데푸드]
• 롯데푸드의 기업 이미지에 대해 말해 보시오.
• 롯데푸드에 대해 아는대로 다 말해 보시오.

[롯데리아]
- 왜 롯데리아는 일본과 관련된 이미지를 벗어나지 못한다고 생각하는가?
- 롯데리아의 CSV 향상 및 이미지 제고 방안에 대해 말해 보시오.
- 롯데리아가 운영하는 외식업체를 방문한 경험이 있는가? 소감을 말해 보시오.
- 학업 외 활동 경험을 직무에서 어떻게 살릴 것인가?
- 롯데리아에서 가장 좋아하는 햄버거는 무엇인가? 그 이유는?
- 스타벅스와 엔젤리너스의 인기 차이에 대해 어떻게 생각 하는가, 그리고 극복 방안에 대해 말해 보시오.

[롯데중앙연구소]
- 롯데의 인재상에 대해 말해 보시오.
- 삶에서 가장 중요한 가치는 무엇인지 말해 보시오.
- 롯데의 신제품에 대해서 말해 보시오.
- 롯데의 식품 중 가장 좋아하는 것과 개선해야 하는 점에 대해 말해 보시오.
- 집단의 리더가 되어 성공을 이끈 경험이 있는가? 그 과정에서 실패는 없었는가?

(2) 관광부문

[롯데호텔]
- 대인관계에서 갈등이 일어난 상황에서 본인이 했던 행동을 말해 보시오.
- 롯데호텔에 대해 아는 대로 다 설명해 보시오.
- 왜 본인을 뽑아야 하는지 말해 보시오.
- 상사의 부당한 지시에 따를 것인가?
- 가장 기억나는 PT는 무엇인가?

[롯데월드]
- 본인이 경험한 최고와 최악의 서비스에 대해 말해 보시오.
- 서비스의 범위는 어디까지라고 생각하는가?
- 블랙컨슈머를 만났던 경험과 본인이 어떻게 대처했는지 말해 보시오.
- 아르바이트 경험에 대해 말해 보시오.

(3) 서비스부문

[롯데글로벌로지스]
- 편법을 사용하지 않고 정당하게 무언가를 이루어낸 경험에 대해 말해 보시오.
- 무리한 부탁을 받은 경험에 대해 말해 보시오.
- 인생에 있어 도전했던 경험에 대해 말해 보시오.

[롯데시네마]
- 동아리나 팀 리더로 활동했던 경험에 대해 말해 보시오.
- 일과 삶의 균형에 대한 본인의 생각을 말해 보시오.

[롯데정보통신]
• IT분야 외의 관심 있는 분야는 무엇인가?
• 자기소개서에 인턴 경험이 있는데 본인이 어떤 일을 했는지 자세히 말해 보시오.
• 프로젝트를 진행한 경험이 있는데, 힘들었던 일은 없었는가? 또 갈등상황은 어떻게 해결했는지 말해 보시오.
• 학교시험 때 족보를 보는 것에 대해 어떻게 생각하는가?
• 관습이나 관례에 대해 어떻게 생각하는가?

[로카모빌리티]
• L-PAY에 대해 말해 보시오.
• 본인이 영향력을 발휘하여 기존의 상황을 변화시킨 사례에 대해 말해 보시오.

[롯데렌탈]
• 청년실업으로 4행시를 해 보시오.
• 연필의 다른 용도를 5가지 말해 보시오.
• 사회 실업난은 누구의 책임인가?

(4) 유통부문

[롯데백화점]
• 창의적으로 일을 해낸 경험에 대해 말해 보시오.
• 주변의 맛집은 어디인가? 본인이 생각하는 맛집의 요인은 무엇인지 말해 보시오.
• 왜 롯데인가?
• 부당한 요구를 받은 경험이 있다면 말해 보시오.
• 롯데백화점 식품 매장을 방문한 경험이 있는가? 느꼈던 점은 무엇인가?
• 업무 중 협력사나 매장에서 근무하는 사람들과 부딪힐 때 어떻게 대처할 것인가?
• 헌법 제1조가 무엇인지 아는가?
• 롯데백화점의 해외 지사가 어디에 있는지 아는가?
• 지방근무나 주말근무도 가능한가?
• 마케팅 4P에 대해 설명해 보시오.
• Co-Work가 불가능한 팀과 Co-Work를 해야 할 때 어떻게 하겠는가?
• 나이가 더 많은 사람이 후배로 들어오면 어떻게 관리하겠는가?
• 1~2년 사이 친구는 몇 명 사귀었는가? 그 친구 중 가장 친한 친구의 이름은 무엇인가? 또한 그 친구와 친하
  게 지낼 수 있었던 자신만의 방법을 말해 보시오.
• 오늘 면접장에 와서 주변 지원자들과 무슨 이야기를 했는가?

[롯데마트]
• 카카오톡에 친구 수는 총 몇 명인가? 또 그 친구들을 어떻게 그룹화할 수 있는가?
• 도박, 투기, 투자의 차이점은 무엇인가?
• 타 마트로부터 배워야 할 점은 무엇인가?
• 지금 당장 여행가고 싶은 곳은 어디인가? 그 이유는?

[롯데하이마트]
• 다른 계열사도 많은데 왜 하이마트에 지원했는가?
• 오늘 면접장에 몇 시에 도착했는가?
• 자신의 윤리성을 점수로 매기자면 몇 점인가? 그 이유는?
• 공백기가 다른 지원자들에 비해 긴 편이다. 공백기 동안 무엇을 했는가?
• 아르바이트를 할 때 가장 기뻤던 점은 무엇인가?
• 요즘 관심 있게 보고 있는 것은 무엇인가?

[롯데면세점]
• 롯데면세점 어플리케이션을 쓰면서 불편했던 점과 좋았던 점을 이야기해 보시오.
• 면세점 시장의 동향에 대해 설명한 후, 매출신장의 방법에 대해 말해 보시오.
• (비영업부문 지원자에게) 프로모션을 성공적으로 해본 경험이 있는가?
• (시간제한) 본인을 PR해 보시오.

[롯데슈퍼]
• 최근 2년 안에 가장 몰두했던 일은 무엇인가?

[코리아세븐]
• 동시에 여러 가지 일을 한 경험에 대해 말해 보시오.
• 대학교 시험 때 컨닝한 학생들을 본적이 있는가? 그에 대한 본인의 행동은?
• 역량은 작으나 큰 성취를 한 경험에 대해 말해 보시오.

[롯데홈쇼핑]
• 상사가 남아서 야근을 지시하면 어떻게 할 것인가?(단, 다른 직원들은 모두 정시 퇴근을 하며, 본인이 혼자 남을 경우 다른 직원들의 눈치를 받게 된다)
• MD의 입장에서 상품을 어떻게 기획할 것인가?
• 관행을 바꾼 경험이 있다면 말해 보시오.

(5) 유화부문

[롯데케미칼]
• 본인의 인성을 파악할 만한 질문은 무엇이라고 생각하는가? 그 질문의 답을 말해 보시오.
• 학점은 평가 기준에서 몇 위라고 생각하는가?
• 컨닝을 한 경험이 있는가?
• 지방근무에 대해 어떻게 생각하는가?
• 상사가 범법행위를 저지른다면 어떻게 할 것인가?
• 지방근무를 하더라도 잘 적응할 수 있겠는가?

(6) 건설 · 제조부문

[롯데건설]
• 롯데건설의 구호를 알고 있는가?
• 평소 정보를 어떻게 얻는가?
• 리더십을 발휘한 사례에 대해 말해 보시오.
• 살면서 어려웠던 경험에 대해 말해 보시오.
• 현장에서 소음 문제는 어떻게 해결될 수 있는가?
• (세종대왕 제외) 존경하는 조선시대 왕을 말해 보시오.

[롯데알미늄]
• 성격의 장 · 단점에 대해 말해 보시오.
• 4차산업이 영업직무에 어떤 영향을 미칠 것 같은가?

[캐논코리아비즈니스솔루션]
• 생산지원 직무에 대해 설명해 보시오.
• 원하는 직무에서 업무를 볼 수 없다면 어떻게 하겠는가?
• 본인의 실패 경험에 대해 말해 보시오.

(7) 금융부문

[롯데카드]
• 최근 롯데카드가 진행하는 광고를 봤는가? 광고에 대해 어떻게 생각하는가?
• 사람들을 설득할 때 어떤 방법으로 설득하는가?

[롯데캐피탈]
• 인 · 적성검사를 공부하면 도움이 되는가? 어떤 면에서 도움이 되는가?
• 통화정책과 재정정책 중 무엇이 더 효과적이라고 생각하는가?
• 뉴스를 보는가? 요즘 이슈는 무엇인가?
• 다른 금융회사도 지원을 했는가?
• 할부와 리스의 차이점에 대해 말해 보시오.
• 롯데캐피탈에 대해 평소 알고 있었는가?

[롯데손해보험]
• 직무를 선택한 이유에 대해 말해 보시오.
• 창의성을 발휘하여 문제를 해결한 경험이 있는가?
• 대리출석을 한 경험이 있는가?

[롯데자산개발]
• 자신의 강점에 대해 말해 보시오.

2. GD(Group Discussion) 면접

GD(Group Discussion) 면접은 특정주제에 대해 자유토의 방식으로 4 ~ 6명이 한 조가 되어 30분가량 토론이 진행된다. 면접관은 토론에 전혀 관여하지 않으며 찬반 토론이 아닌 주제에 대한 토의로 서로 의견을 공유하며 해결 방안을 도출한다. 또한 해당 주제에 대한 특정 정답을 요구하는 것이 아니므로 단순히 지적 수준이나 토론 능력만을 평가하지 않는다. 따라서 토론에 임하는 자세와 의사소통능력, 협동심이 등이 더욱 중요하다.

(1) 식품부문

[롯데푸드]
• 약국 외 약품 판매

(2) 관광부문

[롯데월드]
• 전망대, 키즈파크, 아쿠아리움, 어드밴처, 워터파크의 통합 마케팅 방안
• 롯데월드 타워의 활용 방안

[롯데제이티비]
• 갑질논란에 대한 의견

(3) 서비스부문

[롯데글로벌로지스]
• 3PL 영업전략

[롯데시네마]
• 롯데시네마 월드타워관 운영 및 활성화 방안

[롯데정보통신]
• O2O 서비스 발전 방향
• 공인인증서 폐지

[롯데렌탈]
- 경쟁사인 AJ렌터카의 저가전략에 대한 대응 방안

(4) 유통부문

[롯데백화점]
- CRV에 대한 아이디어
- 1인 가구 트렌드에 맞는 롯데백화점의 상품, 서비스 전략
- (백화점 아울렛 시장에 대한 기사) 백화점 3사 아울렛 시장
- 중국 롯데 백화점 홍보 마케팅 전략
- 고유가 대책과 유류세 인하
- 종교인의 세금 부과
- 선거운동과 SNS
- 학생 체벌 금지
- (새롭게 표준어가 된 단어 제시) 새 표준어 개정안에 대한 의견

[롯데하이마트]
- 하이마트 PB 상품 개발에서 고려해야 할 요소 및 홍보전략

[코리아세븐]
- 고객 니즈를 충족시킬 수 있는 편의점 신전략
- 편의점의 수익성 강화를 위해 필요한 변화

[롯데닷컴]
- 롯데닷컴 단합대회 기획

(5) 유화부문

[롯데케미칼]
- 롯데케미칼의 환경경영

(6) 건설 · 제조부문

[롯데건설]
- 롯데건설이 나아갈 새로운 사업
- 역발상과 롯데건설이 나아가야 할 방향
- 천안함 피폭 사건과 관련한 국민의 알 권리와 국가 기밀 보호

(7) 금융부문

> [롯데손해보험]
> • 보험사기를 근절하기 위한 해결방안

3. PT 면접

프레젠테이션 면접은 주어진 주제에 대해 지원자가 직접 분석 및 자료 작성을 통해 발표를 진행하는 방식으로 이루어진다. 조별로 기사가 3개 정도 주어지며 면접관 2명과 지원자 1명으로 구성되어 10분 정도 진행된다.

PT 면접에서 중요한 것은 정해진 시간 내에 합리적이고 독창적인 결과를 도출해 낼 수 있는 분석력과 창의성이다. 또한 이를 상대방에게 효과적으로 전달할 수 있는 발표능력도 매우 중요하다.

(1) 식품부문

> [롯데제과]
> • 롯데제과의 제품 하나를 골라 할랄 식품 인증을 획득할 계획을 수립하시오.
>
> [롯데칠성음료]
> • (시장 점유율 표 제시) 시장의 변화를 주기 위한 상품과 현실적인 적용 방안
> • 브랜드 이미지 상승 방안
>
> [롯데푸드]
> • 파스퇴르 우유 제품을 중국 시장 어느 연령대에 어떻게 공략할 것인지 말해 보시오.
> • 편의점 도시락 메뉴 및 간편식 시장을 공략하고자 할 때 활성화 방안에 대해 말해 보시오.
> • 1인 가족을 타겟으로 한 새로운 상품 개발에 대해 말해 보시오.
> • 한식의 세계화 방안
> • 부실한 군납 급식 개선 방안
>
> [롯데리아]
> • 롯데리아의 옴니채널 활용 방안을 말해 보시오.
>
> [롯데중앙연구소]
> • (식품 트렌드 관련 기사 제시) 롯데에서 개발할 신제품을 발표하고자 할 때, 이름, 포장법, 타겟, 가격 등의 계획을 수립하여 발표하시오.

(2) 유통부문

> [롯데백화점]
> • 코즈마케팅과 관련한 기업의 실천 방안
> • 경쟁 백화점과의 차별 방안
>
> [롯데슈퍼]
> • 매출부진을 극복하기 위한 상품 기획안 제시
>
> [롯데홈쇼핑]
> • 배송경쟁, 가격 경쟁 심화 속에서 롯데홈쇼핑 만의 차별화된 경쟁 방안 제시

(3) 유화부문

> [롯데케미칼]
> • 롯데케미칼의 환경 경영

(4) 건설 · 제조부문

> [롯데기공]
> • B2C분야로 처음 진출할 때, 아이템이나 기업 브랜드를 홍보할 수 있는 방안 제시

(5) 금융부문

> [롯데카드]
> • 주어진 기사를 바탕으로 서비스 기획
>
> [롯데캐피탈]
> • 창업 지원에 초점을 맞추면 어떤 업종을 추천하겠는가?
> • 오토리스 직무 관련해서는 어떤 업종을 추천하겠는가?
>
> [롯데멤버스]
> • 롯데 멤버스 제휴사와 상호 송객을 통한 마케팅 전략

4. 외국어 면접

외국어 면접은 영어, 일어, 중국어 중 하나를 선택하여 구술평가로 진행된다. 계열사마다 필수적으로 보는 곳이 있고 선택적으로 보는 곳이 있다. 필수적으로 보는 곳은 보통 영어로 간단한 질문을 하는 유

형이다. 선택적으로 보는 곳이면 자신이 외국어에 자신이 있다고 생각하는 사람만 신청해서 면접을 볼 수 있으며 면접을 보지 않는다고 해도 감점은 없다. 단지 잘 봤을 경우의 가점만 있을 뿐이다.

(1) 식품부문

[롯데제과]
- 자기소개를 해 보시오.
- 영어 멘토링 봉사활동을 했는데 활동 내용을 영어로 상세히 말해 보시오.

(2) 관광부문

[롯데호텔]
- 사는 곳에 대해 설명해 보시오.
- 여행을 좋아하는가? 여행을 가본 곳 중 인상 깊었던 곳을 설명해 보시오.
- 전공에 대해 설명해 보시오.
- 쉬는 날에는 보통 무엇을 하는가?

[롯데월드]
- 자기소개를 해 보시오.
- 본인의 장·단점에 대해 말해 보시오.
- 취미를 말해 보시오.
- 입사 후 각오에 대해 말해 보시오.

(3) 유통부문

[롯데백화점]
- 본인의 성격을 묘사해 보시오.
- (짧은 글 제시) 다음 글을 요약한 후, 본인의 생각에 대해 말해 보시오.
- (한글 신문 기사 제시) 기사 내용을 요약해서 1분 동안 말해 보시오.
- 롯데백화점의 장·단점에 대해 말해 보시오.
- 최근 관심 있게 본 뉴스는 무엇인가?
- 현대백화점과 롯데백화점의 차이는 무엇인가?
- 주말엔 무엇을 했는가?
- 친구란 무엇인가?

[롯데면세점]
- 왜 롯데면세점에 지원했는가?
- 친구들이 본인을 어떻게 묘사하는가?
- 롯데면세점의 강점에 대해 말해 보시오.
- 자기소개를 해 보시오.

(4) 유화부문

[롯데케미칼]
- 자기소개를 해 보시오.
- 주말 계획을 말해 보시오.
- 자신의 인생 목표를 말해 보시오.

5. 임원 면접

면접관(임원) 3 ~ 4명, 지원자 3 ~ 4명으로 구성된 다대다 면접으로 진행되며 공통된 질문 또는 개별 질문에 대한 답변으로 30분 정도 진행된다. 가장 중점적으로 평가하는 부분은 지원자의 기본 인성과 조직 적합성 부분이다. 따라서 지원하는 회사에 대한 관심과 깊이 있는 이해가 매우 중요하다. 또한 자신이 회사에 필요한 인재임을 증명하고, 회사의 발전과 더불어 자신도 성장할 수 있는 성장 가능성을 제시할 수 있다면 좋다. 특히 임원 면접은 인성적 측면에 대한 검증의 의미가 크기 때문에 임의로 준비한 자세와 답변보다는 자신의 진실된 모습을 여과 없이 보여주는 것이 좋다.

(1) 식품부문

[롯데제과]
- 버킷리스트가 있는가?
- 생산이란 무엇이라고 생각하는가?

[롯데칠성음료]
- 지원동기를 말해 보시오.
- 주량은 어떻게 되는가?
- 입사 후 하고 싶은 일에 대해 말해 보시오.

[롯데푸드]
- 친구들 사이에서 본인의 역할에 대해 말해 보시오.
- 본인이 잘하는 것에 대해 말해 보시오.

[롯데리아]
- 40살까지의 목표가 있는가?
- 인생의 목표에 대해 말해 보시오.
- 본인의 롤 모델에 대해 말해 보시오.
- 옷은 어떤 색을 주로 입는가?
- 여자친구(남자친구)를 부모님에게 직접 소개한다면, 어떤 점에 포인트를 둘 것인가?

[롯데중앙연구소]
- 돈, 일, 명예 중 어떤 것을 선택할 것인가?
- 삶에서 가장 중요한 가치는 무엇인가?

(2) 관광부문

[롯데호텔]
- 본인을 색깔로 표현해 보시오.
- 영어를 제외하고 할 수 있는 외국어가 있는가?
- 후회했던 순간에 대해 말해 보시오.

[롯데제이티비]
- 여행이란 무엇인가?
- 본인의 강점에 대해 말해 보시오.
- 여성을 위한 여행 상품을 기획해 보시오.
- 롯데제이티비가 나아가야 할 방향에 대해 본인의 의견을 말해 보시오.

(3) 서비스부문

[롯데글로벌로지스]
- 지원동기를 말해 보시오.
- 감명 깊게 읽은 책을 말해 보시오.
- 낮은 연봉에 대한 본인의 생각을 말해 보시오.
- 취업난이 심해지는 이유에 대한 본인의 생각을 말해 보시오.
- 임금피크제에 대한 본인의 생각을 말해 보시오.

[롯데정보통신]
- 취미는 무엇인가?

[로카모빌리티]
- 빅데이터 시대에 빅데이터를 활용한 마케팅 방안에 대해 말해 보시오.

[롯데렌탈]
- 입사한다면 어떤 영업사원이 되고 싶은지 말해 보시오.
- 영업과 마케팅의 차이점에 대해 말해 보시오.

(4) 유통부문

[롯데백화점]
- 준비한 자기소개가 아닌, 지금 이 자리에서 즉석으로 성장과정에 대해 말해 보시오.
- 롯데그룹의 비리에 대한 본인의 생각을 말해 보시오.
- 롯데백화점 지원을 언제부터 결심했는가?
- 마지막으로 하고 싶은 말을 해 보시오.
- 백화점이 무엇이라고 생각하는가?
- 백화점의 입지조건으로 무엇이 중요하다고 생각하는가?

[롯데하이마트]
- 최근 부모님과의 통화는 언제인가?
- 본인의 전공과 하이마트의 관련성은 무엇인가?
- 주변 사람들로부터 본인은 어떤 사람이라는 평판을 듣는가?

[롯데면세점]
- 월드컵과 연관 지어 마케팅 방안을 말해 보시오.
- 졸업 논문은 어떤 내용인가? 구체적으로 말해 보시오.
- 당신이 임원이라면 어떤 사람을 뽑겠는가?

[롯데슈퍼]
- 매장을 방문한 경험이 있는가? 방문한 매장의 문제점과 개선할 방안을 말해 보시오.

[코리아세븐]
- 코리아세븐을 연상시키는 이미지를 세 가지 단어로 말한다면?
- 롯데그룹의 중심가치는 무엇인가?
- 임원들의 이미지가 어떠한가?
- 취미는 무엇인가?
- (한국사 자격증이 있는 지원자에게) 고구려, 백제, 신라의 멸망 순서를 아는가?
- (공대 출신 지원자에게) 전공이 다른데 영업에 지원한 특별한 이유가 있는가?
- 편의점 야근 아르바이트를 해본 경험이 있는가?
- 일정관리를 어떻게 하는 편인가?
- 가장 친한 친구가 있다면 누구이고 왜 그렇게 생각하는가?

[롯데홈쇼핑]
- (돌발질문) 면접실 뒤에 있는 달력은 왜 있는 것 같은가?
- 스타트업에 대한 생각과 한국에서 스타트업이 잘 안 되는 이유에 대해 말해 보시오.
- 30만 원 공기청정기보다 130만 원 공기청정기의 매출이 더 높다. 문제점과 이유는 무엇이라고 생각하는가?
- 219,000원보다 199,000원일 때 상품의 매출이 높다. 이유는 무엇이라고 생각하는가?
- 가치란 무엇인가?
- 옆 경쟁사에서 대박 난 상품을 롯데홈쇼핑에서도 판매하려고 한다. 경쟁사에서는 마진이 30%였지만, 우린 20%였다. 본인이 MD라면 어떻게 할 것인가?
- 롯데홈쇼핑의 약점과 강점에 대한 본인의 생각을 말해 보시오.

[롯데닷컴]
• 자신 있는 본인만의 역량에 대해 말해 보시오.

(5) 유화부문

[롯데케미칼]
• 10년 후, 20년 후, 30년 후 본인의 모습을 각각 말해 보시오.
• 선망하는 기업이 있는가?
• 존경하는 기업인이 있는가?
• 평소에 생각하는 롯데의 긍정적인 이미지와 부정적인 이미지에 대해 말해 보시오.

(6) 건설 · 제조부문

[롯데건설]
• 부모님과의 대화는 자주 하는 편인가?
• 입사를 한다면 진급 목표는 어디까지 생각하고 있는가?
• 왜 이 직무를, 왜 롯데에서 하고자 하는가?
• 현재 우리 부서가 주력하고 있는 부분에 대해 아는 것이 있다면 말해 보시오.

[롯데알미늄]
• 가장 힘들었던 점은 무엇인가?

[캐논코리아비즈니스솔루션]
• 본인만의 영업 전략에 대해 말해 보시오.
• 조직 생활에서 다른 사람과 충돌한 경험이 있다면 말해 보시오.

(7) 금융부문

[롯데카드]
• 이틀 뒤에 당신이 합격하였는데, 그 주 주말에 로또에 당첨이 된다면 입사를 하겠는가?

[롯데손해보험]
• 손해보험업에 지원한 이유가 무엇인가?
• 여러 보험사 중 롯데손해보험을 지원한 이유가 무엇인가?
• 지원 직무 내에서 구체적으로 하고 싶은 업무가 무엇인가?

1. 직무역량평가

[분석발표 면접(AP; Analysis&Presentation)]

제시된 과제에 대해 분석 및 발표하는 면접이다. 이 면접에서는 지원자의 전략적 사고, 창의적 문제해결력 등을 평가한다.

[조별활동(GA; Group Activity)]

6 ~ 7명 내외의 지원자로 조를 구성하여, 협업과제를 진행한다. 협업과제의 완성도, 팀워크, 커뮤니케이션 역량 등을 평가한다.

[인성 면접(ST1; Specialty Test 1)]

지원동기, 회사 정착성 및 적응력, 성장잠재력 등을 평가하는 면접으로, HR분야 면접관이 참여한다.

[직무 면접(ST2; Specialty Test 2)]

지원 직무에 적합한 지식, 스킬, 태도 등 역량 보유수준을 평가하는 면접으로, 해당 직무의 현업 면접관이 참여한다. 특히 이공계는 직무지식과 더불어 물리, 수학, 화학 등 공학기초지식도 평가한다.

[역사에세이]

제시된 역사 관련 주제에 대해 의견을 자유롭게 서술하는 형식으로 진행되며, 작성한 에세이를 통해 지원자의 역사이해도와 인문학적 소양 등을 평가한다.

[도서퀴즈]

회사와 관련된 도서를 읽고, 책 내용에 대한 이해도를 평가한다. 도서는 인적성검사 응시자를 대상으로 미리 배부한다.

(1) AP 면접

AP 면접은 제시된 업무과제에 대한 분석, 발표 및 질의 · 응답을 통해 개인적인 업무수행능력을 평가하는 단계이다. 지원자들은 주어진 비즈니스 케이스를 분석하여 문제를 해결하고 그 내용을 면접관 앞에서 발표하게 된다. 주로 개인의 전략적 사고, 창의적 문제 해결, 기획력, 프레젠테이션 능력, 정보 분석 및 활용역량 등을 평가한다.

(2) 직무적합성 면접

직무적합성 면접은 지원자의 회사 정착성, 적응력, 성장 잠재력과 지원직군에 적합한 지식, 스킬, 태도 등 직무역량 보유수준을 평가하는 단계이다. 직무역량은 지원직군의 현업 부서 면접관이 NCS(국가직무능력표준) 기반의 직무지식 중심으로 심사한다. 특히 기술계는 물리 · 수학 · 화학 등 공학기초 지식도 평가한다. 지원자의 회사 정착성, 적응력, 성장 잠재력 등은 기존의 ST1(조직적합성평가) 면접에서, 지원 직군에 적합한 지식, 스킬, 태도 등은 ST2(직무적합성평가) 면접에서 평가를 했다. 따라서 기존의 ST1, ST2 면접 기출 질문을 살펴보는 것이 많은 도움이 될 것이며, 이와 더불어 NCS 기반의 면접 평가가 어떤 방식으로 진행되는지도 알아두는 것이 좋다.

[ST1(조직적합성평가)]

- 포스코에서 이루고 싶은 꿈은 무엇인가?
- 10년 뒤에 꿈꾸는 자신의 모습에 대해 말해 보시오.
- 포스코의 경쟁사는 어디라고 생각하는가? 언급한 경쟁사와 비교했을 때 포스코의 장·단점은 무엇인가?
- 자신이 가장 잘할 수 있는 것은 무엇인가?
- 남들과는 다른 자신만의 경쟁력은 무엇인가?
- 최근 1년 동안 자신이 했던 가장 윤리적인 일과 비윤리적인 일을 말해 보시오.
- 주인의식이란 무엇인가? 포스코 직원의 주인의식 고취 방안에 대해 말해 보시오.
- 기업을 지원하는 기준이 무엇인가?
- 하기 싫었던 일이지만 해야 했던 경험을 말해 보시오.
- 자신의 가치관과 그것을 형성하기 위해 어떠한 노력을 했는지 말해 보시오.
- 전공을 활용해서 우리 회사에 어떻게 기여할 것인가?
- 철강업에 관심을 갖게 된 계기는 무엇인가?

[ST2(직무적합성평가)]

- 발전회사에 어떻게 관심을 두게 되었는가?
- 발전소와 관련된 전공활동은 무엇이 있는가?
- 철로 만들 수 있는 실생활 물건은 무엇이 있는가?
- 제어공학에서 시스템이란 무엇인가?
- 계단함수와 정상상태에 대해 아는 대로 말해 보시오.
- Settling Time이란 무엇인가?
- 베르누이 방정식에 대해 말해 보시오.
- 무차원수에 대해 말해 보시오.
- 후크의 법칙에 대해 말해 보시오.
- 제강공정에 대해 말해 보시오.
- 5대 원소에 대해 말해 보시오.
- LNG 발전소에 대해 설명해 보시오.
- 전공 과목(기계)을 통해 무엇을 배웠는가?
- 시멘트 규격이 의미하는 바를 알고 있는가?

2. 가치적합성평가

포스코가 추구하는 인재상에 얼마나 적합한지를 확인하는 단계로, 경영진과의 대면 면접으로 진행된다. 지원자의 가치관, 직업관, 인생관, 인성, 생활방식 등에 대한 질의·응답이 이루어지며 이러한 과정에서 지원자의 도전정신, 창의력, 조직 적응성, 윤리성 등을 평가한다.

- 자기소개를 해 보시오.
- 어느 정도 자신이 있는가? 자신이 있다면 자신의 신조를 영어로 말해 보시오.
- 자신이 목표를 설정하여 과제를 수행해 본 경험을 말해 보시오.
- 창업이 아니라 취업을 선택한 이유는 무엇인가?
- 철강 산업 분야에 관련된 이슈에 대해 말해 보시오.
- 지원한 분야에 가장 필요한 본인의 역량은 무엇이라고 생각하는가?
- 지원한 분야에 대한 준비는 어느 정도 했는가?
- 임진왜란에 대해 아는 대로 말해 보시오.
- 우리나라에서 가장 큰 제철소는 어디에 있는가?
- 지방근무를 하게 될 가능성이 있는데, 이에 대해 어떻게 생각하는가?
- 디자인이 세상을 바꾼다고 하는데, 이에 대해 어떻게 생각하는가?
- 일상생활에서 바꿔보고 싶었던 것을 말해 보시오.
- 포스코강판의 핵심가치를 디자이너의 측면으로 어떻게 생각하는가?
- 마지막으로 하고 싶은 말을 해 보시오.

KT는 '끊임없이 도전하는 인재, 고객을 존중하는 인재, 벽 없이 소통하는 인재, 기본과 원칙을 지키는 인재'를 인재상으로 삼고 있다. 두 차례의 면접을 통해 기본과 원칙에 충실하며 고객 가치 실현을 위해 끊임없이 소통하며 근성을 가지고 도전하는 KT인을 선발한다.

1. 1차 면접

1차 면접은 직무 위주의 면접으로 직무별로 요구하는 핵심역량을 갖추고 있는지를 평가한다. 블라인드 면접으로 PT 면접과 직무역량 면접이 이루어지는 것이 보통이지만 계열사나 지원한 직무 및 전형에 따라 다양한 면접방법을 채택하고 있기 때문에 사전에 홈페이지를 통해서 확인하는 것이 좋다.

(1) 직무역량 면접

① 면접 위원 : 3명
② 면접 시간 : 40분
③ 면접 형태 : 다대일 면접이나 다대다 면접
④ 면접 내용 : 자기소개서와 전공지식을 바탕으로 한 질문이 주어지며, 기본적으로 압박 면접이기 때문에 일관성 있고 논리적인 대답을 하는 것이 중요하다. 또한 창의성을 중요시하는 기업이므로, 중간에 주어지는 돌발 질문에 대해 충분한 준비를 하여 참신한 답변을 할 수 있도록 한다.

[KT]
- 현재 KT에서 하고 있는 프로모션에 대해 말해 보시오.
- KT의 세계 진출 가능성에 대해 예측하고 전략을 세워보시오.
- KT의 상품과 연관된 신제품 아이디어를 말해 보시오.
- KT 광고의 아쉬운 점과 개선 방향에 대해 이야기해 보시오.
- 기가토피아에 대해 아는 대로 설명해 보시오.
- KT 입사를 위해 준비한 것을 말해 보시오.
- KT 입사 후 목표에 대해 말해 보시오.
- KT에 대해 아는 대로 말해 보시오.
- 평소 KT의 이미지가 어떠하며, 개선해야 할 점에 대해 말해 보시오.
- KT의 마케팅에 대한 견해를 말해 보시오.
- 가격과 품질을 비교했을 때, KT의 마케팅은 어디에 중점을 두어야 하는지 말해 보시오.
- KT의 주 고객(거래처)에 대해 아는 대로 말해 보시오.
- KT의 제품을 쓰는 것이 있다면 어떠한지 말해 보시오.
- KT의 기업 비전의 의미에 대해 말해 보시오.
- KT를 어떻게 알게 되었는지 말해 보시오.
- KT는 무슨 회사인지 말해 보시오.
- KT의 기업 윤리 및 경영 철학에 대해 말해 보시오.
- KT는 윤리 경영을 강조하고 있는데 본인의 윤리의식은 어떠한지 말해 보시오.
- KT의 품질에 대해 말해 보시오.

- KT 인터넷의 세대별 전송 속도에 대해 아는 대로 말해 보시오.

[직무역량 · 포부]
- CP / IP, UDP의 차이점에 대해 설명하고 이를 활용한 애플리케이션의 예를 하나씩 말해 보시오.
- 5G가 LTE보다 빠른 물리적 이유와 소프트웨어적인 이유를 하나씩 말해 보시오.
- 유통채널관리가 무엇인지 말해 보시오.
- 풍력 발전기에 적용된 최신 기술에 대해 설명해 보시오.
- 주파수 경매에 대해 이야기해 보시오.
- B2B 영업과 B2C 영업에 대해 비교·설명해 보시오.
- 인프라가 가장 크게 구축된 건물은 어디인지 말해 보시오.
- 세계를 바꿀 만한 기술을 알고 있다면 설명해 보시오.
- 통신표준 문서를 열람한 경험이 있는가?
- LTE 표준에 대해 말해 보시오.
- 아이폰이 잘 팔리는 이유에 대해 말해 보시오.
- N-IDS와 H-IDS의 차이점에 대해 설명해 보시오.
- IDS 구축경험이 있다면 말해 보시오.
- VPP 기반의 가상발전소에 대해 설명해 보시오.
- 손익분기점에 대해 말해 보시오.
- 고객 불만에 대한 대처 방안을 말해 보시오.
- 한류에 대해 말해 보시오.
- 구조조정에 대해 어떻게 생각하는지 말해 보시오.
- 다룰 줄 아는 프로그램이 있다면 어떤 것인지 말해 보시오.
- 당직 중에 자신이 해결할 수 없는 사항에 항의하는 고객이 온다면 어떻게 할지 말해 보시오.
- 유선전화의 활성화 방안에 대해 설명해 보시오.
- 한 직영점의 점장으로서 필요한 덕목에 대해 말해 보시오.
- 원치 않은 부서에 발령을 받으면 어떻게 할지 말해 보시오.
- 업무 외의 다른 업무를 맡거나 병행하게 된다면 어떻게 할지 말해 보시오.
- 5년 후 통신시장은 어떻게 변할 것 같은지 말해 보시오.
- 불량제품 또는 서비스에 대한 강제판매 할당량이 주어진다면 어떻게 할지 말해 보시오.
- 직장 상사가 부정을 저지르고 있다면 어떻게 할지 말해 보시오.
- 모든 사람이 악법이라고 말하는 법이 있는데 이에 대해 어떻게 대응할지 말해 보시오.
- 당신이 전문가가 되기 위해 필요한 시간은 얼마인지 말해 보시오.
- 전문가가 되기 위한 계획이 있는지 말해 보시오.
- 부하직원이 20명 있는데, 그중 5명을 선정하여 새로운 일을 준다면, 그 선정 프로세스를 어떻게 할지 말해 보시오.
- 동료가 당신에게 무능력하다고 비난한다면 어떻게 대처할지 말해 보시오.
- 입사 후 어떤 아이디어를 상용화해보고 싶은지 말해 보시오.
- 오늘은 이미 오후 시간이 지나간 금요일이고 영업을 할 수 있는 시간은 토요일 하루이다. 10대를 팔아야 한다면 어떻게 팔겠는가?
- 반이 남은 삼다수와 새 삼다수가 있는데 손님들은 새 상품을 사길 원한다. 그러다보니 반이 남은 삼다수의 재고가 계속 쌓이고 있다. 면접관에게 반이 남은 삼다수를 판매해 보시오.
- 워라벨과 연봉 중 무엇이 더 중요한가?

[영어 면접]
• 자기소개 및 KT에 관해 소개해 보시오.

(2) PT 면접

① 면접 위원 : 3명
② 면접 시간 : 40분
③ 면접 형태 : 다대일 면접
④ **면접 내용** : 주어진 PT 주제에 대해서 45분간 A4용지 한 장 분량으로 요약하여 면접관에게 제출하게 되며, 발표시간은 10분 정도이다. PT를 마친 후에는 면접관들과 PT에 대한 피드백을 하게 된다. 노트북을 지원하는 계열사도 있지만 아닌 곳도 있기 때문에 다양한 PT 방법을 연구해야 한다.

• BEMS에 필요한 기술에 대해 설명해 보시오.
• KT의 현재 고객사의 가격인하 요구에 어떻게 대응할 것인가?
• 주어진 네트워크 트래픽 데이터를 근거로 어떤 공격을 받았는지 유추하고 해결 방법을 제시해 보시오.
• 스마트 캠퍼스를 만들려고 한다. 제안서를 작성하여 대학 고위 관계자 앞에서 발표한다는 가정하에 프레젠테이션을 해 보시오.
• 당사 상품, 브랜드의 경쟁우위 전략에 대해 설명해 보시오.
• 영업사원의 영업실적 향상 방안에 대해 설명해 보시오.
• '유아용 로봇 키봇'에 대해 설명해 보시오.
• 3W 전략에 대해 설명해 보시오.
• ADSL에 대해 설명해 보시오.
• KT의 잠재적 경쟁자는 누구이며, 그 경쟁자를 이기기 위한 방안은 무엇인가?
• 오픈소스와 프레임워크의 장·단점을 비교하고, 성공적인 기획 방안에 대해 설명해 보시오.
• 기업의 스마트폰 활용의 리스크와 고려사항에 대해 설명해 보시오.
• 빅데이터에 대해 설명해 보시오.
• Skylife 신규가입자 유치방안에 대해 설명해 보시오.

(3) 그룹토론 면접

① 면접 위원 : 3명
② 면접 시간 : 50분
③ 면접 형태 : 다대다 면접
④ **면접 내용** : 면접관 앞에서 찬성과 반대의 입장으로 나뉘어 토론을 하고 합의안을 도출한다. 평가의 주된 목적은 다른 사람의 말을 경청하고 자신의 의견을 잘 개진할 수 있는가를 보기 위한 것이다. 때문에 경청하는 자세가 필요하다. 토론이 끝나면 각자에게 4~5개의 직무관련 과제가 주어지고 면접이 끝날 때까지 문제를 풀어야 한다.

- 옥외 기지국과 인빌딩 시스템 중 어느 것이 더 좋은지 토론해 보시오.
- 주어진 상권의 타겟층을 학생과 직장인 중 어느 쪽을 선택하는 것이 유리하겠는가?
- 노령화 사회에 대한 대책에 대해 토론해 보시오.
- FTA의 득과 실에 대해 토론해 보시오.
- 인터넷 실명제에 대해 토론해 보시오.
- 사내 모니터 감시에 대해 토론해 보시오.
- 초중고 학생들의 수업 중 휴대전화 소지에 대해 토론해 보시오.
- 비용이 최소한으로 드는 홍보방법에 대해 토론해 보시오.
- 기업이 소비자 불만 기사에 대해 4대 대중매체, 소셜 미디어, 1:1 고객 상담 확충의 방법 중 어떻게 대처하는 것이 좋겠는가?
- 기업 CEO의 트위터 사용에 대해 토론해 보시오.
- 스마트워킹 도입에 대해 토론해 보시오.
- 고용시장의 비정규직 확대에 대해 토론해 보시오.

2. 2차 면접(임원 면접)

① 면접 위원 : 3명
② 면접 시간 : 40분
③ 면접 형태 : 다대다 면접
④ 면접 내용 : 조직가치 면접으로 KT 현직 임원이 지원자의 자질과 인성을 종합적으로 평가하며, 인성 면접과 더불어 창의적인 대답을 요하는 질문을 할 수도 있다. 특히 KT의 경우에는 윤리경영을 중요시하는 기업이기 때문에 이 점에 유의해서 답변을 준비하는 것이 좋다.

[인성]
- 본인의 자기소개서에서 가장 중요한 한 가지 경험을 말해 보시오.
- 레드오션인 통신업계에 지원한 이유를 말해 보시오.
- 자기소개를 해 보시오.
- 해당 직무를 선택한 동기에 대해 말해 보시오.
- 자기소개서에서 작성한 내용 외에 본인이 내세우고 싶은 것에 대해 말해 보시오.
- 고등학교 때만 동아리 활동을 하고 대학에서는 왜 하지 않았는지 말해 보시오.
- 동아리 내에서 어떤 역할을 맡았는지 말해 보시오.
- 주말, 공휴일에는 주로 무엇을 하는지 말해 보시오.
- 지금 생각나는 친구에 대해 말해 보시오.
- 나만의 스트레스 해소 방법에 대해 말해 보시오.
- 분쟁을 해결한 경험이 있으면 말해 보시오.
- 하루를 어떻게 계획하고 실천하는지 말해 보시오.
- 반드시 이루고자 하는 목표가 있다면 말해 보시오.
- 살아가는 데 있어서 가장 중요하다고 생각하는 것은 무엇인지 말해 보시오.
- 의사결정에서 가장 중요한 것은 무엇인지 말해 보시오.
- 인생의 터닝 포인트가 있었다면 말해 보시오.

- 인생의 롤 모델이 있다면 말해 보시오.
- 최근에 읽은 책에 대해 말해 보시오.
- 제일 잘하는 것이 무엇인지 말해 보시오.
- 표준어를 잘 구사하는 것 같은데 평소에 연습을 한다면 어떤 것인지 말해 보시오.
- 지금까지 살면서 가장 어려운 경험이 있다면 무엇인지 말해 보시오.
- 지원하는 직무에서 자신이 잘 할 수 있다고 생각하는 이유에 대해 말해 보시오.
- 입사 5년 후 구체적인 포부를 말해 보시오.
- 10년 후 자신의 모습이 어떠할지 말해 보시오.
- 마지막으로 하고 싶은 말이 있다면 해 보시오.

[KT]
- 현재 사용하고 있는 통신사는 어디인지 말해 보시오.
- 수습기간 동안에 영업, 휴대폰 판매를 시키면 어떻게 할지 말해 보시오.
- 네트워크나 IT 공부는 어떻게 해 나갈 것인지 말해 보시오.
- 여자로서 남자보다 영업 관리에 유리한 점에 대한 자신의 견해를 말해 보시오.
- 자신이 임원이라고 가정할 때, 지금 당장 실행할 수 있는 KT의 참신한 서비스를 말해 보시오.
- KT그룹에서 고치고 싶은 부분이 있다면 무엇인지 말해 보시오.
- KT의 현 시장상황과 앞으로 나아갈 방향에 대해 말해 보시오.
- 새로운 일에 팀원을 선정한다면 어떤 사람을 뽑을지 말해 보시오.
- 전자상거래에서 중요한 것은 무엇인지 말해 보시오.
- KT의 새로운 사업을 설명해 보시오.
- KT가 해외 진출 시 고려할 점에 대해 말해 보시오.

[창의성]
- 10억 원이 있다면 무엇을 할 것인가?
- 지금 면접관들의 겉모습을 사자성어로 표현해 보시오.
- 가장 관심 있는 외국은 어디이며, 그 나라에 대해 신문 스크랩한 적이 있다면 그 내용은 무엇인가?
- 영업과 사업의 차이를 아는가?
- 당사제품 100개를 당장 팔라고 하면 어떻게 할 것인가?
- 자신의 가치를 돈으로 환산해 보시오.
- 업무 외에 다른 업무를 맡거나 병행하게 된다면 어떻게 할 것인가?
- 시속 100km 제한인 도로에서 밤에 다른 차가 없다면 몇 km까지 밟겠는가?
- 내일이 마지막이라면 오늘 무엇을 하고 싶은가?

1. 1차 면접(역량 면접)

실무진이 진행하는 면접으로 구조화 면접과 PT 면접 또는 토론 면접으로 구성된다.

- 구조화 면접 : 자기소개서 위주의 면접으로 인성 및 실무 면접 진행
- PT 면접 : 주제를 제시한 후 약 30분 정도의 시간이 주어지고, 이에 대한 발표 및 질의·응답 형식으로 진행
- 토론 면접 : 대기실에서 10분 동안 토론 자료에 대해 읽은 후 각자 찬성 또는 반대의 입장을 정하고 2~3분 정도 각자의 입장을 짧게 밝힌 후, 토론 진행

2. 2차 면접(임원 면접)

임원 면접으로 아모레퍼시픽에 관해 1차보다 심층적인 질문과 인성에 관한 질문으로 진행된다.

3. 면접 기출 질문

(1) 1차 면접(역량 면접)

[구조화 면접]
- 1분 동안 자기소개를 해 보시오.
- 이니스프리에 대해 아는 대로 말해 보시오.
- 아모레퍼시픽에 대해 아는 것을 말해 보시오.
- 지원한 직무에 대해 아는 대로 말해 보시오.
- 당신은 행동가인가? 전략가인가?
- 자사에 대한 당신의 인식은 어떠한가?
- 자신의 화장품 소비 패턴은 어떤가?
- 아모레퍼시픽의 추천하고 싶은 제품과 비추천제품은?
- 주변에서 가장 인기가 좋은 제품은 무엇인가?
- 한 달에 화장품을 위해 얼마의 소비를 하는가?
- 좋아하는 향은?
- 아모레퍼시픽에 바라는 점은?
- 현재 이니스프리의 모델이 상품과 잘 어울린다고 생각하는가?
- 화장품을 구입하는 주 경로는?
- 기초와 색조 메이크업 중 무엇이 더 중요하다고 생각하는가?
- 자사의 제품이 아닌 제품 중 좋았던 기초 제품은?
- 올리브영에서 반드시 구매하는 제품은?
- 입사해서 만들어보고 싶은 제품은?
- 코스메틱 영업이 다른 회사의 영업과 무엇이 다르다고 생각하는가?
- 콜센터에서 일했다고 했는데, 우리 회사 콜센터 직원이 너무 힘들다고 호소하면 어떻게 하겠는가?
- 공백기가 있는데 그동안 무엇을 했는가?
- 중국에서 오랫동안 유학생활을 했는데, 중국에서 아모레퍼시픽이 자리 잡기 위한 방안은 무엇이 있는가?

- 만약에 상사가 A라는 안을 선택했는데, 자신은 C라는 안을 선택했다. 그런데 실제로 C가 더 적합한 안이라는 것을 알았을 때 이 문제를 어떻게 해결할 것인가?
- 직장에서 가장 중요한 3가지 요소는 무엇이라고 생각하는가?
- 가장 힘들었던 일은 무엇인가?
- 가장 하기 싫었던 일은 무엇인가?
- 가장 최근에 본 영화는?
- 최근 코스메틱 시장과 제품의 PR 트렌드에 대해 말해 보시오.
- 아모레퍼시픽에 대해 아는 대로 말해 보시오.
- 학창시절 리더십을 발휘한 경험을 말해 보시오.
- 다른 지원자들과 차별화되는 능력을 말해 보시오.
- 기억에 남는 마케팅 전략 사례를 말해 보시오.
- 자신의 가치관은 무엇인가?
- 창의적인 아이디어로 조직 성과를 낸 경험을 말해 보시오.
- 방문판매에 대한 생각을 말해 보시오.
- 이니스프리 제품 중에서 본인을 가장 잘 표현할 수 있는 제품과 그 이유를 말해 보시오.
- 이니스프리다움이 무엇이라고 생각하는가?
- 이니스프리 광고에서 느껴지는 이니스프리의 이미지는 무엇인가?
- 살면서 가장 싫었던 유형의 사람에 대해 말해 보시오.
- 코스메틱 회사에서 가져야 할 역량은 무엇인가?
- 지금 에뛰드 매장의 장점 및 단점, 그리고 프로모션 방안에 대해 이야기해 보시오.
- MD 중 어떤 일을 하고 싶은가?
- 오늘 에뛰드 면접에 오면서 특별히 준비한 것이 있다면 무엇인가?
- 에뛰드에서 내가 잘할 수 있는 것은 무엇인가?
- 왜 아모레퍼시픽에 입사하고 싶은가?
- 아시아인의 미(美)에 대해 어떻게 생각하는가?
- 아모레퍼시픽의 제품 및 브랜드 10가지를 말해 보시오.
- 아모레퍼시픽의 브랜드 중 보완해야 할 브랜드와 이를 극복하기 위한 마케팅 방안에 대해 말해 보시오.
- 회사를 선택할 때 가장 중요하게 생각하는 것은 무엇인가?
- 지원한 직무와 관련된 책을 읽은 적이 있다면 말해 보시오.
- 학점이 낮은 편인데 이유가 무엇인가?
- 화장품 업계의 최근 이슈에 대해 말해 보시오.
- 내년 화장품 업계의 트렌드에 대한 본인의 생각을 말해 보시오.
- 영업 관리에서 가장 중요하게 생각하는 덕목은 무엇인가?
- 본인이 화장품 마케터로 적합한 이유를 말해 보시오.
- 영업소의 직원이 매출 기록과 수금한 현금과의 차이로 인해 개인적으로 돈을 빌려달라고 하면 어떻게 할 것인가?
- 스트레스는 어떻게 푸는가?
- 주량은 얼마나 되는가?
- 휴학 기간 동안 무엇을 하였는가?
- 입사하게 된다면 구체적으로 어떤 일을 어떻게 하고 싶은지 말해 보시오.
- 싫어하는 사람에 대해서 말해 보시오.
- 입사 후 관리하게 될 뷰티 카운슬러 또는 담당 거래처를 어떻게 할 것인가?
- 에뛰드를 처음 봤을 때의 느낌과 지금과의 느낌의 차이에 대해 말해 보시오.
- 왜 에뛰드를 선택했는가?
- 에뛰드에 들어오기 위해 갖춘 본인의 능력은 무엇인가?

- 에뛰드 온라인 판매에 대해 어떻게 생각하는가?
- 에뛰드 매장의 개수와 매장당 평균 매출액은 얼마인가?
- 오늘 에뛰드 자사몰 첫 페이지에 뜬 상품에 대해서 아는 대로 말해 보시오.
- 녹차와 설록차의 차이는 무엇인가?

[PT]
- 아모레퍼시픽 제품의 온라인 및 오프라인 전략을 제시해 보시오.
- 이니스프리 제품에 대한 홍보방안을 제시해 보시오.
- 이니스프리 인스타그램 활용방안을 제시해 보시오.
- 아모레퍼시픽 설록차의 BRAND STORY를 만들어 보시오.
- 아모레퍼시픽이 기업광고를 해야 하는지에 대해 말해 보시오.
- 남성들의 화장품에 대한 관심이 증가하고 있는데, 이를 공략할 방안에 대해 말해 보시오.
- 아모레퍼시픽이 ASIAN BEAUTY CREATOR가 되기 위한 블루오션을 창출해 보시오.
- 아리따움에서 고객들에게 새로운 가치제안을 하기 위한 방안에 대해 말해 보시오.
- 온라인쇼핑몰의 비중이 커짐에 따라 아모레 물류 SCM(Supply Chain Management)이 어떻게 변화해야 하는지 말해 보시오.
- 선크림은 여름에 매출이 높고, 봄, 가을, 겨울에는 낮다. 반대로 로션, 스킨, 에센스, 크림은 여름에 매출이 낮고, 봄, 가을, 겨울에는 높다. 이에 따른 전체 제품에 대한 계절별 판매 전략을 도출해 보시오.

(2) 최종 면접

- 전공과 다른 직무 선택의 이유는?
- 공백 기간에 대해 설명해 보시오.
- 살면서 가장 크게 성취한 경험에 대해 말해 보시오.
- 이전 회사를 그만둔 이유는 무엇인가?
- 아모레퍼시픽의 문제점은 무엇인가? 있다면 해결 방안과 함께 말해 보시오.
- 아모레퍼시픽을 제외하고 어떤 회사에 지원했는가?
- 본인이 뽑혀야 하는 이유를 말해 보시오.
- 아모레퍼시픽의 5대 가치 중 가장 중요하게 생각하는 덕목은 무엇이며, 왜 그렇게 생각하는가?
- 본인이 리더십이 있다고 생각하는가?
- 최근 뉴스에서 가장 인상 깊었던 것은 무엇인가?
- 입사 후 포부를 말해 보시오.
- 본인의 특기는 무엇인가?
- 마지막으로 하고 싶은 말을 해 보시오.
- 아모레퍼시픽 글로벌 진출에 어떻게 기여할 것인가?
- 특정 경험에서 어떻게 그런 결과를 도출할 수 있었는지 구체적으로 말해 보시오.
- 회사에서 본인이 원하는 대로 해주지 않을 경우 어떻게 할 것인가?
- 갈등을 조정한 사례를 말해 보시오.
- 아모레퍼시픽 브랜드 홍보가 필요한가?
- 배정 받은 직무가 본인이 원하지 않는 것일 땐 어떻게 할 것인가?
- 영업 관련한 경험이 있다면 말해 보시오.
- 여기 있는 사람들 중에 가장 아모레퍼시픽에 적합한 인재는?

1. 1차 면접

실무진이 진행하는 면접으로 간단한 설문지를 작성한 뒤 실무 면접이 진행되며, 일부 계열사의 경우 면접에서 자유로운 복장을 요구하고, 이에 관한 설명을 발표해야 하므로 이에 유의하여 복장을 선택한다.
- 실무 면접(다대다 면접) : 실무 능력 및 개인 역량 중심으로 진행, 페르미 추정 문항 제시

2. 2차 면접

1차 면접 합격자들을 대상으로 약 한 달간 현장 면접(인턴)을 진행하며, 중간중간 다양한 평가 시험을 진행(EBG 프로젝트)한다.

3. 3차 면접

경영진과 실무진으로 구성되어 진행하는 다대다 면접으로, 2차 면접에 합격한 사람을 대상으로 심층 면접을 진행한다.

4. 면접 기출 질문

(1) 1차 면접

[설문지 문항]
- 존경하는 인물
- 희망 연봉
- 성격의 장·단점
- 강점 검사에 나온 5가지 결과를 제외하고 중시하는 가치관 5가지
- 살면서 가장 영향을 많이 준 인물
- 최근 가장 인상 깊었던 신문기사
- 자신을 잘 표현하는 단어 5가지

[실무 면접]
- 1분 동안 자기소개를 해 보시오.
- 자사 매장의 개선점과 개선방안이 무엇이라고 생각하는가?
- 성공한 경험이 많다면 책임을 맡아서 실패했던 경험은 무엇인가?
- 이랜드 비전에 대한 자신의 강점은 무엇인가?
- 인큐베이팅 사업에 대해 아는 것을 말해 보시오.
- 지원한 이유가 무엇인가?
- 자신이 가진 좋은 습관은 무엇인가?
- 오늘 의상을 선택한 이유는?
- 찬·반이 갈리는 시사문제에 대한 견해와 이유를 말해 보시오.
- 본인이 지원한 분야의 1, 2지망이 무엇이었는가?

PART 2

- 본인에게 있어 평생직장이란 무슨 의미인가?
- 합격한다면 구체적으로 무슨 일을 하고 싶은가?
- 만약 면접에서 떨어진다면 어떤 일을 할 것인가?
- 강점혁명 경과 검사 중 배움에 대한 열정이 큰데, 무엇을 배우고 싶고 어떻게 활용할 것인가?
- 팀 활동을 하면서 갈등을 해결했던 경험은?
- 발렌시아가라는 브랜드에 대해 어떻게 생각하는가?
- 희망연봉을 주지 않으면 입사할 생각이 없는가?
- 어떤 일을 할 때 주도적인 성격인가?
- 이랜드를 제외하고 가고 싶은 회사가 어디인가?
- 자사 브랜드를 방문했던 경험에 대해 말해 보시오.
- 본인의 희망연봉을 무한이라고 한 이유는?
- 이랜드에서 본인이 일을 잘했다고 가정할 때, 이랜드에 바라는 것은 무엇인가?
- 주말근무를 해야 할지도 모른다. 상관없는가?
- 청년 취업난의 책임이 정부, 기업, 청년 중 누구에게 있다고 생각하는가?
- 자신이 선택한 브랜드의 장점과 단점을 말해 보시오.
- 자신이 생각하는 SPA 브랜드란 무엇인가?
- 최근 스파오의 콜라보레이션 상품 중에 가장 인상 깊었던 제품은?
- 본인이라면 어떤 캐릭터와 콜라보를 진행할 것인가?
- 직무나 경험이 패션과 맞지 않는데, 왜 패션 산업에 지원했는가?
- 점장이 하는 일이 무엇이라고 생각하는가?
- 이랜드의 브랜드 중 주도적으로 맡고 싶은 브랜드 두 가지를 말하고, 그중 한 가지를 선택한 후 그 이유를 말해 보시오.

[페르미 추정 문제]
- 이랜드 한강 크루즈의 1년 탑승객 수는 몇 명인가?
- 강남 스파오의 한 달 매출액을 구해 보시오.
- 신촌 애슐리의 월 매출을 계산해 보시오.

(2) 최종 면접

- 1분 동안 자기소개를 해 보시오.
- 최근 가장 인상 깊었던 브랜드는 어디인가?
- 지원한 이유가 무엇인가?
- 자신이 가진 좋은 습관은 무엇인가?
- 부모님이 지적하는 본인의 문제점 두 가지를 말해 보시오.
- 존경하는 인물에 대해 말해 보시오.
- 본인의 가치관과 회사의 가치관이 다를 경우 어떻게 하겠는가?
- 이랜드 외에 지원한 회사는 어디인가?

두산에서 요구하는 인재는 능력과 의사를 가지고 이를 실천하며 자신의 능력을 끊임없이 향상시키고자 노력하는 모든 구성원을 의미한다. 두산은 이에 적합한 인재를 선발하기 위하여 두산만의 면접 방식을 사용하고 있다.

1. 1차 면접(SI 및 DISE 면접)

(1) SI 면접

각 계열사의 실무진으로 구성된 구조화 면접이며 지원자의 역량보유 정도를 평가한다. 면접을 준비하기 위해서는 현재까지 어떻게 살아왔는지, 무엇을 했었는지 등을 곰곰이 되돌아보면서 본인의 에피소드를 정리 해 두는 것이 좋다.

① 면접 위원 : 3명
② 면접 시간 : 인성 면접(40분), 상황판단능력평가(6분), 질의응답(4분)
③ 면접 형태 : 다대일 면접

(2) DISE 면접

두산 그룹의 PT 면접으로 두꺼운 자료집 한 권을 나눠준 뒤 이 자료를 바탕으로 1시간가량 발표를 준비하여 진행된다.

① 면접 위원 : 2명
② 면접 시간 : 역량 면접(1시간)

- 회사에 대해 아는 정보를 모두 말해 보시오.
- 품질이란 무엇이라고 생각하는가?
- 자신의 역량보다 높은 목표를 설정하고 수행한 경험을 말해 보시오.
- 본인과 팀원의 의견이 서로 다를 때 어떻게 하겠는가?
- 윤리적으로 꼭 지키는 본인의 원칙이 있는가?
- 규칙을 어긴 경험이 있는가?
- 협업을 통해 좋은 성과를 이룬 경험이 있으면 말해 보시오.
- 자신의 의도와 상관없이 주변 환경이 바뀐 경험이 있는가?
- 단기적인 계획에 대해 검토하는 방법이 있는가?
- 지금까지 살면서 문제 상황을 창의적으로 해결한 적이 있는가? 그때의 상황을 구체적으로 말해 보시오.
- 본인이 가장 힘들었던 경험과 그것을 어떻게 극복했는지 말해 보시오.
- 케비테이션이란 무엇인가?
- 레이놀드수란 무엇인가?
- 자신이 가장 열정적으로 임했던 일에 대해서 말해 보시오. 열정적으로 임한 이유는 무엇인가?
- 본인 스스로 대인관계가 어떻다고 생각하는가? 그렇게 생각하는 근거는 무엇인가?
- 타인을 도와준 경험이 있는가?
- 졸업 학점에 대해 어떻게 생각하는가?
- 응력이란 무엇인가?

- 아르바이트를 해본 적이 있는가? 아르바이트 중 인상적이었던 일을 말해 보시오.
- 리더로 활동할 때와 리더를 따라 활동할 때 차이점은 무엇이라 생각하는가?
- 창의적인 경험이 있다면 어떤 것이 있는가?
- 안전계수란 무엇인가?
- 아르바이트를 해 본 경험이 있는가? 있다면 어떤 것을 해 보았는가?
- 달성하기 힘든 목표를 가지고 도전했던 경험이 있는가? 결과적으로 그 목표를 달성했는가?
- 팀 프로젝트 중 갈등을 겪어본 적이 있는가? 그 갈등을 어떻게 해결했는가?
- 본인이 진행했던 프로젝트 중 가장 기억에 남는 것은 무엇인가? 그 프로젝트를 통해 배운 것은 무엇이며, 어떤 시행착오를 겪었고, 어떻게 해결해 나갔는가?
- 환상의 팀워크를 이루었던 경험이 있는가?
- 자기계발을 위해 지금까지 어떤 노력을 해왔는가?
- 열역학 1∼3법칙에 대해 말해 보시오.
- 보일–샤를의 법칙에 대해 말해 보시오.
- 과거에 의지와 상관없이 한 일은 어떠한 것이 있는가?
- 공부 이외에 했던 교외활동을 말해 보시오.
- 리스크관리를 어떻게 할 것인가?
- Creep에 대해 말해 보시오.
- 동료가 노조가입을 권유한다면 어떻게 할 것인가?
- 캐드(CAD)를 다룰 줄 아는가?
- 리더로 활동해 본 경험이 있는가?
- 하루에 팔리는 소주의 양은 얼마나 되겠는가?
- 응력–변형 선도에 대해 말해 보시오.
- 지원 분야와 전공과의 연관성에 대해 말해 보시오.
- 창의력을 발휘했던 경험을 말해 보시오.
- 자신이 CEO라면 회사를 어떻게 이끌 것인가?
- 변화를 주도한 경험을 말해 보시오.
- 디자인이란 무엇이라 생각하는가?
- 베르누이의 정리에 대해 말해 보시오.
- 자신의 한계를 극복한 경험에 대해 말해 보시오.
- 환경이 크게 변했을 때 어떻게 적응하는지 말해 보시오.

2. 2차 면접(임원 면접)

① 면접 위원 : 3명

② 면접 형태 : 다대다 면접

- 전공은 스스로 결정했는가? 아니면 결정에 영향을 끼친 사람은 누구인가?
- 자신의 장점과 단점을 한 가지씩 말해 보시오.
- 본인이 회사를 선택할 때 우선시하는 것은 어떤 것인가?
- 두산에 지원한 이유가 무엇인가?
- 자신을 평가한다면 어떤 유형의 리더라고 생각하는가?
- 회사의 경영자가 된다면 가장 먼저 무엇을 하겠는가?
- 회사에 입사한다면 어떤 부분에 기여할 수 있다고 생각하는가?
- 직업 선택 기준은 무엇인가?
- 지원동기를 말해 보시오.
- 창원 근무도 괜찮은가?
- 다른 회사에도 지원했는가? 어떤 곳이 있는가?
- 기업의 기본적인 목적은 무엇이라고 생각하는가?
- (이력서·자소서 관련 질문) 해외에서 한 경험에 대해 말해보고, 그 경험을 통해 무엇을 배웠는가?
- 지금까지 리더를 했던 경험이 있는가?
- 지원한 직무에 본인이 적합하다고 생각하는가?
- 지방근무도 가능한가?
- 두산에 지원한 이유는 무엇인가?
- 부모님의 직업은 무엇인가?
- 영어 성적이 낮은 이유는 무엇인가?
- 자신이 남들과 다르다고 생각하는 것을 말해 보시오.
- 자신의 장·단점을 말해 보시오.
- 학교생활은 어떠했는지 말해 보시오.

현대자동차그룹은 직군별로 지원자의 인성 및 태도, 조직적합도, 자질 및 당사 인재상과의 부합도와 지원직무를 성공적으로 수행하는 데 필요한 전공지식, 실무능력 등을 종합적으로 평가하기 위해 면접을 실시한다. 2012년 상반기에는 1차에서 핵심역량 면접, 영어 면접, 토론 면접을 실시하고, 2차에서는 임원 면접을 실시하였으나, 하반기에는 영어 면접이 2차에서 치러졌다. 2013년에는 1차에서 핵심 면접과 토론, PT 면접이 실시되었고, 2차에서 영어 면접과 임원 면접이 치러졌으며 2014년 이후에도 직군별로 순서의 차이는 있으나 대체적으로 비슷하게 치러졌다. 2020년 하반기부터는 코로나 19의 여파로 Teams 화상회의로 진행하였다. 면접관 2명 혹은 3명이 있는 다대일 면접이었다. 현대자동차는 직무경험, 꼬리질문이 많기 때문에 경험이 없다면 미리 답변을 준비하는 것이 좋다.

1. 1차 면접(역량 면접 · PT 면접)

역량 면접과 PT 면접을 치르게 된다. 순서는 개인별로 다르다. 역량 면접은 흔히들 생각하는 기본 인성 면접이고, PT 면접은 직무와 관련한 이슈나 주제를 가지고 실무능력을 측정하는 방식으로 진행된다. 따로 마련된 문제풀이 방에서 20분간 PT를 준비하게 된다. 내용은 4페이지로 다양한 그래프, 표 등의 자료가 있으며 주제는 보통 현대자동차그룹에서 실제로 고민하고 있는 내용이다. '① 현황 및 문제점, ② 개선안 선택, ③ 고려한 사항, ④ 본인의 창의적인 아이디어' 순으로 내용을 정리한 후 5분간 발표를 한다. 발표가 끝난 후에는 10분간 질의응답이 있으며, 만약 개인의 발표시간을 5분을 채우지 못하면 면접관은 면접을 끝내지 않는다.

(1) 역량 면접

- 소속감을 느낀 조직이나 팀 프로젝트 활동을 한 적이 있는가?
- 프로젝트 중에 어려움을 딛고 성과를 낸 경험이 있다면 말해 보시오.
- 자기소개를 해 보시오.
- 단점이 특이한데 이를 구체적으로 설명해 보시오.
- 자신의 약점을 극복하기 위해 취한 방법에 대해 소개해 보시오.
- 토끼와 거북이 중 본인은 어떤 유형인지 말해 보시오.
- 전역 후 입사지원까지 공백 기간 동안 무엇을 했는지 말해 보시오.
- 대학생활 동안 했던 동아리 활동이 있다면 말해 보시오.
- 해외봉사는 왜 다녀왔다면 거기서 무엇을 배웠는지 말해 보시오.
- 자신이 실패한 경험에 대해 말해 보시오.
- 가장 어려웠던 경험은 무엇이며 그때의 심정은 어떠했는지, 무엇을 느꼈는지, 그 경험을 통해 배운 점을 말해 보시오.
- 신문을 볼 때 어떤 면을 제일 재미있게 보는지 말해 보시오.
- 소통이란 무엇이라 생각하며, 소통을 위해 노력한 경험에 대해 말해 보시오.
- 평소에 자동차 이외에 다른 관심사가 있다면 어떤 것인지 말해 보시오.
- 직업병에 대해 어떻게 처신할지 말해 보시오.

- 살면서 했던 도전적인 경험에 대하여 말해 보시오.
- 리더가 되었던 경험이 있다면 주위의 추천을 받은 것인지, 경쟁을 한 것인지 말해 보시오.
- 마력(hp)에 대해 말해 보시오.
- 4륜 구동에 대해 말해 보시오.
- 가솔린 엔진과 디젤 엔진의 차이에 대해 말해 보시오.
- 베어링의 종류에 대해 말해 보시오.
- 열역학 1, 2, 3 법칙에 대해 말해 보시오.
- 압연에 대해 말해 보시오.
- 소성가공에 대해 말해 보시오.
- 전로와 전기로의 차이와 장·단점을 말해 보시오.
- 직접 환원과 간접 환원을 말해 보시오.
- 재직 중임에도 지원한 이유는?
- 이전에 자동차에 대해 공부한 경험이 있는지?
- 제어로직설계에 관심이 있는지?

(2) PT 면접

- (파워트레인 지원) 변속기의 다단화 방안을 분석해 보시오.
- (파워트레인 지원) 클러치의 소형화에 대해 창의적으로 발표하시오.
- (차량설계 지원) 제시된 차량 설계 관련 기술 개발 내용(개요, 목표, 필요성, 경쟁사와의 비교수치, 해외진출 가능성 여부, 생산라인 관련 등)에 관련된 다양한 도표들과 수치적인 자료에 대해 분석해 보시오.
- 콜라보레이션 마케팅 전략에 대해 발표하시오.
- 자동차타이어를 유럽, 북미, 내수 중 주어진 자료를 통해 어느 시장을 공략할지 정하고 그때 일어나는 문제점을 어떻게 해결할 것인지 말해 보시오.
- 해당 제품의 판매 전략에 대해 발표하시오.
- 하이브리드카에 대하여 설명하시오.
- 효율적인 연비를 얻기 위해 기술적으로 무엇을 해야 하는가?
- 현재 자동차업계의 추세는 무엇인가?

2. 2차 면접(영어 면접·임원 면접)

영어 면접과 임원 면접이 치러진다. 영어 면접은 외국인과 직접 대화하는 방식으로 진행되며, 지원자의 기본적인 영어실력에 대한 평가가 이루어진다. 두서없이 이야기를 하다보면 답변이 길어지는 경우가 많으므로 짧게 대답하더라도 완벽한 문장을 구사하는 것이 좋다. 영어 면접의 비중은 크지 않지만 그동안의 기출 질문들을 정리하여 미리 예상답안을 만들어놓고 충분히 대비해야 한다.

임원 면접은 인성 면접의 한 종류라고 생각하면 된다. 면접자의 첫인상을 좌지우지하는 100초 스피치가 있으며, 이를 잘 준비해야 한다.

(1) 영어 면접

- 자기소개를 해 보시오.
- 자신의 목표를 말해 보시오.
- 자신의 취미를 말해 보시오.
- 자신이 가장 크게 성공했던 일과 어떻게 성공했는지 말해 보시오.
- 자신이 태어난 곳을 자랑해 보시오.
- 여행가고 싶은 나라에 대해 말해 보시오.
- 왜 당신을 고용해야 하는지 말해 보시오.
- 제일 좋아하는 과목은 무엇이며 그 이유에 대해 말해 보시오.
- 업무할 때 사람과 사람 사이에 유대가 중요하다고 생각하는지, 그 이유가 무엇인지 말해 보시오.
- 젊은 매니저를 선호하는지, 나이든 매니저를 선호하는지 선택하고 그 이유에 대해 말해 보시오.
- 친구와 가족구성원에게 어떻게 용기를 주는가?
- 학창 시절 공부를 열심히 할 수 있었던 동기는 무엇이었는가?
- (2개의 스포츠 활동 그림을 주고) 가족들과 함께하는 휴가에 둘 중 하나를 추천한다면 어떤 것을 추천하겠는가? 그리고 그 이유는?
- 겨울 스포츠 중 본인이 가장 흥미를 느끼는 운동은? 그리고 그 이유는?
- 학부모들이 담임선생님을 한 달에 두 번 정도 꼭 만나서 아이에 대한 이야기를 들어야 한다는 '법'이 있다면 찬성하는가? 그리고 그 이유는?
- 친한 친구와 일하는 것에 대해 어떻게 생각하는가? 좋다면 그 이유는?
- 고등학교에 자동판매기를 설치하는 것에 대해 의견이 분분하다. 본인의 찬반의견과 그 이유는?
- 당신이 가장 좋아하는 한국 음식은 무엇인가? 주로 그 음식은 언제 먹는가?
- 일기를 쓰는 이유가 무엇이라고 생각하는가?
- 가장 영향력 있다고 생각하는 연예인이 누구인가? 그 사람이 나오는 프로그램 중 당신이 좋아하는 것은?
- 생산부서에 지원한 이유에 대해 말해 보시오.
- 한국과의 문화적 차이에 대한 외국인들의 인식에 대해 자신의 생각을 말해 보시오.
- 글을 쓸 때 컴퓨터로 타이핑하는 것이 좋은가, 아니면 연필로 쓰는 것이 좋은가?
- 친구 생일파티에 가는데 평소 좋아하지 않는 친구가 온다는 소식을 들었다면 어떻게 할 것인가?
- 대형마트의 주말 휴일제에 대해서 공정하다고 생각하는가?
- (광고기법에 대한 선호도 조사 도표 제시) 도표를 보고 난 후 자신의 생각을 말해 보시오.
- 살아오면서 실패했던 경험에 대해서 말해 보시오.
- 자동차 판매 전략에 대한 자신의 생각을 말해 보시오.
- 이번 주말에 무엇을 할 것인가?
- 어떤 장르의 음악을 좋아하는가?
- 전공 중 자신 있는 것에 대하여 설명해 보시오.
- 가장 좋아하는 음식은 무엇이며, 주로 언제 그 음식을 먹는가?
- 좋아하는 계절은 언제이며, 그 이유는 무엇인가?
- (영어 지문을 읽어주고) 들려주는 영어 지문을 요약해 보시오.

(2) 임원 면접

- (시간제한이 없는) 자기소개를 해 보시오.
- 살아오면서 가장 힘들었던 일을 이야기 해 보시오.
- 좋아하는 자동차는 무엇인가? 그 이유는 무엇이며, 또 그 차의 개선해야 할 점은 무엇인가?
- 입사하면 만들고 싶은 자동차는 무엇인가? 그 이유는 무엇인가?
- 20년 후의 본인의 모습에 대해 말해 보시오.
- 30년 후의 본인의 모습에 대해 말해 보시오.
- 현대자동차의 문제점과 개선 방안에 대해 말해 보시오.
- 자동차의 20 ~ 30년 뒤의 모습과 그 이유에 대해 말해 보시오.
- 대학 생활 중 목표는 무엇이었는가?
- 현대자동차그룹의 핵심 가치 중 하나를 본인과 연결하여 설명해 보시오.
- 마지막으로 하고 싶은 말이 있는 사람은 해 보시오.

1. 면접 전형

(1) 1차 면접(팀장 면접)

인성 면접으로 이름, 학교명, 전공, 성적 등 속인적 요소를 배제한 Blind Interview를 통해 평가한다. 보통 면접관 3명과 면접자 5명으로 이루어지며, 약 30분 정도 진행된다.

(2) 합숙 면접

현대백화점, 현대홈쇼핑 등 계열사에 따라 1박 2일 간 합숙 면접이 진행된다. 복수의 과업 수행을 통해 지원자의 역량을 심층적으로 평가한다.

(3) 2차 면접(임원 면접)

인성, 역량, 성장 가능성 등 당사의 핵심가치에 부합하는 인재를 중심으로 선발한다.

2. 면접 기출 질문

(1) 현대홈쇼핑

- 지원동기와 자기소개를 간단하게 해 보시오.
- 특별한 취미가 있는 사람은 손을 들고 이야기해 보시오.
- 입사 후 어느 정도 위치까지 올라가고 싶은가?
- 영업 MD 지원자는 어떤 상품 군을 맡고 싶은가?
- 입사 후 어떤 사원이 되고 싶은가?
- 특별한 취미가 있는가?
- 자신에게 현대홈쇼핑이란?
- 신사업을 하나 제안해 보시오.
- 과정과 결과 중 무엇이 더 중요한가?
- 협력업체 직원들과 괴리감을 없애는 방법은 무엇인가?
- 현대홈쇼핑의 단점을 두 가지만 말해 보시오.
- 나는 어떤 사람인가?
- 몇 시 방송에서 어떤 상품을 팔고 싶은지 말해 보시오.
- 입사 후 어떤 제품을 마케팅해보고 싶은가?
- 현대홈쇼핑의 강점은 무엇인가?
- 최근에 본 홈쇼핑 방송에 대해 말해 보시오.
- 자신의 강점은 무엇인가?
- 입사 후 포부를 말해 보시오.
- 마지막으로 하고 싶은 말이 있는가?

(2) 현대백화점

- 현대백화점에 대해 말해 보시오.
- 지방 근무가 가능한가?
- 선배와 의견 충돌이 생긴다면 어떻게 하겠는가?
- 현대백화점에 신사업을 제안해 보시오.
- 영업 관리자로서 필요한 역량은 무엇이라 생각하는가?
- 올해의 패션 트렌드에 대해 말해 보시오.
- 왜 영업관리직에 지원하였는가?
- 관심 있는 키워드는 무엇인가?
- 담당하고 싶은 분야는 무엇이며, 그 이유는 무엇인가?
  - 해당 분야에 대한 정보를 어떤 식으로 얻는가?
  - 해당 분야에서 제일 좋아하는 브랜드는 무엇이며, 그 이유는 무엇인가?
  - 해당 분야 중에서 현대백화점에 새로 입점했으면 하는 브랜드는 무엇인가?
  - 그 브랜드 제품을 사용해보았는가? 그렇다면 구체적인 장점은 무엇인가?
- 백화점 업계에 스마트폰이 미치는 영향은 무엇이라 생각하는가?
- 10년, 20년 후에는 무엇을 하고 싶은가?
- 자신의 단점은 무엇이며, 그 사례를 구체적인 경험을 들어 말해 보시오.
- 현대백화점의 장점은 무엇인가?
- 고객편의서비스란 무엇이며, 혹시 제안하고 싶은 서비스가 있는가?
- '김영란법'에 대해 말해 보시오.
- '대규모 유통법'에 대해 말해 보시오.
- 사물인터넷이란 무엇인가?
- 현대백화점 온라인몰에서 개선되어야 할 사항에 대해 말해 보시오.
- 타 기업 마케팅 중 인상 깊은 것이 있는가?
- 송도아울렛에 입점시키고 싶은 브랜드가 있는가?
- 학교 동아리 활동을 하였는가? 했다면 동아리 내에서 어떠한 역할을 맡았는가?
- 힘들었던 경험 중 한 가지만 말해 보시오.
- 현대백화점 광고를 본 적이 있는가? 지금 여기서 광고를 한 번 만들어 보시오.
- 현대백화점의 조직 문화에 대해 어떻게 생각하는가?
- 다른 사람과 다르게 자신만의 독특한 관점으로 볼 수 있는 것이 있는가?
- 트레디셔널 남성 캐주얼 브랜드를 아는 대로 말해 보시오.
- 본인이 현재 입고 있는 셔츠를 판매해 보시오.
- 의류 산업이 앞으로 더 성장할 것이라 생각하는가?
- 현대백화점에 아쉬운 점을 말해 보시오.
- 맡고 싶지 않거나, 어려운 직무가 있는가?
- 상사가 부도덕한 일을 지시한다면 어떻게 할 것인가?
- 현대백화점의 미래는 어떠할 것 같은가?
- 블랙컨슈머에 대처하는 방법에 대해 말해 보시오.
- 세계 패션 동향에 대해 말해 보시오.
- 현대백화점 여성 캐주얼관의 단점에 대해 말해 보시오.
- 자신을 색깔로 표현해 보시오.
- 8월에 내부 테마를 정한다면 어떤 색으로 하겠는가? 그 이유는 무엇인가?

(3) 현대그린푸드

- 내세울 만한 자신의 강점은 무엇인가?
- 현대그린푸드에서 하고 있는 사업에 대해 알고 있는 대로 말해 보시오.
- 국내 영업에서 매출을 높일 수 있는 방안은 무엇인가?
- 입사 후 해외에 파견된다면 무엇을 하고 싶은가?
- 해외 급식사업을 어떻게 펼쳐나가야 효율적일까?
- 너무 부끄러워서 지워버리고 싶은 경험을 한 가지만 말해 보시오.

(4) 현대백화점 Duty Free

- 팀원들과 정반대의 의견을 낸 적이 있는가? 어떻게 해결하였는가?
- 오픈 3개월 전의 면세점에 필요한 마케팅 전략은 무엇인가?
- 어떤 방식으로 협력체 직원들의 사기를 북돋아 줄 것인가? 또한 아침 조회 시간에 꼭 해주고 싶은 한 마디는 무엇인가?
- 업계 특성상 주말 근무도 있을 수 있는데 가능한가?
- 자신만의 특이한 경험이 있는가?
- 싸움을 중재해 본 경험이 있는가? 어떤 식으로 해결하였는가?
- '대량물류법'에 대해 들어본 적이 있는가?

삼양그룹은 1차 면접으로 하루에 4가지의 면접(PT 면접, 토론 면접, 어학 면접, 삼양 My Way 작성)을 진행하고, 2차 면접으로 임원(인성) 면접을 진행한다.

1. 1차 면접

(1) PT 면접 : 한 시간 동안 주제를 주고 준비하는 시간을 주고, 15분 동안 다수의 면접관 앞에서 발표하는 형식이다. 주제는 두 가지가 주어지는데 그중에서 본인이 하고 싶은 주제를 택할 수 있다. PT 후에는 인성 질문들도 많이 하니 미리 준비해야 한다.

(2) 토론 면접 : 조를 이뤄서 하나의 문제를 협동해서 푸는 방식이다.

(3) 어학 면접 : 원어민 면접과 10분 동안 일대일로 보는 형식으로 진행된다.

(4) 삼양 My Way : 입사지원서에 없는 지원자의 가치관을 평가하는 것으로, 1차 면접 직전이나 종료 후 작성시간이 주어진다.

2. 2차 면접

삼양그룹의 임원진들과 대면하여 시행되는 인성 면접이다.

3. 면접 기출 질문

- 삼양그룹은 구체적으로 어떤 사업을 하는 회사인지 말해 보시오.
- 삼양그룹의 경쟁사에 대하여 말해 보시오.
- 삼양그룹의 가치 중 자신과 가장 부합하다고 생각하는 가치에 대하여 말해 보시오.
- 삼양그룹에 지원하게 된 동기와 지원한 분야에 본인이 적합하다고 판단할 수 있는 이유를 말해 보시오.
- 4차 산업혁명으로 인해 가장 먼저 타격을 입을 우리 회사 사업은 무엇이라고 생각하는가?
- 지식 집약적 산업이란 무엇이라고 생각하는가?
- 삼양그룹은 SNS 홍보를 어떻게 진행해야 한다고 생각하는가?
- 한국의 노사관계에 대해 어떻게 생각하는지 말해 보시오.
- 베르누이 법칙에 대해서 설명해 보시오.
- 열법칙에 대해서 설명해 보시오.
- 보일 – 샤를의 법칙에 대해서 설명해 보시오.
- 열경화성 고분자와 열가소성 고분자를 정의하고 종류를 말해 보시오.
- 밀가루 공장에서 분진폭발이 일어났다. 왜 일어났으며, 어떻게 하면 막을 수 있었겠는가?
- 최저임금이 인상될 경우, 기업과 노동자가 받는 영향에 대해 말해 보시오.
- 석유화학의 계통도를 설명해 보시오.
- 실제로 우리 회사 제품을 마트에서 보고 느낀 점에 대해서 말해 보시오.
- 생산관리라는 직무는 실제로 같은 일을 반복하는 경우가 많다. 오랜 기간 일하면 지겹지 않겠는가?

1. GS칼텍스

(1) 1차 면접

실무진과 임원이 함께하는 면접으로 토론 면접, PT 면접, 인성 면접으로 구성된다.

① 토론 면접(다대다) : 3명의 사람들이 한 조가 되어 주제에 관해 같은 자료를 가지고 합의점을 도출하는 방식

② PT 면접(다대일) : 직무 면접으로 3개의 주제 중 한 가지를 선택하고 준비하여 면접 진행

③ 인성 면접(다대일) : 인재상 및 조직가치 적합성 등의 개인 역량 중심으로 진행

(2) 2차 면접

GS칼텍스의 최고 경영진(임원)이 참석하는 인성 면접으로 5대5 면접으로 진행된다.

(3) 면접 기출 질문

[인성]
- 졸업 후 공백 기간 동안에 무엇을 했는가?
- 재무에 대해 얼마나 알고 있는가?
- 성격상 장・단점을 구체적인 사례를 통해 설명해 보시오.
- 거시경제학적인 관점에서 미국의 양적완화정책이 정유업에 미칠 영향에 대해 설명해 보시오.
- 사회활동을 함으로써 얻어지는 것이 무엇인가?
- 어학연수 후에 달라진 점이 있는가?
- 자신이 살면서 가장 실패했다고 생각하는 것과 성공했다고 생각하는 것을 설명해 보시오.
- 부모님이 하시려는 일이 자신이 생각하기에 옳지 않은 일이라면 어떻게 대처할 것인가?
- 고유가 시대에 경유 값은 향후 어떻게 될 것이라고 전망하는가?
- 최근 휘발유 값은 얼마이고, 가득 채웠을 때 얼마인가?
- 사람들이 한 달에 기름을 몇 번 주유할 것이라고 생각하는가?
- GS칼텍스에 입사하고 싶은 이유는 무엇인가?
- GS칼텍스에 기여할 수 있는 역량이 무엇인지 설명해 보시오.
- GS칼텍스에 오기 위해 어떠한 노력을 하였는가?
- GS칼텍스의 경유 포션이 얼마나 되는가? 가격이 떨어지면 어떤 방법을 써야 하는가?
- GS칼텍스의 조직 가치는 무엇인가?
- 신입사원으로서의 갈등해결 자세는 무엇인가?
- 회사 규칙상 직장동료끼리 돈을 빌려 줄 수 없는데, 절친한 선배 동료가 돈을 빌려 달라면 어떻게 하겠는가?
- 상사의 업무지시가 부당하다면 어떻게 할 것인가?
- 회사에 막대한 손해를 끼친다면 어떻게 할 것인가?
- GS&포인트를 줄일 예정인데 어떻게 생각하는가?

[토론]
- (A, B, C, D의 특징이 적힌 자료를 주고) 새 프로젝트에 가장 적합한 사람은 누구인가?
- GS칼텍스의 향후 미래 리스크 관리와 발전을 위해 주의해야 할 점은 무엇인가?
- 광화문 현판을 한글과 한자 중 어떤 것으로 하는 것이 좋겠는가?

[PT]
- 하이브리드카와 같은 자동차가 등장함에 따라 GS칼텍스가 맞이하게 될 위험요인, 극복요인, 기회요인 등에 대해 논해 보시오.
- GS칼텍스의 향후 투자 비용 계획을 제시해 보시오.
- 중국, 인도 등 신흥 유정시장의 발전 계획을 제시해 보시오.

2. GS리테일

(1) 1차 면접(다대다)

집단토론과 집단면접으로 나눠서 진행된다.
① 토론 면접 : 4 ~ 6명이 한 조가 되어 주제에 관해 개인의 생각을 정리한 후 찬반토론을 진행
② 실무 면접 : 인재상 및 조직가치 적합성 등의 개인 역량 중심으로 면접 실시

(2) 2차 면접(다대다)

임원급의 인성 면접으로 진행되며, 한국사에 관한 내용을 질문하는 경우가 있으니 준비해두는 것이 좋다.

(3) 면접 기출 질문

- OFC로 근무하는 중 새벽에 문제가 발생했다며 해결해 달라는 요청이 들어오면 어떻게 할 것인가?
- 500m 내 근처 동일 편의점 규제 법안에 대해 어떻게 생각하는가?
- 점주가 발주를 실수해서 10개 주문할 것을 100개 주문했다. 어떻게 해결할 것인가?
- 초과 발주한 물품을 주변 점포에 나누고도 물량이 남았다. 어떻게 처리할 것인가?
- GS25의 경쟁사는 어디인가? 편의점 업계를 제외하고 말해 보시오.
- 향후 10년 뒤 편의점 업계의 전망은 어떠할 것이며, 이에 대비하여 무엇을 해야 하는지 말해 보시오.
- GS25의 상품 중 좋은 것과 좋지 않은 것을 하나씩 말해 보시오.
- 해외에서 GS리테일이 해볼 만한 사업이 무엇이 있겠는가? 그리고 그 비용이나 인력 문제에 대해서도 구체적으로 말해 보시오.
- 유통업 관련 경험에 대해 말해 보시오.
- 최근 관심사가 무엇인가?
- GS리테일이 어느 나라에 진출해야 한다고 생각하는가?
- 최근 안 좋은 선례가 있음에도 중국에 진출해야 하는 이유와 해결방법이 무엇인가?
- 지금 우리들에게 해당 물건을 팔아 보시오.
- 40초 내외로 자기소개를 해 보시오.

- 가장 최근에 울었던 적이 언제인가? 이유가 무엇인가?
- 소비자의 만족을 위해 중요한 것이 무엇이라 생각하는가?
- HRM 제품이나 GS25 어플을 이용해본 경험이 있는가?
- 장도리의 용도 중 못을 빼고 박는 용도 이외의 용도는 무엇이 있는가?
- GS리테일의 경쟁사는 어디인가? 경쟁사의 영업이익이나 매출액을 알고 있는가?
- CU와 비교했을 때 GS25의 단점을 2개씩 말해 보시오.
- 본인의 단점은 무엇인가?
- 본인만의 노하우로 사람을 관리한 사례가 있는가?
- 10년 후 편의점 업계의 전망과 이를 위해 GS리테일에서 준비해야 할 것은 무엇인가?
- 전공과 다른 직무를 선택한 이유는 무엇인가?
- 유통업에서 일하고 싶은 이유는 무엇인가?
- 본인의 꿈을 설명하고 그 꿈을 어떻게 회사에서 실현시킬 것인지 설명해 보시오.
- 본인을 뽑아야 하는 이유를 설명해 보시오.
- GS를 선택함에 있어서 급여내용은 어느 정도 영향을 미쳤는가?
- GS25의 매장 수에 대해 말해 보시오.
- GS리테일의 오늘 주가는 얼마인가?
- GS리테일의 4F에 대해 말해 보시오.
- 어떤 생각으로 지점을 방문했으며 본인이 방문해 본 지점의 문제점과 개선점은 무엇인가?
- 해외 편의점과 한국 편의점의 차이점을 설명해 보시오.

[토론]
- 캐쉬백 서비스(편의점 현금 인출 서비스)에 대해 토론해 보시오.
- 비트코인의 정부규제에 대해 토론해 보시오.
- 대체휴일제에 대해 토론해 보시오.
- 고령화 사회에서 GS리테일이 나아가야 할 방향에 대해 토론해 보시오.

코오롱그룹의 면접전형은 기본적으로 1차 실무진 면접, 2차 임원 면접으로 실시되며 인성, 기본역량, 실무능력 등을 평가하여 코오롱 인재상에 부합하는 지원자를 선발한다.

1. 1차 면접

(1) Case 가상회의 면접

① 면접 위원 : 2명

② 면접 시간 : 자료분석 30 ~ 40분, 발표 및 질의응답 15분

③ 면접 형태 : 다대일 면접

④ 면접 내용 : 가상의 Case 과제를 받아 40분간 과제 분석 후, 면접실로 이동하여 면접관과 가상회의 면접을 진행한다.

- IT기업이 물류산업에서 가질 수 있는 강점에 대해 설명해 보시오.
- 2 · 3차 물류와 4차 물류의 차이점을 설명해 보시오.
- 만약 본인이 롤스로이스 딜러라면 한정된 예산으로 어떠한 마케팅을 펼칠지 설명해 보시오.
- 그린 IT 개념을 설명하고 기업 측면에서 장 · 단점과 활용 방안에 대해 논하시오.
- 주어진 자료를 분석하여 향후 미래 수립을 통한 코오롱그룹의 건전성을 찾으시오.
- 친환경기술을 건축에 적용하는 방안에 대해 논하시오.
- 미래 주택시장의 변화를 예측하고 주거 관련 어플리케이션을 기획하시오.
- CBM의 개념을 설명하고 코오롱 계열사와 연계하여 사업 아이디어를 제시하시오.
- NS를 통한 패션 사업 활성화 방안을 제시하시오.

(2) 직무 / 영어 면접

① 면접 위원 : 3 ~ 4명

② 면접 시간 : 20분

③ 면접 형태 : 다대다, 일대다 면접

④ 면접 내용 : 인사 후 자리에 앉으면 자기소개를 진행하며, 이후 개별 질문으로 이어진다. 개별 질문은 이력서와 자기소개서에 적힌 내용과 관련된 질문이 대부분이다. 직무에 따라 영어 면접 혹은 실무 면접이 되기도 한다.

- 전공은 MD쪽에 가까운데 마케팅에 지원한 이유는 무엇인가?
- 본사로 들어오고 싶은 생각은 있는가?
- 코오롱그룹의 기업 이미지는 어떠하다고 생각하는가?
- 패션 일을 하고 싶은데 지금은 금융업계에서 일하고 있는 이유가 무엇인가?
- 이탈리아어는 어느 정도 구사할 수 있는가?
- 회사에 이탈리아 브랜드가 있는데 뭔지 알고 있는가?

- 본인의 선배들이 회사에 많이 있는데 연락하는 사람이 있는가?
- 테크니컬 디렉터가 어떤 일을 하는지 알고 있는가?
- 터파기 공사 중 탑다운 공법에 대해 논하시오.
- 본인만의 스트레스 해소법은?
- 왜 본인을 합격시켜야 하는가?
- IT 분야 판매 제품이 무엇이 있는지 아는가?
- 영업이 무엇이라고 생각하는가?
- 주량은 어떻게 되는가?
- 원하는 부서가 아닌 다른 부서로 가게 된다면 어떻겠는가?
- 자신의 장·단점을 한 가지씩 말해 보시오.
- 토익 성적이 좋다고 회화를 잘한다고 할 수는 없다. 영어 공부를 어떻게 했는가?
- 학점이 우수한데 학창시절에 공부만 했는가?
- 20년 후 본인의 모습을 말해 보시오.
- 품질관리와 생산관리 업무에서 4M이란 무엇인가?
- 품질관리와 품질보증의 차이점은 무엇인가?
- 전기 배선 안전 규정을 알고 있는가?
- 안전 스프링클러 직렬형의 장점과 단점에 대해 말해 보시오.
- 콘크리트 타설 시 유의 사항을 시공 측면과 구조 측면으로 나누어 설명하시오.
- 열역학 법칙에 대해 설명해 보시오.
- 기계설비의 구매부터 시공까지 일련의 과정에 대해 설명해 보시오.
- 서중콘크리트와 한중콘크리트에 대해 설명하시오.
- 시퀀스 회로에서 인터락 회로가 무엇인가? 실제 사용되는 예를 말해 보시오.

2. 2차 면접

① 면접 위원 : 5 ~ 7명
② 면접 시간 : 20분
③ 면접 형태 : 다대다 면접
④ 면접 내용 : 개인이력과 자기소개서를 기반으로 한 질문이 주를 이룬다. 따라서 자신의 지원 동기,
강점 등과 코오롱그룹의 기업문화, 사업방향을 연계시킨다면 좋은 인상을 심어줄 수 있을 것이다.

- 지원한 업무에 대해 소개하고 해당 업무를 위해 필요한 역량에 대해 설명해 보시오.
- 자신의 역량 이상의 일을 경험한 적이 있는가? 있다면 어떻게 해결했는지 설명해 보시오.
- 과거 직장에서 주로 했던 업무와 그 경험을 어떻게 지원한 업무와 연결할 것인가?
- 이전 회사에서 이직하려는 이유는 무엇인가?
- 인턴 활동 때 어떤 일을 했는가? 인턴 활동을 통해 배운 것은 무엇인가?
- 캐드 자격증을 취득한 이유는 무엇인가?
- 토익 점수가 없는 이유는 무엇인가?
- 타임오프제와 복수노조에 대해 어떻게 생각하는가?
- 1차 면접 시 PT 주제를 말하고, 간략히 요약해서 다시 발표를 해 보시오.
- 성적이 낮은데 이유가 무엇인가?
- 빅데이터에 대해 아는 대로 말해 보시오.
- 둘 중에 한 명을 꼭 떨어뜨려야 한다. 누가 떨어져야 한다고 생각하는가? 그 이유는 무엇인가?
- Industry 4.0시대에 맞춰 회사가 나아가야 할 방향은 무엇인가?
- 다른 사람들과 협업하면서 어려웠던 경험을 말해 보시오.
- 남들이 반대하는 상황에서 높은 목표를 세우고 달성한 경험이 있는가?
- 국립중앙박물관에 가면 어떤 전시실을 가장 먼저 관람할지 말해 보시오.

오뚜기는 '부모와 윗사람을 공경하고, 타인을 배려하는 예의범절을 갖춘 인재로서 조직과 가정에서 절약정신을 실천하는 인재', '법규와 약속을 지키고 올바른 행동을 솔선수범하여 실천하는 인재', '마음과 정성으로 사회와 타인을 위해 봉사하는 마음을 가지고 실천하는 인재'를 인재상으로 삼고 있다. 오뚜기는 인성검사와 함께 면접 전형을 중요하게 여기므로, 당사가 원하는 인재상을 정확하게 파악하고 가는 것이 중요하다. 또한 오뚜기 당사에 대한 질문이 많은 비중을 차지하므로 오뚜기가 주력하고 있는 상품이나 시장조사, 또는 오뚜기의 ESG경영에 대해 공부하고 가면 면접에 큰 도움이 될 것이다.

오뚜기 면접은 1차 면접과 2차 면접, 총 2차례로 진행되는데, 1차 면접은 역량·인성 면접을 보며, 2차 면접은 임원 면접이다.

1. 1차 면접(역량·인성 면접)

① **면접 형태** : 다대다 면접
② **면접 시간** : 조마다 상이
③ **면접 내용** : 한 조에 4∼8명이 들어가게 되며, 자기소개 없이 공통질문으로 면접이 시작된다. 모든 면접자가 공통질문에 대답하고 나면, 각 면접자에게 개별질문을 물어본다. 주로 회사와 지원 동기, 지원 직무에 대한 내용을 물어보고, 자기소개서에서 부족한 부분에 대해 질문하기도 한다. 면접자와 지원 직무와의 적합성, 본인의 브랜딩을 어떻게 구체화했는지를 파악하고자 한다.

- 오뚜기에서 진행했던 인상 깊은 마케팅 사례가 있다면 말해 보시오.
- 당사 지원 동기와 지원 직무 지원 동기를 말해 보시오.
- 단순 반복적인 업무에 대해 어떻게 생각하는지 말해 보시오.
- 입사 후 회사의 가치관과 본인의 가치관이 다를 경우 어떻게 할 것인지 말해 보시오.
- 어떤 일에 도전했다가 실패한 적이 있는지, 있다면 그 해결방안은 무엇이었는지 말해 보시오.
- 전공이 지원한 직무에 어떤 도움이 될 것 같은지 말해 보시오.
- 지원한 직무와 다른 부서로 발령이 난다면 어떻게 할 것인지 말해 보시오.
- 지원한 직무에서 가장 중요하다고 생각하는 점에 대해 말해 보시오.
- 본인의 영어 실력에 대해 말해 보시오.
- 본인이 생각하는 오뚜기의 브랜드 이미지에 대해 말해 보시오.
- 직장 상사가 부당한 대우를 했을 때 어떻게 할 것인지 말해 보시오.
- 자신만의 오뚜기 제품이 있다면 그에 대해 말해 보시오.
- 상대적으로 열의에 위치한 시장이지만 성장성이 좋다면 진입할 것인지 물러설 것인지 말해 보시오.
- 영어 성적 / 해외 경험 / 봉사활동 경험이 없는 이유에 대해 말해 보시오.
- 해외 제품 중 수입하고 싶은 제품이 있다면 그에 대해 말해 보시오.
- 본인이 가지고 있는 자격증을 지원 직무에 어떻게 활용할 수 있는지 말해 보시오.
- 본인을 표현하는 단어에 대해 말해 보시오.

2. 2차 면접(임원 면접)

① **면접 방식** : 다대다 면접

② **면접 시간** : 약 10분

③ **면접 내용** : 자기소개를 시작으로 면접이 시작된다. 짧은 시간 안에 다른 지원자와 함께 면접이 진행되므로 자기소개에서 강한 임팩트를 남기는 것이 좋다. 당사에 대한 관심과 시장 트렌드, 그 안에서 회사가 취해야 할 발전 방향에 대해 물어본다. 따라서 오뚜기 상품의 장단점과 개선 방안은 물론, 전반적인 식품 시장 조사를 철저하게 준비해야 할 것이다.

- 간단하게 자기소개를 해 보시오.
- 당사가 성장하려면 어떤 경쟁력을 갖춰야 하는지 말해 보시오.
- 오뚜기의 제품과 경쟁사의 제품 중 인상 깊었던 제품을 말해 보시오.
- 향후 오뚜기의 발전방향에 대한 본인의 생각과 견해에 대해 말해 보시오.
- 전반적인 식품 트렌드에 대해 말해 보시오.

1. PT · 인성 면접

① 면접 위원 : 3명
② 면접 시간 : 약 40분
③ 면접 형태 : 다대일 면접
④ 면접 유형 : PT 면접은 직무와 관련된 이슈나 주제를 가지고 실무능력을 측정하는 방식으로써 전공과 관련된 문제지, 연습장, 펜이 주어지고, 약 30분 동안 준비를 한 후, 3명의 면접관 앞에서 약 5~7분간 PT 발표를 실시한다. 발표를 마친 후, 인성 면접을 실시하는데 효성의 4가지 핵심가치(최고, 혁신, 책임, 신뢰)의 관점에서 지원자의 인성과 실제 업무역량 등을 자기소개서를 바탕으로 평가한다. 질문에 대해 답변을 하면 그 답변에 대해 다시 질문을 하는, 꼬리에 꼬리를 무는 형식으로 진행된다.

[PT]
- 글자를 거꾸로 출력하는 알고리즘 코드를 작성하고 설명해 보시오.
- 초고층 시공의 특성에 대해 설명해 보시오.
- 효성의 영업인으로서 해외시장을 개척하는 방법에 대해 설명해 보시오.
- 효성중공업의 초고압변압기의 특징과 장점에 대해 설명해 보시오.
- Wire Rod에 응력이 가해져 당겨졌을 때 발생하는 전단응력에 대해 말해 보시오.
- 경쟁사의 저가 제품 판매 전략에 어떻게 대응하겠는가?
- 효성의 포케톤의 특성과 장점에 대해 설명해 보시오.
- 화학 반응식을 통한 분자식을 추론하시오.
- 신흥국 이슈 관련 내용
- 효성 관련 비즈니스케이스 분석 및 계획
- 열역학의 생성 엔탈피를 통해 반응 속도를 빠르게 하는 방법
- 환율 및 국제정세와 관련된 내용
- 특수상황에서 영업사원의 태도
- 열정산을 세워 덕트(Duct)의 열 손실을 구하시오.
- LC 회로에 대해 설명해 보시오.

[인성]
- 효성웨이의 핵심가치 4가지를 말하고 그중 1가지와 관련된 경험을 말해 보시오.
- 효성그룹에서 하고 싶은 업무는 무엇인가?
- 꾸준히 발전하기 위해 노력하고 있는 것은 무엇인가?
- 요즘 관심 있게 보고 있는 이슈는 무엇인가?
- 부득이하게 원칙을 어겼던 경험을 말해 보시오.
- 왜 효성인가?
- 전국 주유소의 개수는 몇 개인가?
- 효성 강선연구소의 주요 업무에 대해 알고 있는가?
- 공백기가 있는데 이 시기에는 무엇을 했는가?

- 자기소개서에 봉사활동 기록이 없는데 따로 해온 것이 있는가?
- 회사 제품에 대해서 아는 것이 있는가?
- 최근 건설 경기에 대해서 어떻게 생각하는가?
- 건설업에 지원한 이유는?
- 동아리 활동에서 가장 기억에 남는 경험은 무엇인가?
- 다른 회사와 동시에 합격한다면 어떻게 하겠는가?
- 회사에서 하고 싶은 일이 있는데 해당 직무의 상사와 사이가 좋지 않다면 어떻게 하겠는가?
- 군 생활에서 가장 기억에 남는 경험은 무엇이 있는가?
- 효성웨이의 핵심가치에 대해 이야기해 보시오.
- 해당 수상경력은 우리 직무와 연관이 없어 보이는데 이를 어떻게 활용할 것인가?
- 영업 직무에서 가장 필수적인 요소가 무엇이라고 생각하며 그 이유는 무엇인지?
- 해외경험에 대한 질문
- 해외영업에서 가장 중요한 자질은 무엇인가?
- 전공을 공부하면서 배운 것은 무엇인가?
- 아르바이트를 한 경험이 있는가?
- 효성 중공업에 지원한 이유가 무엇인가?
- 영업은 끈기가 필요한 직무인데 이와 관련된 경험을 사례를 들어 말하시오.
- 2B와 B2C의 차이는 무엇인가?
- 전기 관련 전공이 아닌데, 이로 인한 핸디캡에 대해 어떻게 생각하는가?
- 인생에서 가장 힘들었던 경험은 무엇인가?
- 해외 근무는 가능한가?
- 지방 근무는 가능한가?
- 혼자 사는 것은 가능한가?
- 효성에 대해 아는 대로 말하시오.

2. 토론 면접

① 면접 위원 : 2명
② 면접 시간 : 약 40분
③ 면접 형태 : 다대다 면접
④ 면접 유형 : 기존의 블라인드 형태의 면접에서 2015년 하반기부터 비즈니스 케이스 면접 유형으로 실시하고 있다. 공동의 목표를 달성하기 위해 제안하는 방식을 찾는 토론이 진행되며, 5명의 지원자가 주어진 문제에 대해 각각 다른 추가 자료를 배부받고 이 자료를 바탕으로 서로 상의하여 결론을 도출해나간다. 이때 평가의 주된 목적은 구체적인 업무 상황을 제시했을 때 이를 해결할 수 있는 전문 지식과 실력을 갖추고 있는지를 보기 위한 것이다.

- 버스 입석 금지에 관한 토론
- 중공업, 도로 등 북한으로의 인프라 확장에 관한 토론
- 전자결제 시스템의 편의성과 보안성에 관한 토론
- 전 세계 기후 환경문제에 대한 토론
- 노틸러스효성의 주력 사업인 ATM 산업이 핀테크와 현금 사용의 저하로 인해 사양길을 걷고 있다. 이 문제의 해결방안에 관한 토론
- 가상의 한 기업에 관한 사례와 그 기업의 발전 방향성에 관한 토론
- 현재 경제 상황을 통해 새로운 비즈니스 모델에 관한 토론
- 빅데이터의 발전이 자동차 산업에 끼칠 영향에 대한 다양한 관점을 토론
- 가상의 화학제품 생산에 대한 정보를 통해 시장 규모 예측 토론

동원그룹은 '새로운 가치를 창조하는 사회필요기업'을 비전으로, '열정·도전·창조·팀워크' 정신을 가진 인재를 선발한다. 인적성 검사를 통해 선발된 지원자들은 두 차례의 면접을 치르게 되는데 1차는 PT와 실무진 면접, 2차는 임원 면접으로 구성된다. 동원그룹 면접의 독특한 점은 실무진 면접에 입사 2~4년차 선배 사원들이 참여하여 지원자를 평가한다는 점이다. 필요 직무에 한해서는 외국어 면접을 보게 될 수도 있고, 인적성 검사에서 작성한 내용을 바탕으로 질문이 이어질 수도 있다. 그러므로 예상 질문과 답변을 미리 준비하고 숙지하여, 실제 면접장에서 당황하지 않도록 하는 것이 중요하다. 1차 면접 후, 재무 직군의 지원자들은 TESAT을, 동원F&B와 동원홈푸드의 연구 직군에 지원한 지원자들은 30분의 관능검사를 따로 치르게 된다.

1. 1차 면접

(1) PT 면접

6~8명의 지원자를 한 조로 하여 공통의 주제가 주어진다. 20분의 준비시간이 지나면 한 명씩 면접실로 들어가 면접관들 앞에서 자기소개와 함께 약 3분 동안 발표를 진행한다. 이때 스터디 카드 한 장에 내용을 요약해서 지참할 수 있다. 발표 시간이 짧기 때문에 결론부터 간결하게 전달하는 것이 효과적이며, 당당하고 자신감 있는 태도를 유지하는 것이 좋다.

[동원산업]
- 4pl과 3pl의 차이에 대해 말해 보시오.
- SCM의 필요성에 대해 말해 보시오.

[동원F&B]
- 생산관리 파트와 가격결정의 연관성에 대해 설명하시오.
- '직업'이 자신의 삶에서 어떤 역할을 하고 나아가 사회경제적 측면에서 어떤 기능을 갖는지 말해 보시오.
- 기업의 사회적 책임에 대해 말해 보시오.
- 지금 보고 있는 면접의 기회비용은 얼마인가?
- 아마존이 국내에 들어왔을 경우 산업의 변화와 실생활의 변화를 예측해 보시오.
- 파레토 법칙이란? 일상생활에 적용해 보시오.
- 올해 이룬 성과와 이루지 못한 성과에 대해 말해 보시오.

[동원홈푸드]
- 최근 사회이슈 중 하나를 골라 동원홈푸드가 어떻게 활용하면 좋을지 말해 보시오.
- IT시스템을 식자재유통에 적용시켜 보시오.
- B2B, B2C영업에 대해 비교·분석하고 활용 방안을 이야기해 보시오.
- 효율적 구매관리를 했던 경험을 소개해 보시오.
- 조리원이 남은 반찬을 개인적으로 가져가려고 할 때 대처방안에 대해 말해 보시오.
- 현재 식품산업의 위기요인과 기회요인에 대해 말해 보시오.
- 자기 스스로에게 점수를 매기고, 이유를 설명해 보시오.

[동원시스템즈]
- 생산관리, 품질관리가 갖는 중요성에 대해 말해 보시오.
- 품질경영과 품질관리의 차이점은 무엇인가?
- ERP시스템에 대해 말해 보시오.
- 사람과 기계의 차이점에 대해 말해 보시오.
- 환경과 포장재의 관계에 대해 말해 보시오.
- 동원시스템즈의 현금흐름에 대해 이야기해 보시오.

[동원건설산업]
- 갯벌에 교량을 지으려면 어떻게 해야 하는가?
- 건설현장에서는 팀워크가 매우 중요하다. 만약 팀워크에 방해되는 팀원이 있다면 어떻게 할 것인가?

[동원엔터프라이즈]
- 기업브랜드 관련 SNS 홍보채널을 선택하고, 그 이유와 홍보방안을 말해 보시오.
- 스마트폰을 이용해서 주로 어떤 것을 하는가?

(2) 실무진 면접

PT 면접에서 한 조를 이루었던 지원자들과 5명의 면접관이 함께 그룹 면접을 진행한다. 시간은 계열사마다 상이하지만 대략 30분 ~ 1시간 정도로, 개인에게는 4개 정도의 질문과 답변 기회가 주어진다. 지원자 모두에게 공통적인 질문을 하거나 한 명씩 지목하여 개인 질문을 하기도 하지만, 선착순으로 손을 들어 답변을 요구하는 경우도 있다.

[동원산업]
- 성격의 단점을 극복한 경험에 대해 말해 보시오.
- 아르바이트 경험에 대해 말해 보시오.
- 취미에 대해 영어로 설명해 보시오.
- IT와 스마트폰의 발전이 식품산업에 미치는 영향에 대해 말해 보시오.
- 불량률 개선 방법에 대해 말해 보시오.
- 동원의 물류창고 또는 물류기업을 견학한 경험이 있는가?
- 물류에서 IT가 중요한 이유에 대해 말해 보시오.
- 현금흐름표에서 가장 중요한 것을 말해 보시오.
- 영업이익률 산출 방법에 대해 말해 보시오.
- 일상생활에 존재하는 비상식의 예를 들고 상식으로 바꿀 해결방법을 제시하시오.
- 아웃소싱을 하는 이유는 무엇인가?

[동원F&B]
- 추천하고 싶은 도서의 소개와 이유를 말해 보시오.
- 거주 지역의 인구가 몇 명인가? 이 질문의 의도가 무엇이라고 생각하는가?
- 성실과 도전 중 무엇을 선택하겠는가?
- 블랙프라이데이에 대한 생각을 말해 보시오.
- 1보 전진을 위해 2보 후퇴한 경험이 있다면 말해 보시오.
- 식품업이 성장하기 위해서 극복해야 할 점과 방향을 제시하시오.
- 블랙 컨슈머에 대해 어떻게 생각하는가?
- 자사 제품 중 좋아하는 것과 아쉬운 것을 선정하고 이유를 말해 보시오.
- 중소기업은 인력난에 시달리는데 왜 취업이 힘들다고 생각하는가?
- 동원그룹에서 가장 성공적인 사업은 무엇이라고 생각하는가?

[동원홈푸드]
- 본인이 왜 이 직무에 적합한지 말해 보시오.
- 주변에서 본인을 어떻게 평가하는가?
- 영양사로서 직원들에게 제공할 아침 식사 메뉴를 구성하시오.
- 동원홈푸드에서 가장 마음에 드는 브랜드와 이유에 대해 말해 보시오.
- 구매의 3요소에 대해 말해 보시오.
- 본인이 생각하는 기업의 정의와 그 기업에서 이루고 싶은 일에 대해 말해 보시오.
- 집에서 간단하게 할 수 있는 요리를 말해 보시오.
- 고객이 먹던 음식에서 이물질이 나왔을 때 어떻게 대처하겠는가?
- HACCP에 대해 말해 보시오.
- 세균성 식중독의 종류를 구분하고 그에 해당되는 질병을 말해 보시오.
- 계란의 무게는 얼마인가?
- 아침은 무엇을 먹었는가? 칼로리를 계산해 보시오.

[동원시스템즈]
- 영어로 자기소개를 해 보시오.
- 동원시스템즈에서 생산되는 제품에 대해 말해 보시오.
- 학생과 사회인의 차이점은 무엇이라고 생각하는가?
- 생산관리가 아닌 품질관리로 지원한 이유가 무엇인가?
- 미지급법인세와 이연법인세의 차이에 대해 말해 보시오.
- 주문이 밀려 생산 능력을 초과할 때 어떤 고객의 상품을 먼저 생산해야 하는가?
- 자사 제품의 스펙에 대해 설명해 보시오.
- 지금까지 한 일 중 가장 엉뚱했던 일은 무엇인가?
- (마지막 질문) 지금까지 한 답변 중 한 가지를 선택하여 영어로 말해 보시오.

[동원건설산업]
- 영어로 자기소개를 해 보시오.
- 본인의 색깔은 무엇인가?
- 본인을 가장 잘 표현하는 단어를 말해 보시오.
- 건설현장에서 관리자로서의 역할은 무엇인가?
- 건설현장에서 가장 중요한 것은 무엇인가?
- 건설사 입장에서 공기단축과 고부가 가치 창출 중 무엇을 우선해야 하는가?
- 1인 가구에 대해 어떻게 생각하는가?
- 층간소음에 어떻게 대처해야 하는가?
- 연돌현상이란 무엇인가?

[동원엔터프라이즈]
- 세법 개정안의 내용과 그에 대한 본인의 생각을 말해 보시오.
- 임산부가 섭취해야 할 영양소에 대해 말해 보시오.
- 학교생활을 오래한 데 비해 사회활동이 적은데 그 이유는 무엇인가?
- 담뱃값 인상에 대한 본인의 의견을 말해 보시오.
- 자사의 재무제표를 보고 느낀 점을 말해 보시오.
- 어나니머스에 대해 어떻게 생각하는가?

[동원CNS]
- 건강식품의 정의를 말해 보시오.
- (고객의 나이, 성별, 질병 등을 설정 후) 알맞은 건강기능식품을 추천해 보시오.
- 홍삼에 대해 말해 보시오.
- 하루 권장 칼슘 섭취량은 얼마인가?
- 알고 있는 자사의 제품에 대해 말해 보시오.
- 이전 직장에서 퇴사한 이유는 무엇인가?
- 학력이 높다고 연봉을 많이 받는 것이 당연한가?
- 희망근무지역으로 발령받지 못해도 근무하겠는가?

2. 2차 면접

2차는 임원 면접으로, 최종적으로 지원자의 인성과 자질을 평가하는 단계이다. 인성 면접이지만 자기소개서나 경험에 대한 전반적인 질문보다는 사회 이슈, 시사에 관한 질문이 주를 이룬다. 따라서 틈틈이 신문이나 매체를 통해 보도되는 사건들에 대해 자신의 생각을 정리해 보는 것이 도움이 된다. 또한, 최근 경제와 산업의 동향을 면밀히 살피고, 국제 이슈에도 관심을 기울여 향후 전개될 양상에 대해서 예측해보는 안목이 필요하다.

[동원산업]
• 한중FTA가 식품업계에 미칠 영향에 대해 말해 보시오.
• 최근 체결한 국제MOU에 대한 본인의 의견을 말해 보시오.

[동원F&B]
• 본인이 왜 동원에 필요한 인재인지 말해 보시오.
• 우리나라의 대기업 위주 성장의 원인이 어디에 있다고 생각하는가?
• 기업과 골목상권의 상생에 대해 말해 보시오.
• 한식의 세계화, 김치의 세계화의 장애물은 무엇인가?

[동원시스템즈]
• 백수오 사태에 대해 품질관리자로서 어떻게 생각하는가?

[동원건설산업]
• 엔지니어로서 본인의 역량을 말해 보시오.
• 건설 산업의 현황에 대해 말해 보시오.
• 건축이 공과대, 미대 혹은 기타 학부 중 어디에 속해야 하나?
• 강변 테크노타워에서 흔들림이 발생한 이유와 사후대처에 대해 말해 보시오.

KCC는 '기본에 충실하고 조직방향과 일치하는 전문지식을 가진 사람, 불굴의 의지와 창의력으로 실천하는 사람, 고객과 조직에 정직하고 사명감과 책임감을 갖는 사람'이라는 인재상을 내세워 그에 적합한 인재를 선발하기 위해 면접을 진행하고 있다.

KCC의 면접은 2015년부터 토론 면접 대신 PT 면접이 생겼으며, PT 면접과 함께 인성 면접이 곧바로 진행된다. 면접관 4 ~ 5명으로 다대다의 면접 방식으로 치러지며, 개인별 약 25분(PT 발표 5분, 질의응답 5분, 인성 면접 10분) 동안 진행된다.

1. PT 면접

직무와 관련된 이슈나 주제를 통해 실무능력을 측정하는 방식으로 진행된다. PT 면접의 주제는 면접장에서 주어지는데, 총 5개 문제 중에서 하나를 선택해서 면접 대기실에서 20분 동안 발표 준비를 끝낸 후, 5분 동안 면접관에게 화이트보드에 쓰면서 프레젠테이션을 하게 되며, 발표를 끝낸 후 5분 동안 피드백을 받게 된다. 지원자의 전공 지식과 직무에 대한 관심도와 지식 등이 요구되므로 이에 초점을 맞춰 준비하도록 해야 한다. 주어진 시간 안에 체계적으로 정리하는 분석력과 발표력 또한 중요한 사항이므로 철저히 준비해야 하며, 주어진 시간을 초과하면 감점이 될 수 있으므로 주의해야 한다.

- 영업활동을 하면서 발생할 수 있는 14가지 정도의 상황 중 1가지를 골라 대응방안을 발표하시오.
- 도료에 사용되는 에폭시 고분자에 대한 설명과 이를 활용한 제품을 설계하시오.
- 베르누이의 법칙을 설명하여 그 예와 활용에 대해서 설명하시오.
- 물 원자 하나의 부피를 구해 보시오.
- 품질기준강화를 제시했는데, 품질기준을 강화하면 제품 가격이 상승할 것이고, 가격경쟁력이 약화되는데, 왜 품질기준강화를 제시하는가?
- 본인이 발표한 영업활동 중 발생한 상황을 한 마디로 정리해 보시오.
- 제시한 방안대로 했는데, 고객사에서 막무가내로 납품된 도료를 교환해달라고 하면 어떻게 할 것인가?
- 당사 제품 중 하나를 고객사에 홍보해 보시오.
- 고객사에서 새롭게 영업부에 입사한 신입사원이 실수가 많다며 숙련된 사원으로 바꿔달라고 요청해왔다. 어떻게 할 것인가?
- 당사 주요 제품 외에 추가적으로 어떤 상품을 팔면 좋을 것 같은지 말해 보시오.

2. 인성 면접

PT 면접이 끝나면 곧바로 인성 면접이 시작된다. 인성 면접은 이력서에 나와 있는 내용과 자기소개서를 바탕으로 한 질문이 주어지며, 지원자의 전공 관련 상식, 이슈가 되었던 사회문제, 시사상식 등이 주를 이룬다. 간혹 영어로 간략하게 자기소개를 시키는 경우도 있다.

[인성]

- 인생에서 가장 힘들었을 때를 설명해 보시오.
- 자기소개를 해 보시오.
- 지원동기를 말해 보시오.
- 건설 분야에 지원한 이유를 말해 보시오.
- 울산 공장에서 무엇을 만드는지 말해 보시오.
- 자신의 특기를 설명해 보시오.
- 자신의 취미를 소개해 보시오.
- 현재 소지품으로 3가지 창의적인 활동을 해 보시오.
- 주량은 얼마나 되는가?
- 본인의 장·단점에 대해 말해 보시오.
- 아르바이트는 어떤 것들을 해보았는가?
- 졸업 작품 과제에 대해 자세히 설명해 보시오.
- 지금까지 면접관이 많은 질문을 했는데, 지원자가 면접관에게 묻고 싶은 것이 있는가?
- 이수한 전공 선택과목을 말해 보시오.
- 지금 개도국에서 KCC로 현지에 공장을 지어달라는 요청이 들어오고 있다. 해외근무도 관계없는가?
- 지방 공장 근무가 많을 것이다. 문제없는가?
- KCC 면접에 들어올 때 어떤 질문은 가장 자신 있게 대답할 수 있을 것이라 준비해 왔는가?
- 가장 중요하게 생각하는 가치가 무엇인가?
- 국제금융위기처럼 현재 한국 사회에서 금융이 오히려 사회발전에 해를 끼치는 경우를 말해 보시오.
- KCC의 사훈은 무엇인가?
- KCC에 대해서 아는 대로 말해 보시오.
- KCC가 왜 본인을 뽑아야 하는가?
- 본인의 전공을 선택한 이유는 무엇인가?
- 자신의 전공과 지원 분야에 대해 상관성을 말해 보시오.
- 자신이 살아오면서 얼마 정도의 투자를 했는지 산술적으로 수치를 내보시오.
- 인상 깊게 읽었던 책과 그 이유를 말해 보시오.
- 학점이 아주 좋은데, 공부만 한 것은 아닌가?
- KCC의 광고에 대한 느낌을 말해 보시오.
- 지하철에서 비데를 팔 수 있는가? 어떻게 팔 것이며, 그 시스템 구조를 말해 보시오.
- 졸업 후 현재까지 무엇을 어떻게 하였고 무슨 준비를 하였는가?
- 해외연수 경험이 있는가?
- 프로정신으로 영업을 접근한다면 어떻게 할 것인가?
- 하루 동안 인맥을 동원하여 모을 수 있는 자금은?
- 본인의 외국어(영어) 실력은 어느 정도인가?
- 야근이 많은 업무 환경에 대한 생각을 말해 보시오.
- 우정이란 무엇인가? 밤늦게 불러낼 수 있는 친구는 몇 명인가?

- 맨홀 뚜껑이 동그란 이유를 말해 보시오.
- 주말 여행계획이 있어도 부르면 출근할 것인가?
- 아프리카에 간다면 가져갈 5가지는 무엇인가?
- 공무원 연금 개혁에 대해 의견을 말해 보시오.
- 평생직장과 경력 위주의 이직에 관한 생각을 말해 보시오.
- KCC에 입사한다면 회사에 기여할 방법은 무엇인가?
- 10년 후 자신의 모습은 어떨 것이라고 생각하는가?
- 전공이 직무와 관련이 없는데 해당 직무를 선택한 이유는?
- 희망연봉은?
- 일과 육아 중 어떤 것을 선택할 것인가?
- 우리 회사 광고 모델이 누구인지 아는가?
- 은수저, 금수저에 대해 어떻게 생각하는가?
- 본인을 어필해 보시오.
- KCC에 바라는 점은?

[전공]
- 유리전이온도가 변하는가?
- 유기화학에서의 작용기 또는 관능기에 대해 설명하시오.
- 고분자 점탄성 특성에 대해 설명하시오.
- 화학결합 중 가장 강한 것은 무엇인가?
- PN접합에 대하여 설명하시오.
- 임피던스가 무엇인가?
- 제어에서 캐스케이드에 대하여 설명하시오.
- 서브프라임 모기지론이란?
- 세라믹의 과거와 현재에 대해 말해 보시오.
- 서울의 주유소 개수를 확인할 수 있는 방법은?
- 서울 시내의 차량 수를 말해 보시오.
- EMC의 가장 중요한 특징은?

[영어]
- 자기소개를 영어로 해 보시오.
- 옆 지원자의 영어 자기소개를 듣고 번역해 보시오.
- 입사 후 포부를 영어로 말해 보시오.
- 미국의 장점과 단점에 대해 영어로 말해 보시오.
- 아침에 회사까지 온 과정을 영어로 말하시오.

1. S-OIL 면접 유형

S-OIL은 '회사 비전 실현에 동참할 진취적인 사람, 국제적 감각과 자질을 가진 사람, 자율과 팀워크를 중시하는 사람, 건전한 가치관과 윤리의식을 가진 사람'을 인재상으로 하고 있다. 회사가 원하는 인재를 발굴하기 위해 S-OIL은 면접을 통해 지원자의 인성 및 태도, 조직적합도, 자질 및 전공지식, 실무능력 등을 종합적으로 평가한다.

S-OIL 면접은 1차 면접과 2차 면접으로 2차례로 진행된다. 1차 면접은 역량 / 인성 면접과 PT 면접을 보며, 2차 면접은 임원 면접이다.

(1) 1차 면접

① **면접 형태** : 다대일 면접
② **면접 시간** : 역량 / 인성 면접의 경우 30분, PT 면접은 5 ~ 10분 정도이다.
③ **면접 내용** : 역량 / 인성 면접의 경우 지원자가 회사 인재상과 역량에 부합하는지를 보고, PT 면접의 경우 발표력과 논리성을 본다. 주로 회사와 전공에 대한 내용을 물어보고, 자기소개서 위주의 질문을 한다. PT 면접은 시간이 짧은 만큼 어려운 주제가 아닌 간단한 전공 관련한 주제 3개 중 본인이 자유롭게 선택할 수 있다.

(2) 2차 면접(임원 면접)

① **면접 방식** : 다대다 면접
② **면접 시간** : 30 ~ 40분
③ **면접 내용** : 자기소개서를 바탕으로 한 질문이 주어지며, 주로 인성을 본다. 이슈가 되었던 사회문제, S-OIL에 얼마나 관심이 있는가 정도를 본다.

2. 면접 기출 질문

(1) 역량 / 인성 면접

- S-OIL에 지원하게 된 동기를 말해 보시오.
- 자기소개를 해 보시오.
- 갈등을 해소시킨 경험이 있나요? 있다면 말해 보시오.
- 대학원에 가지 않은 이유가 있나요?
- 본인의 장점 및 단점을 3가지 말해 보시오.
- 학점이 좋지 않은데, 성실하지 않은 건가요?
- 살면서 가장 어려웠던 일과 그것을 극복했던 방법에 대해 말해 보시오.

PART 2

- 본인이 S-OIL에 기여할 수 있는 점은 무엇이라고 생각하는가?
- 프로젝트를 하는 데 있어 중요한 건 무엇이라고 생각하는가?
- 인생에서 가장 중요하다고 생각하는 것과 그 이유에 대해서 말해 보시오.
- S-OIL에 대해 아는 것이 있다면 말해 보시오.
- 인생에서 가장 큰 성취감을 느낀 적이 있는가? 있다면 말해 보시오.
- 본인의 전공이 지원한 직무에 적합한가?
- 성공과 실패의 기준이 뭐라고 생각하는가?
- 탄성과 소성에 대해서 설명하시오.
- 베어링에 대해서 설명하시오.
- 저항, 전압, 전류의 관계를 설명하시오.
- 다이오드 시퀀스에 대해서 설명하시오.
- 휴대전화 배터리 직렬 / 병렬로 연결했을 때의 차이점은 무엇인가?
- 위험물 4류에 대해서 설명하시오.
- 학교생활 중 다른 사람들과 마찰을 겪은 일을 말해 보시오.
- 상압증류와 감압증류의 차이에 대해 설명해 보시오.
- 따로 준비해 온 것이 있다면 해 보시오.
- 마지막으로 할 말이 있다면 말해 보시오.
- 조직에서 사람들 간 마찰이 생길 때 어떻게 해결하는가?
- 평행기어에 대해 설명해 보시오.
- 모멘트가 무엇인지 설명해 보시오.
- 석유 제조과정과 원유 유통과정을 설명해 보시오.
- 디젤과 가솔린의 차이에 대해 알고 있는가?
- 범용 기계에 대해 설명해 보시오.
- 성공과 실패의 기준에 대해 말해 보시오.

(2) PT 면접

- 석유제품의 국내 / 해외시장의 상황에 따라 판매의 비중을 조절하는 방법에 대해 발표하시오.
- 해당 제품의 판매전략에 대해 발표하시오.
- 정유4사의 추세는 무엇인가?
- 변압기원리와 결선방식에 대해 설명해 보시오.
- PID제어에 대해 설명해 보시오.
- 베르누이 법칙을 초등학교 아이에게 설명해 보시오.
- 아레니우스 식을 설명해 보시오.
- 증류탑에서 환류비가 증가했을 때 효과에 대해 말해 보시오.

(3) 임원 면접

- 자기소개를 해 보시오.
- 지원동기를 말해 보시오.
- S-OIL하면 떠오르는 이미지는?
- 10년 후, 20년 후 S-OIL에서의 자신의 모습은?
- 타 전공인데 지원 분야에 어떻게 적용할 수 있겠는가?
- 자신의 인생에서 가장 큰 영향을 준 사람과 그 이유를 말해 보시오.
- 상사가 부당한 지시를 내린다면 어떻게 대응할 것인가?
- 취미가 무엇인가?
- 10년 뒤 S-OIL은 무엇을 하고 있겠는가?
- S-OIL에 반드시 입사해야 하는 이유를 말해 보시오.
- 여자가 군대에 가는 것에 대해 어떻게 생각하는가?
- 영업 혹은 마케팅이 무엇이라고 생각하는가?

샘표식품은 지원자의 인성 및 태도, 조직적합도, 자질 및 당사 인재상과의 부합도 등을 종합적으로 평가하기 위해 면접을 시행한다. 샘표식품은 '식품회사 직원은 주부의 마음을 이해할 줄 알아야 한다.'는 지론에 따라 국내 최초로 2016년에는 젓가락 면접을, 2000년에는 요리 면접을 도입했다. 코로나 19 이후로 요리 면접과 젓가락 면접은 폐지되어, 현재 지원자는 실무진 면접과 임원 면접 등을 치르며, 해외마케팅 직무는 영어 면접까지 추가로 진행된다. 원데이 면접이기 때문에 하루 안에 모든 과정이 끝나지만, 부서에 따라 끝나는 시간이 다르다.

1. 실무진 면접

① 면접 위원 : 2 ~ 3명
② 면접 시간 : 약 20분
③ 면접 형태 : 다대일 면접
④ 면접 유형 : 2 ~ 3명의 면접관과 1명의 지원자로 면접이 진행된다. 자신이 지원한 분야의 실무진들과 면접을 보는데, 부서별로 면접 분위기는 다른 편이다. 이력서와 자기소개서를 바탕으로 한 경험 위주의 질문을 한다. 지원 분야에 대한 지식과 경력·경험을 물어보며, 전공·시사 관련 질문을 하기도 한다.

- 샘표가 해외진출을 한다고 했을 때, 제품 판매에 더 힘을 들여야 할지, 혹은 자사 식당을 런칭해야 할지 고르고 이유를 말해 보시오.
- 손님에게 음식에 대한 불만사항을 들었을 때 어떻게 대처할지 말해 보시오.
- 나보다 능력이 떨어지는 팀원을 데리고 프로젝트를 진행해야 한다면 어떻게 하겠는가?
- 선배와 출장을 가는 도중 선배가 난폭운전을 하기 시작했다. 당신이라면 뭐라고 말할 것인가?
- 젓가락 면접을 준비했는가? 했다면 준비 도중 무슨 생각을 했는가?
- 자신의 젓가락질 자세에 대해 10점 만점에 몇 점을 줄 수 있는가?
- 자기소개를 해 보시오.
- 공모전에서 본인의 역할이 무엇이었는가?
- 본인의 경험이 직무에서 어떻게 도움이 될 것이라고 생각하는가?
- 프로젝트 경험이 있는데, 아이디어 제공은 누가 했는가? 왜 그런 생각을 했는가?
- 프로젝트 결과는 좋았는가?
- 타임머신이 있다면 언제로 돌아가고 싶은가?
- 자신의 장·단점을 말해 보시오.
- 입사 후 포부에 대해 말해 보시오.
- 직무를 하는 데 있어 본인의 가장 큰 강점은 무엇인가?
- 직무에서 어떤 부분이 가장 중요하다고 생각하는가?
- 구매 직무에 왜 지원했는가?
- 구매 업무에 자신의 지식을 어떻게 적용할 것인가?
- 왜 샘표식품에 지원했는가?
- 최근 관심 있는 시사 내용에 대해 말해 보시오.
- 본인의 전공이 식품회사와 관련이 없는데, 왜 지원했는가?
- 왜 품질관리 직무에 지원했는가?

- 학교생활을 하면서 가장 보람이 있었던 봉사활동은 무엇인가?
- 우리 회사의 채용 설명회는 다녀왔는가?
- 2분 동안 자기소개를 해 보시오.
- 학창시절 학점 이외에 가장 신경 썼던 것은 무엇인가?
- 가장 기뻤던 순간과 슬펐던 순간은 언제인가?
- 자격증을 취득한 이유가 무엇인가?
- 본인만이 할 수 있는 요리가 있는가?
- 친구들 사이에서 본인은 주로 어떠한 역할을 하는가?
- 일에 대한 과정과 결과 중에 무엇이 더 중요하다고 생각하는가?
- 샘표식품 하면 떠오르는 것이 무엇인가?
- 샘표식품이 다른 식품업체와 다른 점을 말해 보시오.

2. 임원 면접

① 면접 위원 : 3명
② 면접 시간 : 약 20분
③ 면접 형태 : 다대일 면접
④ 면접 유형 : 3명의 면접관과 1명의 지원자로 면접이 진행된다. 기본 인성 및 적응성을 개별질문을 통해 파악한다. 자기소개서 바탕의 질문보다는 인성에 관한 질문 그리고 꼬리 질문을 통한 압박 면접이 진행된다.

- 친구가 돈을 빌려달라고 했을 때 당신이라면 빌려줄 것인지 그리고 그 이유에 대하여 말해 보시오.
- 평소에 규칙을 잘 지키는가? 그리고 만약 팀원 중 규칙을 지키지 않는 이가 있다면 어떻게 할 것인가?
- 사회가 부조리하다고 생각하는가?
- 본인의 장점이 발현된 구체적인 사례를 말해 보시오.
- 본인이 왜 합격한 것 같은가?
- 대외활동에서 본인의 역할을 말해 보시오.
- 본인이 구체적으로 어떤 역할이었으며, 무엇을 담당해서 어떤 성과를 냈는지 말해 보시오.
- 아이디어를 하나 제시해 보시오.
- 아이디어가 너무 상투적이다. 획기적인 아이디어를 말해 보시오.
- 직무에서 구체적으로 어떤 일을 하고 싶은가?
- 학부 시절 성적이 좋은 편이 아니다. 왜 그렇다고 생각하는가?
- 샘표식품의 사업장에 대해 말해 보시오.
- 본인이 지원한 사업장이 아닌 다른 곳으로 발령이 나도 괜찮은가?
- 샘표식품 외에 다른 식품 회사를 쓴 곳도 있는가?
- 다른 회사에 떨어졌다면 왜 본인이 떨어졌다고 생각하는가?
- 다른 회사들과 같은 이유로 샘표식품도 떨어질 수 있는데 어떻게 생각하는가?
- 샘표식품의 홍보방안에 대해 말해 보시오.
- 본인의 성격에서 고치고 싶은 점은 무엇인가?
- 문화를 파는 것이 무엇이라고 생각하는가?
- 마지막으로 하고 싶은 말을 해 보시오.

- 자신을 뽑을 수 있도록, 본인을 어필해 보시오.
- 본인이 대답한 답변에 거짓말이 전혀 없는가?
- 샘표식품에서 어떤 일을 하고 싶은가?
- 회사에 지원한 동기가 무엇인가?
- 지원 직무를 선택한 이유가 무엇인가?
- 문제를 창의적으로 해결한 경험이 있는가?
- 가장 존경하는 인물은 누구인가? 그 이유는 무엇인가?
- 상사에게 부당한 대우를 받는다면 어떻게 대처할 것인가?
- 회사의 인재상과 본인이 얼마나 일치한다고 생각하는가?
- 본인을 꼭 뽑아야 하는 이유를 말해 보시오.
- 마지막으로 하고 싶은 말을 해 보시오.

CHAPTER 04 NCS 기반 면접 평가

01 NCS 기반 면접 평가

능력중심 사회 여건을 조성하기 위해 개발된 국가직무능력표준(NCS)에서는 기존의 역량 면접과 인성 면접이 직업기초능력 면접과 직무수행능력 면접으로 변화하여 시행된다.

1. NCS 직업기초능력

NCS 기반 직업기초능력의 면접 평가는 해당 직무의 수행 시 요구되는 기초 소양(직업기초능력)을 평가하기 위한 도구이다.

(1) 특징

제한된 시간 속에서 지원자들의 능력을 객관적·합리적으로 평가하기 위하여 다양한 면접 평가 방법을 구조화하여 활용하며, 각 기관의 특성, 현황, 핵심역량 등을 접목하여 출제된다. 직업인이 공통적으로 갖추어야 할 10개 영역의 기초능력을 평가하기 위한 면접질문으로 구성된다.

(2) 면접 유형

면접 유형은 방식에 따라, 상황면접, 경험면접, PT 면접 등 다양한 방식으로 구성되며 개별 기업(기관)의 채용사정(채용전형 시간, 면접대상자 수 등)에 따라 다양하게 활용될 수 있다.

(3) 면접 시간

채용직군, 면접대상자 수에 따라 기업·기관별로 상이할 수 있으나, 지원자의 기초능력과 잠재력을 명확하게 파악하기 위해서 1인당 10 ~ 20분 정도의 시간이 주어질 수 있다.

(4) 면접 구성

직업기초능력은 현업의 직무수행을 위해 기본적으로 요구되는 자질이며, 직무수행능력에 비해 일반적인 관점에서 면접 문항이 구성된다.

2. 직무수행능력

NCS 기반 면접 평가의 세분류(직무)별 능력단위와 기업(기관)의 환경 및 실제 직무여건을 분석하여 개발되며, 실제 직무수행과 관련한 지식·기술·태도를 객관적으로 평가할 수 있는 문항들로 구성된다.

(1) 특징

기업의 특수성을 충분히 반영하면서 동시에 국가차원의 표준인 NCS를 기반으로 하기 때문에 평가의 객관성 및 신뢰성을 확보할 수 있다.

(2) 면접 유형

면접 유형은 방식에 따라, 상황면접, 경험면접, PT 면접 등 다양한 방식으로 구성되며 개별 기업(기관)의 채용사정(채용전형 시간, 면접대상자 수 등)에 따라 다양하게 활용될 수 있다.

(3) 면접 시간

채용직군, 면접대상자 수에 따라 기업·기관별로 상이할 수 있으나, 지원자의 직무수행능력을 심층적으로 파악하기 위해서 1인당 15 ~ 20분 정도의 시간이 주어질 수 있다.

(4) 면접 구성

직무수행능력 기반 면접 평가는 구체적인 직무별로 요구되는 지식·기술·태도를 파악하고, 이를 심층적인 수준까지 검증하기 위한 면접 문항으로 구성된다.

---

02   NCS 기반 면접 예상 질문

1. 의사소통능력

- 문서를 작성할 때, 귀납적으로 작성된 문서와 연역적으로 작성된 문서의 차이점을 알고 있는가? 각 문서의 장·단점에 대해 설명해 보시오.
- 동료들과 함께 문서를 작성했던 경험에 대해 설명해 보시오.
- 성공적으로 발표를 했던 경험이 있는가?
- 상대방이 당신의 말에 귀를 기울이고 있는지의 여부를 어떻게 알 수 있는가?
- 업무를 추진하는 중, 다른 부서와 의견의 차이가 있다면 어떻게 하겠는가?

2. 문제해결능력

- 당신이 어떤 아이디어를 내서 문제를 개선했거나, 해결한 사례가 있다면 말해 보시오.
- 정해진 원칙이나 윗사람의 지시를 따르지 않고 지원자가 주도적으로 문제를 해결했던 경험이 있는가?
- 지금까지 어떤 일을 처리하면서 실수한 경험이 있는가? 만약 있다면 그 실수의 원인은 무엇이었으며, 어떻게 해결하였는가?
- 우리 회사에서 진행 중인 투자유치 사업이 경쟁력을 갖기 위한 차별화 전략은 무엇이라 생각하는가? 성공적인 투자유치 전략을 위한 차별화 전략을 설명하시오.

3. 자기계발능력

- 어떤 조직이나 단체에 들어가서 그 조직에 빨리 적응하기 위해 노력했던 경험에 대해 구체적으로 말해 보시오.
- 최근 자기계발을 위해서 어떤 활동이나 노력을 한 적이 있는가?
- 우리 회사에 입사한다면 어떻게 성장해 나갈 것인지 그 계획에 대해 설명해 보시오.
- 지원 분야와 관련하여 지원자의 전문성 향상을 위해 어떤 노력을 해왔는가?

4. 대인관계능력

- 대인관계 때문에 힘들었던 경험이 있는가?
- 함께 일하는 사람 중 마음이 맞지 않아 불편했던 경험이 있는가?
- 갈등이 일어났을 때, 성공적으로 해결 또는 실패한 적이 있는가?
- 협상의 상대방이 다른 사람의 이야기를 듣지 않고 계속 자기 이야기만 하는 경우 이를 어떻게 해결하겠는가?

5. 정보능력

- 가장 효과적으로 필요한 정보를 얻고 활용한 적이 있는가?
- 당신이 잘 모르는 분야인데, 상사로부터 정보를 수집하라는 지시를 받았을 경우, 어떤 방식으로 정보를 수집하겠는가?
- 업무상 계약서를 작성할 때, 어떤 부분을 가장 중요시해야 한다고 생각하는가?

6. 기술능력

- 페이스북 또는 인스타그램 같은 SNS의 운영 원리에 대해서 설명할 수 있는가?
- 당신이 현재 사용하고 있는 메신저는 무엇인가? 그 메신저의 장·단점을 설명해 보시오.
- 최근에 접한 신제품에는 무엇이 있는가? 그 제품의 작동원리에 대해 설명해 보시오.

7. 조직이해능력

- 당신이 새로운 조직에 들어가게 되면 그 조직에 적응하고, 이해하기 위해서 가장 먼저 어떤 행동을 하고, 어떤 정보를 수집하는가?
- 새로운 조직을 이해하는 데 얼마나 시간이 걸리는가?
- 세계 동향을 파악하기 위해서 어떤 방법을 활용하고 있는가? 최근에 알게 된 국제 동향에 대해 설명해 보시오.
- 우리 회사가 지향하는 노사문화란 어떤 것이라고 생각하는가? 또 그런 문화를 만들기 위해 어떠한 노력을 해야 하는가?
- 우리 회사의 비전과 관련하여 어떤 마케팅을 펼쳐야 한다고 생각하는가?
- 다른 회사와 우리 회사의 차이점은 무엇이라고 생각하는가?
- 지원분야가 영업분야인데, 영업부의 핵심사업이 무엇이고, 이를 잘 하기 위해서 어떠한 역량이 필요하다고 생각하는가?
- 우리 회사가 앞으로 추진해야 할 글로벌 마케팅에 대한 정의와 한계에 대해 생각해 보고, 방향성에 대해 설명하시오.

8. 직업윤리

- 당신은 동료가 업무시간에 사적인 일을 하고 있는 것을 목격했다. 이에 어떻게 대응하겠는가?
- 명함 교환은 어떻게 하는 것인지, 사람을 소개할 때는 어떻게 하는지 직장예절 차원에서 설명해 보시오.
- 상사로부터 부당한 업무지시를 받으면 어떻게 하겠는가?
- 고객에게 만족도 높은 서비스를 제공하기 위해서라면 정해진 원칙을 어겨도 된다고 생각하는가?

9. 자원관리능력

- 한정된 자원(인적, 물적)에서 활용가치를 극대화하고 효율을 높일 수 있는 방안이 무엇인지 이야기해 보시오.
- 경영진이 달성하기 힘든 목표를 주었을 때, 그 목표를 어떤 방식으로 달성할 것인가?

10. 수리능력

- 기준금리 인하가 우리 회사의 수익구조 및 재무구조에 미칠 수 있는 영향에 대해 설명해 보시오.

2025 최신판 시대에듀 21대기업 유형별 인성검사

개정3판1쇄 발행	2025년 02월 20일 (인쇄 2024년 11월 14일)
초 판 발 행	2021년 10월 20일 (인쇄 2021년 09월 07일)
발 행 인	박영일
책 임 편 집	이해욱
편 저	시대인성검사연구소
편 집 진 행	안희선 · 김지영
표지디자인	김지수
편집디자인	장하늬 · 장성복
발 행 처	(주)시대고시기획
출 판 등 록	제10-1521호
주 소	서울시 마포구 큰우물로 75 [도화동 538 성지 B/D] 9F
전 화	1600-3600
팩 스	02-701-8823
홈 페 이 지	www.sdedu.co.kr
I S B N	979-11-383-8261-8 (13320)
정 가	25,000원